教育部高等学校管理科学
与工程类学科专业教学指导委员会推荐教材

采购管理

Purchasing Management

周跃进　编著

机 械 工 业 出 版 社

本书为初学者而写，从制造企业运作的层面，紧紧围绕生产物资采购业务展开。全书共分 5 篇。第 1 篇为基础篇，概述了采购管理和采购组织，使读者对采购和采购管理的内涵有一个基本的了解，对企业如何建立采购组织、完成采购职能有一个清晰的认识。第 2 篇为战略篇，介绍采购战略和战略采购。前者是职能战略，是为企业战略服务的；后者是从战略高度看待采购问题，是采购管理的新视角。第 3 篇为运作篇，介绍具体的采购业务和运作过程，包括采购计划与预算、采购成本、采购谈判、采购合同、采购质量、采购结算、外协采购、采购绩效等的管理。这些都是采购中最主要的业务，是企业采购人员必须熟练掌握的。第 4 篇为专题篇，介绍全球化采购和招标采购。越来越多的企业会选择全球化采购和招标采购，学会采用这两种新型采购模式可以更好地开展采购业务。第 5 篇为趋势篇，介绍电子采购和采购中的社会责任，这是未来采购发展的方向。每章在介绍了基本内容后还作出了本章小结并布置了习题，以帮助读者加深对有关内容的消化和理解。

本书可作为普通高等学校工业工程、物流管理与物流工程专业的本科生教材，也可供其他专业的学生或从事采购活动和采购管理的人员参考。

图书在版编目（CIP）数据

采购管理/周跃进编著. —北京：机械工业出版社，2015.1（2022.1 重印）

教育部高等学校管理科学与工程类学科专业教学指导委员会推荐教材
ISBN 978-7-111-48912-2

Ⅰ.①采… Ⅱ.①周… Ⅲ.①采购管理—高等学校—教材
Ⅳ.①F253.2

中国版本图书馆 CIP 数据核字（2014）第 296339 号

机械工业出版社（北京市百万庄大街 22 号 邮政编码 100037）
总 策 划：邓海平 张敬柱
策划编辑：易 敏 责任编辑：常爱艳 易 敏 及美玲
责任校对：赵 蕊 封面设计：张 静
责任印制：常天培
北京机工印刷厂印刷
2022 年 1 月第 1 版第 5 次印刷
184mm×260mm·20.5 印张·455 千字
标准书号：ISBN 978-7-111-48912-2
定价：49.80 元

电话服务 网络服务
客服电话：010-88361066 机 工 官 网：www.cmpbook.com
010-88379833 机 工 官 博：weibo.com/cmp1952
010-68326294 金 书 网：www.golden-book.com
封底无防伪标均为盗版 机工教育服务网：www.cmpedu.com

前　言

市场上已经有不少的"采购管理"教材，再写一本这样的教材是一件非常难的事情。但经过长时间的准备、研究和思考，笔者终于完成了本书的写作。本书的特色主要聚焦在以下几方面：

第一，为初学者所写。所谓初学者，是指那些对采购管理没有概念的在校大学生。本书给他们讲述关于采购管理的入门知识，使他们对采购管理有一个正确和全面的初级理解。

第二，力求系统性。本书系统、完整地介绍了采购管理全过程涉及的理论、方法和实践，而不是堆砌支离破碎的碎片化采购知识点。

第三，注重实用性。读者读过本书，就会知道采购管理的基本内容和如何做采购，以及如何进行采购管理。本书讲述采购活动细节和具体采购活动操作及其管理，不是泛泛而谈。书中许多采购流程、采购表单、供应商管理标准以及采购绩效标准等，均来自企业的实际工作，因而可以指导读者进行采购管理工作。本书每一章均有至少一个案例，以说明该章所讲述的原理的实际应用及其所取得的效果。

第四，兼顾前瞻性。在经济知识化和全球化的时代，任何工作或者研究都是在不断更新和发展的，采购管理也不例外。读者能够通过本书了解采购管理的前沿动态，如战略采购、电子采购、全球化采购和采购中的社会责任等。一些传统的采购内容，随着采购观念和采购技术的发展，也在发生深刻的变化。本书通过研究相关文献，描述了这些变化和发展趋势，为需要深入学习和扩展采购管理知识的读者提供研究方向和课题。

全书共分5篇，第1篇为基础篇，概述了采购管理和采购组织，使读者对采购和采购管理的内涵有一个基本的了解，对企业如何建立采购组织完成采购职能有一个清晰的认识。第2篇为战略篇，介绍采购战略和战略采购。前者是职能战略，是为企业战略服务的；后者是从战略高度看待采购问题，是采购管理的新视角。第3篇为运作篇，介绍具体的采购业务和运作过程，包括采购计划与预算、采购成本、采购谈判、采购合同、采购质量、采购结算、外协采购、采购绩效等的管理。这些都是采购中最主要的业务，是企业采购人员必须熟练掌握的。第4篇为专题篇，介绍全球化采购和招标采购。越来越多的企业会选择全球化采购和招标采购，学会采用这两种新型采购模式可以更好地开展采购业务。第5篇为趋势篇，介绍电子采购和采购中的社会责任，这是未来采购发展的方向。每章在介绍了基本内容后还作出了本章小结，并布置了习题，以帮助读者加深对有关内容的消化和理解。

在编写过程中，南京大学工程管理学院的研究生沈倩、邱春燕、张国、凌晨在资料收集、文字整理、绘制图表等方面做了大量具体工作，在此表示衷心感谢。

在本书的编写过程中，作者参阅了大量的采购管理书籍和相关文献资料，章节后列出的参考文献并不全面，在此谨向包括未列入参考文献的所有相关的著作者们表示由衷的谢意。

采购管理的理论、方法和实践仍在研究和发展中，本书尚不能完全包揽其全部内容，不足或不妥之处，恳请读者和专家学者批评指正。

周跃进
于南京大学工程管理学院

本书作者制作了配套 PPT，使用本书做教材授课的教师可联系出版社索取（www.cmpedu.com）

目　录

第1篇

基 础 篇

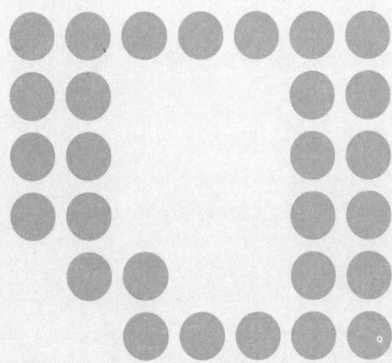
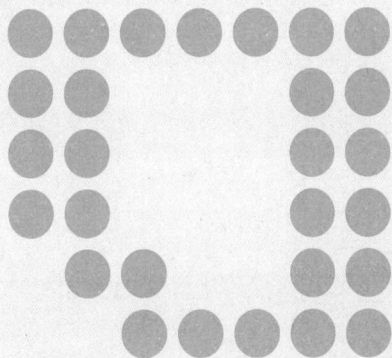
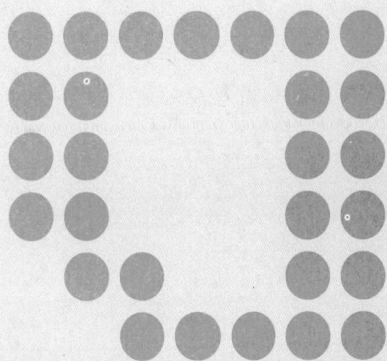

第1章
采购管理概述

在企业的日常经营活动中，采购是一项必需而又重要的工作环节，它不但保障着企业的物资供应，而且对企业的经营成果产生着极大的影响。随着经济的发展，企业越来越认识到采购的重要性，对采购的管理也越来越趋于科学化。本章首先通过一个企业采购的故事，说明采购的功能和作用，然后介绍采购和采购管理的概念和要素。

1.1 企业采购的故事

无论什么样的企业都无法独自生产出制造产品所需的全部物料，企业使用的大部分物料是通过采购获得的。因此，采购在企业生产管理中具有举足轻重的作用。为了给读者一点真实的感受，我们从一个实例开始介绍采购。

1.1.1 产品结构

小张是某高校工业工程专业的毕业生，毕业后应聘到一家自行车生产企业。在实习期间，他深入各生产车间，详细了解自行车零部件的性能特征及其生产工艺。实习完成之后，被分配到企业的采购部从事采购工作。首先他描述了该企业生产的自行车的产品结构。

自行车是大家熟悉的一种交通工具。它不仅节能环保，而且可以锻炼身体、增强体质，在构建低碳环保型社会中，发挥着重要作用。该产品需求量大、绿色环保。自行车的种类繁多，包括普通自行车、变速自行车、山地自行车、电动自行车等。小张所在的企业以生产普通自行车为主，同时也生产变速自行车。普通自行车结构图如图1-1所示，其构造可分为三个部分，

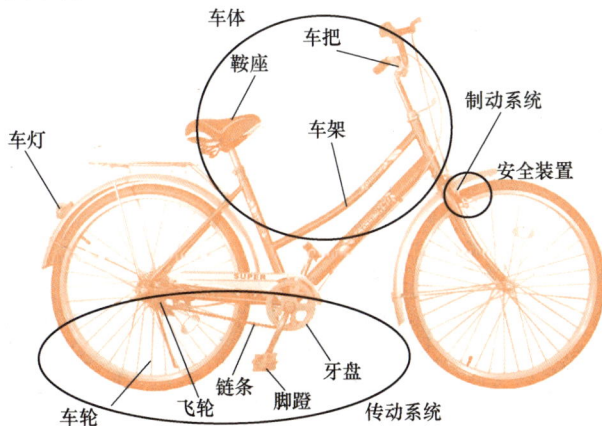

图1-1 普通自行车结构图

即车体、传动系统和安全装置。

（1）车体。车体包括车架、车把、鞍座。以车把为例，车把包括把立、把横和把手。

（2）传动系统。传动系统包括牙盘、飞轮、链条、脚蹬、车轮。以车轮为例，车轮包括车圈、钢线、气嘴阀和轮胎，轮胎又包含了外胎、内胎。

（3）安全装置。安全装置包括制动系统、车灯和车铃。制动系统包含前闸、后闸、刹车线和刹把。其产品结构树如图1-2所示。

根据图1-2，可以得到表1-1，自行车产品物料清单（bill of material，BOM）。通过表1-1，可以知道自行车产品的详细物料信息，包括形状和材质信息，这为采购提供了基础需求信息。

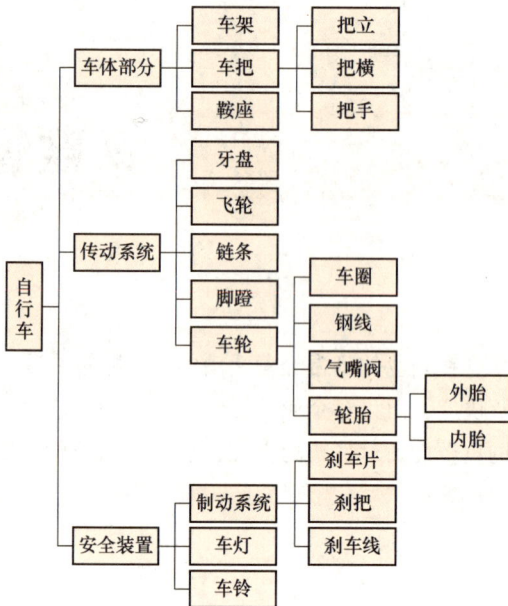

图 1-2　自行车产品结构树

表 1-1　自行车产品物料清单

层级				材　质	示　意　图
1层	2层	3层	4层		
车体部分	车架（1）			钢、铝合金、钛合金、镁合金、碳纤维	
	车把（1）	把立（1）		钢、铝合金、钛合金	
		把横（1）		钢、铝合金、钛合金	
		把手（2）		塑胶、皮革	
	鞍座（1）			皮革、碳纤	

（续）

层 级				材 质	示 意 图
1层	2层	3层	4层		
传动系统	牙盘（1）			铝合金、碳纤维、钢	
	飞轮（1）			铸铁、球铁、钢	
	链条（1）			不锈钢、铝合金	
	脚蹬（2）			橡胶、塑胶	
	车轮（2）	车圈（1）		铝合金、碳纤维、钢	
		钢线（1组）		钢、铝合金	
		气嘴阀（1）		锌合金、铝合金、橡胶	
		轮胎（1）	外胎（1）	橡胶、钢丝、尼龙、炭黑	
			内胎（1）	天然橡胶、丁基橡胶、丁苯橡胶	

（续）

层　　级				材　　质	示　意　图
1层	2层	3层	4层		
安全装置	制动系统（1）	刹车片（2）		钢、橡胶	
		刹把（2）		塑料、橡胶	
		刹车线（2根）		铝合金	
	车灯（1）			塑料、LED 照明灯	
	车铃（1）			铝合金、钢	

1.1.2　生产过程

接着，小张描述了所在企业自行车的生产过程。

自行车作为耐用消费品，主要采用面向库存（make-to-stock，MTS）的生产方式，当然，也有一部分产品是按订单生产（make-to-order，MTO）。企业依据生产能力和市场需求预测制定出主生产计划（master production scheduling，MPS），然后根据产品的物料清单将主生产计划分解成物料需求计划（material requirement planning，MRP），再根据企业的采购决策，向相关供应商采购原材料、半成品和成品，将企业自己加工的零部件分发到车间进行生产。生产完成之后，按产品型号进行包装，最后放入成品库。销售部门通过批发商、零售商和专卖店销售成品。

1.1.3 采购决策

然后，小张讲述了企业采购决策的过程。

自行车产品结构树（图1-2）是企业设计部门提供的。产品设计过程是根据市场需求和当前技术水平把客户要求变成产品的过程。产品设计仅仅是完成了图样，而要把图样变成实物，则需要进行工艺设计和加工制造。这里的关键是企业需要决策哪些零部件自己加工、哪些零部件需要采购。决策的依据是企业是否具备该零部件的加工能力，并判断这种加工能力是否属于企业的核心竞争力。如果是，则自己加工，否则，则去采购，这也是供应链管理的核心思想。

企业经过分析讨论之后，作出采购决策，详细规定了哪些零部件自己加工，哪些需要采购，具体如表1-2所示。

表1-2 自行车产品物料清单（包含采购明细）

层　级				材　质	自制	采购
1层	2层	3层	4层			
车体部分	车架（1）			钢、铝合金、钛合金、镁合金、碳纤维	√	原材料
	车把（1）	把立（1）		钢、铝合金、钛合金	√	原材料
		把横（1）		钢、铝合金、钛合金	√	原材料
		把手（2）		塑胶、皮革		成品
	鞍座（1）			皮革、碳纤		成品
传动系统	牙盘（1）			铝合金、碳纤维、钢		成品
	飞轮（1）			铸铁、球铁、钢		成品
	链条（1）			不锈钢、铝合金		成品
	脚蹬（2）			橡胶、塑胶		成品
	车轮（2）	车圈（1）		铝合金、碳纤维、钢	√	原材料
		钢线（1组）		钢、铝合金		成品
		气嘴阀（1）		锌合金、铝合金、橡胶		成品
		轮胎（1）	外胎（1）	橡胶、钢丝、尼龙、炭黑		成品
			内胎（1）	天然橡胶、丁基橡胶、丁苯橡胶		成品
安全装置	制动系统（1）	刹车（2）		钢、橡胶		成品
		刹把（2）		塑料、橡胶		成品
		刹车线（2根）		铝合金		成品
	车灯（1）			塑料、LED照明灯		成品
	车铃（1）			铝合金、钢		成品

从表1-2可以发现，自行车产品中，大部分零部件都是采购件，只有极少数零部件自己加工制造，这符合供应链管理的理念。

1.1.4 采购过程

假设2012年企业计划生产普通自行车（26英寸）12万辆，平均每月生产1万辆，如果生产周期是2周，则每个生产周期内需要生产5000辆。于是企业可以根据表1-2计算出在一个生产周期内需要的原材料、零部件数量，再加上废品率和材料利用率、现有库存量，就可以精确计算出采购量和生产量，同时也清楚地知道采购需求。

第二步是寻找供应商。为了找到合格的供应商，需要对所要采购的物料进行分类。例如，可以把采购的物料分为原材料（如钢材、铝合金、碳纤维）、半成品（如把横）、成品（如链条、飞轮、牙盘、车灯、车铃等）。另外，还可以根据物料在产品中的重要性、价值和采购风险进行分类。例如，把物料分为战略性物资（如钢材）、瓶颈类物资（如链条、牙盘）、杠杆类物资（如刹车线）和一般性物资（如钢线）。相应地，供应商就被分类为原材料供应商、半产品供应商和产品供应商，或者分为战略物资供应商、瓶颈物资供应商、杠杆物资供应商和一般物资供应商。对供应商分类之后，企业需要对每类供应商设定选择标准，然后根据标准考查供应商，通过打分确定最终的供应商。

第三步是签订采购合同。依据《中华人民共和国合同法》和其他相关法律法规，与供应商签订采购合同，主要内容包括采购物料名称、规格型号、尺寸、性能及技术要求、数量、单价、总价、合同款支付方式、交货日期和地点、包装和运输方式、运费以及违约认定与处理方式等。对于长期供货的供应商，一般签订一个年度合同，每次供货时则以采购订单为准。

第四步是采购货物到厂验收入库。采购方根据合同约定，检查相关技术要求是否满足。对于满足要求的货物，安排入库；对于不满足要求的货物，采购部门要与供应商协商解决方案，通常包括退货、换货、降级使用等。

第五步是支付货款。采购方依据合同约定，支付合同款。对于长期供货的供应商，一般有一定账期，不一定是货到付款。在付款前，供应商应该先开具发票。

最后是供应商绩效评价。小张介绍说，他所在的企业每年要对主要供应商进行绩效评估。评估的标准是企业自行制定的，内容包括供货质量、交货准时性、对需求变化的响应性。评估方法是根据全年统计的交货记录和验收记录，根据评估标准对主要供应商逐一进行打分。打分结果示例如表 1-3 所示。

表 1-3　供应商评估结果

分　　值	评　　价	处　理　意　见
90 及以上	优秀供应商	巩固合作关系，希望建立联盟
80～89	良好供应商	巩固合作关系，帮助改善不足
60～79	合格供应商	发出警告，帮助改善不足
60 以下	不合格供应商	终止合作，寻求新的供应商

小张补充说，上面介绍的采购内容只是针对生产物料的采购，企业还有其他采购活动，例如，为了支持生产的易耗品采购、劳保用品采购、办公用品采购、机器设备采购等。

通过小张的介绍，我们对企业的采购活动和采购过程及其在生产中的作用，有了直观的理解。本书接下来将系统地介绍采购原理和方法，并通过大量实例，说明这些原理和方法的应用。

1.2　什么是采购

采购是一项日常的经济活动，无论是个人还是组织，都需要通过采购从外部获取所需要的产品或服务。对企业来说，采购更是必不可少的业务环节。随着经济的发展，当今的企业更是把采购看成一项具有重要战略意义的经营活动。

1.2.1　采购的含义及要素

1. 采购的含义

采购有狭义和广义之分。狭义的采购主要是指产品或服务的获得，即企业根据生产经营的需要，制订采购计划，并经过审核、供应商选择、谈判议价、交货、质量检查和入库等流程，最后以较低的成本获得产品或服务的过程。广义的采购主要是指除了购买之外，还可通过租赁、借贷、交换、外包等其他方式获得产品或服务的过程。

可以从以下几个方面理解采购：

（1）采购是从资源市场获取资源的过程。采购对于企业的作用在于能够获取企业缺乏的，但生产所需要的资源。这些资源不仅包括物质资源（如原材料、机器设备等），而且包括非物质资源（如网络、信息等）。资源市场是由提供各种资源的供应商组成的，企业通过采购的方式从资源市场获取资源。采购就是将资源从资源市场的供应商手中转移到企业内部的过程。

（2）采购是商流过程和物流过程的统一。采购的过程实际是资源从供应商转移到企业的过程，转移的内容不仅包括资源的所有权，而且包括资源的实体。前者是一个商流的过程，主要是通过商品交易或等价交换的方式进行转移；后者是一个物流的过程，主要是通过包装、运输、储存等手段实现资源的空间转移。采购实际上是这两种过程的结合，缺一不可。

（3）采购是一种经济活动。采购是企业经济活动的主要组成部分，采购金额一般占产品销售额的50%以上。在整个采购过程中，一方面，企业通过采购获取了资源，保证了企业生产经营活动的正常进行，这是采购带来的效益；另一方面，企业在采购过程中支出了费用，这是采购的成本。要追求经济效益的最大化，就要不断降低采购成本，以最少的采购成本获取最大的资源收益。

2. 采购的要素

采购的五大要素包括供应商、时间、价格、数量和质量。采购人员的工作便是在合适的时间里，从合适的资源中以合适的价格、质量和数量获取企业所需要的产品或服务。所谓的"合适"，其含义是不断演变的。严格来说，采购的五大要素应该是"合格"的供应商、"需求"的时间，"合理"的价格、"正确"的数量并且"符合质量要求"。

（1）供应商。采购人员在选择供应商时，不仅要考虑供应商的产品质量、价格、生产能力、技术水平，而且要考虑供应商的快速响应能力、信誉、社会责任等。采购企业必须在对供应商充分了解的基础上，再进行认真考核、分析比较而选择合适的供应商。

（2）时间。对于时间的要求方面，可分为内部使用单位的需求时间与要求供应商交货的时间两部分。供应商的交货期并不是越短越好，因为供应商如果要保证很短的交货期，采购价格相应也高。因此，采购人员应设法缩短供应商前置时间及周期时间，以配合使用单位的需求时间与生产排程以达到及时供应的目的，让生产线得以顺利运转。

（3）价格。在价格的考虑上，并不是价格越低越好。采购人员必须在保证质量的前提下，以较低的价格购买所需的产品或服务，同时考虑供应商有利可图，否则，产品质量难以保证。

（4）数量。关于数量的确定，批量采购虽有可能获得数量折扣，但会占用采购资金、积压库存；而交货数量太少又不能满足生产需要，会造成缺货等待带来的损失。故采购人员应合理采购、确定合适的采购数量。采购人员对内应顾及有效的库存管理，达到较高的存货周转率，减少不必要的库存持有成本，并且要致力于降低因库存积压过多带来的库存品损坏、过期、失窃等导致的损失，使维持存货的持有成本保持在一个最经济的水平。

（5）质量。采购人员必须在"符合质量要求"的情况下，以"最低价格"购买到所需的商品与服务才是正确的。符合质量要求是一个很重要的前提，如果不能满足这个前提，无论供应商价格多低，采购人员都不会予以考虑。

在实际的采购工作中，采购人员很难将上述的采购五要素全部顾及。例如，若过分强调质量，供应商就不能以市场最低价供应，因为供应商在质量控制上投入了很多精力，它必然会把这方面的部分成本转嫁到客户身上。因此，采购人员必须纵观全局，准确地把握企业对所购商品各方面的要求，以便在与供应商谈判时提出合理要求，从而争取有更多机会获得供应商合理报价。总之，只有综合考虑才能实现最佳采购，这需要采购人员在长期的实际操作中积累经验。

1.2.2　采购的流程

企业采购流程通常是指企业选择和购买各种所需物资的全过程。采购流程运行的成功与否将直接影响到企业生产、销售的最终产品的定价情况和整个供应链的最终获利情况。采购流程应具备优化、无冗余、并行作业的特性。

企业的采购流程一般可分为以下三个阶段：

1. 准备阶段

任何采购都基于企业某个部门的确切需求，即需要采购什么、采购多少、何时到货等。企业各部门需要根据库存和销售情况，及时填写请购通知单，将具体的采购需求反映给采购部；采购部对这些需求进行汇总，作出采购决策；开展实施准备工作，包括设立采购小组、准备采购资金等；一系列准备工作完成后，采购部开始编制采购计划，交由财务部审核，审核通过后进入执行阶段。

2. 执行阶段

这是采购过程中最重要的阶段，包括供应商选择、谈判、签订合同、下订单等。供应商是影响企业运作系统的最直接的外部因素，也是保证企业产品质量、价格、交货期和服务的关键因素。一般企业都会保存供应商信息，当企业明确采购需求后，应根据具体物资的物料标准确定备选供应商名单，然后与备选供应商就采购商品的价格、数量、交货条件等内容进行谈判，确定最终的供应商，签订合同，下达采购订单，并对订单进行跟踪与稽核。

3. 收尾阶段

供应商备货完成，向采购方发出交货通知；采购方派遣人员接收货物，交由质检部门进行货物检验；检验合格后验收入库，通知财务部进行采购结算，由财务部向供应商支付货款；检验不合格时，进入退换货程序，按照合同处理。

采购的流程如图 1-3 所示。

主办部门		采购部	流程名称		企业采购		

	财务部	质检部	采购部	相关部门	供应商

准备阶段

开始

采购需求汇总 ← 请购

实施条件准备 --- 协助

审批　不通过 / 通过 ← 编制采购计划与预算

执行阶段

执行采购计划

选择合适的供应商

组织实施谈判 ← 参与谈判

审批　不通过 / 通过 ← 拟订合同

签订合同 ← 签订合同

合同履行，下订单 → 备货

交货

接收货物，进行检验 ←

是否合格　否 → 退换货交涉

是

验收入库 → 领用

收尾阶段

通知财务部结算付款 → 支付货款

收款

供应商评估

是否合格　是 → 继续供货

否

结束

编修部门			签发人		签发日期		

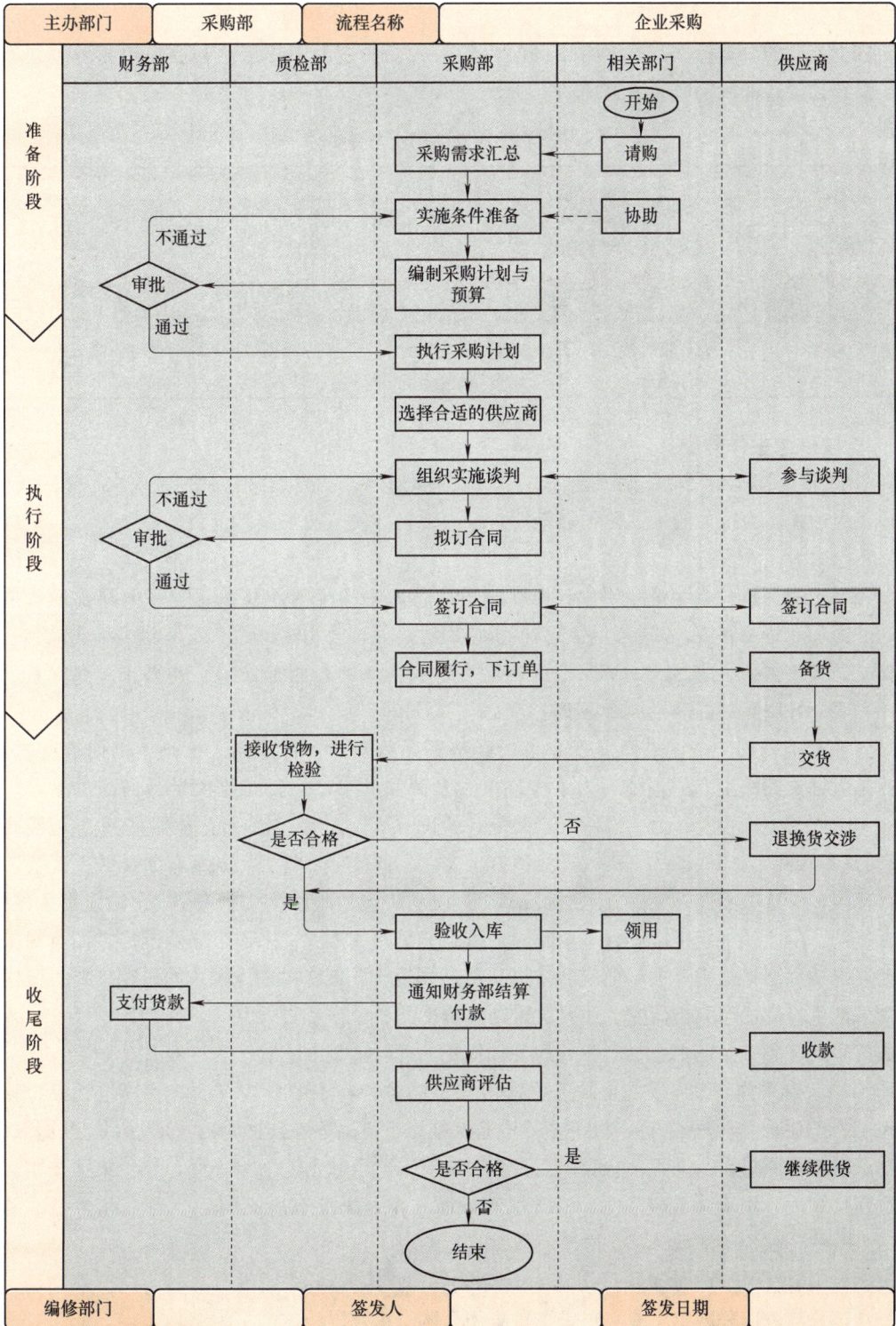

图 1-3　采购的流程

1.2.3 采购的形式及分类

依据不同的分类标准，可以有不同的采购形式，如表1-4所示，本书采用的分类并不唯一，只是让读者对采购有一个系统的了解。

表1-4 采购的形式与分类

分类标准	采购形式
采购主体	个人采购、家庭采购、企业采购、政府采购、其他采购
采购范围	国内采购、国外采购
采购时间	长期合同采购、短期合同采购
采购方法	订货点采购、物料需求计划（MRP）采购、准时化（JIT）采购、电子采购
采购对象	有形采购、无形采购、生产性物资采购、非生产性物资采购、设备采购、项目采购
采购定价方式	招标采购、询价采购、议价采购、比价采购、定价采购

1. 按采购主体分类

（1）个人采购。个人采购是指个人生活用品的采购，一般是单一品种、单次、单一决策、随机发生的，带有很大的主观性和随意性。个人采购即使采购失误，也只是影响个人，造成的损失不会太大。

（2）家庭采购。在家庭生活中，家庭成员为了家庭的生活需要，几乎每天都要发生采购活动。为了准备一餐饭，需要到菜场购买所喜欢的蔬菜、肉、饮料等，或是购买半成品，或是到食堂、餐馆去购买成品。一个家庭中，绝大多数消耗的东西都要靠采购得来，如家具、家电、衣服、日用品等都需要从市场上进行采购。

（3）企业采购。企业采购是现今市场经济下最重要的一种采购，也是本书研究的重点。企业是大批量商品生产的主体。为了实现大批量商品的生产，就需要大批量商品的采购。例如，一个汽车生产企业，为了维持汽车装配线的正常运转，生产出一辆一辆的汽车，就需要以强有力的采购活动作保证。一辆汽车大概有上万个不同的零部件，一条汽车装配线一天要装配几百辆汽车。这些零部件大部分是通过采购获得的。企业的生产，是以采购作为前提条件的。没有采购，生产就不能正常进行。企业的采购不但采购数量大，采购市场范围广，而且对采购活动要求特别严格。它要求对全厂的需求品种、数量、需求规律进行深入的研究，要对国内国外众多的供应商进行分析研究，还要对采购过程中的各个环节进行深入研究和科学操作，才能完成好采购任务、保证企业生产所需的各种物资的适时适量供应。

（4）政府采购。政府采购是政府机构所需要的各种物资的采购。这些物资包括办公物资（例如，计算机、复印机、打印机等办公设备，纸张、笔墨等办公材料），也包括基建物资、生活物资等各种原材料、设备、能源、工具等。政府采购也和企业采购一样，属于集团采购，但是它在持续性、均衡性、严格性、科学性等方面与企业采购有所不同。政府采购最基本的特点，是一种公款购买活动，都是由政府拨款进行购买。

（5）其他采购。其他采购是指其他事业单位，如学校、医院、文体单位等的采购活动。它的基本部分与政府采购差不多，也是一种集团采购，也是以公款购买为主。

2. 按采购范围分类

（1）国内采购。国内采购是指向国内的供应商采购商品，通常无须动用外汇。国内采购不会遇到商业沟通的困难，双方都可以减少沟通成本，而且国内采购不存在国际贸易运输、定价的问题，运费、保险费、交货付款条件等问题都较为简单。国内采购一般用时较短，面临的不确定性和风险较小，但是，国内采购的选择余地较窄，有时不能获得满意的产品。

（2）国外采购。国外采购是指向国外供应商采购商品，通常采取直接与国外供应商联系或通过本地的代理商来采购商品。国外采购扩大了供应商的范围，采购企业有更大的选择余地，有利于提高质量、降低成本。但是，国外采购的不确定性高，风险大，采购流程和手续比较复杂，而且会因运输、汇率、关税、检验检疫等方面的原因抬高采购成本。

3. 按采购时间分类

（1）长期合同采购。长期合同采购是指采购商和供应商在长期合同和稳定的双方交易关系的情况下进行的采购，合同期一般在一年以上，在合同期内、采购企业承诺在供应商处采购其所需商品，供应商承诺满足采购企业在数量、品种、规格、型号等方面的需要。长期合同采购的供需关系稳定，主要适应于采购需求量大且连续不断的原材料、燃料、动力、主要设备及配套设备。

（2）短期合同采购。短期合同采购是指采购企业和供应商通过合同进行一次性交易，以满足生产经营活动需要的采购。短期合同采购双方之间关系不稳定，对采购企业来讲有较大灵活性，能够依据变化的环境，灵活选择供应商。但由于这种不稳定性，也将出现价格波动大、交易过程复杂及服务不到位等问题。

4. 按采购方法分类

（1）订货点采购。订货点采购是一种以考虑安全库存为前提的采购方法。在库存管理中，由于市场需求的不断变化，采购企业的需求预测并不是确切的实际需求。采购企业为了预防偶然需求的发生和订货过程中因随机因素造成时间上的滞后，都会设立一定的安全库存作为储备，一旦存货水平低于安全库存时（需要考虑采购提前期），就会发出订货请求。所谓订货点就是安全库存控制点，是仓库必须发出订货的警戒点，到了订货点，就必须发出订货，否则就可能会出现缺货，因此订货点是订货的启动控制点，是仓库发出订货申请的时机，如图1-4所示。

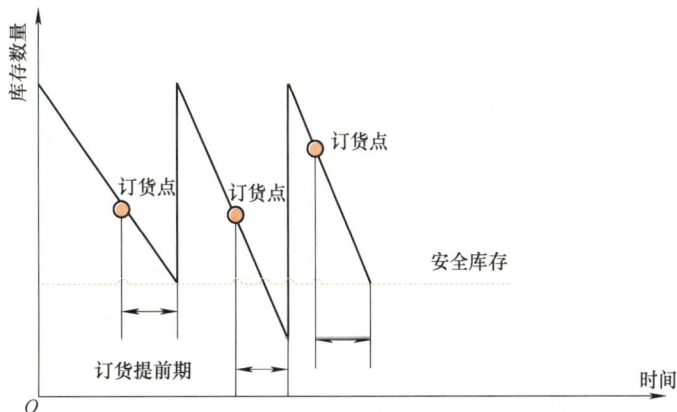

图1-4　订货点采购

在订货点采购中，需要重点控制的订货参数是订货时间和订货数量。订货时间就是订货点，订货数量就是每次订货的批量。订货点采购主要有定量订货和定期订货两种方式。①定量订货控制点是预先确定订货点和订货批量，然后随时检查库存，当库存量下降到订货点时，按规定进行订货补充的方式。②定期订货控制点也叫固定订货周期法，是预先确定订货周期，然后以规定的订货周期，周期性地检查库存，发出订货通知，其每次订货的批量都不一定相同。

总体来说，订货点采购以需求分析为依据，以填充库存为目的，采用一些数学优化方法、兼顾满足需求和库存成本控制，原理科学，操作简单，适用于未来需求量连续且均匀稳定的情况。在这种情况下，订货点采购不但可以做到保证客户需要，而且可以实现零库存。但是由于市场的随机因素很多，在实际应用时，使得该方法同样会产生库存量大、市场响应不灵敏的缺陷。

（2）MRP采购。在企业资源需求计划（ERP）系统中，根据客户订单和预测，主生产计划（MPS）将销售及运营计划中的产品系列具体化，使之成为展开的物料需求计划（MRP）的主要依据，这样企业的资源需求计划就由总体计划变成了具体计划，考虑到企业客户订单、可用物料的数量，下达物料采购计划，即形成了MRP采购，如图1-5所示。

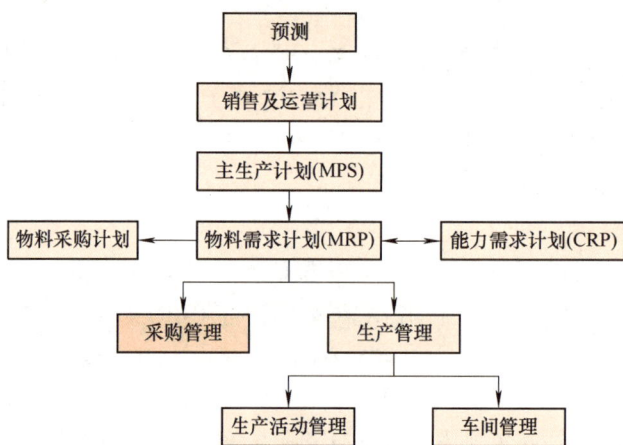

图1-5　企业MRP采购流程

MRP采购的原理就是根据主生产计划（MPS）和物料清单（BOM），以及主产品及其零部件的库存量，逐级计算，求出主产品的各个零部件、原材料的投产时间、投产数量，以及订货时间、订货数量，产生出所有零部件、原材料的生产计划和采购计划。

MRP采购主要应用于生产型企业。它是生产型企业根据生产计划和主产品的结构，以及库存情况，逐步推导出生产主产品所需要的零部件、原材料等的生产计划和采购计划的过程。

MRP采购有以下几个特点：

① 需求的相关性。在流通企业，各种需求往往是独立的。而在生产型企业中，需求具有相关性。例如，根据订单确定所需产品的数量之后，由新产品结构文件即可推算出各种零部件和原材料的数量，这种根据逻辑关系推算出来的物料数量称为相关需求。不但采购品的品种数量有相关性，其与需求时间也是相关的。

② 需求的确定性。MRP采购的需求都是根据主生产计划、产品结构和库存信息和各种零部件的生产时间或订货、进货时间精确计算出来的，品种、数量和需求时间都有严格要求，不可改变。

③ 计划的精细性。MRP采购有充分的根据，从主产品到零部件，从需求数量到需求时间，

从出厂先后到装配关系都作了明确的规定，无一遗漏或偏差。计划还全面规定和安排了所有的生产活动和采购活动。不折不扣地按照这个计划进行，能够保证主产品出厂计划的如期实现。

④ 计算的复杂性。MRP 计划根据主生产计划、主产品结构、库存信息、生产时间、采购时间，把主产品的所有零部件的需要数量、需要时间、先后关系等准确计算出来，其计算量非常庞大。特别当主产品复杂、零部件数量特别多时，人工计算很难完成。所以 MRP 采购的产生和发展与计算机技术的发展有紧密的联系。

⑤ 假设条件不符合实际。MRP 采购虽然计算精准，但是，它有两个假设条件，一是假设提前期固定，二是假设生产能力无限。这两个假设条件在企业生产中都不成立。因此，MRP 采购计算结果与企业生产实际并不完全一致，需要通过生产调度来进行修正。

（3）JIT 采购。JIT（Just in time）采购也称为准时化采购，是由准时化生产的管理理念演变而来的，是准时化生产系统的重要组成部分。准时化生产方式最初是日本丰田汽车公司在 20 世纪 60 年代率先实施的生产管理方式，并逐渐引起了欧洲和美国的日资企业及当地企业的重视。近年来，JIT 模式不仅仅是一种生产方式，而且作为一种采购方式已经开始被运用。

JIT 采购是一种完全以满足需求为依据的采购方法。它对采购的要求，就是要供应商在用户需要的时候，将合适的品种、合适的数量、在合适的时间供应到合适的地点。这种采购方式的核心在于消除库存和不必要的浪费，即零库存的要求。JIT 采购的特点主要表现在以下几个方面：①与传统采购面向库存不同，准时化采购是一种直接面向需求的采购模式。②准时化采购的送货是直接送达需求点的。③用户需要什么品种、质量、需要多少、什么时候需要、送到什么地点等都要符合用户需求。

供应链环境下的 JIT 采购模式和传统的采购模式的不同之处在于它采用了订单驱动的方式。订单的产生是在用户需求订单的驱动下产生的，制造订单驱动采购订单，采购订单再驱动供应商。这种订单驱动的方式使供应链系统能够快速响应用户的需求，供应与需求的双方都围绕订单运作，也就实现了即时化、同步化运作。传统的采购模式下，采购的目的是为了补充库存，而 JIT 采购追求的是零库存。JIT 采购与传统采购的不同之处如表 1-5 所示。

表 1-5　JIT 采购与传统采购的区别

项　　目	JIT 采购	传统采购
采购批量	小批量、送货频率高	大批量、送货频率低
供应商的选择	长期合作、单源供货	短期合作、多源供货
供应商评价	质量、交货期、价格	质量、交货期、价格
检查工作	逐渐减少、最后消除	收货、点货、质量验收
协商内容	长期合作关系、质量、合理价格	获得最低价格
运输	准时送货，买方负责安排	较低成本，卖方负责安排
产品说明	供应商革新、强调性能、宽松要求	买方关心设计、供应商没有创新
包装	小型、标准化容器包装	普通包装、没有特殊说明
信息交换	快速可靠	一般要求

（4）电子采购。电子采购是在电子商务环境下的采购模式。它的基本特点是在网上寻找供应商、寻找品种、网上洽谈贸易、网上订货甚至在网上支付货款，只是在网下送货、进货。这种模式的好处，扩大了采购市场的范围、缩短了供需距离、简化了采购手续、减少了采购时

间，降低了采购成本，提高了工作效率，是一种很有前途的采购模式。但是它要依赖于电子商务的发展和物流配送水平的提高，而这两者几乎要取决于整个国民经济水平和科技进步的水平。我国现在已经有不少企业和政府部门采用了电子采购的方式。

5. 按采购对象分类

（1）有形采购。有形采购是指采购的物资为有形的物品，例如生产中所用机器设备、办公用品、原材料及低值易耗品等。有形采购主要采购的内容是具有实物形态的物品，包括原料、辅助材料、半成品、零部件、固定设备等。

（2）无形采购。无形采购是相对于有形采购而言的，其采购的输出结果是不具有实物形态的服务、专有技术等。服务采购主要包括企业对服务业的采购，如聘请专业机构提供会计服务、管理咨询、法律咨询、程序设计等服务。此类采购的技术含量高，采购人员需针对企业的具体需求，选择在特定方面有优势的专业服务供应商。

（3）生产性物资采购。生产性物资采购是指对生产用原料、零件等生产性物资的采购。企业采购的生产性物资直接用于产品生产，其根据来自于生产计划以及物料需求计划，并可短期内产生直接收入。企业一般运用 ERP 系统对于生产性原料和零件的采购进行管理，本书主要研究的重点就是生产性物资采购。

（4）非生产性物资采购。非生产性物资采购是相对于生产性物资采购而言的，非生产性物资的采购相对广泛，主要包括备品、备件、办公用品、生活设施、广告、咨询服务等。非生产性大宗物资采购是通过预算和审批流程来进行管控的，有些企业对非生产性物资的采购是按项目进行管理，根据不同目的、预算和审批流程建立项目，进行采购管理与控制。

（5）设备采购。设备采购的对象主要是企业在经营过程中所需的各种设备。设备采购具有投资大、回收期长的特点，对于企业来讲是一项重要的支出。特别是企业在进行大型生产设备的采购时，决策过程比较复杂，企业的专项经费管理部门需要对采购的必要性进行充分论证后才能决定是否进行采购。另外，设备采购主要关注售后服务，包括对设备的安装、调试、使用培训和日常保养、质保期等相关服务。

（6）项目采购。项目采购是指从项目组织外部获得商品和服务的过程。项目具有一次性和独特性的特点，有明确的开始与结束时间，因此，项目采购同一般的物资采购不同。项目采购工作开始于项目开始阶段，并贯穿于整个项目周期，包含以不同方式通过努力从外部获得货物、土建工程和服务的采购过程。典型的项目采购有大型机械设备的采购、工程项目的采购、IT 项目采购、咨询服务项目采购。项目采购的过程主要有采购计划编制、询价计划编制、询价、供方选择、合同管理和合同收尾、质量记录与跟踪等。

6. 按采购定价方式分类

（1）招标采购。招标采购是指采购企业作为招标方，事先提出采购的条件和要求，邀请众多供应商参加投标，然后由采购企业按照规定的程序和标准一次性地从中择优选择交易对象，并选择最有利条件的投标方签订协议等过程。一个完整的竞争性招标采购过程由供应商调查和选择、招标、投标、开标、评标、决标、合同授予等阶段组成。招标采购可分为竞争性招标采购和限制性招标采购。它们的基本采购流程相似，其主要的区别是招标的范围不同，一个是向整个社会公开招标，一个是在选定的若干个供应商中招标，详细内容参见第 9 章。

（2）询价采购。询价采购是指采购企业向选定的若干供应商发出询价单让其报价，然后在报价的基础上进行比较并确定中标供应商的一种采购方式。询价采购是国际上通用的一种采购方法。询价采购不是面向所有的供应商，而是在调查的基础上，筛选出一些有实力的供应商进行询价。询价采购适用于数量少、价值低的商品的采购。

（3）议价采购。议价采购是指买卖双方直接讨价还价实现交易的一种采购行为。议价采购一般不进行公开竞标，仅向固定的供应商直接采购。议价采购分两步进行，第一步由采购企业向供应商分发询价表，邀请供应商报价；第二步如果供应商报价达到预期的价格标准，即可签订采购合同，完成采购活动。议价采购主要适用于需求大、质量稳定、定期供应的大宗物资的采购。

（4）比价采购。比价采购是指采购企业选定两家以上供应商，由供应商公开报价，最后选择报价最低的供应商作为采购企业供应商的一种采购形式。实质上，这是在供应商有限条件下的一种招标采购。比价采购可以节省采购的时间和费用，公开性和透明性较高，采购过程有规范的制度。

（5）定价采购。定价采购是指采购商购买的物资数量巨大，不能由少数的供应商全部提供，或当市场上该项物资匮乏时，由采购商确定价格，现款收购。

1.2.4 企业的经营环境对采购的影响

面对经济全球化和信息技术的快速发展，企业的内外部经营环境发生着巨大变化。这些变化要求企业改变采购在企业中的作用和地位，从战略高度重视企业采购，运用先进的采购理念和技术，促进传统采购向现代采购转变。

1. 全球网络化

全球性的网络化、信息化进程正改变着人们的生活方式，IT技术应用以及电子商务的飞速增长给企业带来了深刻的影响。全球网络化突破了空间对企业生产经营范围和方式的约束，加强了企业之间的纵向或横向联系，完整的生产过程通过企业之间的合作网络来共同完成，开展覆盖产品整个生命周期全部或部分环节的企业业务活动，实现企业间的协同和各种社会资源的共享与集成，高速度、高质量、低成本地为市场提供所需的产品和服务。

传统的制造模式涉及产品的设计、生产制造、供应链管理等各个环节的活动，而全球网络化把零件供应商、生产制造商、经销商、维修服务商、客户紧密联系在一起，允许企业分解原有的纵向集成的组织结构，缩短内部工艺环节，剥离一些非核心业务，将一些加工环节转移到供应商一端，以提升企业的核心竞争力和市场灵活性。

在这种情况下，采购的重要性比传统制造模式下有了很大的提升。大量非核心业务的外包使得企业对外部资源的依赖性增加，采购作为整个过程中不可缺少的一个重要部分，采购产品的质量、周期、成本等将直接影响着最终产品的质量与价值，采购绩效的优劣直接影响到企业资源配置战略的制定。

2. 绿色采购

当下，环境问题受到越来越普遍的关注，环境保护已成为每个企业义不容辞的责任，企业也要实现整个生产过程的绿色和环保。绿色环保化制造是指产品制造过程中，综合考虑环境影响和资源效益，强调从产品的规划、设计、生产、销售、使用到报废淘汰的回收利用、处理处置的整个生命周期，产品的生产均要做到节能降耗、对环境的负面影响最小、资源利用率最高，并使企业经济效益和社会效益协调一致。

另外，在选用材料时也要考虑到资源的约束。企业所面临的资源约束下的环保压力主要包括：①环境法律法规压力。由于企业行为直接导致的环境问题相当严重，自然资源正在快速枯竭，政府制定的一系列强制性环境法规及国际规则对企业环境行为必然产生深远的影响。企业要想生存发展，必须遵守和适应环境行为规范，承担相应的环境保护责任。②国际竞争压力。在国际贸易竞争中，发达国家的贸易壁垒已转向技术壁垒。作为技术壁垒的重要组成部分，绿色贸易壁垒是指进口国利用环境保护制度，对来自国外的产品进行限制的手段和措施。绿色技术标准的设置使我国企业出口成本大为增加，从而降低了国际竞争力。③生产技术改进压力。很多企业使用粗放型的生产方式和污染增加型的生产技术，给环境带来了沉重的负担。绿色壁垒的外部压力促使企业改进生产工艺和生产技术，积极采取环保措施，使得企业经济活动与环境保护相辅相成。

在企业所面临的种种压力之下，要想实现绿色环保化制造，就要从生产第一个环节——采购做起。绿色采购的理念由此产生。绿色采购是指在整个采购过程中充分考虑环境因素，从而达到既降低成本又提高产品质量，最终提高企业绩效——环境绩效和财务绩效。具体来说，绿色采购需要企业内加大采购部门与产品设计部门、生产部门、营销部门和财务部门的沟通与合作，共同决定采用何种材料和零部件，以及选择哪家供应商，同时包括与供应商合作方式的选择，以此来控制购买成本、降低末端环境治理成本、提高产品质量、改善企业的内部环境状况。

3. 客户需求的多样化

随着社会经济文化的不断发展，网络技术和信息技术的日新月异，客户可以在更广泛的范围内选择自己需要的产品和服务，对产品和服务的质量、价格、功能、性能的要求也越来越高。客户需求的个性化和多样化日益加强、产品生命周期缩短、多品种小批量生产比例增大、卖方市场转变为买方市场、可持续发展的呼声越来越高等，使企业所面临的竞争环境正发生着巨大的变化。

企业经历了从家庭作坊、手工工厂、机械化单件生产到大批量自动化生产的历程，传统的大规模生产模式已经不能适应市场发展的需要。为了响应客户的个性化需求，企业需要改变生产方式，逐渐由面向库存（MTS）生产转向面向订单（MTO）生产。大规模定制是一种新的MTO生产方式，它能够将大规模生产和定制生产结合起来，以大规模生产的高效率和低成本，为客户提供单件或小批量的个性化产品。这种生产方式既满足了客户的需要又实现了低成本、快速和高质量的要求，已逐步成为信息时代制造企业发展的必然趋势。采购活动在MTO生产方式下能否有序、高效、低成本地运行，对企业今后的长远发展至关重要。

MTO生产模式下的采购作业的困难主要来自于客户需求的多变性，即频繁变化的客户需求造成采购作业无法按原先采购计划执行，不得不在多方面因素制约的前提下作出适当的调整。客户需求的多变性主要来自产品结构变更、订货数量变化、产品交货期变化以及紧急订单或订单取消等，每一种客户需求的变化均会不同程度地影响采购作业的有序进行。

1.3 采购管理

采购和采购管理是两个完全不同的概念。**采购是一项具体的业务，是作业活动，一般由采购员负责具体的采购活动。采购管理是企业管理系统中一个重要的子系统，是企业战略管理的重要组成部分，一般由企业的管理人员负责。**

1.3.1 采购管理的含义

在市场经济条件下，采购管理是一个十分广泛的概念，可以将采购管理划分为广义概念与狭义概念。广义的采购管理是指社会采购，其中包括政府采购、教育采购、军事采购、医疗采购、消费采购等。狭义的采购管理专指企业采购，是指工商企业以营利为目的，为提供社会最终产品或业务使用而购买生产资料的活动。本书将讨论采购管理在企业中的应用。

概括来说，采购管理是指对采购过程的计划、组织、协调和控制。采购管理是管理活动，具有管理的基本职能。从计划职能上看，采购管理包括对采购时间、数量、质量、资金的计划等；从组织职能上看，采购管理包括企业采购系统的组织结构、人力配备、业务流程等；从协调职能上看，为了做好采购工作，需要进行目标设定、供应商选择、协调交货方式等；从控制职能上看，采购管理包括采购进度、库存量控制、质量和成本控制等。

总体而言，采购管理是在从采购计划下达、采购订单生成、采购订单执行、到货接收、检验入库、采购发票的收集到采购支付结算的采购活动的全过程中，对各个环节状态进行严密跟踪、监督，实现对企业采购活动执行过程的科学管理。

1.3.2 采购管理的目标及作用

1. 采购管理的目标

采购管理的总体目标是以最低的总成本为企业提供满足其需要的货物和服务。总目标的实现不仅仅是采购部门的事情，它还需要整个企业的共同努力。但在某一时期，企业可能专注于一个具体的目标。总目标可以具体分为以下四个方面：

（1）为企业提供所需的货物和服务。这是采购管理最基本的目标。最初，采购部门就是为此目标而设的。提供不间断的货物和服务，以便使整个组织正常运转，这是采购部门的第一要务。原材料和零部件的缺货，会导致由于必须支出的固定成本而带来的运营成本的增加，以及无法向客户兑现交货承诺而造成的损失。例如，没有外购的轮胎，汽车制造商不可能制造出完整的汽车；没有外购的燃料，航空公司不可能保证其航班按航运时刻表飞行；没有外购的手术器械，医院也不可能对病人进行手术。

（2）尽可能降低采购成本。在企业的经营活动中，采购活动消耗的资金最多，占企业成本费用的大头。除此之外，企业采购活动的经济杠杆效用也非常明显。尽管"价格购买者"这个词由于意味着其在采购时所关注的唯一因素是价格，而一般被人理解为贬义词，但是当确保质量、发送和服务方面的要求得到满足时，采购部门还是应该全力以赴地争取以最低的价格获得所需的物料和服务。

（3）使库存降到最低。保证货物供应不间断的一个方法是保持大量的库存。而保持库存必然占用资金，使得这些资金不能用于企业经营的其他方面。保持库存的成本一般每年要占库存商品价值的20%～50%，如果采购部门可以用价值1000万元的库存（而不是原来的2000万元）来保证企业的正常运作，那么1000万元库存的减少不仅意味着多了1000万元的流动资金，而且也意味着节省了200万元～500万元的存货费用。

（4）保证采购物料质量。首先是保证所采购到的每一种物料的质量，这是使最终产品或服务达到期望的要求的前提；其次是保证采购过程的质量，如采购流程简洁、优化，采购文档准确、完整，采购效率高效、有序等。

2. 采购管理的作用

企业在生产经营过程中需要的各种物料一般是通过采购实现的，组织好企业的采购活动以及进行有效的采购管理，具有重要的作用。

（1）物料采购是生产活动的基础，良好的采购管理能缩短生产周期、提高生产效率、减少库存、增强对市场的应变力。随着消费者需求的多样化，企业必须以小批量、多品种生产方式提高对市场的快速反应能力，这就要求采购管理活动更加频繁、准确和及时，做好物料的配套化、规格化和准时化可以为先进的生产方式创造良好条件。

（2）采购管理是降低产品成本的重要手段。采购成本占产品成本的比重较大，是决定产品价格水平和竞争力的主要因素之一。采购成本包括采购费用、购买费用、进货费用、仓储费用、流动资金占用费用以及管理费用等，构成了企业生产和经营成本的主体。采购成本过高，将会大大降低企业的经济效益，甚至造成企业亏损，致使企业生产和经营陷入困境。因此，加强采购管理，控制采购成本，是降低产品成本的主要渠道。

（3）采购管理可以帮助企业进行供应链管理。采购是企业和资源市场的关系接口，是企业外部供应链的操作点。只有通过物资采购人员与供应商的接触和业务交流，才能把企业与供应商们联结起来，形成一种相互支持、相互配合的关系。待条件成熟以后，可以组织成一种供应链关系，从而使企业在管理方面、效益方面都登上一个崭新的台阶。

（4）采购管理可以帮助企业获取市场信息。物资采购人员虽然主要和资源市场打交道，但是资源市场和销售市场是交融在一起的，都处在大市场环境之中。所以，物资采购人员比较容易获得市场信息，是企业的市场信息接口，可以为企业及时提供各种各样的市场信息，供企业进行管理决策。

总之，采购管理在企业管理中占有十分重要的地位，重视采购活动，实施科学的采购管理，是提升企业竞争力的重要条件。

1.3.3 采购管理面临的挑战

1. 降低采购成本

采购成本是企业进行采购工作所发生的各种相关费用，它包括资金占用成本、物流或运输成本、管理成本以及库存维持成本和因采购不及时带来的缺货成本。虽然不同企业的产品成本构成差异较大，但采购成本都占较大的比重，随着竞争的加剧，许多企业除了单纯通过降低采购物料价格来降低采购成本之外，也开始从不同的方面寻求降低采购成本的方法。

（1）以竞争招标的方式来牵制供应商。对于大宗物资的采购，有效的方法是实行竞争招标，往往能通过供应商的相互比价，最终得到底线的价格。此外，对于同种材料，应多找几个供应商，通过对不同供应商的选择和比较使其互相牵制，从而使公司在谈判中处于有利地位。

（2）供应商早期参与。在产品设计初期，选择具有伙伴关系的供应商参与新产品开发小组，通过供应商早期参与的方式，使供应商及早了解新产品开发小组对产品提出的性能、规格要求，更好地调整战略，甚至有可能借助供应商的专业知识来达到降低成本的目的。

（3）改进采购流程。传统的物资采购周期长，涉及的部门和人员较多，而且每个小环节都需要沟通，任何一个阶段的延迟，都会影响整个流程的效率。由于采购周期过长、供应商供货能力的局限，以及年度生产计划制定的不能准确反映月度物料需求等现实因素，大多数传统企业的物资库存量很高。在这种状态下，企业的存货周转率很低，占用了大量资金，使其承受了较高的仓储成本和资金成本，从而大大增加了采购成本。企业的采购部门可以通过组合不同采购业务步骤，探寻出最佳采购业务步骤组合，就能极大地提高效率，降低物资采购的时间成本、机会成本和资金成本。

采购是企业经济活动的重要组成部分，也是企业有效降低经营成本的一个关键途径。要追求采购过程的经济效益最大化，就要不断降低采购成本，以最小的成本去获取最大的效益，以适应日益变化的外界挑战。

2. 如何保证采购物资的质量

在经济全球化趋势和市场竞争愈演愈烈的严峻形势下，产品质量竞争已成为贸易竞争的重要因素。企业如不加强质量管理，建立完善的质量管理体系，就有被淘汰的危险。产品质量是企业占领市场的有效武器，是企业生存和发展的关键。而产品质量的优劣，在很大程度上取决于采购物资质量的高低。据统计，产品质量缺陷的20%～25%是由采购物资造成的。由此可见，采购物资是企业产品的组成部分，是企业整个质量管理体系中不容忽视的重要环节。

在采购物资质量管理时，除了通过传统的质量检验反映的合格率来保证采购物资的质量外，还应加强对供应商的质量管理和控制，如对供应商实施合约控制。合约控制主要包括对下列几种协议的控制：

（1）质量保证协议。采购企业应与供应商对于质量达成一致的保证协议，以明确规定供应商应负的质量保证责任。协议可包括下列一项或多项内容：①采购企业对供应商的质量体系充分信任；②供应商随着发运的货物提交规定的检验数据和过程控制记录；③由供应商进行100%的检验；④由供应商进行批次接收抽样检验；⑤实施采购企业规定的正式质量体系；⑥由采购企业或第三方对供应商的质量体系进行定期评价；⑦内部接收检验或筛选。

（2）验证方法协议。与供应商就验证方法达成明确的协议，检验其是否符合要求。为进一步改进产品质量，协议中还可包括双方交换检验和试验数据。验证方法的协议内容主要有：检验项目、检验条件、检验规程、抽样数据、抽样方法、合格标准、供需双方需交换的检测资料、验证地点等。

（3）解决争端的协议。采购企业应制定有关制度和程序，为供应商和本企业之间的质量争端提供解决方法，应就常规问题和非常规问题的处理作出规定。常规问题是指不符合产品技术标准的一般性质量问题；非常规问题是指产品技术标准范围之外的质量问题或大批的不安全或不合格的产品等。还应制定本企业与供应商之间处理质量事宜时的联系渠道和措施等。

尽管合约控制在一定程度上约束了供应商行为，有助于控制采购物资质量，但是仍然存在着对供应商的信任、供应商资质，以及供应商的承诺意愿与承诺行动的风险，这无疑对采购管理提出了很大的挑战。

3. 供应商的选择

进入21世纪以来，企业进行全球采购的产品数量和种类增长迅速。在此背景下，供应商作为一种宝贵资源，越来越受到企业重视。供应商的选择对实现企业的战略目标至关重要。倘若供应无法保证，势必导致企业停工待料，而这种无形的损失，折算为成本也将是企业巨大的损失。因此，供应商的选择是采购管理中一个很重要的问题。

传统的采购模式通常是多头采购，供应商的数目较多，企业与供应商的关系是通过价格竞争而选择的短期合作关系。而现代采购趋向于较少的供应商，甚至只选择一个供应商，且与供应商的关系是长期合作关系。这种变化可以使供应商获得长期订货和内部规模经济效益，从而降低产品的价格；有利于供应商与采购企业之间建立长期稳定的战略合作关系，保证产品质量的可靠稳定；供应商管理比较方便，也有利于降低采购成本；有利于供需之间建立长期稳定的合作关系，质量上比较有保证。

在这种情况下，对于供应商的选择显得至关重要。一旦供应商的选择失误，就会给采购企业带来巨大损失。合格的供应商应具有较好的技术、设备条件和较高的管理水平，可以保障采购的原材料和外购件的质量，保证准时按量供货。在选择供应商时，采购企业不仅对产品的本身属性——质量、交货、价格提出更高要求，而且对供应商的战略、运营、合作声誉及信息系统的建设、批量柔性的均衡及地理位置等都提出了相应更高的要求。

1.4 本书的逻辑结构及知识点

1.4.1 本书的逻辑结构

本书从一个初学者的角度，从制造企业运作层面，紧紧围绕生产物资采购业务展开。全书共分5篇。第1篇为基础篇，概述采购管理和采购组织，使读者对采购和采购管理的内涵有一个基本的了解，对企业如何建立采购组织完成采购职能有一个清晰的认识。第2篇为战略篇，介绍采购战略和战略采购，前者是职能战略，是为企业战略服务的；后者是从战略高度看待采购问题，是采购管理的新视角。第3篇为运作篇，介绍具体的采购业务和运作过程，包括采购计划与预算、采购成本、采购谈判、采购合同、采购质量、采购结算、外协采购、采购绩效管理等。这些都是采购中最主要的业务，是企业采购人员必须熟练掌握的。第4篇为专题篇，介绍全球化采购和招标采购。越来越多的企业会选择全球化采购和招标采购，学会采用这两种新型采购模式可以更好地开展采购业务。第5篇为趋势篇，介绍电子采购和采购中的社会责任，这是未来采购发展的方向。

全书的写作思路可以用图1-6来描述，即**以企业战略为主线，在战略目标指引下，围绕采购活动开展研究。在采购活动中，企业以战略采购和采购战略为指导，制定采购**

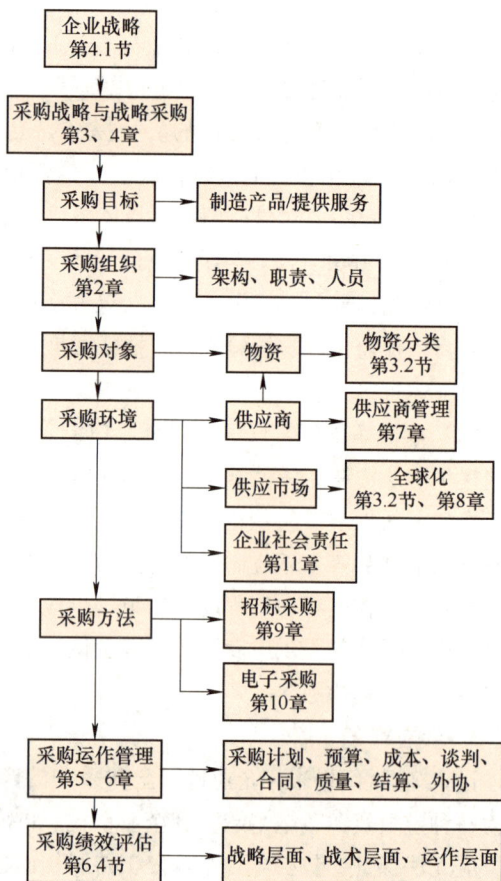

图1-6 本书写作思路

目标，建立采购组织，分析采购对象（要采购的物资）与环境（供应商、供应市场和企业社会责任），采取一些当前最流行的采购方法（招标采购、电子采购），详细分析采购运作中的计划、预算、成本、谈判、合同、质量、结算、外协等管理问题，并对采购管理绩效进行评价。

1.4.2 需要掌握的知识点

采购管理需要掌握的知识点如表 1-6 所示。

表 1-6 采购管理需要掌握的知识点

章节	知识点	技 能
1.2	采购的概念	
1.3	采购管理的概念	
2.1	采购组织的职能	理解采购组织职能
2.2	采购组织设计	学会设计采购组织
2.3	采购组织能力评价	学会评价采购组织能力
2.4	各类采购人员职责与要求	掌握采购专员基本技能
3.2	采购战略规划流程	能够进行采购战略规划
3.3	三种主要采购战略	学会灵活运用三种采购战略
3.4	采购战略选择依据与实施步骤	
4.1	战略采购的概念	理解战略采购并应用在采购中
4.2	战略采购方法	
4.4	战略采购的发展趋势	
5.1	采购计划与预算流程	能够编制采购计划和预算
5.2	采购成本计算	学会计算采购成本
5.3	采购谈判技巧	掌握基本的谈判技巧
5.4	采购合同管理	学会编制、管理采购合同
6.1	采购质量问题处理	学会处理采购质量问题
6.2	采购结算方式	学会进行采购结算
6.3	外协采购管理	了解外协采购管理的复杂性
6.4	采购绩效评价	学会评价采购绩效
7.1	供应商开发过程	理解供应商管理过程
7.2	供应商认证过程	学会管理供应商
7.3	供应商绩效考核	设定供应商绩效指标
7.4	供应商关系一体化	
8.1	全球化采购概念	理解全球化采购与国内采购的差异
8.2	全球化采购模式	学会灵活运用全球化采购模式
8.3	全球化采购流程	学会全球化采购操作流程
8.4	全球化采购关键环节	掌握全球化采购关键点
9.1	招标采购概念	
9.2	招标采购流程	理解招标采购流程
9.3	招标采购问题防范	学会防范招标采购中的问题

24

（续）

章节	知 识 点	技 能
10.1	电子采购的概念	
10.2	电子采购三种模式	学会应用电子采购方法
10.3	电子采购流程	理解电子采购流程
11.1	企业社会责任概念	认识企业社会责任及其在采购中的应用
11.2	企业采购中的社会责任内涵	在采购中考虑供应商社会责任的履行
11.3	企业采购中的社会责任对企业运营管理的影响	

本章小结

本章主要介绍了采购的基本含义、要素、分类以及采购管理的含义、目标和作用。

采购是指产品或服务的获得。采购主要包括供应商、时间、价格、数量和质量五个要素，采购人员的工作便是在合适的时间里，从合适的资源中以合适的价格、质量和数量获取产品或服务，所谓的"合适"是不断演变的。严格来说，采购的五大要素应该是"合格"的供应商、"需求"的时间、"合理"的价格、"正确"的数量并且"符合质量要求"。

根据采购主体、采购范围、采购时间、采购方法、采购对象、采购定价方式的不同，采购可以进行不同的分类，本文主要研究的是企业采购中的生产性物资采购，常用的采购方法为MRP采购。

采购管理是指对采购过程的计划、组织、协调和控制。企业采购管理的目标是为了保证供应，满足生产活动的需求，既包括对采购活动的控制，也包括对采购人员和采购资金的管理。采购管理在企业管理中占有十分重要的地位，采购环节是企业经营中不可缺少的环节。重视采购活动，实施科学的采购管理，是企业提升产品竞争力的重要条件。

习题

一、选择题

1. 关于采购的概念说法错误的是（   ）。
   A. 采购是从资源市场获取资源的过程　　B. 采购是商流过程和物流过程的统一
   C. 采购是一种经济活动　　D. 采购就是一种购买过程

2. 按照采购时间分类，可将采购分为（   ）。
   A. 国内采购和国外采购　　B. 长期合同采购和短期合同采购
   C. 有形采购和无形采购　　D. 生产性物资采购和非生产性物资采购

3. 相对于传统采购，JIT采购的特点主要是（   ）。
   A. 大批量，送货频率低　　B. 长期合作，单源供货
   C. 供应商没有创新　　D. 在收货、点货和质量上进行详细验收

4. 采购管理最基本的目标是（   ）。
   A. 为企业提供所需的货物和服务　　B. 尽可能降低采购成本
   C. 使库存降到最低限度　　D. 保证采购物料质量

5. 有关采购管理的作用，说法错误的是（   ）。
   A. 良好的采购管理能缩短生产周期、提高生产效率、减少库存、增强对市场的应变力
   B. 控制采购管理成本是降低产品成本的主要渠道

    C. 重视采购活动，实施科学的采购管理，是企业提升产品竞争力的重要条件

    D. 采购成本在整个产品成本中的比重并不大，所以采购管理是一项无关紧要的活动

二、判断题

1. 采购的要素包括供应商、时间、价格、数量和质量。   (   )

2. 根据采购对象的不同，采购可分为有形采购、无形采购、设备采购、项目采购和电子采购等。

                                               (   )

3. 企业采购是现今市场经济下一种最重要的采购。   (   )

4. 国内采购是指面向国内供应商采购商品，一般用时较长，面临的风险较大。   (   )

5. JIT 采购是一种完全以满足需求为依据的采购方法。   (   )

三、思考题

1. 采购的分类标准有哪些？根据不同的分类标准，都有哪些采购形式？

2. 采购的流程可分为哪几个步骤？

3. 采购管理的含义是什么？

4. 采购管理的作用是什么？

5. 采购管理面临哪些新的挑战？

参 考 文 献

[1] 徐杰，鞠颂东. 采购管理 [M]. 北京：机械工业出版社，2009.

[2] 计国君，蔡远游. 采购管理 [M]. 厦门：厦门大学出版社，2012.

[3] 郝渊晓. 现代物流采购管理 [M]. 广州：中山大学出版社，2003.

[4] 王槐林. 采购管理与库存控制 [M]. 北京：中国物资出版社，2002.

[5] 张晓华. 采购与库存控制 [M]. 武汉：华中科技大学出版社，2011.

[6] 张旭凤. 采购与仓储管理 [M]. 北京：中国财政经济出版社，2007.

[7] 赵道致，王振强. 采购与供应管理 [M]. 北京：清华大学出版社，2009.

[8] 孙铁玉. 新编采购管理 [M]. 南京：南京大学出版社，2011.

第 2 章
采购组织管理

随着采购的作用受到越来越多的重视，采购在企业中的战略地位也在逐渐提升，它对企业经营和赢得竞争力产生越来越重要的影响。因此，如何对采购组织进行合理规划并科学管理变得越来越重要。本章介绍采购组织的职能、类型、管理以及采购人员的职责和岗位要求，这些为开展采购活动奠定组织保障。

2.1　采购组织概述

采购组织是为了完成企业的采购任务，保证生产经营活动顺利进行，由采购人员组成的采购团队。采购组织不仅管理日常运作，而且负责制定相关采购政策、确定相关采购决策等，负责整个企业采购活动的组织、计划、指挥、协调和控制，保证企业物资的供应。

2.1.1　采购组织的职责

采购组织全面负责企业采购工作，在相关职能部门的配合协助下，严格制定并执行采购制度与采购工作流程，确保采购顺利进行。采购组织的职责主要表现在两个方面：一方面是对内职责，即控制和保证采购流程的实施，保证采购质量；另一方面是对外职责，即选择和管理供应商。下面详细介绍采购组织的具体职责。

1. 建立采购部门的组织结构

结合企业的实际需求和历史文化，建立健全采购部的组织结构设计；优化配置采购部人员，做到分工明确、分工到位；明确采购部人员的工作范围及职责，提高采购工作绩效。

2. 建立健全采购管理制度体系

根据企业的发展战略和管理要求，制定并严格执行采购规章制度，规范采购流程。

3. 制定供应商管理体系

结合企业物资采购实际情况，建立供应商认证体系，并完善供应商档案；根据采购需求进行市场和供应商调查，对供应商及采购物资的质量进行检验、认证，确保采购的材料符合企业的质量要求；择优选择信誉度高、品质高、价格优的供应商作为企业的长期供应商。

4. 制定采购价格管理体系

严格执行采购预算，监督采购询价、议价、订购过程费用的使用情况，进行成本分析，有效控制采购成本。建立完善的材料进货价格档案系统，结合市场变化及企业的实际情况，更新重要材料及常备物资的价格档案，提高采购工作的效率。

5. 制定采购合同管理体系

结合企业长期采购的重要物资，与供应商签订长期采购合同，建立采购合同档案及台账分类管理系统，随时监督采购合同的执行情况，降低企业的采购风险。

6. 制定采购进度控制体系

监督采购合同的签订与执行情况，采取采购跟单与催货形式，并进行交期管理，严格控制采购进度，确保采购不耽误生产使用，按照生产进度及时准确供货。

7. 制定采购物资质量管理体系

监督采购物资的验收工作，确保采购入库及进入企业的物资符合企业的质量要求。发现物资与实际需要的物资不符或质量问题时，绝对不允许入库，同时及时与供应商联系，会同质量部门及时处理。

8. 制定采购物资库存管理体系

完善采购物资的入库领用手续，建立健全物资领用台账及库存台账，随时盘点检查库存物资，避免物资积压或过期，减少库存，减少采购成本和持货成本。

9. 制定采购相关的其他工作职能管理体系

根据企业需要，调配好时间和人手，积极配合企业做好与采购有关的其他工作。

2.1.2　采购组织的重要性

采购职能在企业中的地位越来越重要，其对企业的战略贡献日益为许多企业高层所重视。为了匹配企业对采购实践的战略性要求，企业的采购组织结构将越来越复杂，也越来越具有挑战性。高效、安全的采购组织结构，将对提升企业核心竞争力发挥重要作用。主要体现在以下几个方面：

（1）采购组织体现了一种适合企业具体情况的采购管理制度。企业的采购组织结构直接反映了采购在企业中的地位，确定了采购管理的权限、职权范围、审批权限、工作内容，有利于采购管理工作的顺利开展。

（2）采购组织既是企业采购管理的"司令部"，又是企业采购业务工作的"行动部"。建立起一个完善的采购管理组织，不仅可以保证采购业务工作高效有序地开展，而且有利于精简机构、缩短管理流程，做到分工明确、权责分明、事事有人管，可以提高工作效率。

（3）建立起一个完善的采购组织，有利于深入研究企业采购管理工作的规律，逐渐形成采购管理工作的标准规范和一系列的规章制度，指导企业日常采购管理工作和业务工作的正常进行，以及探索发展更加科学先进的采购管理工作方法和工作手段，使企业采购管理工作走向正规和健康的发展轨道。相反，如果没有一个采购组织，或者不能建立起一个有效率的采购组织，要进行比较复杂的采购管理则是不可能的。

2.1.3　采购部门与其他部门之间的关系

采购部门必然要和企业中其他的职能部门建立起密切的工作关系，只有这样，企业中其他部门对物料和信息的需求才能及时得到满足，采购部门也才能从其他部门那里获得相应的采购需求和使用信息，进行有效的采购作业。事实上，随着现代企业管理理念的更新和信息技术的发展，采购部门与其他职能部门越来越紧密地联系在了一起。

1. 采购部门与设计部门的关系

产品物料的采购需求来源于设计部门，物料的名称、规格、品种、技术要求等都是由设计部门根据产品的技术要求确定的。不过设计人员有时并不了解物料的市场信息，有时提供的物料信息并不准确，或者指定的物料市场上无法采购到。此时，设计人员需要事先与专业采购人员沟通，以充分了解所选物料的市场信息，如可得性、价格、采购量等；采购人员拿到物料需求之后，在采购之前，也需要认真研读物料需求，发现市场上难以采购的物料，或者需求信息描述不清楚的物料，要及时沟通，以便了解该物料的详细需求，是否可用替代物料。这样才能保证采购来的物料能满足企业生产的需求。

2. 采购部门与销售部门的关系

采购部门与销售部门从供给角度来看是一种相互反映关系。对这两种职能的整合可以为企业带来巨大的利润。一方面，采购部门要依据从销售部门获得的长期市场销售计划来制定具有现实意义的物料供应战略，并制订相应的具体采购计划。销售部门也要依靠采购部门来及时地获得高质量的物料，以保证销售目标的实现。采购部门是产业中不同供应商销售和营销推广计划的对象，敏感的采购部门的员工能够提供当前和未来的市场形势方面的信息和谈判技巧。另一方面，销售部门通过销售策略和售后服务的实施能够促进采购的优化，使采购部门能更好地满足客户的需要。销售部门也可能在客户中找到供应商，使企业与客户（供应商）的关系更加密切。

3. 采购部门与生产部门的关系

因为生产部门是采购物料的使用者，他们在使用过程中的实践和技术经验可以为采购部门提供物料质量和生产进度方面的相关信息。采购部门通过对这些信息的处理，可以获得一个有用的规划采购和供应业务的工具。例如，采购部门知道了生产部门的生产计划，就可以在正常的提前期内进行采购并获得有利的最终价格。生产部门依赖于采购部门提供的有关物料是否可以获取、物料发运提前期、物料替代品、生产设备供应商等方面的信息来制订生产计划并组织生产。采购部门提供的有关的维护、修理和辅助物料方面的信息对生产部门也有帮助。总之，采购部门与生产部门是一个信息互动、互相协作的关系。

4. 采购部门与仓储管理部门的关系

仓储管理部门库存政策的形成需要许多方面的信息，例如提前期、物料何时到达、价格趋势以及替代材料等方面的信息，而采购部门是这些信息的提供者。同时，采购部门需要仓储管理部门提供在给定时间内需要采购或订购的商品名称和数量方面的相关信息。通过这些信息，采购部门才能围绕采购物料的种类、时间和数量实施采购，这样既可以避免库存不足或积压状况的出现，又可以节省采购费用。因此，采购部门和仓储管理部门的合作可以提升双方的工作绩效。

5. 采购部门与财务部门的关系

采购部门和财务部门在应付账款支付、采购计划和预算方面有相互作用。采购经理经常抱怨财务部门过多地关注货物的最低价款，却不太注重合同中的支付条款。显然企业如果不能及时支付货款，那合同就不能很好地履行，更不要说获得现金折扣和保持与供应商的良好关系了。但是，从另一方面来看，这也会对采购部门的运营费用产生一定的约束，有利于采购费用的节约。这就需要两个部门加强沟通来缓和这些冲突。采购部门提供给财务部门的信息是进行企业发展、管理预算以及确定现金需要量的基础。同时，采购部门运作的有效性也可以作为衡量财务工作好坏的依据。

从以上分析可以看出，在企业运作过程中，采购部门和企业其他部门有着极为密切的交互关系。因此，企业管理者必须重视采购组织的作用，配置更优质的资源，实现企业核心竞争力的提升。

2.2　采购组织的建立

为了保证采购质量，缩短采购时间，获得经济且有效的物资供应，实现科学采购以降低采购成本，提高采购效率，不同企业根据不同的经营环境可以设置不同的采购组织类型。

2.2.1　采购组织的类型

企业采购组织结构的设置，决定了采购过程中权利分配的基本模式。企业的采购组织结构包括以下几种类型：

1. 直线制采购组织

直线制采购组织是指从采购经理到采购员实行垂直领导，采购经理直接管理多个采购员，每个采购员只接受一个采购经理的指令，一切管理职能基本上都由采购经理自己执行。直线制采购组织的结构如图 2-1 所示。

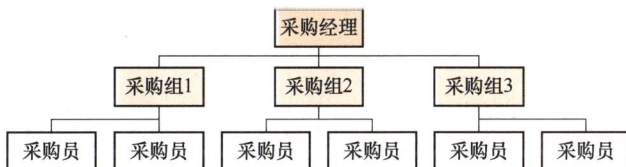

图 2-1　直线制采购组织结构

直线制组织结构的优点是"直接命令"：它可以做到加强管理控制和落实管理责任，实现有效沟通而使管理更贴合现实，可以实现个性化管理，结构简单，权力集中，责任分明，指挥统一，效率高。其缺点是：它受采购经理本人能力、控制幅度的限制，其管理的人数、事务的多少、事务的复杂程度、管理指挥的智慧都是非常有限的。因此，直线制采购组织适用于规模较小、生产技术比较简单的企业。

2. 直线职能制采购组织

直线职能制采购组织就是在直线制的基础上，再加上相应的职能管理部门，帮助采购经理决策，承担管理职能的组织结构。这种组织结构是在结合直线制和职能制的基础上，吸取这两种形式的优点而建立起来的。这种组织结构形式将企业采购人员分为两类：一类是直接从事采购工作的人员；另一类是采购相关职能部门的人员，按专业化原则，从事与采购相关的辅助性职能管理工作。某企业的直线职能制采购组织结构如图 2-2 所示。

直线职能制采购组织的优点是：既保证了企业采购管理体系的集中统一，又可以在各部门领导下，充分发挥各个专业采购人员的作用，同时

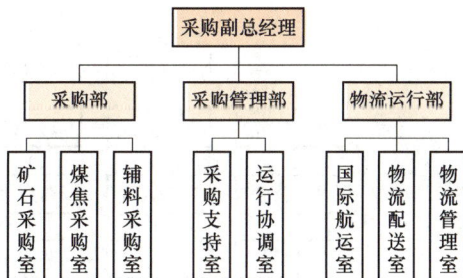

图 2-2　某企业的直线职能制采购组织结构

还克服了直线制采购经理受个人能力限制的缺点，职责清楚，管理更宽、更细、更加深入。其缺点是：各采购职能部门之间的协作和配合性较差，许多工作要直接向上层领导报告请示才能处理。这一方面加重了上层领导的工作负担，另一方面也导致办事效率低下，下级部门缺乏积极性，部门间沟通协调困难，难以培养通才。直线职能制适合于组织机构复杂的大中型企业。

3. 事业部制采购组织

事业部制是一种分权组织或部门化结构。企业一般按地区或按产品类别将采购分成若干个事业部，从采购、质量控制到成本核算，均由事业部负责，事业部对企业赋予的任务负全面责任。事业部制采购组织一般适用于采购规模大、采购品种多的大型企业。某企业采购事业部组织结构如图2-3所示。

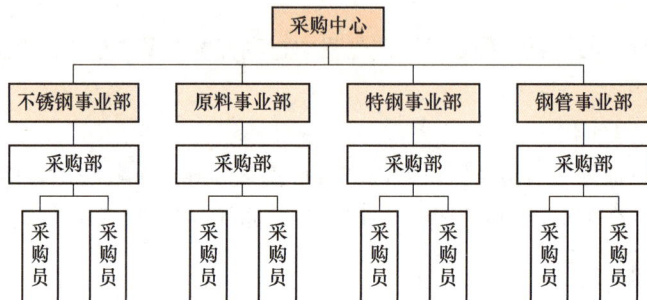

图 2-3　某企业采购事业部组织结构

采购事业部是将产品的采购部门化。其优点是：①有利于将个人的技术和专业化知识得到最大限度的发挥；②每一类产品事业部都是一个利润中心，部门经理承担利润责任，这有利于总经理评价各部门的业绩；③在同一产品事业部内有关的职能活动协调比较容易，比完全采用职能部门管理更有弹性；④有利于管理人才的培养。其缺点是：每一个产品事业部都有一定的独立权力，高层管理人员有时会难以控制；虽然各事业部采购的对象不同，但采购职能、流程和工作内容都是相似的，导致采购工作重复、采购人员增加、采购业务分散，事业部过多考虑部门利益，企业集中管控困难。

4. 矩形制采购组织

矩阵制采购组织是指为了完成某项目采购任务而由各部门的人员组成的临时的组织结构。这种组织结构是围绕某项专门任务成立跨职能部门的专门机构，随着项目的结束而解散，人员各自回到原部门工作。矩阵制采购组织结构如图2-4所示。

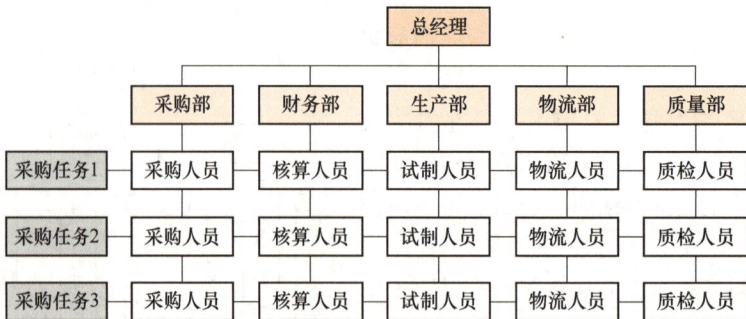

图 2-4　矩阵制采购组织结构

矩阵制采购组织的优点是：①增强了不同部门之间的配合和信息交流；②改进了直线职能制横向联系差、缺乏弹性的缺点，是一种柔性组织，工作效率高；③有利于培养团队合作和创新精神。其缺点是：①采购任务负责人的责任大于权力；②因为参加任务的人员来自不同的部门，隶属关系仍在原单位，只是为临时任务而来，所以，负责人对他们的管理有一定困难；③没有足够的激励手段与惩治手段；④采购人员受到采购和职能部门双重管理，当两个部门的领导意见不一致时，采购人员的工作就很难开展，这是矩阵型采购组织的根本缺陷。矩阵制适合于项目型的企业采用。

2.2.2　采购组织设计

企业采购组织设计是指将企业内部关于采购方面的职能运用组织结构的形式联系起来，并确定不同的小组的分工，最终达到提高采购效率、降低采购成本的目标。合理的采购组织设计可以将企业的内部资源进行整合，促进采购工作的顺利进行，从而提高企业的运作效率。

1. 采购组织的设计原则

（1）目标匹配原则。采购组织的设计首先应该保证采购职能目标的实现。采购组织是企业职能部门的一部分，其组织结构及岗位职能的设计必须与企业的战略任务和经营目标保持一致。这一原则是采购组织设计的基本原则。

（2）合理管理幅度原则。管理幅度是指一名管理者直接管理下级的人员数量，它与管理者的能力有关，管理者的能力越强，管理的幅度也就越宽。在设计采购组织时，为了保证采购管理工作的有效性，应确定合理的管理幅度，一般以 3~5 个下属为宜。

（3）权责结合原则。采购组织的设计，应该将岗位权力和责任结合起来。只有将权力和责任相互制衡，才能达到有效的采购管理，充分调动采购组织人员的积极性。有责无权，责任难以落实；有权无责，就会滥用职权。因此，采购组织的设计应该实现权责的对等和统一。

（4）合理分工原则。在设计采购组织时，应充分考虑采购人员的不同能力和特点，根据其特点进行合理分工，以便采购组织内部各司其职，提高采购效率。在合理分工的基础上，各部门加强协作和配合，保证专项采购工作的顺利开展，达到采购组织的整体目标。

（5）效率原则。采购环节是企业整个经营活动的开端，其运行效率会直接影响到企业的整体运行效率。在采购组织内部，横向各部门之间的沟通及配合程度和纵向上下级之间信息传达的方式都会影响到采购决策的执行力。总之，采购组织设计时应充分考虑到采购组织的时间、成本、资金等方面的效率。

（6）精简原则。要根据采购组织的工作量安排岗位和人员。对于工作量不足的岗位，可以一人多岗，尽量精简机构，以节约采购人力成本，提高采购效率。

2. 采购组织的设计流程

采购组织的设计流程如图 2-5 所示，包括采购职能分析、采购组织结构设计和采购组织结构实施。

（1）采购职能分析。①采购总监需要根据企业的经营状况制定采购组织的工作职能，并对其进行职能分解；②在职能分解的基础上，采购总监还应明确采购部工作职责。

（2）采购组织结构设计。①采购部的任务量应包括采购职能的多少以及每个职能下工作量的大小，采购任务量需考虑供应商管理的工作量、进货工作量、仓储管理工作量、市场信息

主办部门	采购部	流程名称	采购组织的设计流程	
	总经办	采购总监	采购部	人力资源部

采购职能分析 / 采购组织结构设计 / 采购组织设计实施

开始 → 明确采购组织职能 → 明确采购部职责 → 审批（不通过 / 通过）→ 统计采购任务量 → 选择采购组织类型 → 设计采购作业流程 → 设定采购组织岗位 → 审批（不通过 / 通过）→ 为各岗位配置合适的人员 → 制定采购管理规章制度 → 审核（不通过 / 通过）→ 审批（不通过 / 通过）→ 采购组织结构的实施 → 结束

编修部门	签发人	签发日期

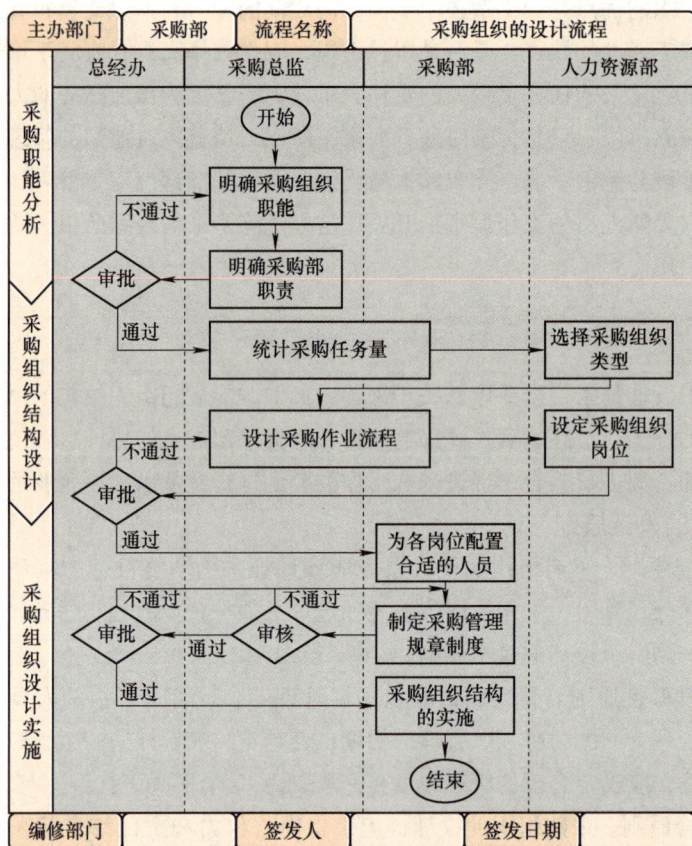

图 2-5 采购组织的设计流程

收集与分析工作量；②人力资源部应根据采购任务量的大小，估计采购部所需人员的多少，并根据职能情况选择合适的采购组织类型；③采购部应根据采购作业要求和管理职责，设计采购作业的流程；④人力资源部根据具体的采购作业流程，设定采购组织的岗位；⑤采购部应对每个岗位提出具体要求。

（3）采购组织结构的实施。①采购部应建立完善的采购管理规章制度体系，体系应包括采购管理办法、供应商管理办法、供应商考核制度等。②设计好采购组织结构和制度体系后，应将采购组织结构实施，按照设计要求进行部署，招聘相关有资质的采购人员到岗并进行系统培训。

3. 采购组织结构设计

在设计采购组织时，需要综合考虑企业的业务情况及自身特点，按照企业规模、采购职能、责任分配、专业性、物资类别和采购地区的不同可以设计不同的采购组织。

（1）按企业规模设计的采购组织结构。一般来讲，企业的规模与企业的采购规模成正比，企业规模越大，其采购规模（包括企业内需要采购物资的品种、数量、采购空间范围）越大，采购工作就越复杂，采购工作量也就越大。因此，企业规模对采购组织的设计影响较大，按企业的规模大小进行采购组织设计时，可分为大型企业的采购组织和中小型企业的采购组织。

① 大型企业的采购组织设计。大型企业的采购组织的特点是分工细、部门齐全。这样的企业一般设置独立的采购管理体系，并向采购总监汇报工作。大型企业的采购组织结构如图2-6所示。

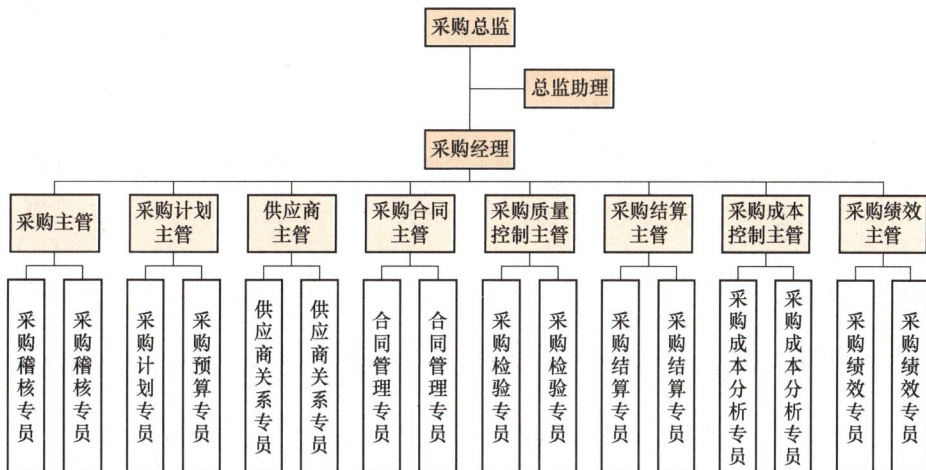

图2-6 大型企业的采购组织结构

② 中小型企业的采购组织设计。中小型企业的采购组织的特点是业务量少、分工较粗，结构比较简单。中小型企业的采购工作一般由采购部经理负责。中小型企业的采购组织结构如图2-7所示。

（2）按采购职能设计的采购组织结构。按照采购职能设计采购组织，即按照采购流程中的各项职能，将来源开发、询价、比价议价、决策签约和履约等阶段划分给不同的人员负责，产生内部牵制作用。这种采购组织的设计适合采购工作量大的企业，将采购工作按照职能进行专业化分工，有效发挥每个采购人员的专长。按采购职能设计的采购组织结构如图2-8所示。

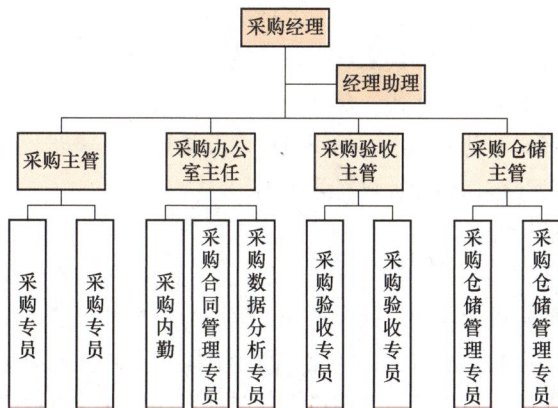

图2-7 中小型企业的采购组织结构

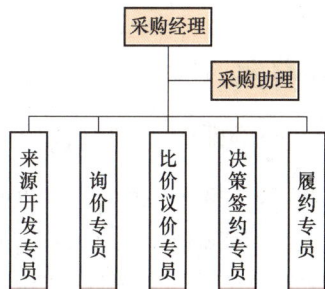

图2-8 按采购职能设计的采购组织结构

（3）按物料类别设计的采购组织结构。不同的物料具有不同的特点，因此可按照物料类别将采购组织分为多个专项采购部门，各个部门各自承担每类物料的采购计划制订、采购合同管理及采购结算等一系列采购活动。这种采购组织的设计适合采购物料繁杂的企业使用。按物料类别设计的采购组织结构如图2-9所示。

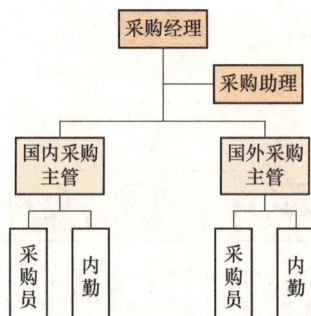

（4）按采购地区设计的采购组织结构。企业可能需要在不同的地区和国家采购物料，这就会涉及不同的文化、法律法规、税收和运输问题，因此，可以根据地区的不同设计采购组织。按采购地区设计的采购组织结构如图 2-10 所示。

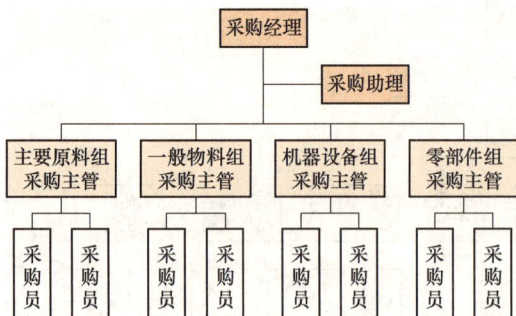

图 2-9　按物料类别设计的采购组织结构　　图 2-10　按采购地区设计的采购组织结构

总之，企业要根据采购组织的设计原则，充分考虑企业内外部影响因素，建立适合本企业的采购组织结构。同时，值得注意的是，采购组织机构建立后不是一成不变的，随着企业所面临的内外部环境的变化，要不断调整自身的采购组织结构，以便更好地适应环境，完成采购任务，最终实现企业的目标。但就短期而言，采购组织结构是相对稳定的。

2.3　采购组织的能力管理

在一系列的作业程序完成之后，采购工作是否达到了预期目标，企业对采购的物资是否满意，需要经过考评才能得出结论。对于采购组织的能力评估可分为两个层次：①采购组织绩效评估，这是对整个企业采购运作状况的一个全面衡量。②采购人员绩效评估，也称采购人员绩效考核。本节主要介绍前者，关于采购人员的绩效评估将在后面一节详细介绍。

采购组织的能力评估的关键是选择适用的评估指标和确定合理的绩效指标的标准值。通过建立一套科学的评估指标体系，并与确定的标准值进行比较，从而对采购工作进行全面系统的评价，判定采购的整体水平。能力评估可以有效调动采购组织的积极性和开拓性，进一步提高整个采购组织的效能，并且评估结果可以为提升采购能力提供科学依据。

2.3.1　采购能力的评估体系

要想了解采购组织的能力，进而对采购过程进行控制，就必须先了解应从哪些方面去衡量能力。采购的原则是以最少的资源消耗实现预定的采购目标，因此，衡量其能力可以从采购效果和采购效率两个方面着手。其中，采购效果对应采购工作范围各个环节的运作状况，是衡量采购流程各个环节的工作能够实现预定目标的程度。采购效率对应采购组织的工作能力，是指与采购能力如人员、管理等相关的指标。采购能力的具体评估指标体系如图 2-11 所示。

1. 采购效果

（1）财务指标。财务指标包括采购成本的降低额和造成的呆料、废料的金额。采购成本的降低额是指采购组织在一定时期内完成采购任务时实际支出的采购成本的节约情况，在实际

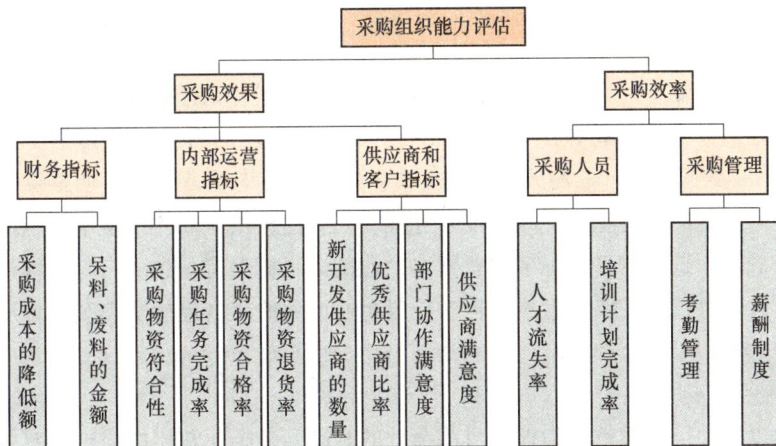

图 2-11　采购组织的能力评估指标体系

计算时，可以使用采购物资的预算成本与实际采购成本的差额来衡量。呆料、废料损失是指处理呆料、废料的收入和其取得成本的差额。存货积压越多，利息及保管费用越高，呆料、废料的损失就越高。

（2）内部运营指标。内部运营指标包括采购物资符合性、采购任务完成率、采购物资合格率和采购物资退货率。采购物资符合性是测定实际采购物资在数量、质量、技术性能方面是否满足企业要求。采购任务完成率是指一定时期内采购组织完成采购任务量的程度。采购物资合格率是指一定时期内实际采购物资的合格率，合格率高的可以考虑物资免检率，合格率低的考察退货率。采购物资退货率是指一定时期内退货的数量与采购总量的比例。

（3）供应商和客户指标。客户是指物资使用部门，指标是部门协作满意度。供应商指标包括新开发供应商的数量、优秀供应商比率、部门协作满意度、供应商满意度。其中，优秀供应商是指实施免检的供应商；供应商满意度和部门协作满意度主要通过第三方进行的满意度调查数据获得。

2. 采购效率

（1）采购人员效率。采购人员效率指标主要是指采购的总人数以及战略采购、前期采购、后期采购人员的比例，采购人员与采购业务量的比例，采购人员素质（包括采购人员的年龄、工作经验与教育水平结构，采购人员语言结构），采购人员培训计划及完成情况，采购部人才流失率等。

（2）采购管理效率。采购管理效率主要是指采购人员的时间使用结构（如处理文件、访问供应商等）、采购人员的考勤管理及薪酬制度、采购行政管理制度的完整性（如合同管理、权限规定、行为规范）、供应商管理程序的完整性（如供应商审核、供应商考评）、采购系统的评审及评估目标水平等。

在现代的企业管理中，采购管理已经上升到企业战略的高度，采购部门与相关部门的联系更加紧密。在这样的情况下，除了采购效果和采购效率，不同部门之间人员的沟通协作和共享信息程度也会对采购绩效产生很大影响，一些专家学者从"组织氛围"的角度去衡量不同部门之间的配合对采购绩效是否产生影响，研究结果表明组织氛围确实对采购绩效产生影响。

2.3.2　采购能力评估的标准制定

制定了采购组织能力评估的指标之后，就必须考虑依据什么样的评估标准与目前实际能力相比较。确定评估标准值时要考虑以下因素：一是内外客户的需求，尤其是要满足内部客户（如生产部门、质量管理等）的需要。原则上，供应商的平均质量、交货期等综合表现的标准应该高于企业内部的质量与生产计划的要求标准，只有这样供应商才不至于影响本企业的内部生产与质量。二是所选择的目标标准值要同本企业的大目标保持一致。三是具体设定标准时既要实事求是、客观可行，又要具有挑战性。一般企业运用的标准包括历史绩效标准和标准绩效标准。

1. 历史绩效标准

选择企业以往的采购绩效作为评估目前绩效的基础，是企业常用的、十分有效的做法。通过与以往采购绩效的比较，可以看出企业现在的采购绩效是提高了还是降低了；如果分开项目比较，例如，比较现在的采购物资成本和以前的物资成本，现在的经营成本与以前的经营成本，现在的采购时间和以前的采购时间，还可以看出企业应该在哪些方面需要继续努力，在哪些方面需要作改进。但是，这种方法只适用于企业的采购组织没有发生重大变动的情况下，否则就没有实际应用价值。

2. 标准绩效标准

如果企业过去没有作过类似的绩效评估，或者过去的绩效资料难以取得，或者企业的组织机构、组织职责、采购人员发生了较大的变动，那么，显然以上面的"历史绩效"作为评估标准是行不通的。在这个时候，可以采取预算绩效或标准绩效作为评估的标准。

标准绩效的确定，一般可以采取以下几种方法：

（1）固定的标准。固定标准就是一旦确定了标准，在一般情况下就不再变动了。这种方法简便易行，容易与过去指标进行对比，找出差距、进步或失误。不过，企业的情况是千变万化的，市场信息也是瞬息万变的，这种固定的标准恐怕难以适应变化的环境。

（2）理想的标准。理想标准是指在完美的、具备一切条件的工作环境下，企业应有的绩效。这种方法易于激励员工的工作积极性，促使其最大限度地发挥工作潜力。但是，一般的企业是很难具备"完美"的工作环境，因此，对于员工来说这样的标准未免太为遥远，易导致工作的挫折感。

（3）可实现的标准。可实现的标准是指在现有的条件环境下，企业可以达到的标准。这种标准通常可以依据当前的绩效加以适当的修改。这种方法是比较可行的，应该说是综合了以上两种方法的优点。这一标准使员工感到是可行的，它既不像固定标准那样一成不变、难以适应迅速变化的环境，也不像理想标准那样可望而不可即。

（4）行业平均绩效标准。"历史绩效"是绩效的纵向比较，"行业平均绩效"是横向的比较。如果其他同行业的企业在采购组织、采购职责以及人员配备等方面都与企业有相似之处，那么企业就可以与同行业的平均绩效水平进行比较，从中看出自己采购工作成效上的优劣。当然，不同的企业都有各自的特性，即使是同行业中非常相似的企业也是如此，这就要求企业不能一概而论，要对比较的结果作深入的分析和对比，不能盲目作结论。

（5）目标绩效标准。目标绩效和预算或理想的绩效不同。前者是指在现有的情况和条件下，必须经过一番特别艰辛的努力才能达到的，否则就无法完成；而后者是指在现有的情况下，"应该"可以达到的工作绩效。所以，前者是更注重实际的标准。目标绩效通常代表企业的管理层对采购部门追求最佳绩效的期望值。这个标准的制定通常是以同行业最佳的绩效水平为标准。

2.3.3 采购能力的提升措施

在对采购组织的能力评估之后，根据评估结果，需要对采购组织的能力进行提升。许多专家根据其进行采购管理咨询的经验，归纳出，采购绩效领先的组织在采购活动方面的几个共同的成功经验。采购主管可以在以后的采购管理中充分汲取这些领先者的经验，扬长补短，运用到自己的企业当中来，全面提升企业的采购绩效。

1. 加强基础管理

企业采购的物资除原材料以外，还有成千上万种的辅助材料，涉及面广、品种多，任何一种物资都是企业有序组织生产的必不可少的条件。要达到"采购及时、价格合理、储备科学、保障有力"的要求，就需要从基础工作做起。采购绩效差的企业大都在采购管理体制方面存在问题，主要表现为采购职能分散、采购业务分散、采购流程不规范、监督职能缺位等。采购工作的着力点就是以降低采购成本、提高采购物资质量为主线，将采购工作贯穿于生产经营全过程。基础管理包括采购计划管理、供应商管理、价格分析评价管理、采购合同管理、采购进度控制、采购质量控制、采购成本控制、信息反馈制度等，这些都是提升采购组织能力的基础工作，必须在采购工作中认真研究并落实。

2. 运用战略采购

传统的采购活动是短期的和零散的，在适当的时间用合适的价格把合适的数量和质量的物料输送到合适的地点。在现代社会巨大的竞争压力和采购全球化以及供应商管理一体化的背景下，企业应该用更加战略性的方式去采购物资。

战略采购是一种系统性的、以数据分析为基础的采购方法。简单来说，战略采购是系统地应用采购和供应商管理技术与方法，优化买供双方的关系，令整个供应链采购成本降到最低限度。具体来说，就是针对某一特定物资，通过内部客户需求分析，外部供应市场、竞争对手、供应基础等分析，在标杆比较的基础上设定该物资的长短期的采购目标、达成目标所需的采购策略及行动计划。计划内容包含采用何种采购技术、与什么样的供应商打交道、建立何种关系、如何培养与建立对企业竞争优势具有贡献的供应商群体、日常采购执行与合同如何确立等。通过运用战略采购，企业不仅可以提升采购组织的绩效，而且可以降低采购成本。

3. 建立与供应商的战略合作关系

战略合作是当今及以后供求双方关系的主流。战略合作是指存在于企业及其供应商之间的、双方合作的、长期的交易关系。这是一种基于相互信任，通过彼此间的信息沟通，实现风险共担和利润共享的一种企业合作关系。与供应商的关系是采购组织绩效的一个重要方面。好的供应商最终会带来低成本、高质量的物资。采购组织绩效领先的企业更注重建立与供应商的关系，从长期及帮助供应商成长的角度去降低成本。现在，长期的战略合作供应关系更受青睐。

采购能力是企业成本控制中的主体和核心部分，采购绩效的提升是企业成本控制中最有价值的部分。不断提升采购绩效已成为企业生存和发展的必然选择，也是现代企业不断发展壮大的必然要求。因此，采购能力的提升是一个循序渐进、不断优化的过程。

2.4 采购人员管理

采购组织的设计为采购业务的开展提供了基础的组织保障，但采购工作的具体实施必须依靠采购人员来进行，这就要求企业必须在采购组织内部为采购人员设置合理的岗位，提出具体的岗位要求不同的岗位发挥不同的作用，大家相互配合，从而高效率地完成采购任务。

2.4.1 采购人员的工作职责

依据大型企业的采购组织结构，在采购组织内部，**主要的采购业务单元包括采购计划与预算、供应商开发与管理、采购价格谈判与合同、采购检验与质量控制、采购结算、采购成本控制、采购绩效管理，相应的岗位设置一般包括采购总监、采购经理、采购主管，每个主管下面一般还要设置相应的采购专员，负责具体的采购工作**（采购组织结构详见本书 2.2）。采购人员相应的岗位职责如表 2-1 所示。

表 2-1 采购人员岗位职责

岗　位	职　责
采购总监	拟定和监管所有的采购决定 根据企业经营策略，制定采购战略 审核呈报的年度、季度、月度的采购计划，统筹策划 领导采购组织达成企业的业绩及利润要求 指导采购经理开展工作，并完成任务 向上级汇报采购计划落实情况
采购经理	拟定和执行采购战略，拟定采购部门的工作方针与目标 制订采购计划，报采购总监批准后组织实施 制订采购谈判的策略和方案并加以实施 领导开发、选择、处理与考核供应商，建立供应商档案管理制度 处理质量问题，以及退货方案的实施 负责采购部门的日常管理工作，以及与其他部门的协调工作 对采购主管的工作进行监督和检查，确保采购工作顺利开展
采购主管	全面协助采购经理开展采购及部门管理等工作 分派采购部所有人员的日常工作 在部门经理的指导下，参与编制采购预算，并控制采购费用 参与供应商信息的分析，参与供应商的选择和评估 协助采购稽核专员规范采购政策和行为，确保企业利益
采购专员	对采购管理制度、采购人员行为规范及采购流程等进行稽核 对采购需求合理性、产品与服务价格进行稽核 对供应商选择与评审、采购价格谈判进行稽核 检查招标、比价、议价等各种工作是否遵守了相关规定 对采购物资的质量和数量进行稽核

2.4.2　采购人员的培训与教育

采购人员是采购工作的具体实施者，对于采购工作的执行至关重要。现代采购对采购人员的素质提出更高的要求，企业应定期对采购人员进行系统的培训与教育，提高采购人员素质和职业化水平。

1. 采购人员的素质要求

根据企业性质和规模的不同，采购人员的组织层级也会不同。例如，一些小型企业可能只有采购员与采购主管或采购经理两个层级；一些大中型企业，采购人员最高层级可能是采购总监或采购副总裁，基层有采购员、采面主管等；世界 500 强或跨国企业的采购层级会更多，最高职位可能是 CPO（chief purchasing officer，首席采购官）等，还会根据需要设置不同地区采购经理或总监等。为了便于分析，本书将企业采购人员的层级统一划分为采购专员、采购主管、采购经理、采购总监，并分别介绍这些级别所要求的不同素质。

（1）采购专员的素质要求。

采购专员应具备以下素质：

① 能熟练使用各种办公工具、语言。能熟练操作计算机并使用各种办公软件，如 Windows、Office 等。能操作 ERP（企业资源计划）或其他物资管理系统是现代企业对采购员的基本要求。如果是外资企业，还要求采购专员有相应的外语沟通能力。

② 清楚了解工作职责、熟悉工作流程。工作职责规定了采购员的工作范围与内容，了解工作职责就是明白做什么，是有效开展工作的基础。熟悉工作流程就是解决如何做的问题。工作流程有内外部之分，内部工作流程包括采购申请、订单的审核与批准；订单外发、跟踪与更新等。外部工作流程包括询价、招标，分析报价或标书，反馈有关质量标准、价格、交货期等信息给供应商，协助与跟进品质问题的处理，财务对账与付款等。

③ 了解采购物料与服务的市场行情。采购专员只有了解物料与服务市场，才能认识提供这些物料和服务的供应商，分析他们的市场地位和行业利润，进而采取有效的方法来应对，确保企业在与供应商的合作过程中处于有利地位。

④ 具备一定的采购谈判技巧，良好的沟通能力与人际关系处理能力。一定的采购谈判技巧是采购员在与供应商的合作过程中尽量争取优势的有效工具。而良好的沟通能力与人际关系处理能力是得到同事、上司、供应商等支持的根本保证。采购工作实际上就是一种合作，所以说人际关系也是一种生产力。

⑤ 工作经验与学历要求。通常专业采购专员要有 3～5 年工作经验，其中至少 2 年以上采购工作经验，大专以上学历，有些行业还有专业要求，如一些机械、化工企业要求采购专员机械、化工专业毕业等。

（2）采购主管的素质要求。

采购主管应具备以下素质：

① 沟通能力。采购主管要正确理解采购经理下达的任务，恰当反映个人意见并获得支持，及时传达、执行相关任务，组织资源达成目标等，在这些工作中，沟通能力至关重要。

② 团队精神与组织领导能力。采购主管与采购专员的本质区别在于采购主管是带领一个采购团队来共同完成采购任务，而采购专员是在其他成员的合作下完成本职工作。所以采购主

管要有更强的团队合作精神、团队凝聚力与组织能力。

③ 执行能力。采购主管处于上传下达的位置，是采购专员与采购经理之间的桥梁，这要求采购主管要有积极的工作态度、坚定的执行力。积极的工作态度是执行能力的前提，而执行能力有赖于正确有效的工作方法、丰富的实践工作经验、团队合作、良好的人际关系，这些能力需要一段时间的学习与积累才能获得。

④ 工作经验与学历要求。一般采购主管要有 5~10 年以上工作经验，3~5 年以上采购工作经验，大专或本科以上学历。相对于采购专员，采购主管更多是对其管理水平、领导与组织能力的要求，而非专业技术水平。

（3）采购经理的素质要求。

采购经理应具备以下素质：

① 理解、执行企业采购战略。不同企业有不同的采购战略，采购战略由企业管理层制定，由采购经理负责执行。所以，采购经理要先理解企业的采购战略，将其具体为部门的工作目标、流程并让团队成员接受、贯彻实施，在实施过程中能根据实际情况不断调整，确保采购工作符合企业采购发展战略。

② 激励团队、引导部门持续提高的能力。采购经理面对部门内部不同的成员，要了解不同个体的性格、优势、缺点等，结合他们的特点，找到有效方法，正面激励，从而提高团队成员的工作积极性，减少人员流失率，提高工作绩效。采购经理还要从提高成员的工作方法、沟通技巧、职业规划能力等方面入手，引导成员持续提高。

③ 人际关系能力。加拿大著名管理学家亨利·明茨伯格在他的作品《管理工作的本质》中指出，管理者有三种角色：第一种是人际关系角色，第二种是信息传递角色，第三种是决策制定的角色。由此可见，人际关系能力对管理者的重要性。采购经理上有采购总监领导，同级有不同的部门经理，下有不同的采购主管，企业外部还有不同的供应商、客户等，可以说采购经理的人际关系网络非常复杂，能否认清并处理好这些关系，直接决定其能否胜任该岗位的工作，也决定了其工作绩效，所以出众的人际关系能力对采购经理必不可少。

④ 工作经验与学历要求。采购经理一般要有 5~10 年或以上工作经验，5 年以上采购工作经验，其中至少 2 年以上采购主管工作经验，大专或本科以上学历。采购经理要有出色的管理能力、人际关系能力与沟通能力，对专业技术水平与行业背景要求次之。

（4）采购总监的素质要求。

采购总监应具备以下素质：

① 通过参与企业战略的制定过程，具备协调采购职能战略的能力。企业战略是企业未来的发展方向与行动纲领，为达成企业战略，采购总监要能根据企业战略，协调、制定相应的采购职能战略，以支撑企业战略。采购职能战略一般包括保证供应战略、降低成本战略、供应支持战略、环境变化战略、竞争优势战略。对于采购总监来说，从企业战略发展的高度，选择、协调、制定符合企业发展并提升企业竞争力的采购职能战略能力是其首要的素质要求。

② 供应链协调能力。采购是企业供应链中的重要一环，采购不仅要与供应商、客户协同运作，及时反应以缩短整个供应链运行时间，最终提高对客户服务的满意度，采购还要与企业内部的计划、生产、交付、退货等部门紧密配合，提升企业供应链整体管理水平。所以，采购总监要具备供应链协调能力，在供应链整体优化的基础上，设计、构建适合企业发展的采购体

系并持续改进。这要求采购总监有采购体系创新能力，以及与供应商和企业相关部门沟通的能力。

③ 带领采购团队共同进步的能力。制定采购职能战略、布局采购体系、协调整个供应链固然重要，但采购团队成员的绩效最终决定着采购部门乃至整个企业的竞争力。采购总监不仅自身要具有较高素质和决策能力，而且要能带领好团队，能调动团队成员的积极性和创造性，通过实施采购职业发展与持续改进计划来激励、引导采购团队成员共同成长。

④ 采购总监不仅是供应链、采购管理专家，而且还要有良好的协调能力、沟通能力、交际能力、合作意识以及丰富的实际工作经验。所以，采购总监一般要有 20 年以上工作经验，拥有相关专业资格认证证书或学位，如 CPPM（certified professional purchasing manager，注册职业采购经理）或 MBA 学位等。

在企业中，除了这四个层级的采购人员外，企业的采购组织还设置了秘书、统计员、供应商关系管理员、质量管理员等职位，这些职位都有具体的特定的素质要求。例如，对于供应商关系管理专员来说，需要了解供应商的开发渠道、供应商的考核机制以及供应商的评价，这就要求采购人员具有良好的收集信息、整理信息以及分析信息的能力，而对于质量管理员来说，其需要具备的能力是充分了解企业的质量标准并知道如何检验采购物资的质量。总而言之，现代采购人员需具备成本分析与价值分析能力、决策分析能力以及协调能力。

除了针对不同职位的采购人员所具备的不同素质要求外，职业道德是每个采购人员都必须具备的最重要的素质。在职业道德方面，首先，采购人员应遵纪守法、遵章守纪、洁身自好、廉洁奉公、自觉树立高尚的觉悟和道德水准，自觉抵制任何损坏企业利益，或违法乱纪的不当行为。其次，采购人员应该具有强烈的工作责任心和吃苦耐劳的敬业精神，爱岗敬业是采购人员做好采购工作的基本点和出发点，采购人员只有兢兢业业、认真钻研采购业务，才能全身投入到采购工作中，干好所从事的采购岗位工作。最后，采购人员在采购活动中应坚持原则，严格依照规定的操作程序进行采购作业，依法办事。坚持原则是采购人员必须要具备的基本素质要求。总之，采购人员应在工作中洁身自好、严守职业道德规范。

2. 采购人员的培训

要培养具有现代科学技术和管理水平的采购人员，不仅在招聘时要有严格的素质要求，还要注重后期对采购人员的培训。培训方式的选择与培训的内容紧密相关，不同的培训内容适用于不同的培训方式，在实际的采购工作中，主要运用的培训方法包括：直接讲授、专题讲座、现场培训和轮岗培训。

（1）直接讲授。直接讲授是最基本的培训方法，主要是针对初级采购人员的知识类培训，培训的内容包括企业的整体情况、采购基础知识、采购人员的工作职责、采购的流程和日常采购技巧等，讲授型培训传授的内容多，知识比较系统、全面，有利于大面积培养采购人员，但是培训的方式比较枯燥单一，很难评估培训效果。

（2）专题讲座。专题讲座型培训是针对某项专题知识的培训，一般是在企业引入新的采购模式或采用新的采购策略时对采购人员的培训。例如，企业在引入 JIT 采购时，就需要对 JIT 的采购理念、流程设计、供应商选择与评价、谈判原则与技巧等相关知识进行专题培训，以便采购人员更好地理解，在实际的工作中可以更好地运用。另外，专题讲座型可以就采购领域的热点问题进行培训，有利于采购管理人员和技术人员了解采购领域的发展方向和趋势。

（3）现场培训。现场培训是采购人员直接参与采购工作，边工作边学习、锻炼的培训方式。现场培训是一种直接的学习方式，是每个采购人员必经的过程。由于采购工作的实践性很强，需要具备相应的能力、技能和管理实务经验，所以直接经验十分重要。目前，虽然很少有企业采取师傅带徒弟这一古老方式，但是这种方式始终具有重要意义。

（4）轮岗培训。轮岗培训是采购人员在预订时期内变换工作岗位，从而获得不同采购岗位的工作经验的培训方式。具体来说，轮岗培训是让采购人员参与到采购组织内部的不同采购业务，如采购计划、供应商管理、采购合同等，了解采购的整个流程。轮岗培训能丰富采购人员的工作经验，增加对采购工作的理解，并且让受训者明确自己的长处和短处，找到适合自己的位置。

企业采购、政府采购、全球化采购的迅速发展，使得采购人才日渐成为"香饽饽"。近几年人才市场上采购人员成为企业重点招聘对象，许多企业虚位以待，期待采购人才加盟。

据报道，各类企业并未对采购人才提出年龄和学历的过高要求，但相当看重实践经验，要求应聘者至少具有 2 年的采购经验，了解市场行情，具有广泛的资源网络，并具备谈判、沟通、协调能力。此外，用人单位对应聘者的专业背景也相当看重。

由于目前采购专门人才教育和培训相对滞后，采购专才的稀缺问题将日益凸显，采购人才的市场价值存在较大上升空间。因此，学好采购管理这门课，对于拓展工作空间，积累采购知识和经验，是非常必要的。

2.4.3　采购人员绩效考核

为了衡量采购人员的工作业绩以及判断是否需要安排培训，对采购人员进行绩效考核是必要的。绩效考核不仅可以帮助采购人员改进工作方式、提高工作效率、保证企业所需物资能够及时供应且保质保量，而且可以为甄选和培养优秀采购人员提供依据。

1. 考核指标体系

采购人员绩效考核的关键是制定一套客观有效的、能够充分展现采购人员绩效、对采购人员有指导作用的指标体系，这样才能够充分发挥绩效考核的监督、激励和惩罚的目的。

（1）工作态度。对采购人员工作态度方面的考核主要包括：工作责任感、工作主动性和出勤情况。

（2）工作能力。对采购人员工作能力方面的考核主要包括：专业知识水平、语言表达能力、综合分析能力和谈判能力。

（3）工作业绩。对采购人员工作业绩方面的考核主要包括：

① 采购效率指标。采购效率指标主要评价采购人员的工作能力和效率。通常使用采购完成率、错误采购次数和订单处理时间来衡量采购效率。采购完成率是指一定期间内计划采购额与实际采购额的比例，反映采购计划的完成情况。错误采购次数是指未按照有关的请购或采购作业程序处理的案件，如错误的请购单位、没有预算的资本支出请购方案、未经请购单位主管批准的请购。错误采购次数应该为零。订单处理时间是指采购人员在处理采购订单的过程中所需要的平均时间，反映采购人员的工作效率。

② 质量绩效指标。质量绩效指标主要是指采购的物料的质量水平，主要包括批次质量合

格率、物料免检率、物料返工率和退货率等。

③ 数量绩效指标。采购人员有时为争取数量折扣，会大量采购，则有可能造成存货过多，甚至发生呆料（呆料即物料存量过多，耗用量极少，库存周转率极低的物料）、废料的情况。这方面的指标主要是入库数量和申购数量是否相符，是否造成呆料、废料。

④ 时间绩效指标。时间绩效指标用以衡量采购人员处理订单的效率，以及对供应商交货时间的控制。延迟交货可能形成缺货，提早交货可能导致企业负担不必要的存货成本。时间绩效主要由停工断料损失和紧急采购费用来衡量。停工断料损失是指停工期间造成作业人员的薪资损失，如经常停工断料，还会造成订单的流逝、作业人员的离职。紧急采购会使得购入的价格偏高，质量欠佳，而且紧急运输方式的费用会比正常运输方式高。

⑤ 价格绩效指标。价格绩效是企业最常见的衡量标准，通过价格指标，可以衡量采购人员议价能力。通常使用各类材料的采购价格与过去平均价格、市场价格相比来评判绩效。

某企业的采购人员绩效考核表如表2-2所示。

表2-2　某企业采购人员绩效考核表

序号	内容	考核项目	权重	考核要点
1	工作态度	工作责任感	2%	工作认真，及时主动完成本职工作
		工作主动性	4%	及时了解、掌握供应链上下游的信息
		考勤状况	2%	出勤率与迟到、早退情况
2	工作能力	专业知识水平	4%	全面掌握本岗位所需的专业知识
		语言表达能力	2%	语言清晰、文字叙述有条理性
		综合分析能力	2%	能对工作中出现的问题做出较准确的分析
		谈判能力	2%	有一定的谈判技巧
3	工作业绩	采购计划完成率	8%	定量分级评估
		采购物资合格率	5%	定量分级评估
		合同技术性规定	5%	符合采购技术规范的要求
		采购成本控制	10%	可比采购成本下降的程度
		完成的采购工作量	8%	采购合同完成的数量及物资的复杂程度
		采购及时率	5%	是否造成停工缺料
		错误采购次数	5%	不得多于2次
		供应商寻源与管理	5%	新增供应商的数量
		采购价格	10%	比较市场价格和采购价格的差额
		质量异议的处理	10%	按合同约定和制度规定，处理质量异议
4	基础性工作	产品质量记录	2%	在规定的时间内归档
		临时性用款	2%	在规定的时间内申报
		采购信息的填报	1%	在规定的时间内填报或共享
		执行廉政自律制度	2%	是否存在违反企业制度的现象或程度
5	其他	其他部门的反馈	2%	其他部门对工作质量的反馈
		部门临时性工作	2%	按质按时完成工作

2. 绩效考核评估人员

评估人员的选择与评估结果有很大的关系，必须要选择最了解采购工作的相关人员、与评估目标的实现关联最紧密的部门参与评估。通常选择以下几类部门和人员参与评估：

（1）采购部门主管。采购主管是本部门采购人员的直接领导，采购主管对于本部门的采购人员最为熟悉，而且所有指派给采购人员的任务都是通过采购主管下达的，因此，采购主管的评估比较全面、公正、客观。

（2）财务部门。采购金额占企业总支出的比例较大，采购成本的节约对于企业的利润意义重大，尤其对于企业的资金周转影响很大。财务部门比较熟悉企业的产销成本，因此，财务部门可以对采购人员在成本控制方面的绩效进行评价。

（3）生产部门。生产部门是采购组织的内部客户，是采购物资的使用部门。因此，生产部门可以从采购物资的数量、质量和及时性等方面对采购人员进行评价。

（4）供应商。供应商与企业是通过采购人员联系起来的，企业可以通过直接或间接地征询供应商的意见，从而了解采购人员的工作态度和工作能力。

3. 绩效考核方式

在设立采购人员绩效考核指标的同时，也要考虑如何实施绩效考核。采购人员绩效考核的方式可分为定期考核和不定期考核。

定期考核是配合企业年度人事考核制度进行的。一般而言，以目标管理的方式进行，即选择比较重要的指标为目标，年终按目标的实际完成程度进行考核。

不定期考核是以特定的项目方式进行的，适用于新产品的开发计划、成本降低专项方案等，例如，企业要求某项物料的采购成本降低10%，并根据成果给予采购人员适当的奖惩。这种考核方式对提高采购人员的士气很有帮助。

2.5　成功案例——IBM 公司的全球采购组织

1. IBM 公司采购业务简介

IBM 公司是世界上最大的信息产业企业，早期硬件制造收入的快速增长，使得 IBM 公司业务扩充到服务器、打印机、零售机、硬盘、半导体、板卡制造、应用软件等行业，快速扩张的结果是公司内部组织结构的混乱，尤其是采购业务，没有规范的采购组织，不同的部门的采购业务大都各自为政，采购主体分散，重复采购现象普遍。以生产资料为例，键盘、鼠标、显示器甚至包装材料，大同小异，但采购流程自成体系，权限、环节各不相同，合同形式也五花八门。采购的问题逐渐凸显，造成 IBM 公司对外缺少统一的形象、采购人员不能找到最优的供应商、失去大批量购买的价格优势等问题。

2. IBM 公司全球采购组织建立

在深度挖掘出采购存在的问题后，IBM 公司随即开始变革行动，采购组织结构就是其中一项主要的变革内容。IBM 公司成立了"全球采购部"，其内部结构按照国家和地区划分，开设了全球首席采购官（CPO）的职位。

"全球采购部"集中了全球范围的生产和非生产性的采购权力，掌管全球采购流程的制定，统一订单的出口，并负责统一订单版本。"全球采购部"的专家经过仔细的研究，把 IBM 公司全部采购物资按照不同的性质分类，生产性的分为 17 个大类，非生产性的分为 12 个大类。每一类成立一个专家小组，由工程师组成采购员。他们精通该类产品的性能和市场情况，了解该类物资的最新产品、价格波动、相应的供应商资信和服务。在具体运作中，"全球采购部"统一全球的需求，形成大订单，寻找最优的供应商，谈判、压价并形成统一的合同条款。IBM 公司全球采购组织的结构如图 2-12 所示。

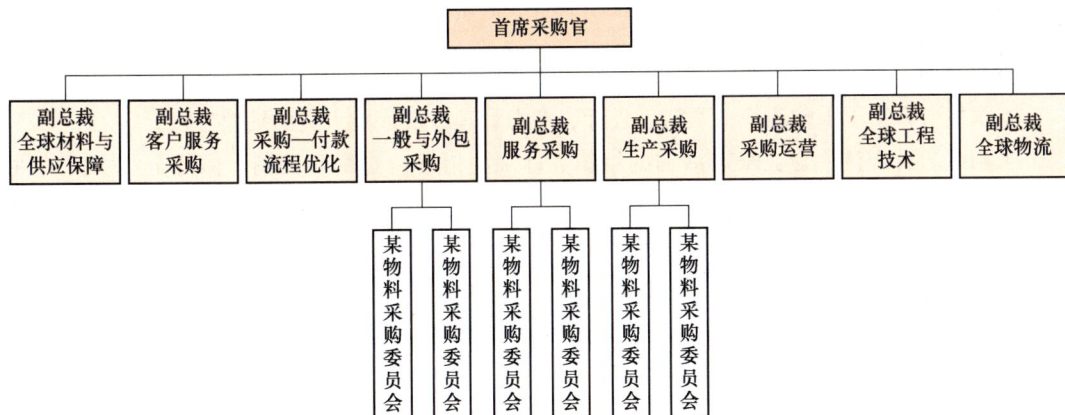

图 2-12　IBM 公司全球采购组织的结构

在全球采购的战略下，IBM 公司设立了采购委员会，采购委员会负责专项物料的采购，职能包括开发商品战略与实施计划、收集客户需求并管理需求数据、获取供应商市场情报、理解供应商市场经济环境、开发价格标杆、协调合同并管理与供应商的关系、与所有关联方沟通合同方面的规定、解决主要供应商的绩效问题等。其人员主要由采购员、采购工程师、合同管理员、生产控制分析员、开发部门联络人、财务分析员等组成，并且采购委员会是全球性质的。IBM 公司采购委员会的人员组成如图 2-13 所示。

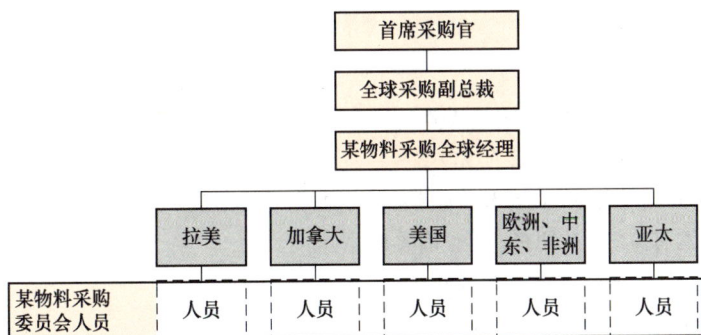

图 2-13　IBM 公司采购委员会人员组成

IBM 公司采购组织的使命是成为业界头号采购组织，并且在成本、品质、交付和技术方面向客户和利益相关方传递竞争优势，最终成为供应商认可的公平、诚实的客户。构建统一的采购组织之后，供应商最大的感受之一是更容易与 IBM 公司做生意了。统一的流程、标准的单据，意味着更公平的竞争。全球集中采购方式更便于发展战略性的、作为合作伙伴的商业关系，这一点对生产性采购尤为重要。另外，对于 IBM 公司来说，全球采购部是单一的采购决策组织，容易利用数量杠杆得到成本优势，从而使采购成本大幅度下降。

3. 案例启示

这个案例告诉我们，采购组织的设计，关系到采购职能和采购活动的落实与保障，是实现企业战略和经营业绩的关键。企业应根据其业务特征和业务范围，精心设计其采购组织，明确其功能、职责和作用，并将其与企业的其他职能（如产品设计、生产制造、财务管控）紧密结合、协调一致，以企业的经营目标为宗旨，充分发挥采购团队的积极性和创造性，全面开发供应商关系，不断提高采购绩效和采购组织对企业的贡献度。

本章小结

本章主要介绍了采购组织的类型、设计、能力管理以及采购人员的绩效考核。

采购组织负责整个企业采购活动的组织、计划、指挥、协调和控制，保证企业物资的供应。常见的企业采购组织结构有直线制、直线职能制、事业部制和矩形制几种，不同的采购组织有着不同的优缺点和适用范围，在实际应用时，应注意选择合适的结构形式。

在设计采购组织时，应遵循目标匹配原则、合理管理幅度原则、权责结合原则和合理分工原则。另外，还要综合考虑企业的业务及自身特点的情况，根据企业规模、采购职能、物品类别和采购地区的不同设计不同的采购组织。

采购组织的能力评估是指企业建立一套科学的评估指标体系，并与确定的标准值进行比较，从而对采购工作进行全面系统的评价，判定采购的整体水平。本章从采购效果（财务类、内部运营类、客户类）和采购效率（采购人员、采购管理）两个方面来介绍采购组织的能力评估，介绍了评估标准的确定方法，最后就提升采购组织能力的措施给出了建议。

采购人员是企业内部直接进行采购业务的人员，企业必须为采购人员设置合理的岗位，不同的岗位发挥不同的作用。合格的采购人员必须在能力、知识及职业道德方面具有一定的素质要求，并且企业也要注意对采购人员的培训以及绩效考核，以促进采购人员的进步、提升采购人员的水平、培养具有现代科学技术和管理水平的采购人员。

习题

一、选择题

1. 下列有关直线职能制采购组织中，错误的说法是（　　）。
   A. 可以保证企业采购管理体系的集中统一　　B. 可以充分发挥各个专业采购人员的作用
   C. 加强了不同部门之间的配合和信息交流　　D. 加重了上层领导的工作负担

2. 下列有关采购总监的岗位职责，不正确的有（　　）。
   A. 根据企业经营策略，制定采购战略
   B. 审核呈报的年度、季度、月度的采购计划，统筹策划
   C. 领导采购组织达成企业的业绩及利润要求
   D. 处理质量问题，以及退货方案的实施

3. 在对采购人员进行绩效考核时，应选择的评估人员不包括（　　）。
   A. 采购部门主管　　　　B. 财务部门　　　　C. 生产部门　　　　D. 采购人员自己

4. 在对采购人员进行培训时，有关培训方法的说法，错误的是（　　）。
   A. 直接讲授是最基本的培训方法，主要是针对初级采购人员的知识类培训
   B. 企业一般引入新的采购模式时，对采购人员进行专题讲座型培训
   C. 现场培训是采购人员直接参与采购工作，边工作边学习、锻炼的培训方式
   D. 轮岗培训是采购人员在预订时期内变换工作岗位，从而获得不同岗位的工作经验的培训方式

5. 下列评价采购组织的能力指标中，不属于采购效果指标的有（　　）。
   A. 采购任务完成率　　B. 采购物资退货率　C. 供应商满意度　　D. 人才流失率

二、判断题

1. 采购事业部制的组织结构一般适用于采购规模大、采购品种多的大型企业。　　（　　）

2. 企业的规模与企业的采购规模成正比，企业规模越大，其采购规模越大，采购工作就越复杂，采购工作量也就越大。　　（　　）

3. 企业在确定采购绩效的标准时，可选用历史绩效标准或者标准绩效标准。　　（　　）

4. 采购效率指标主要评价采购人员的工作能力和效率，主要包括采购完成率、退货率等。　　（　　）

5. 价格绩效是企业最常见的衡量标准，通过价格指标，可以衡量采购人员的议价能力。　　（　　）

三、思考题

1. 常见的采购组织类型有哪些？各有什么优缺点？

2. 在设计采购组织时，应考虑哪些原则？

3. 在考核采购组织绩效时，常用的评价指标有哪些？

4. 怎样有效提升采购组织的绩效？

5. 考核采购人员的绩效时，应考虑哪些指标？

参 考 文 献

[1] 赵道致，王振强. 采购与供应管理 [M]. 北京：清华大学出版社，2009.

[2] 孙铁玉. 新编采购管理 [M]. 南京：南京大学出版社，2011.

[3] 李雅萍. 采购物流 [M]. 北京：对外经济贸易大学出版社，2004.

[4] 卢宏亮，李桂华. 购买中心与采购绩效关系：组织氛围与跨部门知识转移 [J]. 贵州财经大学学报，2013(2). 47-53.

[5] 计国君，蔡远游. 采购管理 [M]. 厦门：厦门大学出版社，2012.

[6] 魏国辰. 采购实际操作技巧 [M]. 北京：中国物资出版社，2007.

第2篇

战 略 篇

第 3 章
采 购 战 略

在经济全球化的环境下，企业采购战略的选择极大地影响着企业经营的成败。本章将在引入企业战略的基础上，重点介绍采购战略的概念、采购战略的制定原则、采购战略制定流程，并将着重介绍集中采购、分散采购和联合采购三种战略的相关内容。

3.1　企业战略

在介绍采购战略之前，首先要了解企业战略。

战略是对事物长远发展的全局性谋划，包括确定一定时期的总目标和实现这一目标的基本途径。

就企业而言，战略是企业根据其外部环境及内部资源和能力的状况，为求得企业生存和长期稳定发展，为不断获得新的竞争优势，对企业发展目标、达到目标的途径和手段的总体谋划。企业战略可定义为：企业在市场经济条件下，在竞争激烈的环境中，在总结历史经验、调查现状、预测未来的基础上，对企业发展目标、达成目标的途径和手段所采取的一系列决策和行动而做出的长远性、全局性的谋划或规划。作为一般过程，制定企业战略包括明确企业使命、进行战略分析、选择战略方案、实施战略计划等几个方面（限于篇幅，本书不对此进行展开，可参考企业战略管理相关书籍）。

3.2　采购战略的制定

在了解企业战略的基础上，本节将介绍采购战略的概念、采购战略制定的原则以及采购战略规划的相关内容，并对物资分类、供应市场、采购决策作详细分析。

3.2.1　采购战略的概念

企业的战略包括总体战略、业务单元战略和职能战略。采购战略属于职能战略，它为公司总体战略目标的实现提供支持和保障。所谓采购战略（sourcing strategy），是采购管理部门在现代采购理念的指导下，为实现公司的战略目标，通过供应环境分析，对采购工作进行长远性的谋划和决策。

无论是什么样的企业，它的采购战略都应包含以下内容：采购品种战略、采购方式战略、供应商选择战略、订货谈判战略和采购进货战略，它们被称为采购战略五要素，如表 3-1所示。

表 3-1　采购战略的内容

子战略名称	内　　容
采购品种战略	品种种类、性质、数量、质量等的选择
采购方式战略	采购主体、采购技术、采购途径、集中采购、分散采购、联合采购等
供应商选择战略	招标方式、考核方式、评价方式、使用方式等的选择
订货谈判战略	采购的品种规格、数量、质量、价格、服务和风险分摊、责任权利和义务等的选择
采购进货战略	运输方式、运输路径、运输商等的选择

3.2.2　制定采购战略的原则

企业在制定采购战略前，要清楚采购战略制定的原则，主要有以下几点：

1. 授权原则

采购环节代表企业行使对外购买物品或服务，从财务角度来看是一种支付、费用发生行为，而所有这些行为都是通过财务付款来完成的，企业支付资金的最高权力来自于企业最高管理层，只有建立整套授权体系，才能保证采购业务的有序、合法进行。这套授权体系包括按层级授权，按业务物料、地域进行授权，这些都是企业正常业务开展、资金及时支付的基础，也是构建采购战略所需的基础原则。

对于达到一定规模的企业，这一点尤其重要。因此，企业应该规定，采购环节必须遵循授权原则，采购授权来自于企业采购业务运作的最高决策机构。被授权人（采购最高管理人）为企业指定对外部供应商承诺的最高授权代表，其他部门或人员如需对外部供应商承诺或签署协议，必须事先得到采购部门的书面批准，一切没有得到正确授权的采购行为都将被拒绝支付款项。

2. 风险控制与职责分离原则

企业在制定采购战略时就要充分考虑好采购风险控制机制及模型构建，企业必须明确是否有一套可行的方法来对风险进行有效管理与控制。一般通行的方法就是职责分离，强调采购过程是由采购的需求、履行、验收、支付四个环节构成，而这四个环节不能由一个部门兼项执行。企业将职责分离原则与采购流程紧密结合，才能对采购战略构建起促进保障作用。

3. 集体决策原则

企业与外部供应商的接触，同样也是企业对外形象的反映。对供应商来说，他们希望在采购活动中获得公平待遇，得到公正、公开的承诺。企业只有与供应商建立诚信环境，企业的社会形象才能得到巩固。对企业内部来说，企业保持长久生命力的一个基础就是企业要实行集体决策，坚持公平、公正、公开的"三公"原则，对内要求采购相关人员诚实守信及遵循社会商业道德准则。企业要确保供应商的信息反馈通畅，相关信息要建立收集、分析、处理、反馈机制。

4. 采购总成本原则

采购总成本原则是企业采购综合优势的体现，采购竞争优势是与业界同行比较后得出的，一般表现在以下几个方面：对采购成本变动的控制，市场发生变化后实际采购成本变动影响与同类市场成本变动影响差异的控制；从全局来看，企业与竞争对手的成本持续的差异，对于有利的竞争优势方而言，成本下降比市场同行快，成本上升要比市场同行慢。这里所指的采购总成本不是单一环节、产品或短期时间的价格，而是全流程贯穿产品从开始到结束，最终反映到输出的产品在市场上的价格、竞争优势，包括采购交易总成本、流通总成本、运作总成本等。

3.2.3　采购战略规划

企业的采购战略规划流程有四个环节：资料收集、确定采购战略目标、采购战略规划的制定、形成完整的战略规划。具体的采购战略规划流程如图 3-1 所示。

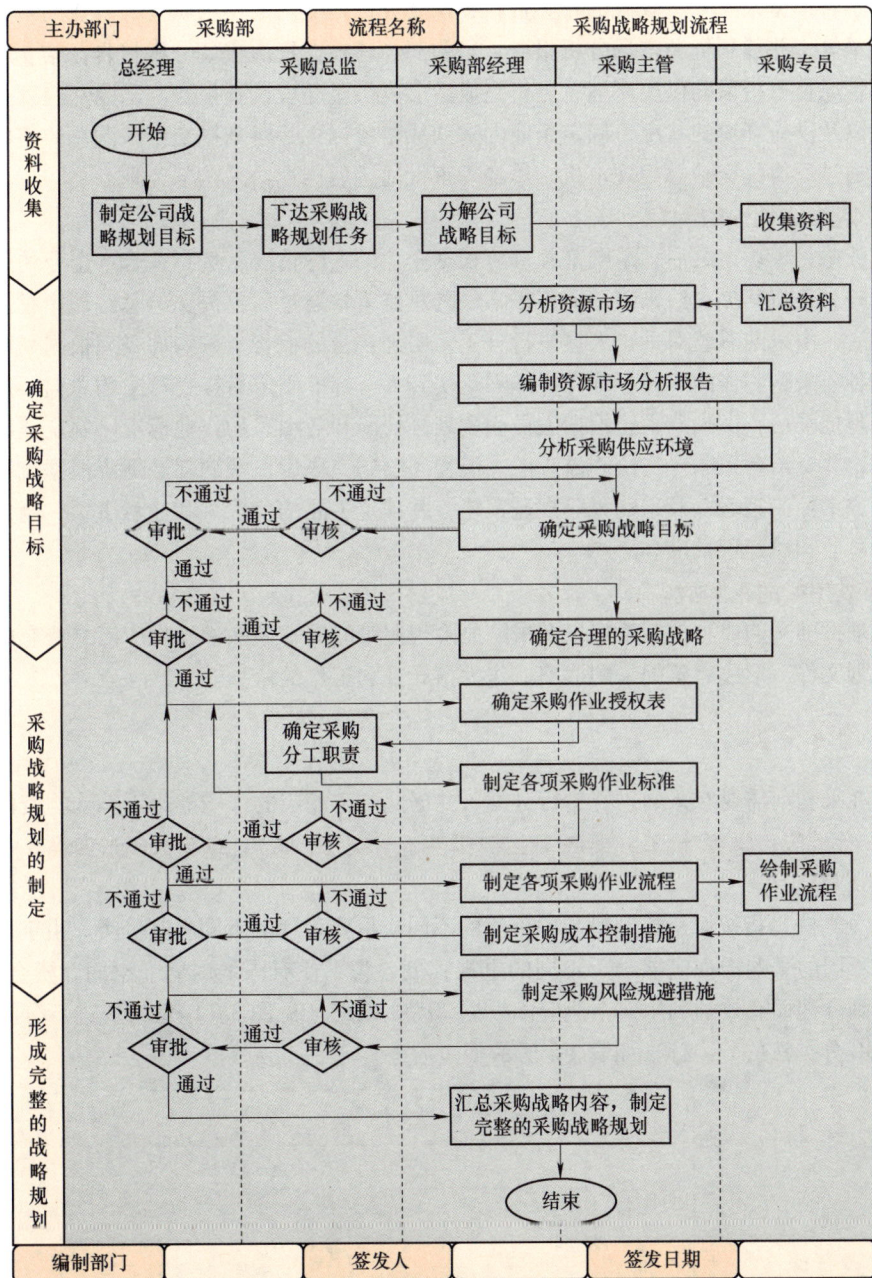

图 3-1　采购战略规划流程图

1. 资料收集

在制定企业的采购战略规划之前，企业需要先制定当期的公司总体战略规划，并将其作为制定采购战略规划的依据。公司的总体战略规划应该包括发展目标、实施要求等。采购部经理应该认真分析公司的战略目标，采购专员应积极地收集供应市场以及供应商的状况，具体包括：供应市场的价格、供货形式、供应商的生产状况、供应商的财务状况、供应商产品的质量水平等。在资料收集完毕后，采购专员应该将资料汇总整理，以供下一阶段使用。

2. 确定采购战略目标

采购主管根据采购专员收集的相关资料，认真分析行业内的供求状况、行业的增长率、供应商的数量等，并编制资源市场分析报告。采购部经理根据资源市场分析报告，结合本企业的实际采购情况，分析采购供应环境，分析完成后形成供应环境调查报告。采购部经理根据企业总体战略以及供应环境的状况，确定企业的采购战略目标，并将其提交给采购总监审核，采购总监审核通过后再提交给总经理审批，总经理审批通过后传达给采购部经理。

3. 采购战略规划的制定

采购战略目标确定之后，采购部经理应根据企业的实际情况，选择适合本企业的采购方式和实施策略，并将其提交给采购总监审核，采购总监审核通过后再提交给总经理审批。总经理审批通过后，由采购总监对采购人员进行分工，明确各自的权责。采购部经理根据划定的人员职责制定各项采购工作的工作标准，标准需落实到人。标准制定后提交给采购总监、总经理批准。总经理批准后，由采购主管根据人员职责划分情况和各项采购作业标准，制定详细的采购工作流程，并交给各采购专员绘制流程图。流程图绘制完毕后，采购部经理应根据流程制定相应的采购成本控制策略以及采购风险规避策略，并确定主要的负责人和注意事项，制定完成后提交采购总监和总经理批准。

4. 形成完整的采购战略

总经理批准采购成本控制策略以及采购风险规避策略后，采购部经理应汇总所有的已批准的相关规划文件，形成完整的采购战略，作为指导采购工作的依据。

3.2.4　物资分类

企业在采购前需要对采购物资进行分类，并据此制定相应的采购战略。采购物资的分类主要有 ABC 分类法、风险/价值分类法、生产/非生产分类法、成本/创新分类法四类。

1. ABC 分类法

ABC 分类法是指按照所控制对象的价值的不同或重要程度的不同将其分类。由于企业资源有限，对不同的采购物资应该给予不同的重视程度，为了使有限的时间、空间、资金、人力、物力等得到合理而有效的利用，企业应该根据 20/80 原则（见图 3-2）对物资进行分类管理和控制。ABC 分类法的分类标准如表 3-2 所示。

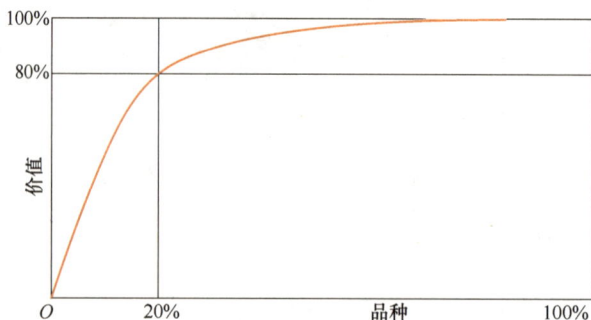

图 3-2　20/80 物资分类原则

表 3-2　ABC 分类法的分类标准

	A 类物资	B 类物资	C 类物资
年度使用量的价值占采购成本的百分比	70%~80%	15%~20%	5%~10%
物品数量所占采购总数量的百分比	15%~20%	30%~40%	60%~70%

针对 A、B、C 三类物资，可以从供应商的多少、价格折扣以及替代品的开发等方面分别采取不同的采购策略方案，如表 3-3 所示。

表 3-3　ABC 分类的特点与采购策略

物资分类	特　点	采购策略
A 类	物资资金占用大 如果单次采购量大，库存成本增加 如果单次采购量少，订货成本、运输成本增加	保证总成本最低的采购量，采取定量采购决策
B 类	特点介于 A 类和 C 类之间	根据商品的重要程度，采取定量或定期采购策略
C 类	物资占用资金少 品种繁多、盘点频繁将导致成本的增加	尽可能减少订货次数、订货费用，盘点间隔期尽可能长

ABC 分类法在物资管理的应用中发挥了相当重要的作用，使得企业提高了物资计划的实现率、减少了储备资金的占用、加强了物资的质量管理、提高了采购管理水平以及企业的整体管理效率，为企业正常生产经营提供了强有力的保障。

随着企业的发展壮大、产品越来越多元化、采购物资的种类越来越纷繁复杂，ABC 分类法已经无法满足企业采购时多方面的要求。主要表现在以下两个方面：①企业生产经营需要管理的物资很大部分属于计划管理物资，而 ABC 分类法一般情况下仅仅是根据资金进行分类管理的，很难反映各种物资计划性的强弱；②ABC 分类法无法全面反映物资的各种属性，如重要程度的高低、物资计划管理等级、库存周转期长短等，无法为企业实现高效的物资管理提供足够的参考价值。

2. 风险/价值分类法

风险/价值分类法是根据所采购的物资对本公司的价值和供应风险的分类，针对不同类型的物资采取不同的采购管理策略。

以采购物资的价值/重要性指标为横轴，以采购物资供应风险指标为纵轴，可以将采购物资分为以下四类：瓶颈物资、关键物资、一般物资和大宗物资，如图 3-3 所示。

横轴——价值/重要性的衡量指标主要有采购总量、该物资采购金额占总采购金额的比例、该物资占产品总成本的

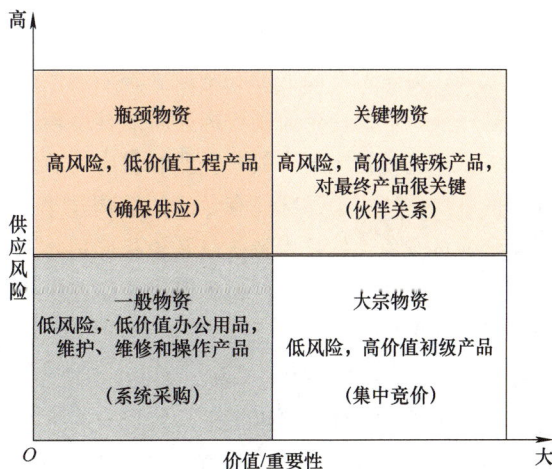

图 3-3　风险/价值物资分类图

比例、该物资对产品质量的影响程度、该物资短缺给企业带来的损失等。纵轴——供应风险的衡量指标主要有供应商的数目、供应商可靠性、企业自制/外购的选择余地等。

这四类物资的主要特点如表3-4所示。

表3-4　四类物资的主要特点

	一般物资	大宗物资	瓶颈物资	关键物资
供应风险	低	低	高	高
标准化程度	标准	标准	通常是非标准，但可能是标准项目	通常是非标准，但可能是标准项目
供应商数量	多	多	少	少
年消耗量	低	高	低	高
对供应商的吸引力	低	高	低	高

对不同的物资应该采用不同的采购战略。

（1）针对一般物资的采购战略是使其采购流程程序化。例如，可以使用采购企业在整个订货过程所花费的时间来衡量。由于采购这些物资是价值较低的活动，对企业战略方向的贡献不大，因此应尽量简化或取消其采购程序，或采用业务外包的形式。另外，还可以与供应商进行多种形式的合作来节省对这些物资采购所耗用的成本。

（2）针对大宗物资采用拉动型采购策略。供应的重点应放在适当时间签订合约，既保证供给的时间、质量能满足要求，又不将自己绑定在一家供应商身上，以使企业能不断寻找、更换、转向成本更低的供应商。企业需要实施积极的采购战略，在全球范围寻找新的供应商与替代品，以期能不断降低采购成本。

（3）针对瓶颈型物资，应该考虑如何减少，甚至消除它们。采用的方法包括使产品标准化。利用价值分析和价值工程技术，通过各部门的参与来改善和制定有效的供应流程。瓶颈型物资大部分为非标准件、固定设备，它们占每年采购总额的比例较低，但却需要采购人员与供应商经常沟通联系，从而使企业在这类物资上所花费的成本超过它们自身的价值。对已经存在的瓶颈型物资，企业需要通过有效利用价值分析和价值工程来消除或减少对这类物资的需求，最终将它们转换成一般物资（降低风险）、大宗物资（降低风险、增加价值）、关键物资（增加价值）。

（4）关键物资的价值较高，可以满足企业的供应商数量较少。物资的价值高意味着采购总成本较高，对企业产品的加工制造和整体运作产生重大影响，甚至会影响企业最终产品的销售。对这一类供应商，企业进行选择时的难度较大，转换成本较高，因此企业适合与其建立长期合作关系。这种情况下一般是企业和供应商签订中长期合约关系。这就要求企业的采购人员有很高的采购技巧，采购部门有专门的采购技术，采购部门要能掌握每个供应商的详细信息。企业需要通过竞争性的技术考核以及价格、成本和核算来严格控制、管理每项物资的总成本。对每项物资都要实行实时监控，确保供应商在供应时保持较高的客户服务水平，并将成本控制在目标成本限度内。

3. 按采购物资使用性能分类

按采购物资使用性能可以把采购物资分为生产性物资和非生产性物资。

（1）生产性物资。生产性物资是指生产用的原材料、辅助材料、包装材料、半成品和加工材料、零件和组装件等生产性的物资。企业采购的生产性物资直接用于产品生产，其需求来自于生产计划以及物料需求计划，并可短期内产生直接收入。企业一般运用 ERP 系统对于生产性原材料和零部件的采购进行管理。

① 原材料。原材料主要来源于农业和各种开采业、冶金业，如矿产品、铁矿石、木材、汽油、非金属材料和需加工的奶制品、水果、蔬菜等。

② 半成品和加工材料。它是指已经经过部分加工或已经增值的商品和物资材料，这样的材料只是部分完工，或可能已经被加工成型并满足某种规范，可供买家随时选用。这些产品在被加工成其他产品后，就失去了原有的特性。这样的产品包括金属型材、棒材、管材、线材、薄板、浇铸件、化学品、布料、皮料、蔗糖和纸张等。

③ 零部件和组装件。某个制造商出厂的成品，它们可以被另外一个制造商用来作为更复杂产品的一部分。当它们被组成其他产品时并不失去自身的特性，如轴承、齿轮、泵、阀门、控制仪、计量表、各种轮子、晶体管、汽车发动机和挡风玻璃等。

④ 辅助材料。辅助材料是指间接的用于生产制造，在生产制造中起到辅助作用，但不构成产品主要产体的各种材料的总称。按照其在生产制造中所起作用的不同，具体可分为：产品辅助材料：生产过程中使用后让主要材料发生变化，或给予产品某种性能的材料，如染料、催化剂等；设备辅助材料：维护生产设备所需要使用的材料，如润滑油、砂轮等；条件辅助材料：改善工作地点环境的各种用具，如荧光灯、扫帚等。

⑤ 包装材料。它是指用于制造包装容器、包装装潢、包装印刷、包装运输等满足产品包装要求所使用的材料，它既包括金属、塑料、玻璃、陶瓷、纸、竹本、野生蘑类、天然纤维、化学纤维、复合材料等主要包装材料，又包括涂料、黏合剂、捆扎带、装潢、印刷材料等辅助材料。

（2）非生产性物资。非生产性物资是相对于生产性物资而言的，非生产性物资的范围相对广泛，它是用于非直接生产使用的物资，主要包括各个部门内和办公区域内的所有办公设备、器材、用具，生活设施、广告等，具体包括电话机、传真机、计算机、打印机、复印机、扫描仪、投影机、摄影机等办公自动化设备，音响设备、文件柜、办公桌椅、空调机和饮水机，办公用品如笔、墨、纸、耗材等。非生产性大宗物资采购是通过预算和审批流程来进行管控的，有些企业对非生产性物资的采购是按项目进行管理，根据不同目的、预算和审批流程建立项目，进行采购管理与控制。对于办公用品和耗材，一般规定具体额度，进行总量控制。

4. 按供应商成本优势和创新能力分类

以供应商创新能力为横坐标，供应商成本优势为纵坐标，可以把企业采购的物资分为复合产品、专门技术产品、大宗产品和非战略产品四类，如图 3-4 所示。

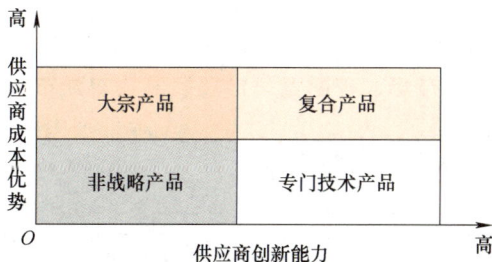

图 3-4 物资按供应商成本优势和创新能力分类

按成本分类的物资是企业对其价格敏感的一类物资，对于这些物资，企业希望以最低的价格采购。因此，企业可能采用集中采购、联合采购等方式来扩大采购规模，以期能在与供应商谈判时获得优势，降低采购成本。

按创新分类的物资是一类具有独特性的物资，它们的价格可能较高，但却是企业不可或缺的一类物资，因此即使成本较高，企业也需要进行采购。对这一类物资，企业需要在保证供应的情况下尽量降低采购成本。

3.2.5 供应市场分析

企业在制定采购战略前，必须对供应市场有着清晰而正确的认识。企业需要站在全局的角度看待采购需求，根据对市场的了解和产品与服务的采购经验及知识作出具体计划，既要了解供应市场还要了解竞争环境。一般来说，**企业应该从宏观经济、行业、供应市场结构、供应商四个层面进行分析。**

1. 宏观经济分析

宏观经济环境决定着供应市场的走势。企业在一开始就要尽可能全面而准确地分析判断整个世界经济和国内经济的发展趋势。企业可以使用联合国和世界贸易组织每年统计出的数据作为国际经济形势分析的参考标准，用国内生产总值、地区失业率、生产资料价格指数、货币利率水平等具体指标来衡量国内经济形势。企业不仅要了解这些数据，还必须要多关心影响宏观经济环境的代表性事件，这样才能对供应市场的变化作出正确的判断。

2. 行业分析

企业必须对其所处的行业有明确的定位，从而知道什么样的举动适合这个行业。例如，在高新技术行业，不断开发新产品并投入市场是成功的关键因素；相反，创新不是大批量生产基础食品的供应商需考虑的重点，如何保证及时供应和配送才是他们最应该关心的。企业还必须要关注其他企业的采购活动，具体包括：①采购同种产品的企业有哪些？②他们采购商品和服务的具体用途是什么？是否存在替代商品和服务？③他们对价格的承受能力和本企业一样吗？④他们用所采购的材料或项目生产的最终产品获取的价值是否更高？

3. 供应市场结构分析

市场结构是指一个行业中竞争者的数量、产品的相似程度以及行业的进出壁垒等状况。供应市场结构主要分析的是市场竞争的类型，对不同的市场竞争类型需要采用不同的采购方法。了解供应市场结构有助于企业了解供应商的成本模型，能够在与供应商谈判时明确自己的优势和劣势，确定利用供应商创新的可能性，及时寻求资源的替代品，并为企业的采购战略计划指明方向。

市场结构本质上是一个市场中各个企业之间的竞争关系问题。一般地，按市场中商品的买者和卖者数量的多寡、商品的差别程度、进入的自由程度和信息的完全程度，**可以将市场结构分为完全竞争市场、完全垄断市场、垄断竞争市场和寡头垄断市场四种主要类型，**如图 3-5所示。

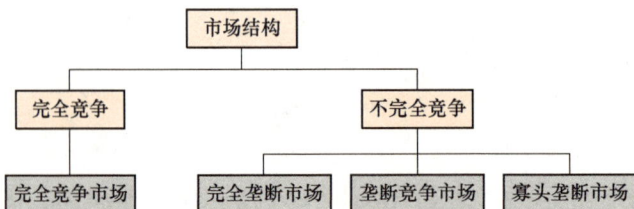

图 3-5　市场结构分类

（1）完全竞争市场。完全竞争市场是指一种竞争不受任何阻碍和干扰的市场结构，市场中有大量的供应商且产品具有同质性。完全竞争市场上的价格不是由某企业决定，而是由市场内的所有的供应商组成行业共同影响而决定的。价格决定后，采购企业只能被动接受。所以，对于在完全竞争市场中的企业来说，无论它的产量增减多少，价格都不会改变。该市场具有高度的透明性，产品结构、质量与性能不同的供应商之间几乎没有差异，市场信息完备，产品的进入障碍小。

（2）完全垄断市场。完全垄断市场是指在市场上只存在一个供给者和众多需求者的市场结构。根据垄断原因的不同，可以细分为自然垄断、政府垄断和控制垄断。自然垄断往往来源于显著的规模经济，如飞机发动机供应市场、电力供应市场等；政府垄断是基于政府给予的特许经营，如邮政及其他公用设施市场等；控制垄断包括拥有专利权，拥有专门的资源等而产生的垄断。在这个市场上，一家供应商控制某种产品的全部供给，并且这种产品不存在任何相近的替代品，其他企业进入该行业极为困难甚至不可能。完全垄断市场中的供应企业是市场价格的制定者，采购企业只能被动接受这个价格。

（3）垄断竞争市场。垄断竞争市场是指供应商的数目较多但产品具有异质性的市场，是一种介于完全竞争和完全垄断之间的市场组织形式。在这种市场中，既存在着激烈的竞争，又具有垄断的因素。这类不完全竞争市场包含了垄断和竞争的如下特点：①市场内有多家公司或厂商和庞大数目的顾客。②公司或厂商生产相似但有少许差异的商品。③市场没有进入障碍。④企业进入和退出市场完全自由。多数日用消费品、耐用消费品和工业产品的市场都属于此类。在这种市场结构之下，采购商和供应商之间主要通过各自的排名，选择合适的长期合作者。

（4）寡头垄断市场。寡头垄断市场是介于垄断竞争市场与完全垄断市场之间的一种比较现实的混合市场，是指少数几个企业控制着整个市场的生产和销售的市场结构，这几个企业被称为寡头企业。相对于垄断竞争市场，寡头垄断更接近于垄断的市场结构，因为少数几个企业在市场中占有很大的份额，使得这些企业具有相当强的垄断能力。寡头垄断的市场存在明显的进入障碍，例如，石油行业属于典型的寡头垄断市场。但最重要的是这些行业存在较明显的规模经济性。在这种市场里，供应商的营销策略主要有价格竞争、提供更好的服务、广告、回赠礼品、发展网上服务等创新的产品和服务。如果各供应商主要运用价格竞争的话，根据寡头垄断市场结构的推论、通常都是两败俱伤，对彼此的利益都有负面影响，所以各供应商都会尽量避免使用价格竞争，而主要运用上述的其他策略。

各市场结构特点比较如表3-5所示。

表3-5　各市场结构特点比较

	完全竞争	垄断竞争	寡头垄断	完全垄断
定义	厂商众多	厂商较多	厂商不多	只有一家厂商
产品特征	产品同质	产品异质但差异性小	产品异质性	只有一种产品
市场门槛	进出市场容易	进出市场容易	进入市场困难	几乎无法进入市场
信息对称性	市场信息完全对称	市场信息不完全对称	市场信息不充分	市场信息严重不对称

（续）

	完全竞争	垄断竞争	寡头垄断	完全垄断
产品价格	对价格没有控制力	对价格有少许控制力	对价格具有控制力、但担心同行的割价报复	对价格有很大的控制力
行业举例	农业、农产品	服饰、餐饮、娱乐	石油、汽车	公用事业、水、电、煤气

针对不同的供应市场结构，企业需要采用不同的应对方式。

在完全竞争市场中，由于供应商数量众多并且供应商已经基本没有超额利润，企业应该充分利用选择权，分析和预测供应市场，保持供应市场的竞争性。企业还应该明确各供应商的供应价格差别不大，因为各供应商彼此知晓对方的定价，而且供应的产品同质，所以价格不会有明显的差异。

对于垄断竞争市场和寡头垄断市场，企业主要靠讨价还价来获得相对较好的供应服务。通过供应商考察与评估，选择合适的供应商建立一种差异性的深入合作关系，从采购量和配合程度上争取到供应商的优先价格和服务。

对完全垄断市场，主要是供应商对企业的选择。此时对企业来说，企业的整体实力和采购份额在总采购市场中的占比是最重要的，所以集中采购和联合采购可能是一种较好的应对战略。

4. 供应商分析

供应商的分析属于微观经济分析，分析主要是针对具体的供应商，企业应积极主动地了解供应商的整体状况，建立完善的供应商信息库。供应商分析的目的在于对供应商的特定能力和其长期市场地位进行透彻的理解。供应商分析主要从以下五个方面进行：①生产技术设备信息；②产品信息；③人员信息；④信用度信息；⑤财务信息；具体的分析详见本书第7章供应商管理。

3.2.6 采购决策

企业明确了需要采购的物资和了解供应市场的信息后，就需要作出采购决策。采购决策是指根据企业经营目标的要求，提出各种可行采购方案，对方案进行评价和比较，对可行方案进行抉择并加以实施和执行采购方案的管理过程。采购决策是企业经营管理的一项重要内容，其关键问题是如何制定最佳的采购方案，确定合理的商品采购数量，为企业创造最大的经济效益。

1. 采购决策的特点

采购决策是企业决策中的重要组成部分，它具有以下特点：

（1）预测性。预测性是指对未来的采购决策应建立在对市场分析预测的基础之上。

（2）目的性。任何采购决策的目的都是为了达到一定的采购目标，如降低采购成本、提高采购产品质量、缩短采购周期等。

（3）可行性。可行性是指决策应是切实可行的，否则就会失去决策的意义。

（4）评价性。评价性是指应对各种可行方案进行分析评价，选择满意度最高的方案。

2. 采购决策的作用

企业在生产经营活动中面临着大量的决策问题，决策是管理者花费时间和精力最多的工作之一。科学的决策可以把握正确的经营方向，趋利避害、扬长避短，对于提高企业的生存和竞争能力具有积极的作用。采购决策除了具有规避风险、增强活力等一般作用之外，还可以发挥以下重要特殊作用。

（1）优化采购活动。采购活动对生产经营工程、产品成本和质量等产生重要影响，为了保证企业各项目标的实现，必须推进采购活动的优化，实现采购方式、采购渠道、采购过程的最优化，提高采购资源的最佳配置能力。

（2）实现准时化采购。为了满足即时生产的需要，应实行准时化（JIT）采购，而合理的采购决策则使准时化采购成为可能。

3. 采购决策的程序

采购决策关系到采购工作的质量，是一项复杂的系统工程，必须按照一定的程序来进行。其基本程序如下：

（1）确定采购目标。企业采购的总目标是实现及时、准确的采购，满足经营生产的需要，降低采购成本，提高经济效益。根据采购总目标，可分解出采购的具体目标，如订购批量目标、订购时间目标、供应商目标、价格目标、交货期目标等。

（2）收集有关的信息。信息是采购决策的依据，信息的可靠性决定采购决策的正确性。信息按来源不同分为外部信息和内部信息。

企业外部信息包括以下内容：

① 宏观的法律、经济政策，以及货源的信息、科技信息、运输方面的信息。

② 有相同需求的同行的情况，如同行从哪里采购、进价多少，是否有更经济的材料，能否联合采购以降低进价等。

企业内部信息包括以下内容：

① 物资需求情况，如根据销售计划、生产计划制订需求计划，再结合库存情况，制订采购计划。

② 库存情况，如企业库存能力如何、库存费用多少、现有商品库存状况。

③ 财务情况，如是否有充足的采购资金、采购资金的周转速度和筹集状况。

④ 本企业采购队伍情况，如采购人员的敬业精神、综合素质、合作精神等。

（3）拟定实现目标的多个可行方案。一般而言，为了实现采购目标，通常会有多个可行方案，可谓"条条大路通罗马"。

（4）选择满意度最高的方案。针对以上各种可行方案，进行综合分析，选择满意度最高的方案。方案的选择是一个对各种可行方案进行分析评价的过程。具体的评价标准因企业不同以及企业外部环境不同而异。

实际工作中，即使市场行情一定，不同类型的企业也会根据自身条件，采用不同的评判标准。满意度最高的方案不一定是盈利最大的方案，而是对企业最有利、最可行的方案。

采购决策的内容很多，包括供应商的选择、采购渠道的选择、采购商品的品种、规格和质量的选择。不同的决策内容如采购时机、采购批量、采购价格等的决策，有不同的决策方法。采购决策的方法很多，有定量决策的方法，也有定性决策的方法。主要有采购人员估计法、期望值决策法、经理人员意见法、数学模型法和直接观察法。

采购人员估计法是召集一些采购经验较丰富的采购人员，征求他们对某一决策问题的看法，然后将他们的意见综合起来，形成决策结果。

期望值决策法是根据历史资料来进行决策。

经理人员意见法是先征求部门经理的意见，再作出决策。

数学模型法是一种定量的方法。如果企业为了达到采购存储总费用最低的目的，就必须用经济批量模型计算最佳采购批量。值得注意的是，采用数学模型一定要注意使用条件。

直接观察法一般采购部门的决策者在对简单问题决策时，按一定的标准或按关键采购标准，淘汰不符合标准的方案，对符合标准的方案按优劣顺序及可行性排列，选择满意方案。

总之，根据决策问题的特点，选择一种方法或几种方法结合起来，能提高采购决策的正确性，减少采购风险。

（5）实施与反馈。有了采购目标和满意的采购方案，还要制定具体的实施细则，以使采购方案得以实施。同时，还应注意收集、整理方案在实施过程中出现的新情况和新问题，进行必要的调整，以保证采购目标的实现。

最后，对采购方案的实施进行检查和分析。在实施与反馈过程中，应将实际执行情况与原定决策目标进行比较。

3.3 采购战略的类型与特征

本节将具体介绍采购战略的类型，并着重介绍其中的集中采购、分散采购与联合采购三种采购战略。

3.3.1 采购战略的类型

按不同的分类标准，有不同的采购战略类型。

1. 按采购技术分类的采购战略

（1）传统采购。传统采购是企业一种常规的业务活动过程，即首先企业根据生产需要，由各部门在月末、季末或年末编制需要采购物资的申请计划；然后，由物资采购供应部门汇总成企业物资计划采购表，报经主管领导审批后，组织具体实施；最后，所需物资采购回来后验收入库，组织供应，以满足企业生产的需要。传统采购存在市场信息不灵、库存量大、资金占用多、库存风险大等不足，可能经常出现供不应求，影响企业正常生产经营活动的进行，或者库存积压、成本居高不下，影响企业的经济效益。

（2）订货点采购。订货点采购是指由采购人员根据各个品种的需求量和订货提前期的长短，确定每个品种的订货点、订货批量及最高库存水准等，然后建立起一种库存检查机制，当发现货物已到达订货点时，就要检查库存，发出订货。订货批量的大小由规定的标准确定（详见1.2.3）。

（3）MRP采购。MRP采购主要应用于生产型企业。它是生产型企业根据生产计划和主产品的结构以及库存情况，逐步推导出生产主产品所需要的零部件、原材料等的生产计划和采购计划的过程。对于生产中的辅料和耗材以及非生产性物资采购，需要另行制订采购计划。

（4）JIT采购。JIT采购又称为准时化采购，它是准时化生产管理思想在采购领域的应用。它的基本思想是：把合适的数量、合适质量的物品、在合适的时间供应到合适的地点，最好地满足用户需要。准时化采购和准时化生产一样，不但能够最好地满足客户需要，而且可以极大地消除库存、最大限度地消除浪费，从而极大地降低企业的采购成本和经营成本，提高企业的竞争力。正是因为 JIT 采购对于提高企业经济效益有着显著的效果，20 世纪 80 年代以来，西方经济发达国家非常重视对 JIT 采购的研究与应用。据资料统计，绝大多数的美国企业已经开始全部或局部应用 JIT 采购方法，并取得了良好的应用效果。由于实施 JIT 采购对企业的基础工作、人员素质、管理水平等要求较高，所以在我国实施 JIT 采购方法的企业数量还不太多，主要集中在诸如汽车、电子等行业，应用水平也有待进一步提高。

（5）供应链采购。供应链采购是一种供应链机制下的采购模式。采购不再由采购者操作而是由供应商操作，又称之为供应商管理库存（VMI）。其原理是，客户把自己的需求信息向供应商及时传递，由供应商根据客户的需求信息，预测客户未来的需求量，并根据这个预测需求量制订自己的生产计划和送货计划。

（6）电子采购。电子采购是指利用电子计算机和网络进行的采购活动，也称为网上采购。随着科学技术的突飞猛进和网络技术的迅速普及，电子采购作为一种新型的采购方式，在国际国内采购活动中成为了一道亮丽的风景线。目前，许多企业和公共事业单位已在一定范围内和一定程度上运用了电子采购技术，详见本书第 10 章。

2. 按采购品种性质分类的采购战略

（1）常规品采购战略。常规品采购是指企业一般物资采购，如钢材、建材、化工品、电机电器、劳保用品、办公用品等。这类物资供应市场大、货源充足、价格透明度高，比较容易在供应市场中获得。

（2）紧缺品采购战略。所谓紧缺品，是指供应市场中紧俏的商品。其货源稀缺，价格随行就市，很难在供应市场中获得。采购此类物资，需要与供应商建立长期合作关系，通过专门渠道获取。

（3）生鲜品采购战略。生鲜品采购需要保证及时性和保鲜性，例如牛奶、海鲜、鲜花、蔬菜等。它需要采用专门的运输工具（如冷藏车）和装备（如冰箱或冰块）来进行运输和保存。

（4）数字品采购战略。数字品是指数字化格式，可编码为二进制流的交换物，包括基于数字技术的电子产品或将其转化为数字形式通过网络来传播和收发，或者依托于一定的物理载体而存在的产品，例如视频、广告、电子出版物、应用软件、电子培训教材、图书、影像资料等。数字品具有永久保存性、快速传播性、产品互补性和定制性等特征。此类商品的采购涉及知识产权问题。

（5）时令品采购战略。时令品就是指根据季节产出的商品，如夏天有西瓜，端午节有粽子，中秋节有月饼。如果不在那个季节采购，市场上可能没有货或者价格很高。

（6）珍稀品采购战略。珍稀品就是指珍贵、稀少的商品，该类商品一般数量很少，市场上少见，因而价格会很高。该类商品的采购一定要充分了解市场行情和商品特性，一般需要专业人员的帮助和指导，否则容易上当受骗。

3. 按采购产品的来源分类的采购战略

（1）国内采购。国内采购是指向国内的供应商采购商品，通常无需动用外汇。国内采购不会遇到商业沟通的困难，双方都可以减少资源消耗，而且国内采购不存在国际贸易运输、定价的问题，省却了在国际贸易中洽谈运费、保险、交货付款条件等问题。国内采购一般用时较短，面临的不确定性和风险较小。但是，国内采购的选择余地较窄，有时不能获得高质量和高科技的产品。

（2）国际采购。国际采购是指向国外供应商采购商品，通常采取直接与国外供应商联系或通过本地的代理商来采购商品。国际采购扩大了供应商的范围，采购企业有很大的选择余地，有可能获得高质量的商品，同时国际上的一些有竞争力的供应商可以提供更具低价格的商品。但是国际采购的不确定性高，风险大，采购流程和手续比较复杂，同时因运输、汇率、关税、检验检疫等方面的原因也会抬高采购成本。国际采购又称全球化采购，详细内容将在第 8 章介绍。

4. 按采购形式分类的采购战略

具体包括集中采购、分散采购和联合采购。下面将详细介绍。

3.3.2 集中采购战略

1. 集中采购的概念

集中采购是一种将时间、人力和采购等各种资源，进行集中整合来执行的采购作业。集中采购的含义，首先是为了降低分散采购的选择风险和时间成本，成立专门的职能部门负责各个工厂的采购，将采购职能中央集中化，然后，就是要将有限的、分散的采购人力和采购资源集合起来，形成一个合力，共同去应对市场，充分利用"大市场"资源吸引更多的供应商参与所要采购物料的竞价，通过询价、比价、谈判、发现价格、取得优惠的待遇，从而降低采购成本，取得一笔宝贵的供应商资源。

通常的集中采购模式，如图 3-6 所示，企业各部门、分公司没有自己独立的采购部门，它们通过向企业唯一的采购部——集中采购部，提出自己的采购需求，集中采购部通过对各种需求的集合和统一，构成一个大的采购订单，通过比价采购、招标采购、紧缺品特殊采购等多种采购方法来统一进行采购，从而降低了采购成本、提高采购物料质量和采购工作效率。本书第 2 章介绍的 IBM 公司采购组织案例，就是采用集中采购模式。

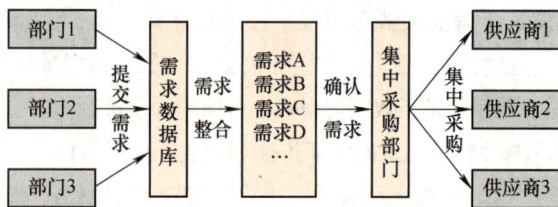

图 3-6　集中采购管理模式

2. 集中采购战略评价

（1）集中采购的优势。

1）采购规模效益显著。由于从分散采购转变为集中采购，可以将分部门的采购需求中的具有共性的产品集中，从而大幅度增加采购量，形成规模经济效应，降低采购单价。其次，集中采购量可以大大地提高采购部门与供应商进行谈判时的议价能力。即使供应商是所在行业的垄断企业，企业也可以通过集中采购加强采购力量，使得供应商对企业有足够的重视，并使企业可以获得更优惠的价格以及更好的服务。而对需求共性小的采购产品，由于采购量没有明显的增加，这种优势将会减弱。

同时，由于采购量可以得到汇总，从而使整个采购计划明朗化，采购间隔也可以使用年度、季度、月度定价等模式进行。这种有计划性的采购方式可以增加与供应商之间的信任度。

采购可以采用招标形式进行，可以从全局考虑依靠现代化的通信手段进行，可以有序安排日程，应对突发事件也更有效，更可以节约采购的费用。

2）**信息资源整合优势**。集中采购可以将之前分散在各个分公司的采购资源，如人力、物力、财力、供应商信息资源、谈判技巧、合同文本等软硬件资源进行整合，这种集中化的架构为资源整合的信息平台构建提供了便利。资源整合极大地方便了采购信息数据库的构建，在信息化时代，准确和有用的信息可以为决策者提供决策时需要的有用数据。通过构建这个信息平台，使得采购集中化之后的供应商选择、供应商管理可以进行更加规范和准确的判断。

3）**采购流程更加专业化和规范化，有利于防止腐败**。分散采购的流程多种多样，这就极易使采购人员在采购过程中由于对流程的不熟悉而导致效率低下。采购集中化后将建立一套所有采购部门共同执行的采购流程和规范化的规章制度，这样的统一管理将会带来采购效率的极大提高。

集中采购使得采购过程更加透明，可以有效地防止腐败的发生。在集中采购中，采购的过程是由许多部门协作完成，同时各个部门又相互制约并且接受监督。采购单位通过竞标的方式，在供应商之间进行竞价，由于相关账目的公开以及集中进行审批决策，从而可以有效避免采购人员为了谋取自身的利益而损害公司利益的情况出现。

4）**有利于和供应商实现共赢**。现在的供应商与企业之间是一种相互协调、共赢的关系，他们彼此合作以降低经营成本，共同承担经营风险，从而共同提高竞争力。分散采购中面临的供应商数量巨大，导致相关人员无法对供应商进行有效的管理。而集中采购则会在与供应商建立良好合作关系的前提下选择采购合作商，所以集中采购的供应商是优质的，数量上也比分散采购的少。这样可以比较容易地推行企业的采购方针，相应的供应商也会更加重视企业，同时企业还可以得到供应商在技术开发、货款结算、售后服务支持等多方面的合作。

5）有利于降低物流成本。集中采购能够全面评价公司的总体物流成本，与供应商一起构建出最优的物流供应方案，以获得最优的物流成本控制。集中采购同样也便于公司寻求统一的第三方物流服务，能够做到采购资源的统一调配，货物的流向和流量都得到有效控制，从而实现物流优化。

（2）集中采购战略的劣势。集中采购战略虽然有许多优势，但同时也不可避免地存在着一些劣势。

1）**集中采购易导致官僚主义以及可能的低效率**。集中采购导致权力过于集中到采购部门，从而有可能滋生官僚主义并因此而丧失采购的灵活性，导致供应链管理的低效率。

2）**集中采购可能会导致企业内部矛盾**。集中采购往往会改变原有的供应商，从而使供应商的选择成为企业内部争斗的焦点之一。在此期间，企业内部相关利益者的不同意见，各部门之间目标的冲突，新供应商在初期的绩效欠佳等都会影响到企业的经营活动。

3. 集中采购战略的应用

（1）集中采购战略的应用条件。集中采购有着许多优势，但并不是所有企业都适合采用集中采购战略。要想发挥集中采购的优势，需要具备如下条件：

1）**采购物料有通用性**。如果企业采购物料的通用性高则适合采用集中采购，企业对采购物料的通用性越高，采购同一类物料的量就越大，可以实现集中采购，同时企业的单位采购价格就可以降低，采购总成本也随之降低，而采购物料的差异性大则很难实现集中采购。

2）**地理位置接近**。当企业是跨国公司时，由于各个分公司在地理位置上距离较远，各公司所处的国家之间的贸易与文化上的差异也较大，所以适合采用分散采购。如果企业的各个分公司都在一个国家内，但相互之间的距离较远，仍然适合采用分散采购。所以各公司的地理位置接近也是集中采购的条件，但是如果供应商也有分布广泛的分公司，则可以采用集中采购。

3）**供应市场结构**。如果企业的供应市场上存在着行业内的垄断企业，那么企业采用集中采购可以获得和供应商更好的谈判地位，增强企业的议价能力。

4）**价格波动**。如果企业采购物料的价格对采购数量十分敏感，集中采购就可以通过扩大采购数量来降低采购成本。如果有些物料的价格对经济气候等的敏感程度很高，也可以采用集中采购。

（2）集中采购组织机构的构建。作为一种有效的采购管理战略，集中采购是由专门的采购职能部门（集中采购部门）集合其他部门的采购需求，形成一个大的订单，然后向经过绩效考核的合格供应商采购，从而使采购物品的质量和成本都得到很好的控制，进而为其他部门提供采购服务的一种组织实施形式。

集中采购是由集中采购机构来实施的，集中采购组织的架构如图3-7所示。

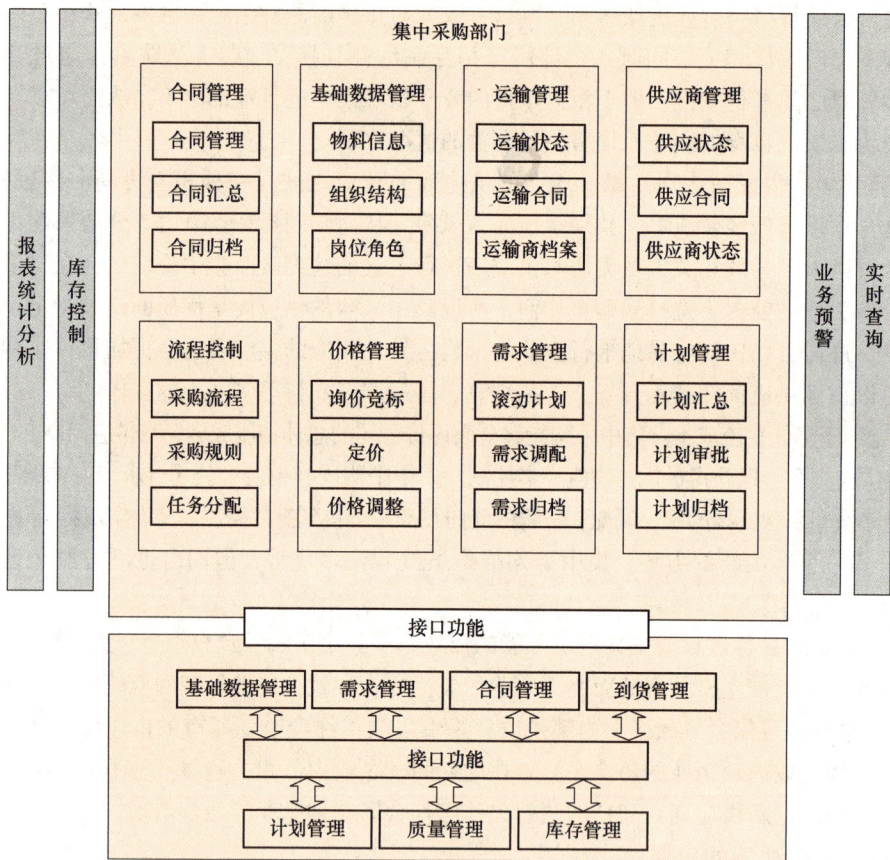

图3-7 集中采购组织的架构

组织架构中包括了集中采购部门和各个二级核算单位两部分，两个部门的分工不同，集中采购部门负责：合同管理、基础数据管理、运输管理、供应商管理、流程控制、价格管理、需求管理、计划管理；二级核算单位负责：基础数据管理、需求管理、合同管理、到货管理、计划管理、质量管理、库存管理。

集中采购部门和各个二级核算单位通过物料需求和采购计划衔接起来，具体来说就是各个二级核算单位产生采购需求，采购需求再经过一系列的流程形成采购计划，然后由集中采购部门统一进行采购，签订采购合同，安排供应商准时送货。

其中对采购需求、库存管理等的管理和控制需要二级核算单位的内部接口以及二级核算单位与集中采购部门的接口共同承担。

（3）集中采购的工作流程。企业集中采购主要有以下四个环节：需求管理、计划管理、招标与合同管理、到货管理，每个环节都有其具体的流程，都是在集中采购部门和各个二级核算单位的共同推动下完成的。集中采购的工作流程如图3-8所示。

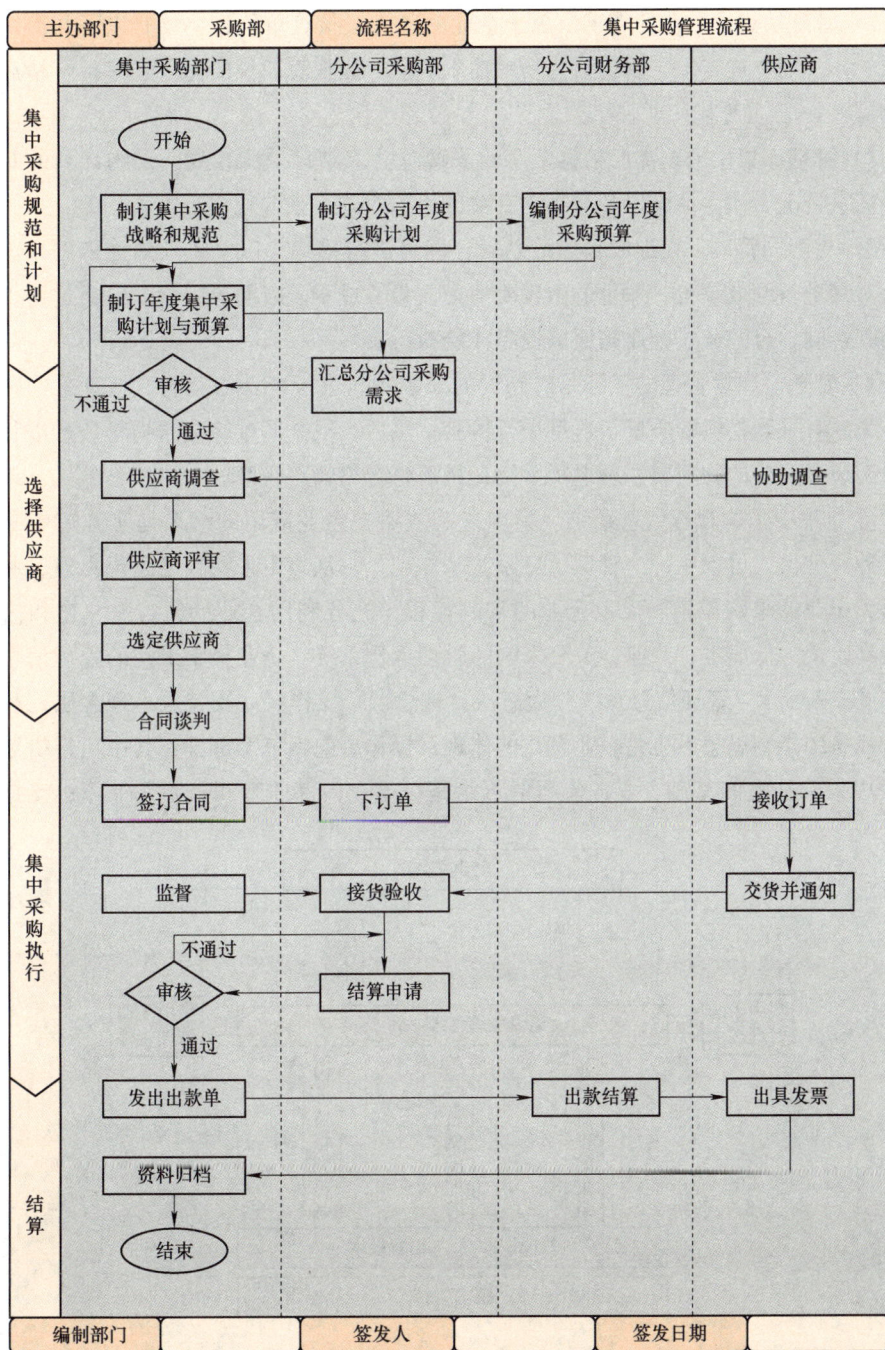

图3-8 集中采购工作流程

集中采购的流程可概括为：二级核算单位根据各自的滚动计划，对每一时间段的需求进行汇总，由此得到总需求；根据供应市场的情况、企业的采购预测以及库存量制定集中采购计划，集中采购计划将作为签订采购合同的重要依据；对绩效考核通过的供应商分配相应比例的采购份额，签订相关的采购合同，确定采购金额、运输费用、到货时间等。具体工作包括以下几方面：

1）需求管理。集中采购的需求来源于企业的各二级核算单位，主要有以下几类：生产用物料需求、办公用物资需求、制造设备物料需求等。二级核算单位的需求经审批合格后生成正式的采购需求并汇总成为采购总需求。

2）计划管理。集中采购部门根据汇总的采购总需求制订采购计划，采购计划的制订要考虑企业的需求情况、库存情况以及与采购有关的采购时间、采购成本等因素。

3）招标与合同管理。在形成采购计划后，即可进行采购。以采购计划为依据，选择相应的供应商对其进行绩效评价，评价的内容要考虑质量、成本、时间等因素。对通过评价的供应商，评估其合同，合同通过企业高层审批后才能执行。

4）到货管理。到货管理的任务是对到货的采购物料进行统计与验收，核算采购费用是否正确。首先，对采购物料的质量、数量进行检验；然后，根据通过检验的物料数量进行采购结算，对没有通过检验的物料要办理退货手续；最后将合格物料入库。

（4）企业集中采购管理信息系统。集中采购战略在企业应用的结果是实施集中采购模式管理，这种管理模式可以用一个管理信息系统来体现。它从集中采购战略思想出发，利用集中采购来增大企业的采购规模、规范企业的采购流程，充分利用企业的人、财、物和信息等资源，实现高质量、低成本、快速、及时采购的管理运作系统。企业集中采购的管理信息系统总体结构如图3-9所示。管理信息系统分为三层：理念层、操作层和支持层。理念层是核心，是集中采购战略的指导思想，也是企业文化的体现；操作层包括三个部分，其中运行机制的完善是实行集中采购战略的基础，业务流程的重组是关键，内部监管和控制是保障；支持层包括

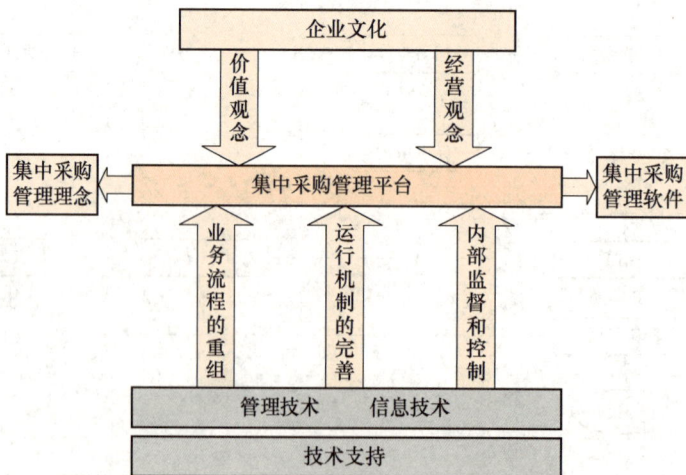

图3-9 企业集中采购管理信息系统的总体结构

实施集中采购战略的支撑技术，如信息技术、网络技术和电子支付系统等。

集中采购管理信息系统的功能层包括信息管理、采购交易、采购管理以及供应商管理四个模块。

① 信息管理。信息管理主要是管理企业采购物料的信息，包括大批量的标准件的采购信息管理和小批量的特殊采购物料的信息管理，管理的内容有物料的参数、外观、性能等。企业应要求各个供应商提供格式统一的物料目录，便于企业进行标准化的操作，快速地获取采购物料的信息。

② 采购交易。采购交易是企业集中采购的主要内容，包括采购招标与合同管理、到货管理等工作流程。这些流程都涉及许多的信息传递过程，如通过因特网平台向供应商发布采购招标书。

③ 采购管理。企业的集中采购信息管理系统除了提供交易功能外，还应该提供采购管理的相关内容，主要包括：合同管理，包括采购申请、采购审批、合同传递、合同跟踪和合同协调等；订单协作，即使用因特网技术、电子数据交换（EDI）等来实现企业与供应商之间订单的协作。

④ 供应商管理。企业集中采购部门需要根据采购物料供应状况、候选供应商的相关资料等对供应商进行评价，对评价合格的供应商的相关资料进行电子归档。对长期合作的供应商定期进行监督和考核，根据定期的考核结果更新供应商的档案。

从企业的采购流程中，我们可以看出企业需要处理大量的数据，这些数据如果仅靠采购人员手工操作的话，将会是十分巨大的工作，企业的成本也会很高。因此，企业必须以网络技术为基础来构建集中采购的管理信息系统。借助网络技术的集中采购信息系统，可以实现企业制订采购计划、采购交易以及采购管理的电子化，将采购的一系列流程标准化，简化企业的采购流程，提高企业采购的效率。

为了实现企业与供应商信息的实时传递，需要以因特网为依托，构建企业的集中采购系统与供应商的供应系统，以实现双方的信息共享。对采购而言，关键是实现其电子支付，一方面提高采购效率，另一方面保证采购安全，降低采购支付风险，实现集中统一支付，尤其是第三方支付。

3.3.3 分散采购战略

1. 分散采购的概念

与集中采购战略相反，分散采购战略是由企业下属各单位，如子公司、子部门、工厂、车间等实施的满足自身生产经营需要的采购战略，是一种企业将权力下放的采购活动。

2. 分散采购战略评价

（1）分散采购战略的优势。

1）各部门在采购上的积极性高。分散采购形式使得采购的自主权由企业各部门掌握，它们可以独自规划采购内容、执行采购方案，有利于其自身的发展，所以极大地提高了它们在采购上的积极性和创造性。

2）**分散采购的风险度小**。由企业各部门对自己所需的物料分别采购，可以及时根据库存情况对采购订单作出调整，避免集中采购时因需求变化而无法对订单作出及时调整的情况，减少企业的采购风险。

3）**采购的产品能更符合各部门的需要**。实行分散采购，企业各部门可以根据自己独特的需求选择最适合的物料，避免出现集中采购的物料不符合最佳生产要求的情况。

4）**采购流程较短、采购过程简单**。分散采购不需要将企业所有的需求信息进行汇总，再传达至专门的采购机构，采购的物料也不需要等待企业的统一配送，各部门直接发出采购订单，采购的物料直接进入部门仓库，因此整个采购过程简单，所需的流程较短。

（2）分散采购战略的劣势。分散采购战略的劣势主要有以下几点：采购能力分散，难以形成规模效益，导致采购成本过高；缺乏对供应商的统一管理，分散采购导致供应商众多，各部门自行设立供应商管理标准，难以形成规范统一的管理模式；采购人员因采购品种和数量有限而不专业；采购人员众多，重复工作量大，采购效率低；各子单位面临的采购条件不同，不便于统一管理。

3. 分散采购战略的应用

（1）分散采购的适用条件。①企业的规模比较大，采购的品种多而且品种的差异性大，企业只有一个采购部门来进行集中采购不能完全满足各部门的采购需求。②企业的各部门在地域上分布较广，各部门需要的物资种类不同，如果采用集中采购，物资的供应容易产生延迟，而且不能快速响应企业各部门的紧急需要。③企业各部门的生产，运营具有独特的形式，相互之间互补性不强，不适合采用集中采购形式。

（2）分散采购的组织结构。分散采购组织结构如图3-10所示。企业各部门拥有自己的采购职能部门，他们对自己的采购活动负完全的责任，并对由此产生的财务后果负完全责任。

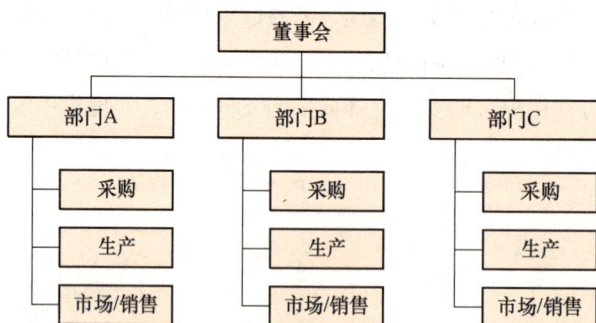

图3-10 分散采购组织结构

（3）分散采购的业务流程。分散采购的流程与集中采购相似，只是进行采购的是各部门的采购，采购需求也只是本部门的需求。分散采购的业务流程如图3-11所示。

（4）分散采购管理信息系统。分散采购管理信息系统相对集中采购而言，比较简单，只要有采购功能即可，它不需要合并采购，不需要汇总各部门的采购信息，其他的信息系统功能保持不变。

主办部门	采购部	流程名称		分散采购管理流程

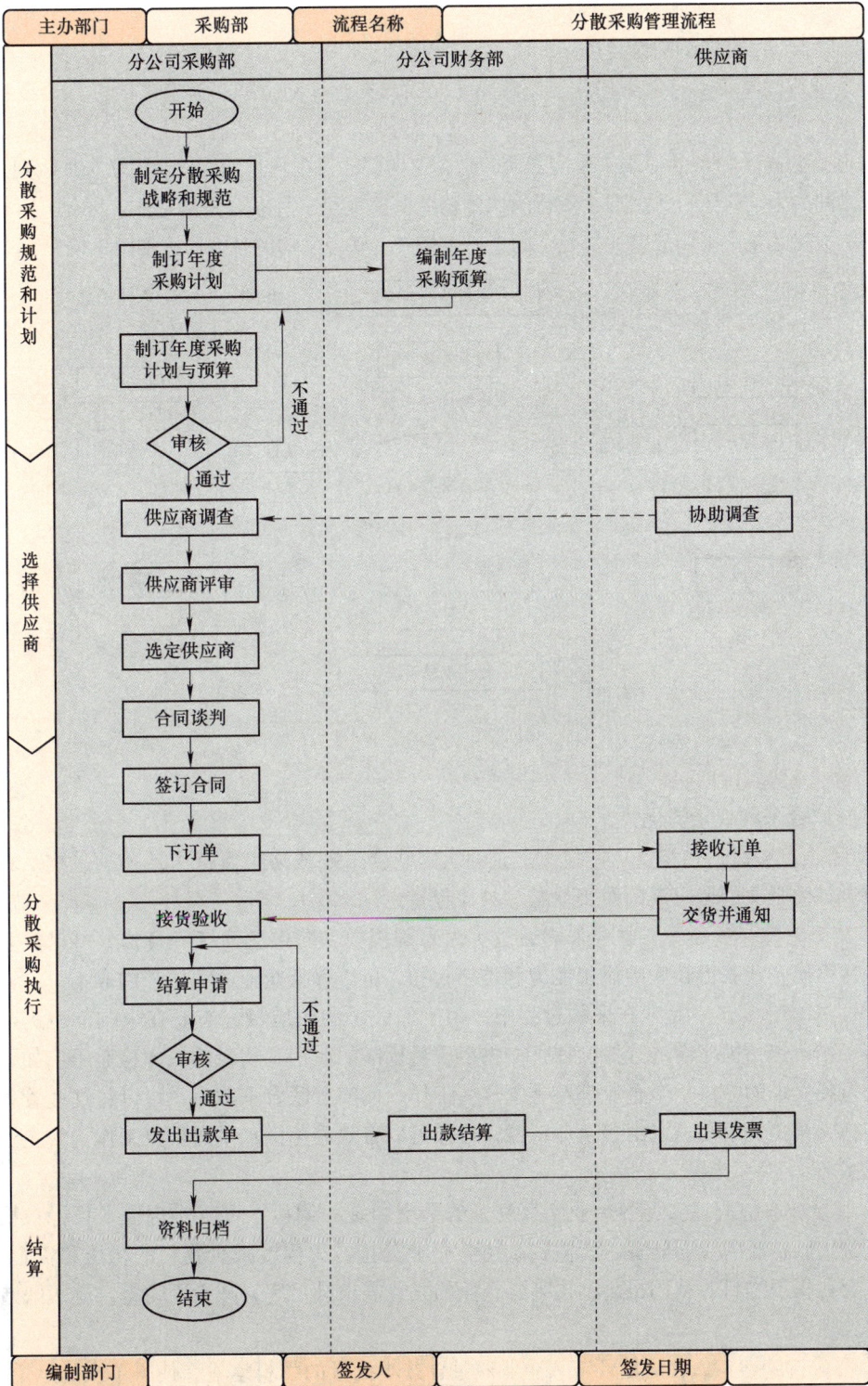

图 3-11　分散采购业务流程

3.3.4 联合采购战略

1. 联合采购战略的概念

联合采购战略是一种新型的采购战略，它是指对同一物料或服务有需求的许多企业在相互合作的条件下形成一个采购联盟来向供应商统一订货，用以扩大采购批量，达到降低采购价格或者降低采购成本的目的。集中采购强调的是企业内部的集中化采购管理，而联合采购则是指多个企业之间的采购联盟行为，现在流行的"团购"其实就是一种联合采购形式。因此，可以认为联合采购战略是集中采购战略在外延上的进一步拓展。联合采购的基本形式如图3-12所示。

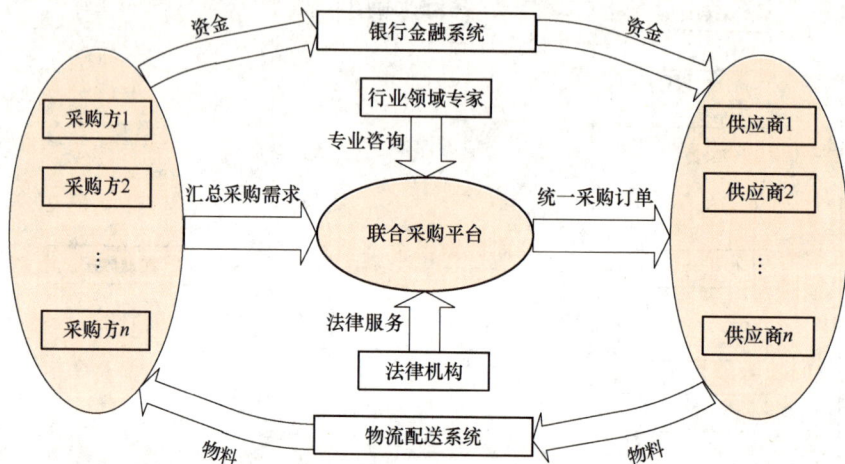

图 3-12　联合采购的基本形式

2. 联合采购战略评价

（1）联合采购战略的优势。

1）**降低采购成本和相关环节成本**。企业实施联合采购战略可以极大地减少采购及相关环节的成本，为企业创造可观的经济效益。具体包括：

①**降低直接采购成本**。联合采购通过扩大采购规模，向供应商统一订货，可以实现批量采购，从而使企业获得较大的议价能力和价格折扣，可以降低企业的直接采购成本。

②**减少管理费用**。企业在采购过程中，为了保证采购的质量，需要在采购前后进行相关的管理工作，包括供应商的选择、评价，物料质量标准的制定，物料的入库检验等。如果企业各自进行独立采购，每一个企业都要重复这些工作，而实行联合采购后，可以将这些管理工作统一实施，相关费用则可以由各企业分摊，这样可以有效避免低水平的重复工作，为企业减少大量成本。

③**减少库存**。通过实施各企业库存资源的共享和统一调拨，可以实现以下目标：物料由各企业分别储备改为共同储备，所需资金由各企业分担，大幅度减少物料的积压和资金占用，增加各企业积压物料的利用机会，提高各企业的紧急需求满足率，减少因物料供应短缺造成的生产停顿损失。

④**降低运输费用**。在运输环节，企业通过合并小批量的物料运输，使得单次的运量变大，从而可以降低运输费率，减少运输费用支出。

2）**创造协同效应**。每个企业的资源和能力都是有限的，并且资源在各个企业之间的分布又是不均衡的。因此，各个企业通过联合采购方式，围绕共同目标，合理利用资源，发挥各自的优势，弥补各自的劣势，可以产生良好的协同效应。

3）**避免无谓的竞争**。传统的竞争方式是企业间不惜代价的恶意竞争，双方都想让竞争对手失败，而联合采购则通过和竞争对手合作，改变了以往企业间的横向竞争关系，各个企业从"势不两立"的关系变成了合作共赢的关系，从而走上良性发展的道路。

4）**降低采购风险**。随着经济的发展，企业所处的环境更加趋向于国际化、社会化、复杂化。单独一个企业面对复杂多变的市场，生存和发展的空间将越来越小，承担的采购风险也将越来越大。而如果几个企业联合起来，在采购领域进行合作，就能减少诸如资本不足、无话语权、信息不对称等带来的风险。

5）**提高市场透明度**。市场透明度影响着企业的有效采购，它包括产品透明度（即何种物料可以替代现有物料）、价格透明度（即此物料在市场上的价格是多少）、供应商透明度（即哪家供应商可以替代现在的供应商）。联合采购可以通过信息共享提高市场透明度、增加供应市场的竞争，使要采购的物料价格下降。

（2）联合采购战略的劣势。联合采购战略虽然存在诸多的优势，但也有以下的劣势：采用联合采购需要各个企业协调一致，这将改变企业原有的采购模式和采购周期，产生额外的协调成本；为了实施联合采购，企业需要改变原有的采购流程；为了实现企业间的信息共享，可能会泄露企业重要的机密信息，使企业失去竞争优势；企业间的协调成本可能过大，如果超过了联合采购产生的收益，联合采购将失去意义。

3. 联合采购战略的应用

（1）联合采购战略的应用条件。联合采购有着众多的优势，而实施联合采购需要一定的宏观和微观条件作为支持，具体包括：

1）宏观条件

① 法制健全的联合采购环境。随着科技的发展、网络的普及，使用网络进行联合采购将成为一种趋势。为了保障联合采购活动的顺利进行，需要有一个健全的网上联合采购法律、法规体系作为保证。

② 坚实的基础设施体系。为了使联合采购有效运行，需要有坚实的基础设施体系作为支撑，包括完善的市场经济制度、强有力的电子商务技术、良好的网络环境、发达的物流配送体系等。

③ 专业化的第三方采购机构。发展联合采购需要有专门的第三方机构进行协调、组织，使企业形成采购联盟。专业的第三方机构有良好的通道和完善的网络系统，对物料的采购信息、质量性能、市场行情有着充分的了解，可以为企业提供完善的代理服务，以保证联合采购战略的有效实施。

2）微观条件

① 企业间具有共同的采购目标。企业间具有共同的采购目标是进行联合采购的基础。同性质的企业可能采购相同的物料，因而可以将各企业的采购计划合并，通过联合采购来强化企业的采购能力，形成规模效益。

② 企业要具有"双赢"意识。缺乏"双赢"意识的企业很难进行联合采购。传统的企业之间的竞争是一种"你死我活，势不两立"的竞争，这种恶意竞争往往带来的是企业的两败俱伤、市场秩序的紊乱，甚至加速整个行业的衰败。所以，为了在全球化的市场竞争中生存和

发展，企业必须要有"双赢"意识，在相互竞争的同时谋求合作共赢。

③ 企业信息化程度相近。企业信息化是实施联合采购的必要条件。企业进行联合采购，涉及各种信息的传递，良好的信息化建设将为联合采购奠定坚实的基础。

④ 企业管理层的共识。企业管理层对实施联合采购的重视程度是企业能否进行联合采购的一个关键因素。联合采购会改变原有的采购流程，这将会触及某些人的利益，因而会遭受一些阻力，此时，管理层对联合采购的支持就是成功推行联合采购的必备条件。

⑤ 具备联合采购的专业人才。与传统采购相比，联合采购是一个复杂的过程，所以，对从事联合采购的人员的要求也比一般的采购人员高。他们不仅需要有扎实的采购知识、卓越的谈判能力、团队合作精神、协调沟通能力，还需要有专业的信息管理水平。

（2）联合采购战略的组织结构。联合采购的组织结构如图 3-13 所示。

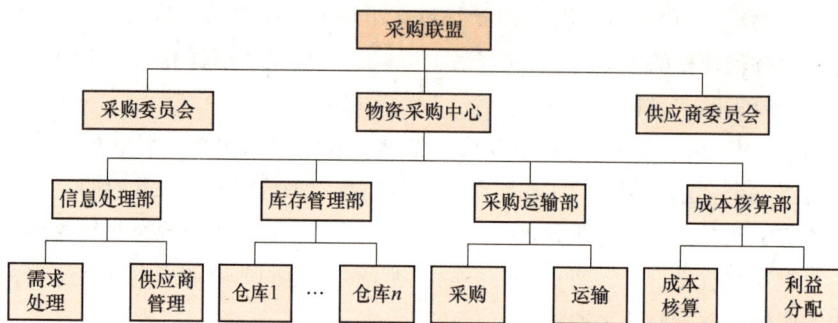

图 3-13　联合采购组织结构图

采购联盟由采购委员会、物资采购中心、供应商委员会组成。采购委员会主要由成员企业的采购人员组成，其目的是促进各成员企业与采购联盟的协调，实现成员企业之间的信息共享。供应商委员会是由采购联盟的管理人员和供应商的主管组成，主要管理采购联盟与供应商的关系。物资采购中心是联合采购的具体执行部门，由它集中处理联合采购的相关业务。物资采购中心分为信息处理部、库存管理部、采购运输部、成本核算部四个职能部门。信息处理部主要管理各个成员企业的采购需求并进行汇总以及供应商的信息；库存管理部主要是实现各个企业库存信息的共享以及在各个仓库间合理分配物料；采购运输部主要完成物料的采购与运输工作；成本核算部主要负责采购联盟采购成本的核算与利益的分配。

（3）联合采购战略的流程。联合采购战略的业务流程如图 3-14 所示，系统收集各成员企业的采购需求并进行汇总，通过分析这些需求确定需要库存调拨满足的紧急采购需求和通过采购满足的一般需求。如果是紧急需求，就需要结合各企业的库存情况和供应网络，制订调拨计划，调拨计划审核通过后，成员企业根据调拨单进行调拨。如果是一般需求，采购人员需要结合各成员企业的库存状况、供需网络、采购价格等因素制定初步的采购方案，经过供应商选择，签订供应合同后形成采购订单。采购订单审核通过后，供应商根据订单进行发货，采购人员需要对订单的执行情况进行跟踪；采购物料到位后，对采购涉及的款项进行结算。

（4）联合采购管理信息系统。联合采购的管理信息系统比较复杂，它需要建立一个平台来管理各个企业的采购需求，并具有汇总功能；它还需要开发各种接口，以便与各个企业的信息系统相连接，方便各个企业提供采购信息并接收订单信息。

主办部门	采购部	流程名称		联合采购管理流程

	采购联盟	成员企业	供应商

制订采购计划

开始

↓

确定采购需求

↓

汇总采购需求 ← 制订采购计划

↓

采购物资分类

↓

建立采购物资信息库 ⇠ 协助

确定供应商

选择供应商 ⇠⇠⇠ 配合

↓

比价、议价

↓

确定供应商 → 了解供应商情况

↓

签订采购合同 ⇠⇠ 签订采购合同

实施采购

监督 ⇢ 验收 ← 供货

监督 ⇢ 付款 ⇠⇢ 结算

↓

结束

编制部门		签发人		签发日期	

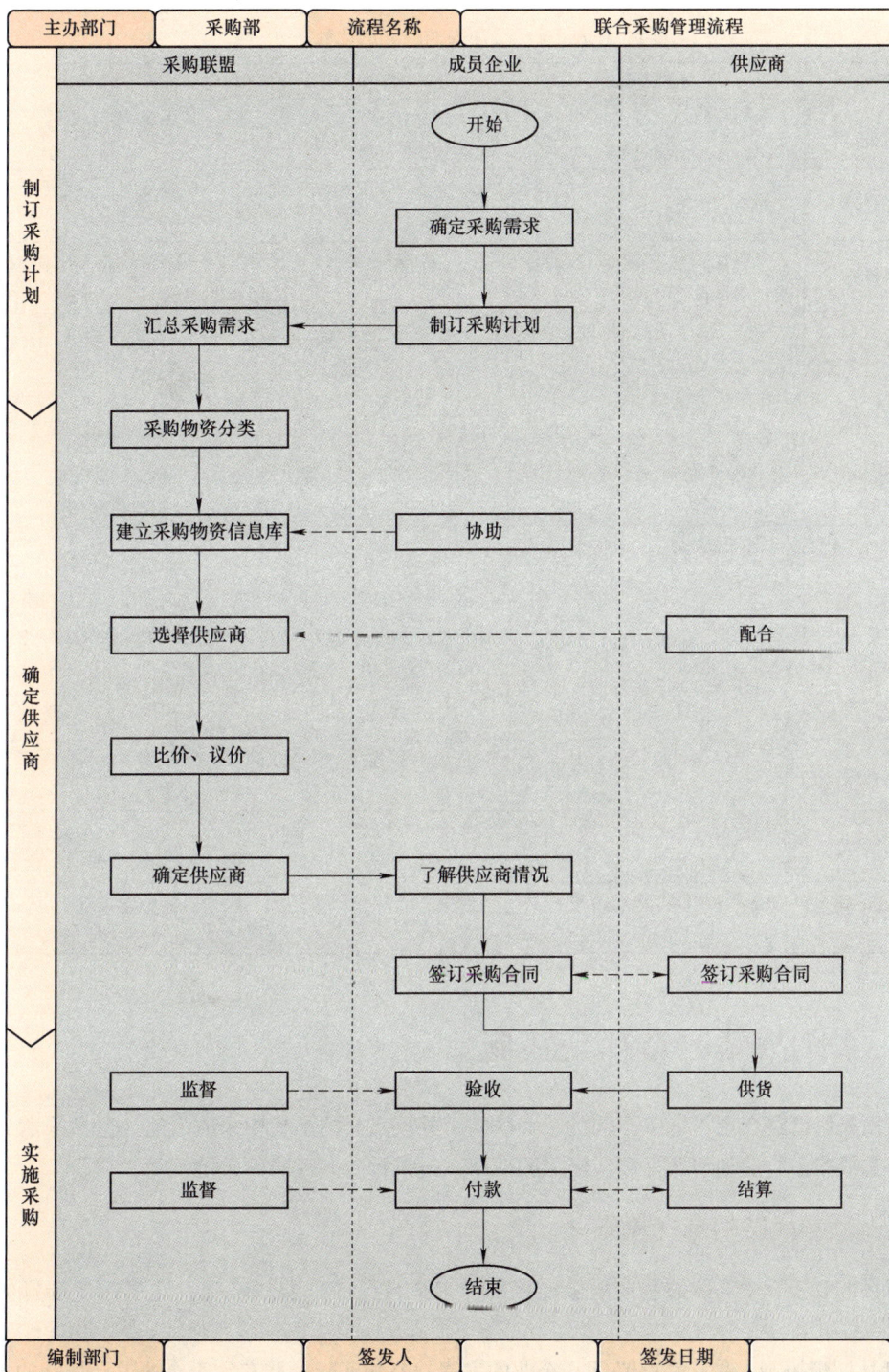

图 3-14　联合采购战略的业务流程

3.3.5　三种采购战略的比较

三种采购战略的比较如表 3-6 所示。

表3-6　三种采购战略的比较

比较项目	分散采购	集中采购	联合采购
组织隶属关系	采购部门隶属于企业的各个部门，对各个部门负责	采购部门隶属于整个企业，对整个企业负责	采购部门隶属于采购联盟，对采购联盟负责
业务流程	简单、快速	较复杂，需要借助采购信息管理平台	最复杂，需要借助采购信息管理平台
物料特征	专业化程度较高、有特定需求、不具有通用性	物料的通用性高	联盟内各企业的物料需求相同
主要优点	各部门在采购上的积极性高分散采购的风险 采购的产品能更符合各部门的需要 采购流程较短、采购过程简单	具有采购规模效益 整合资源后的信息全面采购流程更加专业化和规范化，防止腐败 有利于和供应商实现共赢 有利于物流优化	降低采购成本和相关环节成本 创造协同效应 避免无谓的竞争 降低采购风险 提高市场透明度
主要缺点	采购能力分散，难以形成规模效益 缺乏对供应商的统一管理 采购人员难以形成专业技能 对各部门的采购活动不能进行统一管理	易导致官僚主义以及可能的低效率 可能会产生公司内部矛盾	改变企业原有的采购周期 改变原有的采购流程 可能会泄露企业重要的机密信息 协调成本可能过大
采购行为	各部门与供应商签订协议并执行	企业与供应商签订协议并执行	采购联盟与供应商签订协议并执行
专业化程度	专业化程度较低，采购人员素质参差不齐	专业化程度较高，采购人员素质较高	专业化程度最高，采购人员素质最高
采购协同程度	各部门单独采购，协同程度低	企业内各单位统一采购，协同程度高	采购联盟内各企业统一采购，协同程度最高

3.4　采购战略的选择与实施

前面我们已经介绍了许多不同的采购战略，并重点介绍了集中采购战略、分散采购战略和联合采购战略。企业如何选择和实施采购战略，是执行采购战略的关键。

3.4.1　采购战略的选择原则

那么，对于一个具体的制造型企业该如何选择自己的采购战略呢？这里给出选择的一般原则。

（1）匹配原则。采购战略必须与企业的发展战略相匹配，并有利于企业发展战略的实现。

（2）合适原则。采购战略必须符合企业的业务特征和实际需求，只有采用这种采购战略，才能满足企业的真实需求并充分反映企业的业务特性。

（3）可行原则。采购战略必须在企业组织文化和环境下具有可操作性。每种采购战略都有它所适合的组织文化和环境，选择采购战略应该考虑企业的资源和战略规划能力以及它所倡导的企业文化。

（4）认同原则。采购战略必须得到企业相关部门和股东的认同，不仅仅是采购部门自己的认同。因为只有得到相关部门和股东的认同，采购战略才能被有效地执行，并得到相关部门的支持与配合。

3.4.2　采购战略的实施

企业实施采购战略的流程如图 3-15 所示。

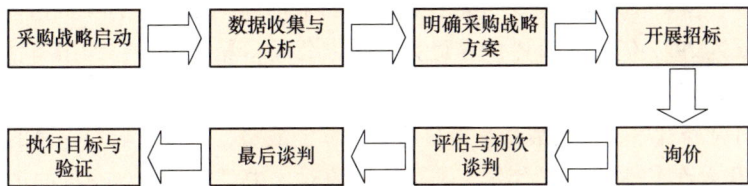

图 3-15　采购战略实施流程

（1）采购战略启动。采购战略启动主要是根据采购的需求，立项并设定采购目标和时间进度安排。其主要活动有：指定采购项目主管，建立采购项目团队，规定项目的主要成员；确定各个成员的职责，分配每个成员的项目时间安排，确保采购流程按计划进行；确定项目的质量、交货、成本目标，制订项目的战略计划。

（2）数据收集与分析。数据收集和分析主要是市场竞争分析与供应商分析两部分。市场竞争分析主要运用波特的"五力模型"。供应商分析主要根据供应商的绩效表现以及所需采购产品在各个产品的分布情况，优先考虑重要供应商。

（3）明确采购战略方案。根据上面的数据收集，确定采购战略的方向、范围、目标，定义中长期的采购战略。

（4）开展招标。在确定了采购战略和目标后，就需要开始进行招标与选择供应商，在这个阶段需要形成清晰的方案。企业需要确定招标流程、次数、开放式招标还是封闭式招标、人工招标还是网上招标、招标的范围与时间进度等。根据上阶段筛选出的潜在供应商清单，向这些供应商发送邀请函与项目相关信息。

（5）询价。根据确定的招标方式，向供应商发放询价文件，包括技术标准、图样、交货要求、报价方式、报价期限等。以采购战略所确认的各项要求作为依据，分析各供应商的报价是否合理，各个供应商的成本优势与劣势，为以后筛选供应商提供依据。

（6）供应商评估与初次谈判。对提供有竞争力报价的供应商，根据实际情况选择其中的 4～5 家最具竞争力的供应商进行评估。由采购人员提出申请，审核人员根据评估的要求与标准，对供应商进行现场评估、打分，并写成报告上交给采购主管。采购主管根据评估报告，选出候选供应商并与之进行初次谈判。

（7）最后谈判。对于候选供应商，采购部门还需根据项目的需求，进行最后的谈判，以最优的价格确定最终供应商。选出最终供应商后，企业要与供应商签订采购协议，并准备下一阶段的产品验证工作。

（8）执行目标与验证。最终供应商确定后，企业需要组建跨部门的项目小组来进行产品验证工作，主要的工作内容包括：制订时间表、验证样品的质量、确定物流运输方案以及批准供应商批量生产。

3.5　成功案例——一汽集团的采购战略

中国第一汽车集团公司，简称"中国一汽"或"一汽"，是国有特大型汽车生产企业。一汽总部位于吉林省长春市，前身是第一汽车制造厂。经过五十多年的发展，一汽已经成为国内最大的汽车企业集团之一。

一汽产销量、营业收入等连续多年居中国汽车行业前列。2010年，一汽销售汽车255.8万辆，实现营业收入2927亿元，列"世界最大500家公司"第258位；2010年，"中国一汽"品牌价值达到653.32亿元。

在一汽的日常经营中，采购战略是十分重要的职能战略，直接影响着一汽的经营业绩，从图3-16国内外几大汽车集团2002年销量与采购资源对比中可以看出，一汽的销量不算高，但是供应商数量却大大超过其他汽车企业，因此如何规划采购战略对一汽来说是至关重要的。

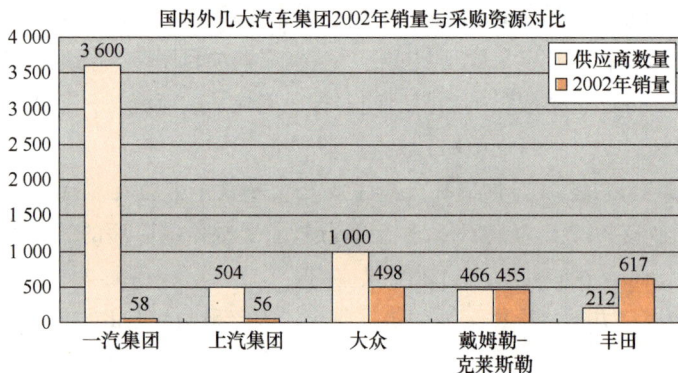

图3-16　国内外几大汽车集团2002年销量与采购资源对比图

1. 国外大型汽车集团实施的采购策略

近年来，国外各大汽车集团采取减少平台、提高零部件通用化程度的办法进行总量合并，以实现规模经济。例如，雷诺公司和日产公司合作的主要目的是通过实施平台战略，扩大零部件的通行化程度，统一降低采购成本，使得2000～2002年间采购成本降低了33亿美元。

同时，汽车制造企业在全球化竞争的态势下，从零散的零部件供应商采购模式向少数系统供应商采购模式上转变，从单一零部件采购转变为系统采购。许多企业都把供应商作为自己的延伸网络或企业的一部分。美国通用公司将世界范围内的27个独立采购单位合并成一个零部件采购中心，集中管理，1992～1993年共节约近40亿美元。企业和供应商之间的关系也不仅仅是买卖关系，而是双赢的战略伙伴关系。对供应商的要求不仅仅是提供价格低廉的产品，而是希望供应商能为用户创造更大的价值，通过将开发和制造工艺转嫁给供应商，以缩短整车的开发周期，也减少了汽车投入市场所需的成本。

2. 一汽集团的采购战略与政策

（1）采购战略。一汽集团期望建设具有竞争力的供应链管理体系，采购战略的要点是实行同步采购、集中采购、全球化采购、系统开发与模块采购。

所谓同步采购，就是将采购流程前移，让供应商参与产品研发全过程，从市场调研开始，到产品开发和生产准备，全程让供应商参与，而不是到了生产环节才考虑供应商的选择问题。这有利于供应商充分准备，发挥供应商的专长，建立长期合作伙伴关系。

集中采购是要做到组织集中、规模集中和决策集中。集团成立了统一的采购部来管理各子公司的采购需求，实现集中采购决策，形成规模效应。

实行全球化采购要求利用信息技术支撑、国际物流的便利，按照集团公司经营国际化战略，在全球范围内寻找资源，有效降低采购成本。

系统开发与模块采购是指根据产品特点，将零部件分类，如将整车分为动力系统、安全系统、制动系统等，对应地将供应商分级，以有效管理供应商。

（2）采购政策。采购政策主要是由"双赢"转为"四赢"，即供应商、客户、主机厂、社会的协调发展，并确保集团整体利益至上。

3. 采购的目标

（1）加速资源网络建设，增加对采购资源的控制和调配力度。主要的实施要点有：采购活动以先进的采购管理信息为支撑，实现采购信息的快速传递与共享；有一支优秀的采购队伍，能够从众多生产同类产品的供应商中选出最具竞争力的供应商，而不仅仅是价格便宜的供应商；要寻求规模共性，充分发挥集团公司的品牌优势；确保采购战略规划的合理性和政策的一致性，保持与供应商的战略伙伴关系。

（2）增强集团公司采购体系的竞争力，使其成为集团公司市场竞争的核心优势。实施要点有：建立适应大集团管理的采购组织结构；一汽集团的所有子公司都应按照同一采购流程和标准来从事采购活动，这一标准以"高效、控制、简捷、增值"为标志，能充分体现一汽的总体战略思想和企业文化。

4. 一汽集团今后的采购规划目标

（1）建成集团采购资源网，统一资源配置。

① 优化资源配置，计划将现有车型供应商数量在三年内由 4139 家整合到 1500 家。

② A 级供应商达到 40%，（包含推广 ISO/TS 16949、ISO 14000、ISO 18000 指标）。

③ 统一全球采购规划与组织机构，满足经营国际化的需要。

④ 培育核心供应商，使关键供应商成为可控资源；利用供应商创新，加速生产深度和开发深度的变化。

（2）全球采购目标。

① 资源目标：2008 年已实现了对国外资源的全部了解掌握、形成评审评价能力和全面控制能力。

② 信息目标：2008 年已实现了与国外供应商的 EDI（电子数据交换）及 EC（电子商务）。

③ 组织机构目标：2008 年已完成集团采购部领导下的集团国际采购的组织统一，已设立国际采购室。

④ 人才目标：2008 年已拥有一批熟知世贸规则和国际贸易规则，具备国外采购相关知识（法律法规、国际商务谈判、价格成本、采购运输业务）的国际贸易人才。

（3）发挥集团规模采购优势。

① 建成电子商务平台。

② 建成价格比较体系与目标成本控制体系。

③ 通过 B2B 实现集中采购。

④ 使企业的采购预算准确度达到80%。

⑤ 通过集中、集成，增加全集团零部件的通用性、标准性，增加与扩大服务采购（酒店、保安、保洁、车票等）的范围，降低采购总成本。

（4）集中采购管理的方向转向原材料、零部件、设备和服务等。

（5）建成采购管理体系，实施采购全过程监控。

① 明确职能定位、职责范围；统一采购系统组织机构设置，强化组织中心化，建立集团统一的采购标准模板（流程、组织结构、功能、操作规范、标准），确保采购信息顺畅和采购功能的有效发挥。

② 实施"运控评价"，使全集团执行统一的采购政策、标准、流程，树立采购委员会"决策集中"的权威性。

③ 构建采购专业人员知识体系，培养一支具有全球采购能力的系统化、专业化的专家型管理人才队伍，占采购管理人员总数的1/3。

④ 建设集团统一的采购系统平台，主要包括：统一的电子商务平台（见图3-17）、采购物流管理体系（见图3-18）、增值的一体化物流价值链。

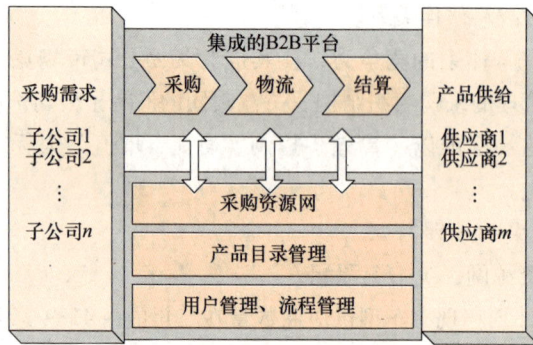

图 3-17　集团公司统一的电子商务平台

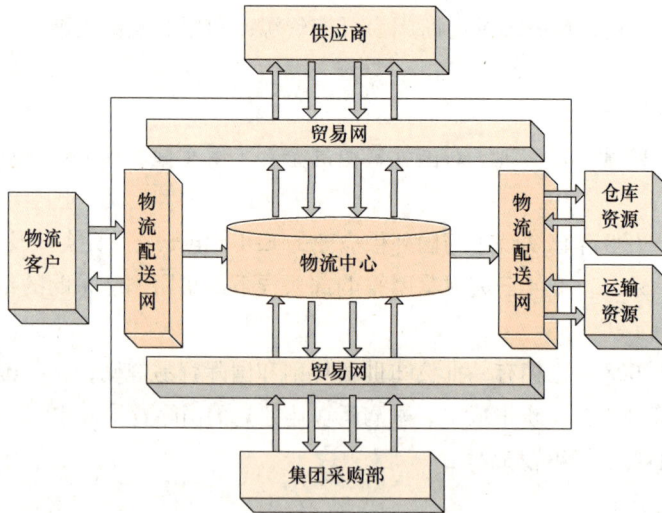

图 3-18　集团公司统一的采购物流管理体系

5. 实施方案与措施

一汽集团的实施方案与措施主要有：优化资源配置、构建采购管理平台、明确采购责任、统一组织功能设计保证流程贯通、加速专业采购人才队伍的建设、规划采购物流模式。

6. 总结

采购战略的有效实施，可以使企业获得更大的效益。一汽集团将把构建科学、完善、高效、快速的采购管理运行体系作为实施长远战略的重点，借鉴国外先进的采购管理模式，在管理理念、管理方法、管理手段上逐步与国际接轨，为实现一汽集团"管理数字化、经营国际化、规模百万化"目标，形成在国际竞争力而不懈努力。

本章小结

本章介绍了企业战略和采购战略的概念、内容以及三种采购战略的特点与应用。

企业战略是企业为寻求长远发展，结合自身优势和特点而制定的长短期发展规划。它包括企业使命、价值观、愿景和发展目标。企业不仅要有清晰的战略，而且要有明确的措施来坚定不移地实施战略。

采购战略是企业采购管理部门在现代采购理念的指导下，为实现企业的战略目标，通过供应环境分析，对采购工作进行长远性的谋划和决策。采购战略的内容有采购品种战略、采购方式战略、供应商选择战略、订货谈判战略、采购进货战略。

企业在制定采购战略时需要考虑的原则有：授权原则；风险控制和职责分离原则；公平、公正、公开的集体决策原则；采购总成本原则。企业采购战略的规划流程主要有资料收集、确定采购战略目标、采购战略规划的制定、形成完整的战略规划四个环节，整个流程需要企业内各个部门的相互配合。

企业对采购物资的分类方法有：ABC 分类、风险/价值分类、生产/非生产分类、成本/创新分类。在制定采购战略前，企业需要从宏观经济、行业、供应市场结构、供应商四个层面对供应市场进行分析。在进行分析后，企业才能决定对采购产品是采用自制还是外购。

集中采购是一种将时间、人力和采购等各种资源进行集中整合来执行的采购作业。它具有如下的优势：采购规模效益显著、能整合信息资源、采购流程更加专业化和规范化、有利于防止腐败、有利于和供应商实现共赢、有利于物流优化。但是，它也有可能导致官僚主义和产生企业内部矛盾。企业要想采用集中采购战略，需要满足采购物料的通用性、地理位置、供应市场结构、价格波动四个方面的要求。集中采购的工作流程主要有需求管理、计划管理、招标与合同管理、到货管理四个环节，各个环节都是在集中采购部门和各个二级核算单位的共同推动下完成的。集中采购的完成还有赖于管理信息系统的支持，包括外围的功能层和内部的支撑层。

分散采购与集中采购相反，它是由企业下属各单位，如子公司、子部门、车间等实施的满足自身生产经营需要的采购，是一种企业将权力下放的采购活动。分散采购具有各部门在采购上的积极性高、采购的风险度小、采购的产品能更符合各部门的需要、采购流程较短、采购过程简单的优势，但同时也有着采购能力分散、缺乏对供应商的统一管理等劣势。分散采购适用于企业规模较大、各部门的分布较广的情况。

联合采购战略是一种新型的采购战略模式，它是指对同一物料或服务有需求的许多企业在相互合作的条件下形成一个采购联盟来向供应商统一订货，用以扩大采购批量，达到降低采购价格或者降低采购成本的目的。联合采购具有降低采购成本和相关环节成本、创造协同效应、避免无谓的竞争、降低采购风险、提高市场透明度等优势，但企业采用联合采购也会产生改变原有的采购周期、产生额外成本、可能会泄露重要机密信息等问题。企业要想实施联合采购，需要一定的宏观和微观条件支持。

　　企业必须认清自身的实际情况，看自己符合哪个采购战略的实施条件以及本企业的总体战略目标，从中选择出一个最符合本企业的采购战略并实施。

习题

一、选择题

1. 下面哪项不是企业采购战略制定的原则（　　）。
   A. 风险控制、职责分离原则
   B. 公平、公正、公开的集体决策原则
   C. 信任原则
   D. 采购总成本原则

2. 具有简单、快速特点的采购战略是（　　）。
   A. 分散采购
   B. 集中采购
   C. 混合采购
   D. 联合采购

3. 下面不属于集中采购应用条件的是（　　）。
   A. 采购物料的通用性
   B. 地理位置接近
   C. 采购物料价格对采购数量不敏感
   D. 供应市场存在着垄断企业

4. 下面不属于分散采购的优势的是（　　）。
   A. 各部门在采购上的积极性高
   B. 分散采购的风险度小
   C. 采购的产品能更符合各部门的需要
   D. 采购流程较长、采购过程复杂

5. 下面不属于联合采购的应用条件的是（　　）。
   A. 企业间有共同的采购目标
   B. 具备联合采购的专业人才
   C. 有坚实的基础设施体系
   D. 企业的信息化程度相差很大

二、判断题

1. 企业采用分散采购可以显著降低成本。　　　　　　　　　　　　　　　（　　）
2. 集中采购需要物料的通用性高。　　　　　　　　　　　　　　　　　（　　）
3. 需求管理是集中采购的一个环节。　　　　　　　　　　　　　　　　（　　）
4. 联合采购需要各个企业协调一致。　　　　　　　　　　　　　　　　（　　）
5. 联合采购的业务流程比分散采购简单。　　　　　　　　　　　　　　（　　）

三、思考题

1. 什么是采购战略？采购战略的内容是什么？
2. 市场结构有哪些类型？各自的特点是什么？
3. 什么是集中采购战略？集中采购战略有哪些优势？
4. 分散采购战略的优势与劣势是什么？
5. 联合采购战略的应用条件是什么？

参 考 文 献

[1] 孙锐，陈怡. 战略管理 [M]. 北京：机械工业出版社，2008.

[2] 迈克尔·波特. 竞争战略 [M]. 陈小悦，译. 北京：华夏出版社，1997.

[3] 雷银生. 企业战略管理教程 [M]. 北京：清华大学出版社，2006.

[4] 弗雷德. 战略管理 [M]. 李克林，译. 8 版. 北京：经济科学出版社，2001.

[5] 计国君，蔡远游. 采购管理 [M]. 厦门：厦门大学出版社. 2012.

[6] 李育蔚. 采购管理流程设计与工作标准 [M]. 北京：人民邮电出版社，2012.

[7] 刘辉. 企业物资分类与采购策略的优化 [J]. 物流工程与管理，2009(1)：68-69.

[8] 骆建文. 采购与供应管理 [M]. 北京：机械工业出版社. 2010.

[9] 米歇尔 R 利恩德斯，P 弗雷泽·约翰逊，安娜 E 弗林，哈罗德 E 费伦，采购与供应管理 [M]. 张杰等，译. 北京：机械工业出版社，2009.

[10] 徐杰，鞠颂东. 采购管理 [M]. 北京：机械工业出版社. 2009.

[11] 徐杰，卞文良. 采购管理　研究与应用的视角 [M]. 北京：电子工业出版社，2010.

第 4 章
战 略 采 购

采购是企业成本控制的重要环节，一般而言，采购成本占企业总成本的 60% 以上；采购又是企业产品质量的重要保证。因此，管理好采购，对企业管理具有重要意义。战略采购理念，为采购管理提供了新思路。本章将介绍战略采购的背景、定义、方法、发展趋势，以及与采购战略的区别。

4.1 战略采购的概念

20 世纪 80 年代，著名咨询公司科尔尼首次提出了"战略采购（strategic purchasing）"理论，它的核心是以"最低总成本"建立供应合作关系，而不是常规采购以"最低采购价格"获取的简单交易。它要求企业在明确内部需求的前提下，对供应商进行科学的分析判断，对市场进行翔实的调查研究，以"最低总成本"为原则，建立物资供应体系，通过商务谈判或协商议价，签订供应框架协议，按照协议价格采购所需物资。在战略采购管理模式下，采购价格不再是唯一决定因素，供需双方是靠共识和互信来建立一种良好的互惠互利合作关系，通过致力于合作使双方获益。

从当前我国企业的实际情况来看，在物资采购环节上还相对较薄弱，不少企业的采购管理还处于传统采购模式阶段。最常见的问题是：①采购战略定位模糊，没有把采购管理纳入企业整体战略；②采购计划滞后或不明确，造成采购部门疲于奔命，不能及时采购到所需物资；③没有明确的采购策略，只注重单一的"最低采购价格"；④供应商管理粗放，制度不健全，不注重对供应商的培养及建立双赢的战略合作伙伴关系；⑤多部门、多渠道的分散采购降低了企业的采购优势，增加了采购成本；⑥对采购过程缺乏有效的跟踪、评估和分析，造成价格、质量、付款环节常常出现失控；⑦没有有效的制度或工具对采购进行事前的智能化决策和事后有效的监督及考核。

4.1.1 战略采购产生的背景及定义

1. 战略采购产生的背景

1974 年 Ammer 在《哈佛商业评论》上发表的文章"Is your purchasing department a good buy?"第一次提出了将采购纳入企业战略管理的思想，可以说是战略采购领域的开篇之作。其研究背景是 1973～1974 年阿拉伯石油禁运所造成的石油危机，使企业资源供应在成本、可靠性和可获得性方面发生了极大的变化。Ammer 意识到，作为企业的入口和成本中心，采购应发挥战略性的作用。基于这一思想，他通过问卷调查实证研究了企业高层管理者对采购职能战略性的认识。结果表明，只有21%的企业高层管理者认同采购参与企业战略管理；大多数企业高管并没有意识到采购在企业战略管理中能发挥积极作用，相反，他们认为采购仅仅是一项管理职能。Ammer 在这篇文章里针对采购经理提出了一些有待改进的做法，建议采购应该采取更具前摄性的方法和态度与企业战略管理相结合。

20 世纪 80 年代的日本制造业企业，尤其是汽车制造企业率先运用战略采购工具并取得了卓越成效。石油危机使耗油小的日产汽车逐渐被欧美消费者接受，日本汽车制造企业趁此机会向欧美市场扩张。日产汽车作为后起之秀面临欧洲和北美老牌汽车厂商的竞争，迫使其提供质量过硬、价格实惠的产品。而汽车生产是一项极其复杂的制造活动，生产一辆汽车需要 3 万个以上的供应商为其提供配件。日本汽车制造企业通过专注核心竞争力，缩减和优化供应商群体，与保留下来的供应商建立以信息共享、相互信任为基础的合作关系三个步骤，利用采购杠杆整合供应商资源和能力，获得了竞争力的提升。

虽然战略采购的一些基本措施在日本制造业企业中最先得到创造和实施，但"战略采购"一词则是由著名咨询公司科尔尼于 20 世纪 80 年代首次提出的。科尔尼致力于战略采购研究和推广工作，已为全球 500 强企业中的 2/3 企业提供过战略采购咨询服务。战略采购是"计划、实施、控制战略性和操作性采购决策的过程，目的是指导采购部门的所有活动都围绕提高企业能力展开，以实现企业远景计划"。它用于系统地评估一个企业的购买需求及确认内部和外部机会，从而减少采购的总成本，其好处在于充分平衡企业内外部优势，以降低整体成本为宗旨，涵盖整个采购流程，实现从需求描述直至付款的全过程管理。

战略采购是一种有别于常规采购的思考方法，它与普遍意义上的采购的区别是，前者注重要素是"最低总成本"而后者注重要素是"单一最低采购价格"。所谓的战略采购，是指一种系统性的、以数据分析为基础的采购方法。简单来说，战略采购是以最低总成本建立服务供给渠道的过程，一般采购是以最低采购价格获得当前所需资源的简单交易。

战略采购作为整合公司和供应商战略目标和经营活动的纽带，包括供应商评价和选择、供应商开发、交易双方的关系建立、采购整合四方面的内容。前三个方面发生在采购部门和外部供应商群之间，统称采购实践，第四个方面发生在企业内部。

（1）供应商评价和选择。供应商评价和选择是战略采购最重要的环节。供应商评价系统（supplier evaluation systems，SES）包括：①正式的供应商认证计划；②供应商业绩追踪系统；③供应商评价和识别系统。

供应商业绩评价的指标体系通常由定价结构、产品质量、技术创新、配送、服务等几方面构成。但根据企业战略不同，在选择供应商时所重视的业绩指标有所不同。如果企业战略是技术在行业中领先，那么供应商现有技术在行业中的领先程度和技术创新能力就是首要的评价和选择标准，其次考虑产品质量、定价结构、配送和服务。而对于战略定位于成本领先的企业，定价结构是最为敏感的指标，同时兼顾质量、技术、配送和服务。企业根据评价结果，选出对企业战略有直接或潜在贡献能力的目标供应商群。直接贡献能力是指供应商已具有的，在其行业中居领先地位的，与买方企业战略目标相一致的能力。潜在贡献能力是指那些由于供应商缺乏一种或几种资源而暂时不具备的，通过买方企业投入这些资源就能得到发挥的，对买方企业战略实现有重要帮助的能力。

（2）供应商开发。由于在供应商选择时，对供应商业绩有所侧重，有时目标供应商的业绩符合了买方企业主要标准，而在其他方面不能完全符合要求，或有些潜在贡献能力未得到发挥，买方企业就要做一系列的努力，帮助提高供应商的业绩。"买方企业为提高供应商业绩或能力以满足买方企业长期或短期供给需求而对供应商所作的任何努力"称为供应商开发（supplier development）。这些努力包括：①与目标供应商进行面对面的沟通；②公司高层和供应商就关键问题进行交流；③实地帮助供应商解决技术、经营困难；④当供应商业绩有显著提高时，有某种形式的回报或鼓励；⑤培训供应商员工等。

（3）交易双方的关系建立。战略采购是买方企业要和目标供应商完成战略物资的交易。战略采购使买方卖方的交易关系长期化、合作化。这是因为战略采购对供应商的态度和交易关系的预期与一般采购不同。战略采购认为：①供应商是买方企业的延伸部分；②与主要供应商的关系必须持久；③双方不仅应着眼于当前的交易，也应重视以后的合作。

在这种观点的指导下，买方企业和供应商致力于发展一种长期合作、双赢的交易关系。采购部门改变一般采购中多家比较和短期合同的采购手段，减少供应商的数量，向同一供应商增加订货数量和种类，使供应商取得规模效应，节约成本，并和供应商签订长期合同，使其不必卷入消极的市场竞争中，更高效地利用资源。在这种长期合作的交易关系中，供应商对买方企业有相应的回报：①供应商对买方企业的订单要求做出快速的反应；②供应商有强烈的忠诚于买方企业的意识；③愿意尽其所能满足买方企业的要求；④运用其知识和技术，参与买方企业产品的设计开发过程。

建立长期合作交易关系还要求双方信息高度共享，包括公开成本结构等敏感的信息。忠诚是长期合作交易关系的基础。但单纯靠双方自觉的忠诚显然不够。为提高交易效率和交易双方经营绩效，并保证双方致力于长期合作关系，一般交易双方会共同对与交易有关的资产进行投资。这种资产离开了交易双方的特定关系会失去价值，称为交易特殊性资产。

（4）采购整合。随着采购部门在公司中战略地位的提高，采购逐渐由程序化的、单纯的购买向前瞻性、跨职能部门、整合的功能转变。采购整合是将战略采购实践和公司战略目标整合起来的过程。与采购实践不同，采购整合着眼于企业内部，目的是促进采购实践与公司竞争优势的统一，转变公司高层对采购在组织中战略作用的理解。

采购整合包括：采购部门参与战略计划过程，战略选择时贯穿采购和供应链管理的思想，采购部门有获取战略信息的渠道，重要的采购决策与公司的其他战略决策相协调。

采购是供应链管理中非常重要的一个环节，是外部供应商和内部顾客（为外部顾客提供产品和服务）之间的重要媒介。就像彼得·德鲁克（1998）所说的那样，"商业中获益于独立性的最大的潜在机会，就存在于生产企业与其供应商之间。这是所剩的赢取竞争优势最大的未开发领域——没有什么领域像该领域一样是如此地被人忽视"。

2. 战略采购的定义

理论界很早就开展了关于战略采购方面的研究，但直到1997年Carr和Smeltzer才第一次明确提出其定义。

战略采购（strategic purchasing，SP）是计划、评估、实施、控制战略性和操作性采购决策的过程，目的是指导采购部门的所有活动都围绕提高公司竞争力展开，以实现公司的远景规划（长期目标）。

此外，比较有代表性的定义还有Monczka等人所提出的定义，他们认为战略采购是一个跨幅很大的过程，包括公司的所有职员而不仅仅是正规的采购部门的职员。战略采购团队涉及质量、设计、工程、制造、市场营销、会计及其他所需部门的职员。战略采购管理的核心包括管理、发展和整合供应商，并以此来取得企业竞争优势。关于战略采购的组成，Narasimhan 和 Das 认为，战略采购包括四个方面：供应商的评价、供应库的优化、买卖双方关系的建立以及采购整合。前三者并称为采购实践。

3. 战略采购水平是衡量采购与企业战略管理整合程度的重要指标

Carr 将采购与企业战略管理的整合程度称为战略采购水平（level of strategic purchasing）。与 Spekman 和 Kraljic 的研究相类似，Reck 和 Long 通过面谈 15 家企业采购主管，发现采购与企业战略管理整合的程度从低到高可以划分为消极购买、独立采购、支持采购和整合采购四个水平。整合采购水平为战略采购。各战略采购水平有不同的战略性特征。

（1）消极购买。Pearson 和 Ellram 认为处于消极购买水平的采购是消极被动的。采购部门在组织中不被重视，采购部门的意见反映到公司高层管理者要经过很长的路径；采购部门与企业其他职能部门间很少沟通；采购职能主要是一些基本的采购活动，如处理订单；采购着眼于短期利益，基本目标是满足公司生产运营的投入品需求。

（2）独立采购。Keough（1994）提出处于独立采购水平企业的高层管理者认识到采购人员培训的重要性；采购和技术部门之间开始进行沟通；采购部门在企业中有独立的地位，与其他职能部门平起平坐，直接向企业高层管理者负责。

（3）支持采购。采购对组织内其他职能有支持作用。

（4）整合采购。Pearson 等提出，处于整合采购水平的企业，采购部门的目标是支持企业的竞争战略：采购人员的培训是跨部门进行的；采购部门与其他职能部门建立永久性的联系；采购部门的绩效评价的标准是对企业竞争成功的贡献；供应商管理和交易关系管理是关键的采购职能。目前，大约有 80% 以上的企业在某种程度上处于整合采购水平。

采购和企业战略管理的整合包括两个方面。一方面，采购应该积极参与企业战略的制订和实施。另一方面，采购职能从以下四个方面对企业战略管理产生影响：①监控供应商市场动态；②为企业内部破译这些动态；③区分战略投入品；④选择供应商。另外，战略性采购工具已为采购人员有效利用，许多采购主管亲自参与战略采购过程，对企业战略计划有显著贡献。

4. 战略采购与非战略采购

如果采购在公司战略计划制定过程中起到了整合的作用，那么这样的采购被认为具有战略功能，从这个角度看采购的功能（战略或者非战略），要视其对公司贡献的大小来定。非战略采购即一般采购，本质上是事务性的、非整合性的，只是对其他职能部门的要求被动地作出反应，且关注的多是短期问题；而战略采购则是整合性的，它针对组织目标积极主动地作出反应，并且是长期取向。

具体来说，两者的差异主要体现在以下方面：首先，实施一般采购的公司的采购部门相比公司其他职能部门而言地位较低，而将采购纳入到战略层面的公司的采购部门比其他职能部门的地位虽不能说较高但至少是平等的；其次，企业的高层管理者认为非战略采购不增加价值，而将战略采购看成公司重要的资源；再者，对于从事非战略采购的相关人员而言，几乎没有获得任何专业上的培训，而行使战略采购职能的人员一方面自身具有专业的知识和技能，另一方面也能够获得专业培训以提高其技能水平；最后，一般采购人员几乎不参与企业的决策过程，而战略采购人员则相反。一个公司的采购功能也许是非战略性的，也许是战略性的，亦或介于两者之间。

按照战略采购的理念，采购应关注物料生命周期总成本而不是单纯的采购价格；采购要对不同的物料实施差异化的采购策略，而避免一刀切的简单砍价；从产品设计、采购计划等开始，采购就要事前系统规划采购成本，而不是事后的被动杀价；采购需要跨部门进行横向联合行动，而不仅仅是采购部门的独角戏；采购要和供应商建立起共赢的竞合关系，帮助供应商降低成本来实现成本的控制，而不是一味地砍价。

4.1.2 战略采购的原则

企业执行战略采购应贯彻以下原则：

1. 总采购成本最低

总采购成本不仅仅是简单的价格，还承担着将采购的作用上升为全面成本管理的责任，它是企业购置原料和服务所支付的实际总价，包括安装调试费用、税费、存货成本、运输成本、检验费、修复或调整费用等。低价格可能导致高的总购置成本，这个问题容易被忽视。总成本最优被许多企业的管理者误解为价格最低，只要购买价格低就好，很少考虑使用成本、管理成本和其他无形成本。采购决策影响着后续的运输、调配、维护、调换乃至产品的更新换代，因此，必须有考虑总体成本的远见，必须对整个采购流程中所涉及的关键成本和其他相关的长期潜在成本进行评估。

2. 建立双赢的战略合作伙伴关系

不同企业有不同的采购方法，企业的采购手段和企业管理层的思路与文化风格是密切相关的，有的企业倾向于良好合作关系的承诺，有的倾向于竞争性定价的承诺。战略采购过程不是零和博弈，一方获利一方失利。战略采购的谈判应该是一个商业协商的过程，而不是利用采购杠杆压制供应商进行价格妥协，而应当是基于对原材料市场的充分了解和企业自身长远规划的双赢沟通。建立供应商评估与激励机制，通过与供应商长期稳定合作，确立双赢的合作理念，以"服务、合作、双赢"的模式，互为支持、共同成长。

3. 培养采购能力

双赢采购的关键不完全是一套采购的技能，而是范围更广泛的一套组织能力。具体包括：总成本建模、创建采购战略、建立并维持供应商关系、整合供应商、利用供应商创新、发展全球供应基地。很少有企业同时具备了以上六种能力，但至少应当具备以下三种能力：①总成本建模能力，它为整个采购流程提供了基础；②创建采购战略能力，它推动了从战术的采购观点向战略观点的重要转换；③建立并维持供应商关系能力，它注重的是双赢采购模式的合作部分。

4. 制衡是双方合作的基础

企业和供应商本身存在一个相互比较、相互选择的过程，双方都有其议价优势。如果对供应商所处行业、供应商业务战略、运作模式、竞争优势、稳定长期经营状况等有充分的了解和认识，就可以帮助企业本身发现机会，在互赢的合作中找到平衡。现在，已有越来越多的企业在关注自身所在行业发展的同时开始关注第三方服务供应商相关行业的发展，考虑如何利用供应商的技能来降低成本、增强自己的市场竞争力和满足客户需求了。

4.1.3 战略采购与采购战略的区别

上一章介绍了采购战略，本章又讨论了战略采购，两个词看起来很像，其含义大不相同。Carr明确指出了战略采购与采购战略的区别：①战略采购从属于公司和事业单位战略管理范畴，而采购战略是职能战略，两者发生在不同的层面上；②战略采购是根据竞争战略确定供应商管理目标，与供应商发展有助于创造竞争优势的交易关系，并在供应商、采购部门、其他职能部门间进行战略目标和活动的整合，而采购战略是在战略采购指导下制定实施的具体采购目标和行动。

4.2 战略采购的方法

战略采购的具体做法包括六大过程、十四个步骤和采购总成本模型，下面分别介绍。

4.2.1 战略采购六大过程

1. 战略分析

谈判不是简单的货比三家，要进行供应市场分析，这种分析不仅包括日常成本信息和数据的收集、以往项目的成本分析积累、价格曲线走势的研判、物料质量等，还包括对采购物料的行业分析，甚至对宏观经济形势进行预判。这样才能掌握谈判的主动权，控制整个谈判的进程和大局。例如，一个建筑行业的采购商需要知道未来宏观政策会对哪些原材料的价格造成冲击。此外，企业还要对供应商的经营战略作出判断，以此来判断采购关系是否可靠。

2. 战略联盟

这是基于核心能力要素组合的战略采购理念。企业要与少数战略合作伙伴建立相互参股和控股的战略联盟关系，而非简单的买卖关系，进行生产要素和物流流程的优化组合，以此来降低采购成本。此时，进行供应商的评估和管理不再以交易为第一准则，而应该首先考虑是否与战略匹配。

3. 引入供应竞争

通过招标方式，扩大对供应商的选择范围，引入竞争机制，科学公正地选择最符合自身利益需求的供应商。

4. 集中采购

通过增加采购量来提高议价的能力，降低单位采购成本，这是战略采购的根本。进行集团化采购的规划和管理，在一定程度上减少了采购工作的差异性，提高了物流服务的标准化，减少了采购管理的工作量。但对采购物品差异性较大的企业来说，应慎用集中采购。

5. 采购管理优化

企业经过前面几个步骤，在将"物料采购数量"和"供应商数量"这两个影响采购成本的硬指标进行优化之后，就应当将成本降低工作转向管理优化方面。具体优化工作有：

（1）通过电子商务降低采购成本。

（2）通过对经济批量的计算，来合理安排采购的频率和批量，降低采购费用和仓储成本。

（3）优化生产—采购界面的流程，减少操作环节。

事实上供应商提供的任何服务都是有成本的，以直接或间接的形式包含在价格中，企业只有将其细分，选择所需，才能降低采购总成本。

6. 标准化

采购不仅是定价与付款的问题，还包含了产品设计、运输管理、质量管理和生产管理等问题。传统企业往往认为如何将客户需求转化为产品设计是公司内部的事情，其实不然。采购部门和设计部门如果不能与包装箱供应商共同合作讨论包装设计，其结果是产品虽然满足了客户的需求，但包装却往往满足不了最终客户的需求。因此，在产品设计阶段就应当充分考虑未来在仓储、运输、生产和销售等环节的成本和服务，提高物料、工艺和服务的标准化水平，减少差异性带来的后续成本。这是战略采购在供应链整体优化的充分体现。

4.2.2 战略采购实施步骤

一般认为，战略采购的实施需要十四个步骤。

第一步，组织先行，建立跨部门的战略采购小组。

战略采购实施的组织包括项目管理团队、各项目的商品小组及战略采购的常设部门（负责供应商开发与管理）。前期工作还包括：明确各个团队的职责、跨部门团队的工作规则、制订总体的实施计划、制订各个项目团队的工作计划、制订培训计划并实施培训。

第二步，物以类聚。

按物理属性对物料进行分类，按物料的加工工艺及材料等对物料进行分类，归总为物料族。

第三步，摸清现状，进行采购支出分析、识别改善的机会。

采购支出是指采购实际付出的金额及总拥有成本（total cost of ownership，简称 TCO）。一般的企业现状是具有采购支出的数据统计，但很多时候数据遗漏、数据不全及数据不准确，不能为采购策略的制定提供科学的依据。

第四步，需求分析与整合，归总合并相同或类似的需求，将需求标准化。

各采购小组针对某一种类物料的需求进行分析，其目的是识别需求改善、需求整合与集中的机会，这样将所有采购小组分析的结果建立起采购物料数据库（内容包括物料编码、名称、规格、型号、尺寸、计量单位、供应商、单价、说明等）。同时，分析该物料在整个供应链过程的总拥有成本，其目的主要是掌握现状并识别出改善的机会，将所有采购小组分析的结果建立为所有物料的总拥有成本数据库。

第五步，摸清市场，即分析供应市场状况。

各采购小组根据波特的五力模型分析该物料的现时竞争状况及未来的竞争趋势，为采购策略的制定提供依据；进一步利用 SWOT 分析模型来分析自身在向潜在供应商采购该物料时的机会、不利的因素、优势与劣势，为采购策略的制定提供更多的依据。

第六步，按采购管理属性对物料进行分类，为正确制定采购策略提供指南。

这是实施战略采购的关键。根据参考文献［7］的研究，可以参照风险、复杂度和价值标准把物料分为四类：第一类物料是高风险、高复杂度及高价值的，称其为战略性物资，这类物资需要和少数关键供应商结成战略性合作关系。第二类是高风险、高复杂度且低价值的物料，称其为瓶颈类物资。对于瓶颈类物资有以下两种解决办法：①不断开发新的供应商，②修改自己的需求，将这类瓶颈类产品转化为其他物资。第三类是低风险、低复杂度及高价值的物资，称其为杠杆型物资，从字面很好理解，杠杆类物料需要扩大寻源范围，通过招标降低采购成本。最后一类是低风险、低复杂度且低价值的物资，称其为常规类物资，可以通过标准化和自动化的采购流程简化采购过程，降低采购成本。

第七步，设计差异化的物料分类采购策略。

在六种通用的采购策略中，不同类别物料适用的采购策略不同，可根据物料分类的结果、供应市场分析的结论，对每种的物料制定差异化的采购策略。对于战略类物资，需要和少数关键供应商结成战略性合作关系，实现 TCO 的优化；对于瓶颈类物资，要么不断开发新的供应商，要么修改自己的需求，将瓶颈类物资转化为其他物资；对杠杆类物料，需要扩大寻源范围，通过招标降低 TCO；对常规类物资，可以通过标准化和自动化的采购流程简化采购过程，降低采购费用。

第八步，供应商开发评估与选择，从源头上保证供应商质量。

系统、规范的供应商评估选择流程至关重要，是保证供应商质量的重要环节。对潜在的供应商经过初步筛选、第二次筛选、第三次筛选、供应商审核与认证等过程后将其纳入合格供应商体系。具体实施步骤如下：①建立各类供应商的评估标准；②建立并严格执行供应商评估程序；③有效管理供应商。

第九步，采购谈判。

谈判之前需要准备所有与总拥有成本相关的资料、物料成本构成数据及供应市场分析的结果。谈判之中要秉承战略采购的思维，以总拥有成本为出发点及坚持双赢合作的策略。供应商谈判的结果是签订合作协议。

采购谈判要解决的九个关键问题包括：①如何掌握卖方真实的销售心理；②如何分析销售方的需求；③如何运用技术分析手段实现"不谈"的谈判；④如何利用买卖双方的优劣进行谈判；⑤如何利用各级别的权限进行议价；⑥买方占优势时应采用何种采购策略；⑦卖方占优势时应采用何种采购策略；⑧现货采购时的谈判策略；⑨订单式供应时的谈判策略。

第十步，供应商平滑转换。

供应商转换是否顺利，直接影响到采购策略的成功实施，同时还会影响企业生产运营、产品质量及供应商管理。订立规范的供应商转换流程及转换的计划至关重要，还要特别注意的是要遵守与原供应商订立的合同与协议，以避免不必要的法律纠纷及对公司声誉的不利影响。

第十一步，供应商分类。

依据采购管理属性对供应商进行分类，从而为制定适当的供应商管理策略提供指引。根据供应商与客户之间的相互依赖程度，可将供应商划分为战略协作型、长期合作型和交易型三类。

第十二步，制定供应商分类管理策略。

根据分类的结果制定差异化的供应商管理策略。针对某一供应商，从战略、职能及操作层面上分别制定差异化的供应商管理策略。全局性战略采购部门、日常操作性采购部门、质量、工艺、研发、物流、制造、服务等部门均执行此策略。

第十三步，与战略协作型供应商建立战略联盟。

对战略协作型供应商，应主动建立、发展与维护与供应商的战略协作型关系，订立协作的策略与规程。策略的执行主体也不限于日常业务操作部门，还包括公司最高管理者、与采购相关的中层等。

第十四步，供应商管理。

企业应订立正式的供应商管理流程与制度，其中包括供应商的绩效评估指标与机制。供应商绩效评估的指标体系应涵盖影响总拥有成本的各个环节，但同时还要体现各环节的相对重要性。指标体系不仅包含定量指标，还要有定性指标。对表现优异的供应商，应制定相应的奖励措施；对表现较差的供应商应视物料的类别、供应属性来制定切实可行的激励措施；对属于瓶颈类物料、表现不佳的供应商或虽有较大发展潜力但目前表现不佳的供应商，应酌情启动供应商发展机制，即主动提供相关资源或协助以支持供应商的改善。

4.2.3 采购总成本模型

采购总成本模型是一种结构化方法，通过作业成本法计算与材料/服务有关的供应链总成本。由于采购总成本模型揭示了每一个成本驱动因素，因此，它在评估供应商关于增加价值的建议以及挑选合格供应商时至关重要，这也将推行战略采购中寻求持续改进的机会。

采购总成本模型是通过战略采购分析影响盈亏状况的最有价值的工具。通过使用总成本模型，采购团队能够分别找出减少供应链成本的具体行动。采购总成本模型为减少预算建立了基础，同时也为监控节约提供了审计追踪，它也为团队应对成本缩减计划的挑战提供了必要的数据。

1. 采购总成本构成

采购总成本清单如表4-1所示。

表4-1 采购总成本清单

项 目	内 容
购买成本	材料的价格 材料的保管成本 材料的运营成本 由于供应商甄选而发生的费用
运输/配送成本	车队的维护费用 运输及将原材料分配到工作地点所消耗的劳动时间 运输管理的成本 车队的折旧
采购成本	打字、付款、对采购报告归档等工作所消耗的成本 为准备、追踪、验单、运输等提供信息的计算机消耗的成本 为加快交货速度而产生的费用 建筑物及办公室成本 采购过程中的管理成本 询问供应商所耗的劳动及时间成本 准备及进行项目的多项投标所耗的劳动及时间成本

（续）

项　目	内　容
应用成本	为设计和制造产品的新用途所耗劳动及时间成本 为了更有效地运作而升级产品所耗劳动及时间成本 由于不合格产品造成的停工成本 针对产品用途对员工进行培训产生的成本 对多种/同类产品的保管费用 检查费用
占有成本	建筑物占地成本 水、电及其他能源消耗费用 存货用的仓库折旧 保管人员费用 日常损坏及修理费用 所有需用设备的供给、包工等成本 设备的责任保险 与存货有关的回收资本的评估损失 存货的税金 存货的保险 购头存货所付的年利息费用 土地和建筑物的税金 设备损耗的平均成本 接受、检验、移动及储存材料的劳动成本 存货的管理成本 材料被淘汰或被盗的平均损失
处置成本	对损坏、停用、废弃的设备的处置成本 为遵守公司内部或政府提出的有关处置的规定而维持相应规格的成本

2. 作业成本法

作业成本法（activity-based costing，又称 ABC 成本法）是根据事物的经济、技术等方面的主要特征，运用数理统计方法，进行统计、排列和分析，抓住主要矛盾，分清重点与一般，从而有区别地采取管理方式的一种定量管理方法。

作业成本法的指导思想是："成本对象消耗作业，作业消耗资源"。作业成本法把直接成本和间接成本（包括期间费用）作为产品（服务）消耗作业的成本同等地对待，拓宽了成本的计算范围，使计算出来的产品（服务）成本更准确、真实。

作业是成本计算的核心和基本对象，产品成本或服务成本是全部作业的成本总和。

作业成本法在精确成本信息，改善经营过程，为资源决策、产品定价及组合决策提供完善的信息等方面，都受到了广泛的赞誉。自 20 世纪 90 年代以来，世界上许多先进的公司已经开始实施作业成本法，以改善原有的会计系统，增强企业的竞争力。

作业成本法的要件包括以下几个方面：

（1）作业。作业是指需要进行操作并因此消耗资源的流程或程序。例如给供应商打电话订购就是一个作业。

（2）成本动因。成本动因反映了产品或其他成本对象对作业的需求。

如果作业是交付货物，成本动因就是将要交付的货物的数量。成本动因应该与度量单位联系起来，并且应容易度量。它们之间的联系会对作业和交易成本的关系产生影响，即作业是否会影响交易成本与其有关。简易的度量能很容易地度量出作业成本的多少、作业的产品或者服务的使用情况。采购作业的一般成本动因包括采购的货物数量、零件规格的数量、进度表变动的情况、供应商的数量和延迟交付的数量。

（3）成本对象。成本对象是指需要考核绩效的实体，例如产品、顾客、市场、分销渠道和项目。

（4）作业清单。这是指产品或其他的成本对象所需要的作业及其相关成本的清单。

作业成本法的分析过程是：

（1）定义业务和成本核算对象（通常是产品，有时也可能是顾客、产品市场等）。这一过程很耗时间。如果两种产品满足的是顾客的同一种需求，那么在定义业务时，选择顾客要比选择产品更为恰当。

（2）确定每种业务的成本动因，即成本的决定因素，如订单的数量。

（3）然后，将成本分配给每一成本核算对象，对各对象的成本和价格进行比较，从而确定其盈利能力的高低。

作业成本法的实施步骤包括以下几步：

（1）设定作业成本法实施的目标、范围，组成实施小组。作业成本的实施必须目标明确，即决策者如何利用作业成本法来提供信息。实施范围是作业成本法的实施部门，可以在全企业实施也可以在独立核算的部门实施。为实施作业成本法，必须组建作业成本实施小组，小组由企业的领导牵头，包括企业的会计负责人以及相关的人员。国外企业实施作业成本时一般由企业内部的人员和外部的专业咨询人员组成专门实施小组。外部专业的咨询人员具有作业成本的实施经验，能分享其他企业实施的成功经验。

（2）了解企业的运作流程，收集相关信息。此步的目的是详细了解企业的业务流程，理清企业的成本流动过程、导致成本发生的因素、各个部门对成本的责任，便于设计作业以及责任控制体系。

（3）建立作业成本核算模型。在对企业的运作进行充分了解与分析的基础上，设计企业的作业成本核算模型，主要为企业资源、作业和成本对象的确定，具体包括它们的分类、与各个组织层次的关系、各个计算对象的责任主体、资源作业分配的成本动因、资源到作业的分配关系以及作业到作业产品的分配关系的建立。

（4）选择/开发作业成本的实施工具系统。作业成本法之所以能够提供比传统成本丰富的信息，是建立在大量的计算上的。作业成本的实施离不开软件工具的支持，软件工具有助于完成复杂的核算任务，有助于对信息进行分析。作业成本软件系统提供了作业成本核算体系的构造工具，可以帮助建立和管理作业成本核算体系，并完成作业成本核算。

（5）运行作业成本法。在建立作业成本核算体系的基础上，输入具体的数据，运行作业成本法。

（6）分析解释运行结果。对作业成本的计算结果进行分析与解释，如成本偏高的原因、成本构成的变化等。

（7）采取行动。针对成本核算反映的问题采取行动。如提高作业效率、考核组织和员工、改变作业的执行方式、消除无价值的作业。

企业是一个变化的实体，在作业成本正常运行后，还需要对作业成本核算模型进行维护，以使其能够反映企业的发展变化。伴随企业的运行，作业成本的运行、解释和行动是一个循环的过程。

作业成本法计算实例

如何计算企业采购部门采购办公用品的作业成本。

解：（1）通过询问流程计算直接劳动成本。

假设

一个采购员一年的工资 =（20 元/h + 20 元/h × 48% 工作量）× 8 × 260h/年 = 61588 元/年

分配到办公用品的时间为40%。

采购办公用品的成本 = 61588 元 × 40% ≈ 24627 元

（2）2 个采购员的成本 = 24627 元 × 2 = 49254 元

（3）计算作业成本。

订货成本 = 30% × 49254 元 = 14776.20 元

收货加储存成本 = 10% × 49254 元 = 4925.40 元

运货成本 = 11% × 49254 元 = 5417.94 元

邮寄成本 = 4% × 49254 元 = 1970.16 元

开票加付款成本 = 5% × 49254 元 = 2462.70 元

供应商合同成本 = 20% × 49254 元 = 9850.80 元

（4）计算固定成本。

27 间平均面积70m² 仓库的租金 = 150 元/m² × 70m² × 27 = 283500 元

1 辆货车的费用 = 9000 元/年（租金）+ 4600 元/年（汽油、维修费）= 13600 元/年

（5）计算各组织活动的总成本。

表 4-2 是办公用品采购团队总成本的摘要。

表4-2　办公用品在各项活动中的总成本

（单位：元）

行为方式	应付账款	业务单元1	业务单元2	业务单元3	采购和材料管理
订货	569	23340	5199	143109	30817
收货保管	935	13168	1700	680483	41096
开票付款	23379	11894	13412	173518	5304
打印/复制	405	5730	81943	25174	7801

汇总各部门内外部成本以计算总成本。外部成本是指购买办公用品所付金额，内部成本是指用作业成本法计算的所有作业成本之和。总成本是指内外成本之和。表 4-3 是办公用品采购团队总成本实例。

表4-3　部门办公用品总成本

(单位：元)

组织	办公用品外部成本	办公用品内部总成本	总成本
应付账款	143604	41322	184926
业务单元1	226955	66027	292982
业务单元2	22595	172390	194985
业务单元3	145609	1170079	1315688
采购和材料管理	93393	180969	274362

（6）确定软成本。所谓软成本是指在没有改变工作流程或工作的执行领域的情况下无法消除的部分要素（人员、机器、设备等）的成本，在持续改进阶段，软成本应该被保留并加以计算。例如，有12名人员，都花费了30%的时间在办公用品采购上，因为他们所处的地域不同，而且同时拥有各自的其他工作，所以他们的职能无法联合和/或被撤销。但是在持续改进过程中，通过改变流程并且集中职能，就有可能降低成本。

4.3　战略采购的优势

球竞争的不断加剧以及单纯依靠企业自身增加价值的逐渐减少，使理论界和实业界逐渐意识到采购对形成公司竞争优势所发挥的重要作用。恰当的采购战略会带来利润率、市场占有率的提升和技术创新的增加以及经营风险的降低。

4.3.1　战略采购对于降低采购总成本有重要作用

战略采购强调以最低采购总成本为企业开发供应渠道。最低采购总成本的概念涵盖了整个供应链环境下因采购行为导致的生产商相关采购总成本最低，如上一节介绍的采购总成本计算和作业成本计算。以最低采购总成本作为建立业务供应渠道的过程，而不是以最低采购价格获得当前所需物料的简单交易过程。为了实现最低采购总成本，在采购过程中，需要对供应商进行优化，企业根据自身核心经营职能的重要需求，通过供应商评估，只保留最合适的供应商，目的是减少成本和选择高质量的供应商。企业采购及购买成本占整个产品成本的60%以上，因此，降低采购总成本可以明显提高企业的盈利水平。

4.3.2　战略采购对提高企业创新能力有重要影响

战略采购强调建立买卖双方的合作关系，在这种合作关系中，企业与供应商之间的信息交互非常频繁，买卖双方经常就产品设计、制造工艺、装配工艺、包装、仓储、运输方案等交换意见，以供应商的知识和经验帮助企业改善现有技术和流程。战略采购的一个重点是注重战略供应商的早期介入，企业通过借助供应商的技术长处、经验积累，参与企业新产品的子系统或零部件的开发和设计，以提高产品的创新能力。企业通过不断向市场推出新产品来赢得市场份额，扩大市场占有，从而提高竞争力。

4.3.3 战略采购能显著提高企业长期绩效

国内外学者通过大量实证研究说明战略采购对提高企业绩效有显著影响。研究一般站在买方企业视角，自变量采用战略采购，或战略采购四个组成部分的组合，因变量是采购绩效、财务绩效、经营绩效等，研究结论是自变量（采购战略）对因变量（企业绩效）有显著影响。具体研究成果如表4-4所示。

表4-4 战略采购对企业内部绩效的影响研究汇总

研究者及年份	自变量（IV）	因变量（DV）	结论
Carter & Narasimhna（1996）	采购目标和策略	运营绩效（销售额、市场份额）、战略管理过程、质量管理过程和其他职能部门业绩	积极的IV对DV有显著影响
Brookshaw & Terziovski（1997）	战略采购	客户满意度	IV对DV有显著影响
Tan等人（1998）	有选择的采购实践及顾客关系	财务绩效及市场份额	IV对DV有显著影响
Carr & Pearson（1999）	战略采购	供应商评价系统、买方—卖方交易关系和企业长期采购绩效	IV对DV有显著影响
Carr & Smeltzer（1999）	战略采购的程度	企业长期财务绩效	IV对DV有显著影响
Das & Narasimhna（2000）	采购能力（供应库优化、买卖双方关系的发展、供应商能力的审核及采购整合）	制造绩效（表现在成本、质量、交付、新成品的导入及定制化的能力等方面）	IV对DV有显著影响，其中采购整合是"全效"
Narasimhna & Das（2001）	采购实践、采购整合	企业制造绩效	IV对DV有显著影响
Carr & Pearson（2002）	战略采购	企业财务绩效	无论是在大企业还是在中小企业IV对DV均具有显著影响
符正平和陈丽纯（2003）	战略采购	采购绩效 企业经营绩效	IV对DV有显著影响，其中采购绩效起到中介作用
Chen等人（2004）	战略采购（交易双方的沟通、供应商数量的削减、长期交易关系）	顾客反映（DV_1） 企业的长期财务绩效（DV_2）	IV对DV_1有显著影响，而后作用于DV_2
Kannan & Tan（2006）	供应商选择及买卖双方关系的确立	双方关系绩效（DV_1） 实买方的绩效（DV_2）	IV对DV_1有积极的影响，实证结果还表明关系的成功确立对DV_2有直接和显著的贡献

另一方面，战略采购不仅对企业绩效有显著影响，从供应链角度，对整个供应链绩效也有显著影响。这一研究多是采用供需企业的双边绩效来代表战略采购对供应链管理的整体贡献。这里的双边绩效是指供需双方的质量绩效、成本高低、交货期状况以及柔性水平等。具体研究成果如表4-5所示。

表 4-5　战略采购对供应链绩效的影响研究汇总

研究者及年份	自变量（IV）	因变量（DV）	结论
Shin，Collier & Wilson（2000）	供应商管理理念	战略采购 买卖双方绩效（质量、成本、配送、柔性）	有显著的影响
Narasimhan & Das（2000）	采购实践（供应商响应能力、供应商早期参与产品的开发以及采购整合）	制造柔性（配送柔性、修整柔性、批量柔性）、制造绩效	有显著的影响
Paulraj & Chen（2005）	战略采购	质量绩效	有显著的影响
Paulraj & Chen（2007）	战略供应管理（战略采购、长期关系取向、组织之间的沟通、跨组织的团队以及供应商整合）	卖方绩效用质量、成本、批量柔性、排成柔性、准时性、配送的一致性以及快速响应性来反映； 买方绩效指标包括产品与说明书（规格等）的一致性、成本、批量柔性、配送速度、快速确认顾客订单的能力以及快速处理顾客抱怨的能力	有显著的影响

4.3.4　战略采购可以有效规避企业经营风险

经济全球化以及供应链的紧密相连，使得一个企业处于风口浪尖之时，与其关联的供应链企业甚至整个行业都不能独善其身。无论是 2008 年金融海啸引发的全球经济危机，致使多条供应链倒闭，危及许多企业，还是 2011 年日本大地震所引发的全球多个产业链中断，都表明风险管理已经成为企业经营管理的重要内容。战略采购通过寻找与企业战略相吻合的供应商，邀请其参与到供应链中来，联合制订风险应对计划，实施多级供应的实时可视性合同管理，并利用全球网络进行外包等风险应对策略，实现与供应商共同预测风险、识别风险、防范风险的目标。

4.4　战略采购的发展趋势

战略采购是一种全新的理念，将采购职能纳入战略范畴，从供应链视角探索采购问题。其研究主要围绕四个问题展开：战略采购的影响因素、物资的分类方法与标准、战略采购对企业绩效的影响，以及战略采购对供应链绩效的影响。其研究方法是理论研究和实证研究相结合。

4.4.1　战略采购的影响因素

影响企业战略采购行为的因素按层次可以划分为外部环境因素、企业内部因素、供应商因素以及企业与供应商交互因素（见图4-1）。

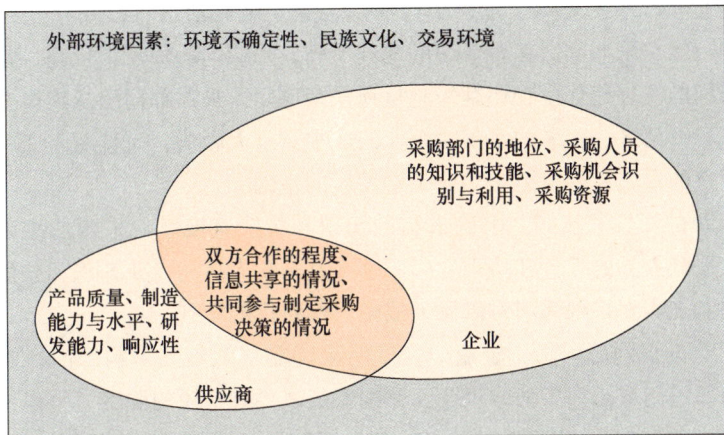

图4-1　战略采购影响因素层次（根据本章参考文献［34］整理）

1. 外部环境影响因素分析

最外层的环境因素包括市场环境的不确定性因素（如供应的不确定性、需求的不确定性、技术的不确定性、市场的不确定性等）、民族文化环境以及交易环境。

（1）市场环境的不确定性。企业所处的环境总是在不断变化和发展的，影响企业战略采购的环境不确定性主要包括以下几个方面：

1）供应不确定性。由于技术的进步、资源的稀缺性和替代品的出现，供应总是处在波动和变化之中。企业必须密切关注所要采购的物资供应变化，并能对这种变化进行及时分析和预测，以掌握采购的主动权。

2）需求不确定性。这里的需求有两层含义。第一层是指最终消费者的需求，随着人们生活水平的提高，需求的个性化成为主要特征，加上时代潮流的影响，最终消费者的需求总是处在发展和变化之中；第二层是指企业的采购需求变化，由于最终消费者需求的变化，导致企业产品的变化和创新，带来新的采购需求。

3）技术不确定性。在现今高科技时代，新技术层出不穷。新技术的出现是企业难以预料的，企业只能时刻关注自己生产领域的技术变化。

4）价格不确定性。供应市场的价格随时在变化，企业应关注大宗物资采购的市场价格变化，把握价格走势，及时购进或者抛售所采购的物资。

（2）民族文化环境。我国是一个多民族国家，不同的民族，有着不同的文化传统和习俗，它们也影响企业的战略采购决策。例如，有些企业需要到少数民族地区去采购，就必须了解和熟悉那些少数民族的文化和习俗，并尊重这些习俗，否则将无法完成在这些地区的采购任务。全球化采购也是如此。

（3）交易环境。交易环境包括交易市场规模、秩序、法律法规遵守情况、监管力度与措施等。很显然，它们对企业战略采购有显著影响。企业都希望有一个良好的交易环境，方便进行采购。

2. 企业内部影响因素分析

企业内部的影响因素包括采购部门的地位、采购人员的知识和技能、采购机会的识别与利用、采购的资源。

（1）采购部门的地位。采购部门在企业中的地位随企业的不同而不同，依赖于企业的历史状况。有些企业非常重视采购工作，采购部门在企业就有话语权，并且受到其他部门的尊重；有些企业则不然，采购部门在企业中的地位不高，采购的物资质次价高，是企业的成本中心。新的战略采购的发展趋势是企业越来越重视采购部门，采购部门已从成本中心变成利润中心，是企业的核心部门之一，采购不仅对企业的成本有重大影响，而且对企业的产品质量也有重大影响，供应链的形成和稳定更是企业长期发展的基础。

（2）采购人员的知识和技能。采购人员的知识和技能直接影响采购的决策和绩效。战略采购越来越关注采购人员的教育和培训，以不断丰富采购人员的专业知识和技能，并且选拔优秀的员工和管理者充实到采购部门，以保证战略采购目标的实现。

（3）采购机会的识别与利用。企业中大量的采购需求汇集到采购部门，尤其是大宗物资的采购，为采购部门创造了许多采购机会。采购人员需要有敏锐的洞察力来识别这些采购机会并利用这些采购机会为企业的生存和发展作贡献。相反，如果不能识别和利用这些采购机会，企业将举步维艰、难以维系。

（4）采购的资源。采购的资源可以分为两类，一类是稀缺资源，其特征是供应商数量少、价格贵，属于卖方市场，很难采购到；另一类是充足资源，其特征是供应商数量多、价格便宜，属于买方市场，很容易采购到。战略采购的重点是关注稀缺资源的采购，制定有效的策略，如建立供应商联盟，以保证稀缺资源的有效供应。

3. 供应商影响因素分析

供应商影响因素包括所提供的产品的质量水平、制造能力和水平、新产品研发能力、订单的响应性。

（1）产品的质量水平。对于采购企业来说，供应商的产品质量水平是最重要的，如果质量水平不能满足要求，则该供应商不能成为合格的供应商。这里的关键问题是供应商应如何保持稳定的质量水平，采购企业又是如何检测这一质量水平变化的。采购企业一般通过供货批次抽样检验来记录供应商的质量水平。

（2）制造能力和水平。供应商的质量水平依赖于供应商的制造能力和水平，而供应商的制造能力和水平又依赖于制造装备和工人的技术水平和企业管理水平。采购企业通过对供应商的实地考察可以了解这一状况。

（3）新产品研发能力。新产品研发能力是指供应商的研发力量和水平。一般代工企业研发能力较弱，而技术人员多的企业有一定的研发能力。这一指标为采购企业与供应商的长期合作和新产品开发奠定基础。

（4）订单的响应性。订单的响应性反映供应商对订单的重视程度。很显然，只有供应商的大客户才会得到积极的响应。这需要采购企业采用集中采购方式，以汇集采购量，形成大订单，以引起供应商的重视。采购企业在无法做到让所有供应商及时响应时，应优先考虑主要物资采购供应商的响应性。

4. 企业与供应商交互影响因素分析

企业与供应商交互影响因素包括买卖双方合作的程度、信息共享的情况、是否共同制定采购决策等。

（1）买卖双方合作的程度。在采购过程中，企业不知不觉与供应商发生关系。这种关系是不同层次的，例如，一开始仅仅是交易关系，一手交钱一手交货，或者是一个合同结束后就终止；然后是长期交易关系，如一年或三年供货合同。在此期间，企业不断与该供应商接触、交流，反映需求变化，指导供应商按照企业的要求供货，改进产品质量，按照企业自身的模式进行管理等。通过这些活动，企业与供应商彼此加深了了解，熟悉和习惯了对方的管理风格和模式，交流没有了障碍，合作很开心。在此基础上，双方有了进一步合作的意愿，可以建立合作关系。再往下发展，可以建立战略联盟或者相互参股。采购部门要识别与供应商关系的程度，采取不同策略发展与供应商的合作关系。

（2）信息共享情况。要想降低采购成本，必须实现信息共享，特别是电子化采购更要求如此。采购企业自身要建立一个开放的信息平台，主动与供应商共享相关采购信息，同时要求供应商也能响应。目前的信息技术完全可以支持企业间的信息共享，相关的法律法规也为企业间的信息共享提供了法律保护。

（3）共同参与制定采购决策的程度。这是采购企业与供应商合作的高级形式，邀请供应商共同参与制定采购决策。这一方面说明采购企业对供应商的高度信任，另一方面也说明了供应商对采购企业的重要性。

5. 战略采购的研究趋势

需要指出的是，由于采购本身跨边界的特性，战略采购的研究往往关注企业与供应商流程上的整合、衔接和沟通，却忽略了采购部门与企业自身其他职能部门之间的协调。只有做到外部与供应商的良好沟通、内部与职能部门的协调一致，才能彻底地打通内部及跨边界层次的影响因素。从这个角度来说，未来的研究可能要更多地关注内、外部流程的整合。而企业与供应商的合作、沟通、共享程度等跨边界影响因素均是动态变化的，最外层次的环境因素也是不确定的，这使得企业需要利用权变理论，分情境作出采购相关事宜的决策。根据物资分类进行采购细分管理就是一个不错的选择，未来的研究应该更多地在这方面展开。而且在战略采购领域，应从一定角度把三方面影响因素融会贯通，全面、系统地研究其对绩效的影响。

4.4.2 对物资分类的研究

采购的关键是获取企业需要的资源，包括有形的物资和无形的服务。其中物资的分类是一根隐形的线，贯穿于始末。这是因为：①物资是采购的客体，研究采购都不应该离开这根主线。②对物资进行分类管理，可以降低成本，更重要的是可以及时满足生产线的需求。③很多物资分类模型在划分物资类别时，就已经考虑了环境的不确定性及跨边界的影响因素，那么如果能再结合企业自身的一些因素（如采购部门的地位、采购人员的知识和技能等），就可以系统地研究其对绩效的影响。战略采购的客体应该是对企业最终产品竞争力有重要影响，购买价格占最终产品成本很大份额，只有少数供应商有能力生产的原材料、部件或服务。而对那些有大量供应商生产的，对企业技术、商业活动影响很小的原材料、部件或服务，即使在实施战略采购的公司，也可用一般采购方式购买。

同一种物资分类模型下，一种情况是对于不同类别的物资选择不同的采购方式，另一种情况是不区分物资类型进行的采购，可以针对两种情况下所带来的企业绩效做一个对比性的实证研究。不同的物资分类模型下，同样可以考虑采取不同的采购方式，看其对企业绩效的影响差异，从而知晓究竟哪一种分类方式更有效。当然如果能结合行业因素考虑的话，结论会更具有实用性。不同的物资分类模型本身可能会有交叉，所以，也许不同的分类方式可以融合和互补。第3章第2节介绍了几种已有的物资分类方法，在实际应用中，可以创新和探索更符合企业实际情况的物资分类方法，以指导企业的物资采购。

4.4.3 战略采购对企业绩效的影响

关于战略采购对企业绩效的影响，国内外学者作了大量的实证研究。这里的绩效首先是指企业的绩效，尤其是买方企业的绩效，包括采购绩效（采购质量、成本、交货期）、财务绩效（成本、利润、资产回报）和企业绩效（销售额、市场份额、客户满意度），进而延伸到更广阔的视野——供应链绩效。这样的研究对于推动战略采购的应用有着积极意义。

1. 战略采购对买方企业绩效的影响

Carr 和 Pearson 首次把战略性采购、供应商评价体系、买卖关系和企业财务绩效作为结构方程模型（见图4-2）进行实证研究，他们的研究证明了以上因素的五种正向影响作用。他们直接把企业的整体财务绩效与战略性采购、买卖关系和供应商评价体系相联系，而且用投资回报率、销售利润率、税前净收益率和公司现值作为财务绩效的测量尺度。

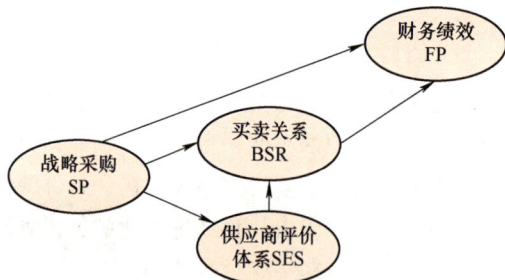

图 4-2　Carr 和 Pearson 的结构方程模型（根据参考文献［19］整理）

符正平、陈丽纯在上述研究的基础上，建立了新的假设，如图4-3所示。他们认为企业整体财务绩效受到很多非采购部门控制的因素的影响，如销售利润率的提高很可能是营销或销售部门努力的成果、投资回报率的提高很可能归功于财务部门的适当财务政策，它们很难直接与采购部门挂钩，虽然这里也含有采购部门的努力。他们认为采购战略直接影响的是采购供应部门自身，然后才逐步影响其他部门乃至整个企业，因此，他们以供应部门的绩效为中间变量进行验证。他们通过实证分析，得到以下结论：①战略性采购对供应商评价体系、买卖关系有显著的正向影响作用。②供应商评价体系对买卖关系、采购绩效有显著的正向影响作用。③买卖关系对采购绩效有显著的正向影响作用。④战略性采购对采购绩效、企业总体经营绩效有显著的间接影响作用。⑤供应商评价体系、买卖关系对企业总体经营绩效有显著的间接影响作用。⑥采购绩效对企业总体经营绩效有显著的直接影响作用。

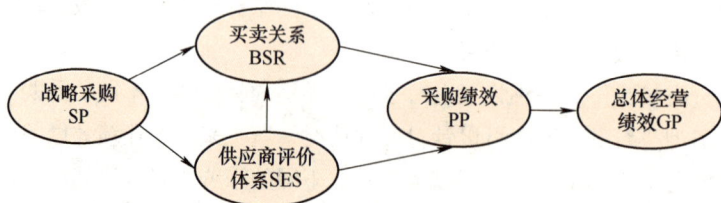

图 4-3　符正平、陈丽纯的结构方程模型（根据参考文献［24］整理）

张斌在参考文献［19］～［23］的启发下，建立了战略采购、供应商开发和采购绩效之间的结构方程模型（见图4-4）。他将供应商开发这一概念定义为参观供应商的工厂、奖励供应商的绩效提升、与供应商在原材料改进方面合作、为供应商提供培训，以及让供应商参与到企业新产品设计流程中。采购绩效是指采购的准确度、时间、成本、质量和内部拟合五个方面，可以较为全面地衡量企业的采购绩效水平。实证研究结果验证了战略采购和供应商开发以及采购绩效之间存在明显的正相关关系。企业实施战略采购，对于其供应商开发实务有着积极影响，并进而促进其采购绩效的提升。

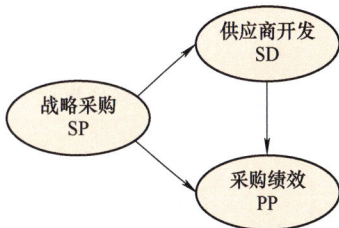

图4-4　张斌的结构方程模型
（根据参考文献［32］整理）

2. 战略采购对供应链绩效的影响

理论界从整个供应链的角度所作的实证研究，多是用供需企业双边的绩效来代表战略采购对供应链管理的整体贡献，这里的双边绩效是指供需双方的质量绩效、成本高低、交货期状况以及柔性水平等。Shin、Collier和Wilson的实证研究表明供应商管理理念对战略采购以及买卖双方绩效（质量、成本、配送、柔性）有显著的影响。

Paulraj和Chen实证检验了战略采购通过影响供需双边的关系后，作用于供需双方的质量绩效（dyadic quality performance）。Paulraj和Chen实证检验了战略供应管理对买方和卖方绩效的影响，其中战略供应管理包括战略采购、长期关系取向、组织之间的沟通、跨组织的团队以及供应商整合。卖方绩效用质量、成本、批量柔性、排程柔性、准时性、配送的一致性以及快速响应性来反映。买方绩效指标有产品与说明书（规格等）的一致性、成本、批量柔性、配送速度、快速确认顾客订单的能力以及快速处理顾客投诉的能力。结果表明这些因素均具有显著影响。

4.5　成功案例——东航的战略采购

本案例选自参考文献［30］。中国东方航空集团公司（简称东航集团）是总部设在上海的三大国有骨干航空运输集团之一。作为东航集团核心主业的中国东方航空股份有限公司（简称东航），目前已初步构建起以上海为复合枢纽，西安、昆明为区域枢纽，通往世界各地的航空网络。东航从2008年的巨亏中走出来，经历了"活过来、站起来、跑起来"的三年奋斗，2011年正在向"飞起来"的目标努力，这些都离不开战略采购管理的有力保障。提升采购管理水平始终是东航成本控制战略的重要组成部分，也是东航着力改进的管理领域之一。

1. 东航采购管理工作面临的问题

东航作为一家大型国有企业，年采购规模约350亿元，其中机务维修采购、保险、班车、差旅等一般性支出，以及餐食和机供品等领域的采购规模约79亿元，金额巨大，有通过采购管理的提升快速实现降本增效的潜力。

2010年的东航刚刚度过了巨额亏损的艰难时期，正处于"站起来"的阶段，采购管理工作依然薄弱，亟须提升。其问题主要表现为以下几个方面：一是在管理中存在盲点，部门职责划分不明确、不合理，需要由没有内部倾向性的第三方进行分析判断和重新设计。二是供应商基础薄弱，且存在大量内部或者关联企业供应商，如何突破内部的利益分割，使供应价格市场化，是他们面临的巨大挑战。三是对采购项目进行彻底梳理需要大量分析决策，需要跨部门的协作与分工。要想实现良好的协同效应必须从公司层面强力推进。四是现有采购人员的采购管理理念和方法仍然停留在保障供应和价格谈判层面，缺乏现代采购的理念和方法（如战略寻源、价值分析等）。

2. 强化采购管理

针对面临的上述问题，2010 年 9 月，东航决定引入采购管理咨询项目。经过多方比较后，东航选择罗兰贝格管理咨询公司[○]作为咨询方，开展成本优化项目，以期借助世界著名咨询公司的先进管理理念、方法和经验，有效提升采购管理水平。通过一年多的努力，其在采购管理的理念、方法、流程制度等方面均已得到了大幅提高，并取得了明显的经济效益。

（1）关注实效，促进咨询方参与采购管理执行。为了保证咨询取得实质性的成果，东航与咨询公司商定采用项目咨询费与项目落地成果绑定的合作模式。咨询公司不仅提供采购管理改进方案，而且要派出采购管理专家直接参与东航的采购管理工作，直接进驻东航办公室，依据咨询方案示范指导东航业务骨干进行实际操作，切实帮助东航实现预定的节约目标。

咨询方采购管理专家直接进驻的做法，确保参与项目的东航业务骨干人员可以通过观察管理专家的实际操作，更加深刻地学习到采购管理的理念与方法，避免了知识传递过程中的误解和效率损失，迅速提升了专业能力。同时，作为外部人员的咨询方采购管理专家亲自参与项目，能有效避免内部利益关系带来的障碍，在整合协调东航跨部门合作时具有更好的客观性。

（2）强力推进，高层领导直接加入项目团队。东航成立了由总经理亲自挂帅、公司各分管领导共同参与的项目管理委员会。委员会下设项目管理办公室、餐食机供品项目组和机务维修项目组，由采购中心、服务管理部、财务会计部和工程技术公司相关领导及业务骨干与咨询公司派出的专业咨询顾问共同组成。项目管理办公室设立双周例会制度，使项目执行人员有充分的机会向项目组领导汇报进度、讨论疑难问题、订立跨部门解决方案，从而迅速有效地突破瓶颈，以确保项目顺利推进，取得成果。

（3）双管齐下，快赢项目与长效措施相结合。在项目初期，东航就设定了"短期快赢见成果、长期攻坚固成效"的目标。一方面，项目组通过快速诊断，迅速制定了取得快赢的思路和系列举措，并在短时间内取得实效；另一方面，通过建立和优化一系列采购相关管理流程和决策机制，健全相应的组织架构，使项目成果能够固化在东航内部，形成长效的组织、流程和机制保障。

（4）培养采购人才，咨询与培训相结合。项目组以"跟帮带"的模式，使参与项目的东航采购业务骨干学到了关键技能，提升了采购管理水平，成为未来的核心采购骨干。同时，项目组还针对采购、机务、财务等相关单位，以大范围授课和小范围研讨相结合的形式开展培训，提升了相关人员的谈判技巧和成本优化等方面的知识与技能，打造出一支掌握现代采购管理理念和方法的采购管理专业队伍，为采购管理水平的提升奠定了人才基础。

3. 强化采购管理工作的实施情况

在项目初期，项目组设定了"快赢先行、能力建设、重大攻坚、变革管理"的四大工作

○ 这是一家世界著名的管理咨询公司，总部位于德国慕尼黑，成立于 1967 年，在全球有 36 家分支机构，咨询顾问来自 40 个国家。

目标，并分为"餐食、机供品和一般支出快赢模块，维修成本优化模块，采购支撑体系，变革管理及监控"四大模块分步实施。

（1）快赢先行。快赢的工作重点聚焦于餐食、机供品采购和一般支出两大领域。项目组通过快速诊断，确定了"分品类、重寻源、管需求、堵漏洞"的快赢思路和系列举措，降低了近1.3亿元的成本。

1）"分品类"指的是按品类制定快赢策略。项目组将全部500多种机供品分为19大类，根据不同品类特性和供应共性，开展品类管理，并采取不同的快赢降本方法。

2）"重寻源"指的是扩大供应商基础，充实供应商数据库。项目组选取相应行业国内外优质供应商423家，采用3轮竞争性谈判的模式开展选拔。同时，为了以客观公正的方式，评选各供应商产品品质，项目组还引入了盲测和第三方评审机制，开展了近50场测评，选择出符合或超出东航品质要求的产品和供应商。针对9大品类，进行了约1000场谈判后，精选出一批质优价廉的优选供应商，并迅速与旧供应商切换。机供品和部分一般支出项目迅速降低了21%的成本，年成本节约达到约5600万，而且避免了因物价上涨而引起的约1600万元的成本增加。

3）"管需求"指的是调研需求，减少浪费。项目组在开展了大量调研和细致分析后，采取了重点低配早班以及商务航班餐食、优化干点配置、取消中长航线小杯水、经济舱叉勺一体化等一系列需求管理举措，取得了约1300万的成本节约。

4）"堵漏洞"指的是开展超收审核。项目组重点审核了餐食成本和周转品回流，分别取得了3000万和100万的成本节约。为有效开展此项工作，采购中心增加8人编制，在目前IT系统尚不足以支撑自动化审核的状态下，采用人工方式进行审核，以小投入换取大产出。

（2）能力建设。项目组经过分析讨论认为，采购能力建设是实施战略采购的关键。项目组从以下三个方面加强采购能力建设：

1）规划采购管理体系。项目组通过评估发现东航目前的采购和供应管理模式仍处于小规模航空公司管理模式阶段，供应链上管理割裂，管理流程不通畅，存在较大管理真空区域，也缺乏统一管理供应链调度和指挥的方法、工具和能力。因此，通过对照国际一流企业采购和供应链管理，设定了能够支撑东航未来5~10年高速发展且能构建枢纽网络化模式运营的采购和供应链整合管理体系。

2）优化采购组织和流程。项目组通过评估确定了短期可以改进的组织、关键流程和管理方法方面的问题，并实施了改进工作，如增派餐食审核职能人员，设立质量检验科室，建立机供品寻源采购流程、质量检验流程、集中付款流程、机供品中周转品回流流程和管理方法等。

3）引入现代采购管理方法。项目组通过引入成本分析理念，创建了餐食成本分析法。通过对130套餐谱的餐食成本分析，发现目前餐食价格普遍偏高约20%，并计划以此为基础进行推广，与供应商开展基于餐谱事实成本的谈判，进一步挖掘优化空间。

项目组进一步通过对服务管理、采购和财务相关管理人员的培训，将此方法应用到与上海航空航食公司的餐食采购谈判中，有效抑制了其餐食价格上涨15%~20%的要求，并使东航团队获得了宝贵的实践经验，为这一方法的推广使用奠定了良好的基础。

（3）重点攻坚。项目组通过建立战略维修采购体系，共计实现降低成本8400万元。主要涉及以下两个项目：

1）推进周转件送修的战略采购。由于涉及关键大件和小件、国外和国内送修，范围太大，项目组从中选择三类周转件，分别成立三个小组来具体推进。具体包括：①推进部附件小件集中送修。项目组研究领先同行部附件集中送修工作的优缺点，回顾东航之前集中送修尝试的经验，选取了1200个国内送修的部附件（小件）开展集中送修工作。他们采用组包竞标的做法，按照系统相关性和多家竞争性的原则，科学地组成180个送修包；同时，扩大承修商参与范围和能力广度，以邀标形式尽可能囊括国内所有有能力的厂家参与。经过资格确认、初步商谈、邀请报价、能力评估、综合评分、补充认证、合同签署、高吸水树脂（super absorbent polymer，SAP）固化等环环相扣的过程，项目组实现了承修机构从近70家集中为40家、整体成本平均下降33%（约6700万元）的目标。②推进机轮刹车集中送修。项目组以上海地区的机轮刹车的大小修为起点，以上航内场自修成本为谈判筹码，召集供应商参与报价，实现了大于1200万元的成本下降。③推进辅助动力装置（APU）小时包修合同降价，实现了大于500万元的成本下降。

2）推进国产替代件（PMA）的开发与应用。针对东航刹车片即将签订B737-NG系列飞机十年排他协议的情况，项目组深入分析了原始设备制造商（OEM）与国产替代件（PMA）刹车片全套部件在安全可靠性、全面成本、售后服务等方面的优劣势，认为应该采取制衡策略，建议慎重考虑部分机队采用PMA刹车片，以平衡OEM厂商垄断的风险。同时，项目组与供应商谈判，迫使其在原有报价基础上下调3%。此项为东航带来了1400万元的成本节省。

（4）变革管理和监控。

1）推行例会制度。项目组从项目初期就建立起双周例会制度，公司领导以及其他项目组相关领导定期听取项目组汇报，总结成功经验，分析项目组遇到的各种问题，协调各部门，并确定关键决策，推动项目顺利实施。

2）全面培训、宣讲贯彻。项目组在指导东航业务骨干学习关键技能、提升管理水平，打造未来核心骨干队伍的同时，还针对各项管理提升措施，在全公司范围内开展了多次宣讲贯彻和培训工作，保障了各项举措的落地实施。

4. 实施战略采购取得的成效

经过一年多的努力，项目已经取得了数亿元的年度降低成本成效，并挖掘出了更大的长期改进潜力。对于东航来说，项目带来的管理水平提升，同样具有十分重要的意义。具体表现在以下几个方面：

一是树立了良好的采购管理和成本控制意识，设定了关键举措和实施目标，拓展了东航的全局视野，设立了未来东航向国际一流企业对标、以供应链整合管理的目标。

二是建立了一系列采购相关管理流程和决策机制，健全了相应的组织架构，使本项目的成果得到固化，形成长效的组织、流程和机制保障。

三是培养了一批业务骨干，采购管理能力显著提升。

5. 案例点评

采购是企业成本控制的重要环节。过去十年，中国企业借势中国经济的快车道高速发展，但在企业管理方面普遍比较粗放，尤其在采购管理方面，采购的理念、策略、技术、模式、组织、流程等，与国际先进企业差距还十分明显。因此，对当下准备过3-5年冬天的中国企业来说，通过采购降本增效潜力巨大，也尤为重要。东航在采购成本控制方面的成功尝试，为我们提供了一个很好的范例。

采购管理的变革，首先是利益格局的洗牌，需要企业高层的决心和直接领导。东航的采购管理变革之所以能够成功，高层领导的共识和直接推动是先决性的关键因素。

采购管理变革的推动，既要有立竿见影的短期效益，以树立信心、排除阻力，又要有长效机制，从根本上变革管理体制和机制，引进推广新的战略采购管理理念和技术，长短结合，才能快破久立。东航很好地预防控制了采购管理变革的风险，"快赢先行"，长短结合，并取得了突破性的进展。

采购管理的变革，核心是理念的变革。按照战略采购的理念，采购应关注物料生命周期总成本而不是单纯的采购价格；采购要对不同的物料实施差异化的采购策略，而避免一刀切的简单砍价；采购要从产品设计、采购计划等源头抓起，要事前系统规划采购成本，而不是事后的被动杀价；采购需要跨部门进行横向联合行动，而不仅是采购部门的独角戏；采购要和供应商建立起共赢的合作关系，帮助供应商降低成本来实现成本的控制，而不是一味地砍价……东航的采购，在许多方面已经开始建立战略采购的理念，例如对物料分品类、根据不同品类特性和供应共性进行差异化采购等。但总体而言，还看不见理念层面清晰的方向和路径，在这方面还任重道远。

采购成本控制，有诸多的技术和方法可以引进采用，如价值工程、以物料标准化及集中采购为核心的杠杆工程、以成本分析和逆向竞价为代表的谈判技术、以库存和物流为优化对象的供应链采购、电子采购等。对中国的大部分企业而言，每项采购技术的应用，效果都会非常明显。东航在采购中的"管需求"，实际上是价值工程的初步应用；东航导入了成本分析法对餐食成本进行价格谈判；通过缩减承修机构（从近70家集中为40家）实现了杠杆工程等，都取得了很好的效果。东航还可以进一步导入和推广更多的采购技术，成本控制的空间依然巨大。

总体而言，东航的采购管理变革成效显著，激动人心。但这仅仅是东航的开始，东航采购管理降本增效的空间依然巨大。

📖 本章小结

本章介绍了战略采购的概念、起源、发展与应用。

战略采购是以最低总成本建立服务供给渠道的过程，它是整合公司和供应商战略目标和经营活动的纽带。战略采购的任务包括：供应商评价和选择、供应商开发、交易双方关系的建立和采购整合。

战略采购首先需要转变思想，从战略高度认识企业采购工作的重要性和重要意义。采购工作不只是以最低采购价格获得企业所需原料的简单交易，而是充分平衡企业内部与外部优势，以"双赢"合作为宗旨，注重与供应商建立长期战略合作伙伴关系，它是一种全新的采购管理体系与操作模式。需要企业实现从战术型组织向战略型组织转变，从价格型采购向价值型采购转变，从粗放型采购向集约型采购转变，从传统供应管理向需求供应管理转变，从封闭型采购向协同型采购转变，从区域性采购向全球化采购转变，从评价性采购向专业性采购转变，从响应型采购向驱动型采购转变。

为了实现最低总成本，需要根据作业成本法，建立采购总成本模型，计算采购总成本，而不仅仅是只考虑采购价格最低。为了便于计算，需要对物料进行分类，包括物理分类和物资性质分类，以便选择不同的采购策略。

许多企业的成功案例已经表明，战略采购显著地提高了企业的竞争优势，明显地降低了企业的采购总成本，提高了企业的创新能力和活力，提高了企业的长期绩效。战略采购作为一种新的企业管理理念，其理论和实践还在不断发展中，通过应用和创新，必将取得新的突破。

习题

一、选择题

1. 战略采购的核心是（　　）。
   A. 以"最低总成本"建立供应合作关系　　B. 以"最低采购价格"获取所需物料
   C. 以"最快采购效率"获取企业所需物资　　D. 以"最高产品质量"确保用户满意

2. 采购战略是（　　）。
   A. 一种战略采购　　B. 一种职能战略
   C. 一种采购活动　　D. 一种战略目标

3. 采购总成本模型是一种（　　）方法。
   A. 成本计算　　B. 成本构成
   C. 结构化　　D. 非结构化

4. 作业成本法是一种（　　）管理方法。
   A. 定性　　B. 定量　　C. 系统　　D. 有效

5. 战略采购对企业和供应链绩效有（　　）影响。
   A. 很少　　B. 直接　　C. 间接　　D. 显著

二、判断题

1. 战略采购无法避免企业经营风险。　　（　　）
2. 战略采购不受环境影响。　　（　　）
3. 采购是企业的一项日常活动，无须企业高层关注。　　（　　）
4. 采购是企业战略管理的重要组成部分。　　（　　）
5. 物料分类是供应链分类的基础。　　（　　）

三、思考题

1. 什么是战略采购？
2. 战略采购的概念是如何产生的？
3. 试描述战略采购的过程。
4. 如何对物料进行物理分类？如何对物料进行性质分类？
5. 企业采用战略采购有哪些好处？
6. 企业如何实施战略采购？

四、计算题

1. 某企业采购部有4人，1名采购经理，负责采购部的管理；3名采购员，分别负责原材料、成品和耗材的采购。假设采购经理的时薪是20元，采购员的时薪是16元，每天工作8h，每年按260天计算，平均80%的时间用于采购业务，计算采购部直接劳动成本。

2. 某企业仓库面积$5000m^2$，有仓库保管员4人，叉车3辆，货车1辆。假设仓库租金为300元/年，保管员时薪为15元，每天工作8h，每年按260天计算，1辆叉车的租金、维修费和所需汽油为15000元/年，1辆货车的租金、维修费和所需汽油为40000元/年，计算该仓库的运营成本。

五、调查报告

实地调查一个实施战略采购的企业，撰写调查报告，总结该企业是如何实施战略采购的，有哪些经验值得总结和推广。

参 考 文 献

[1] Ammer D S. Is your purchasing dept. a good buy？[J]. Harvard Business Review，1974，March-April，36-42.

[2] 彼得·德鲁克. 巨变时代的管理[M]. 周文祥,等译. 北京：机械工业出版社，1998.

[3] Carr A S, Smeltzer L R. An empirically based operational definition of strategic purchasing[J]. European Journal of Purchasing & Supply Management，1997，3(4)：199-207.

[4] Monczka R，Trent R,Handfield R. Purchasing and supply chain management[M]. South Western：Mason,2002.

[5] Narasimhan R，Das A. The impact of purchasing integration and practices on manufacturing performance[J]. Journal of Operations Management，2001，5：593-609.

[6] Spekman R E. Competitive procurement strategies：building strength and reducing vulnerability[J]. Long Range Planning，1985，18(1)：94-99.

[7] Kraljic Peter. Purchasing must become supply management[J]. Harvard Business Review，1983，109-117.

[8] Reck R E, Long Brain G L. Purchasing a competitive weapon[J]. Journal of Purchasing and Materials Management，1988，24(4)：5-6.

[9] Pearson J N, Ellram L M. Supplier selection and evaluation in small versus large electronic firms[J]. Journal of Small Business Management，1995，53(4)：53-65.

[10] Keough M. Buying your way to the top[J]. Director,1994，8：72-75.

[11] Pearson J N, Gritzmacher K J. Integrating purchasing into strategic management[J]. Long Range Planning，1990，25(5)：91-99.

[12] Ammer D S. Top management's view of the purchasing function[J]. Journal of Purchasing and Materials Management 1989，3：22.

[13] Carr A S. Influencing factors of strategic purchasing and its impact on buyer-supplier relationships[D]. Phoenixi Arizona State University，1996.

[14] 刘希宋,方跃,邵晓峰,贾静. 新的成本管理方法—作业成本法[M]. 北京：国防工业出版社，1999.

[15] 埃米科·班菲尔德. 质量采购管理[M]. 任建标,译. 北京：中国财政经济出版社，2005.

[16] Carter J R, Narasimhan R. Is purchasing really strategic？[J]. International Journal of Purchasing and Materials Management，1996，32(1)：20-28.

[17] Brookshaw T, Terziovski M. The relationship between strategic purchasing and customer satisfaction within a total quality management environment[J]. Benchmarking for Quality Management & Technology，1997，4(4)：244-258.

[18] Tan K C, Kannan V R, Handfield R B. Supply chain management：supplier performance and firm performance[J]. International Journal of Purchasing and Materials Management，1998，34(3)：2-9.

[19] Carr A S, Pearson J N. Strategically managed buyer-seller relationships and performance outcomes[J]. Journal of Operations Management，1999，17(5)：497-519.

[20] Carr A S, Smeltzer L R. The relationship of strategic purchasing to supply chain management[J]. European Journal of Purchasing and Supply Management，1999，5：43-51.

[21] Das A, Narasimhan R. Purchasing competence and its relationship with manufacturing performance [J]. The Journal of Supply Chain Management, 2000, Spring:17-28.

[22] Narasimhan R, Das A. The impact of purchasing integration and practices on manufacturing performance [J]. Journal of Operations Management, 2001, 19(5): 593-609.

[23] Carr A S, Pearson J N. The impact of purchasing and supplier involvement on strategic purchasing and its impact on firm's performance [J]. International Journal of Operations and Production Management, 2002, 22: 1032-1053.

[24] 符正平, 陈丽纯. 战略性供应管理与企业经营绩效的实证研究 [J]. 经济科学, 2003, 5: 24-34.

[25] Chen I J, Paulraj A, Lado A A. Strategic purchasing, supply management, and firm performance [J]. Journal of Operations Management, 2004, 22: 505-523.

[26] Kannan V R, Tan K C. Buyer-supplier relationships: the impact of supplier selection a buyer-supplier engagement on relationship and firm performance [J]. International Journal of Physical Distribution & Logistics Management, 2006, 36(10): 755-775.

[27] Shin H, Collier D A, Wilson D D. Supply management orientation and supplier/buyer performance [J]. Journal of Operations Management, 2000, 18(3): 317-333.

[28] Paulraj A, Chen I J. Sstrategic supply management and dyadic quality performance: a path analytical model [J]. Journal of Supply Chain Management, 2005, 41(3): 4-18.

[29] Paulraj A, Chen I J. Inter-Organizational communication as a relational competency: antecedents and performance outcomes in collaborative buyer-supplier relationships [J]. Journal of Operations Management, 2008, 26(1): 45-64.

[30] 《现代国企研究》记者. 采购成本优化, 助飞"东航"[J]. 现代国企研究, 2012, 9: 66-71.

[31] 包仲南. 建立以战略采购为核心的现代采购理念 [J]. 现代国企研究, 2012, 8: 70-71.

[32] 张斌. 战略采购对于供应商开发和采购绩效的影响实证研究 [J]. 北京交通大学学报(社会科学版), 2011, 10(2): 65-70.

[33] 蒋建华, 邱建林. 战略采购影响因素的理论分析与实证研究 [J]. 经济论坛, 2006, 18: 55-58.

[34] 宋华, 刘林艳. 论战略采购研究特点与趋势 [J]. 商业经济研究, 2009, 3: 20-23.

[35] Shin H, Collier D A, Wilson D D. Supply management orientation and supplier/buyer performance [J]. Journal of Operations Management, 2000, 18(3): 317-333.

[36] Paulraj A, Chen I J. Strategic supply management and dyadic quality performance: a path analytical model [J]. The Journal of Supply Chain Management, 2005, 41(3): 4-18.

[37] Paulraj A, Chen I J. Environmental uncertainty and strategic supply management: a resource dependence perspective and performance implications [J]. The Journal of Supply Chain Management, 2007, 43(3): 29-42.

第3篇

运 作 篇

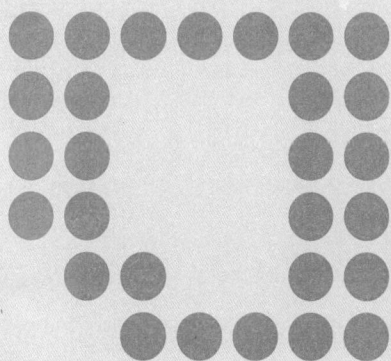
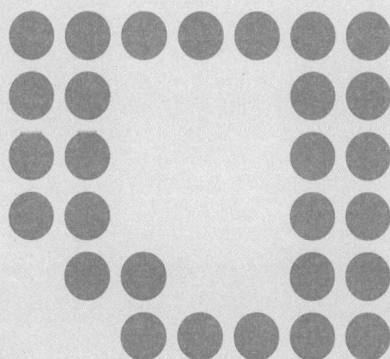

第 5 章
采购运作管理 I

企业在进行采购活动的过程中会遇到各式各样的问题，这些问题对企业实际运营造成了很大困扰。第 5 章和第 6 章以企业采购活动的运作流程为中心，贯穿企业整个采购过程，对企业采购中可能涉及的管理活动作了详细介绍。其中本章为第一部分，主要分析了企业采购计划与预算管理、采购成本管理、采购谈判管理和采购合同管理等内容。

5.1 采购计划与预算管理

采购计划与预算管理是采购实务中的重要内容，也是整个采购运作管理的起点。本节主要介绍采购交易前的准备，即采购需求分析和采购计划的编制、执行、调整，同时还介绍了采购预算的管理过程，使读者对采购计划与预算管理有一个基本的了解。

5.1.1 采购计划管理

1. 采购计划管理流程

采购计划是指企业采购管理人员在了解市场供求情况、认识企业生产经营活动过程中，在掌握物料消耗规律的基础上，对计划期内物料采购管理活动所做的预见性安排和部署。它主要包括年度、季度、月度和临时采购计划。年度采购计划是根据企业年度的经营计划，在销售计划和生产计划以及对市场需求的调查分析基础上制订的。季度计划是对年度计划的分解，月度计划是对季度计划的分解。而临时采购计划是指在特殊情况下，为了满足企业紧急需求而制订的短期采购计划。

采购计划与各方面因素息息相关，我们要考虑采购计划与各方面因素的平衡。

（1）采购计划与生产计划的平衡。生产流程往往由诸多工序组成，对于单独产品，过早采购末端工序材料极易产生占用库存空间的现象，而且中间供需若发生变化，后期将无回旋余地。

（2）采购计划与库存的平衡。采购计划必须合理准确，合理确定采购批次和批量，补足库存与需求之间的差额，提升库存货物周转率，同时降低库存持有成本。

（3）采购计划与物流之间的平衡。长途运输物资应适当提前计划，周边物资采购的周期短，计划安排可以相对紧凑。

由于采购计划涉及面广，作用巨大，因此我们要对其进行科学管理。在实际工作中，采购计划和预算受多方面因素的影响，如采购环境、企业销售计划、年度生产计划、企业生产效率、价格预期等。需要在综合考虑以上因素的基础上来进行采购计划管理与采购预算管理。

采购计划管理流程一般分为汇总采购需求、编制采购计划、执行与调整采购计划三个阶段。如图 5-1 所示。

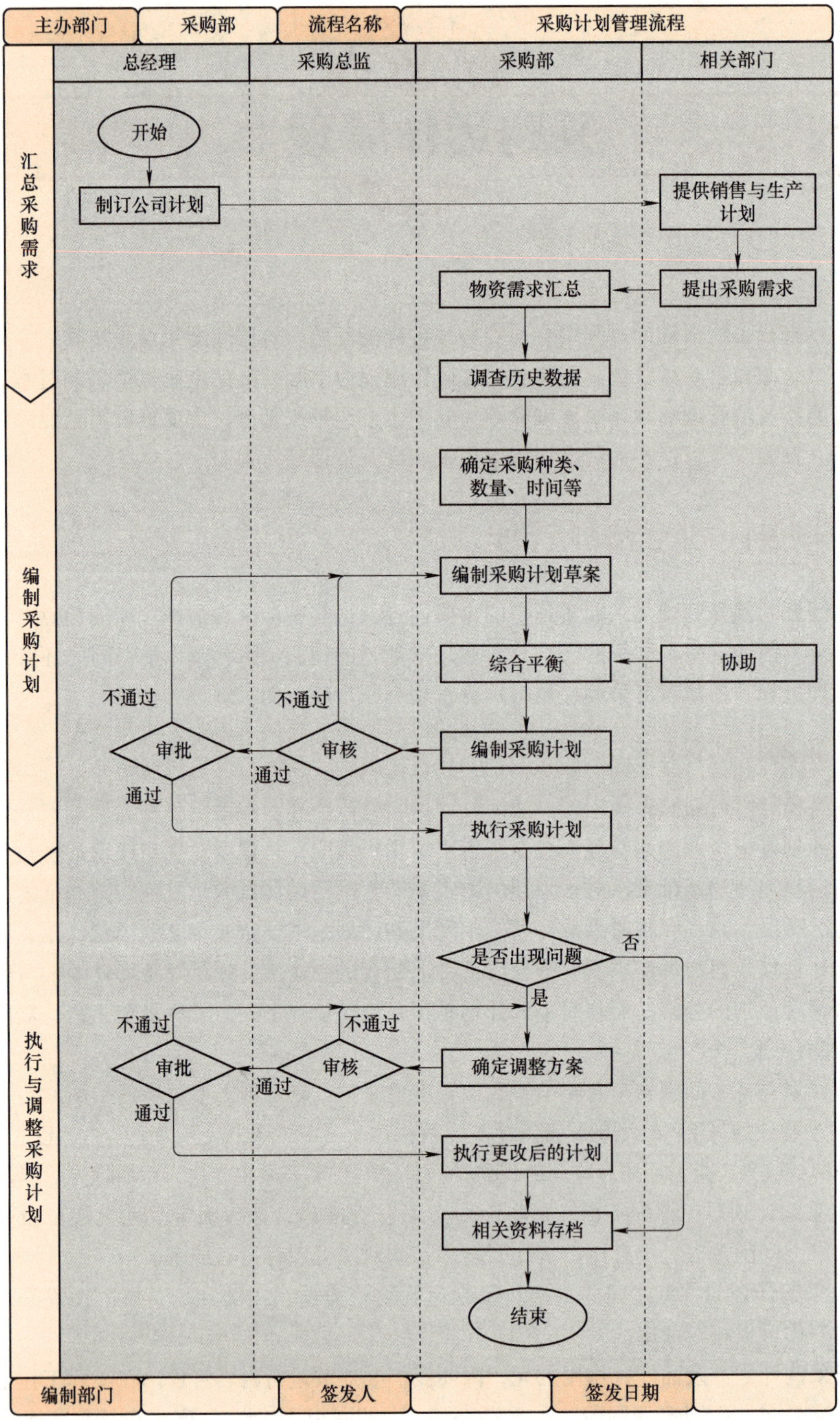

主办部门	采购部	流程名称	采购计划管理流程	
	总经理	采购总监	采购部	相关部门

图 5-1　采购计划管理流程

（1）汇总采购需求。企业要进行生产经营，首先要分析物资需求，了解采购物资的种类、数量、采购时间等，将各类数据进行汇总，得到一份科学可靠的采购任务清单。在此过程中，企业综合计划部门应及时制订并公布公司的工作计划，公司各部门根据公司生产和销售计划提出物资采购需求，填写物资采购申请单（见表 5-1），采购部汇总各部门需求并对其进行科学分析。

表 5-1　某公司物资采购申请单

编号：00000812				日期：2013 年 8 月 12 日	
申请部门	生产部	部门编号	001	项目编号	00265
申请理由	用于产品生产线				
采购对象	（　）　固定资产　　　（√）生产用料　　　（　）办公用品（家用、文具等） （　）　低值易耗品　　（　）其他				
采购项目描述	名称	规格	用途	数量	需求日期
	零件 A	55×45×67mm	产品制造	1200	2013.08.25
	零件 B	20×40×60mm	产品制造	1500	2013.08.26
	零件 C	34×23×60mm	产品制造	1000	2013.08.26
审核	财务部		使用部门经理		申请人

（2）编制采购计划。确定采购需求之后，企业采购部需要编制采购计划，内容包括将采购人员分工、交货时间要求确定、资源配置等具体采购内容以书面化的形式固定下来，形成完整的采购计划书面文档，交由采购总监和总经理审核。

（3）执行与调整采购计划。采购计划经过公司管理层的审核和批准后进入执行阶段。在此阶段中，由于现实环境和内外部因素的影响，可能会出现某些变化，如销售订单的变化、生产计划的变化、物料需求的变化等。一旦出现变化，就需要对采购计划进行调整，更改原有的采购计划，并上报管理层审批，审核通过后继续执行，周而复始。

2. 采购需求分析

采购需求分析是制订采购计划的前提，分析方法随着需求的变化而变化。企业中的物资需求可以分为生产性物资采购需求、设备采购需求、其他辅助性采购需求和零星采购需求四类。接下来需要对不同物资需求进行分析。

（1）生产性物资采购。本书第 1 章中介绍了 MRP 采购的主要流程，在进行市场预测之后，企业会制订主生产计划（MPS），再根据主生产计划制订出物料需求计划。在此，我们主要根据物料需求计划来进行生产性物资采购需求分析。

1）MRP 与 BOM。物料需求计划（MRP）是关于主生产计划中各个项目所需的全部制造件和采购件的网络支持计划和时间进度计划。它是根据主生产计划对最终产品的需求数量和交货期，推导出零部件及材料的需求数量和需求日期，直至推导出自制零部件的制造订单下达日期、采购件的采购订单发放日期，并进行需求资源和可用能力之间的进一步平衡。简单而言，在恰当的时间提供恰当数量的正确的相关物料给恰当的地点（when，what，where，how many），就是物料需求计划的内容。MRP 是生产管理的核心，它将主生产计划安排的产品分解成数个自制零部件的生产计划和采购件的采购计划。

根据主生产计划制订物料需求计划需要用到物料清单。物料清单（BOM）是对产品结构的描述，包含了生产每一单位产成品所需要的所有部件、组件、零件和原材料的种类和数量，是一个制成品的所有物料或零件的结构清单，也称为产品结构文件或产品结构树。其主要用于回答物料需求计划中的关于物品和数量的问题。

2）计算方法。某生产圆珠笔的厂商接到一份订单，要求生产10000支圆珠笔，第4周交货。圆珠笔的产品结构树如图5-2所示。假设圆珠笔材料采购周期为7天，各零部件制造周期都为5天，可以同时进行，最后组装周期为3天，PE原料现有库存10kg，其他原料没有库存。其物料需求计划见表5-2。

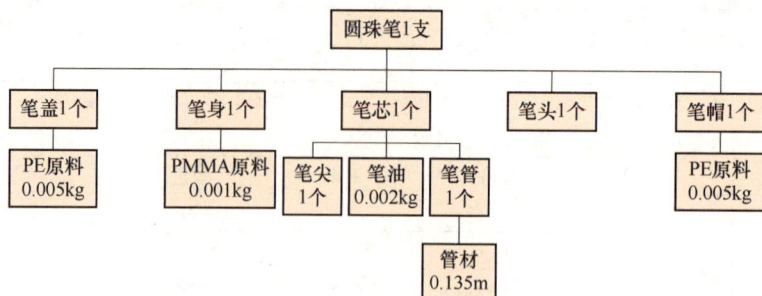

图 5-2　圆珠笔的产品结构树

表 5-2　某公司 10000 支圆珠笔的物料清单

层　次	物料名称	数　量	单　位	类　型
0	圆珠笔	10000	支	M
1	笔盖	10000	个	M
1	笔身	10000	个	M
1	笔芯	10000	个	M
1	笔头	10000	个	P
1	笔帽	10000	个	M
2	PE 原料	90	kg	P
2	PMMA 原料	10	kg	P
2	笔尖	10000	个	P
2	笔油	20	kg	P
2	笔管	10000	个	M
3	管材	1350	m	P

制订物料需求计划需考虑如下因素：

① 制造/采购标识码。这是表明一个项目是采购件还是制造件的标识码。采购标识码为字母 P，制造标识码为 M。对于采购项目（外购件），不需要产生项目制造的需求；对于制造项目，就必须利用物料清单（BOM）来决定用哪些零部件或原材料来制造这个项目。以圆珠笔为例，笔尖、笔头为外购成品，而笔盖、笔身、笔芯、笔帽则是制造件，需要采购相应原料进行生产加工。

② 物资需求量。净需求量 = 总需求量 − 现有库存 − 计划入库量。生产该订单圆珠笔的 PE 原料需求量为 90kg［10000 ×（0.005 + 0.005）− 10］，PMMA 原料为 10kg（10000 × 0.001）。

③ 低层码。系统分配给物料清单上的每个物品一个从 0 至 N 的数字码。在产品 BOM 结构中，最上层的层级码为 0，下一层部件的层级码则为 1，依此类推。其作用在于指出各种物料最早使用的时间。当一个物品在产品结构树里多次出现时，取处在最低层的层级码作为该物品的数字码。在圆珠笔的产品结构树中，管材处于第 3 层，属于最低层，所以在采购生产过程中，管材是最先被采购的，利用管材生产出笔管，然后加上笔尖、笔油生产笔芯，一步步进行。

④ 提前期。以交货或完工工期为基准，倒推出加工或采购的开始日期的时间段。例如，该圆珠笔订单的提前期为 20 天。其中材料采购周期为 7 天；笔盖、笔身、笔帽可以同时生产，其周期为 5 天；需要注意的是生产笔芯的周期为 10 天，其中 5 天生产笔管；组装圆珠笔的周期为 3 天。

⑤ 安全库存。安全库存是在库存中保存的多余的数量。设置安全库存的目的在于预防需求或供应方面不可预料的波动，避免造成生产或供应中断，缓减用户需求与工厂生产之间、供应商供给和工厂需求之间、制造和装配之间的矛盾。本处暂不予考虑。

⑥ 批量规则。实际计划生产或采购的交付数量和订货数量并非等于净需求量，这是由于在实际生产或订货中，准备加工、订货、运输、包装等都必须是按照一定的数量来规模进行的，这个数量称为生产或订货的批量。生产批量由生产能力决定；订货批量是库存管理人员根据库存管理的要求和目标权衡利弊后选择的，一般分为直接批量法、固定批量法、固定周期法和经济批量法等。在此采用直接批量法，即直接将净需求量定为计划订货量，这是最简单的一种批量确定方法，能大大降低库存持有成本。但它会由于订货频繁而造成较大的订购成本。

⑦ 损耗系数。在各个生产环节中，有各种各样的损耗，因此在计算过程中，要考虑有关损耗系数，具体包括：组装废品系数、零件废品系数、材料利用率等。以材料利用率为例，材料利用率是有效产出与总输入的比率，主要说明预计的生产损耗情况。例如，装配圆珠笔的材料利用率是 99.5%，那么为了满足 10000 支圆珠笔的订单需要采购 10051 支（10000 ÷ 0.995）圆珠笔的原材料。

（2）设备采购。所谓设备，是指可供企业在生产中长期使用，并在反复使用中基本保持原有实物形态和功能的生产资料和物质资料的总称。设备的采购必须要与生产工艺要求相一致，一般可以分为两个时间段采购。第一个阶段是企业成立之初，在确定产品和工艺之后，就需要根据工艺要求进行设备采购；第二个阶段是企业成立之后，由于新产品或新工艺要求，需要购买新的设备，或者对原有设备进行技术改造和升级。设备采购直接影响到生产经营和生产效率，所花费的资金数额也较大，需要各部门统一协商后确定，尤其要考虑生产部和技术部的意见。设备采购需求应上报采购部门和企业的资产管理部门。

（3）其他辅助性物资采购。辅助性物资是指在企业生产经营过程中起辅助性作用的物品，如毛巾、手套、安全帽、纸笔等。这些物资一般进行月度采购或者季度采购。每个月采购部将会给每个部门或者车间一定的额度，各部门或车间将下月所需的物资上报，采购部将需求集中之后进行采购。

（4）零星采购。零星采购是指不在计划内的、零散的、突发性的小数量采购。它和大宗购买的主要区别是购买金额小、品种和数量较少的采购，往往不需要通过严格的财政审核和过程监督（供应商询价、招投标等环节）。它由相关需求部门提出，交由采购部派遣人员进行采购；或者由需求部门直接采购、凭发票到财务报销即可。

3. 编制采购计划

如表 5-3 所示，采购计划应包括以下内容：采购的设备、货物或服务的数量、技术规格、参数和要求；所采购的设备、货物或服务在整个项目实施过程中的哪一阶段投入使用；所采购的每一种产品间彼此的联系；全部产品采购如何分别分类，每个类别应包括哪些类目；全部项目采购的时间表；采用什么类型的合同等。

表 5-3　某公司单项采购计划表

编号：000017									日期：2013 年 9 月 9 日		
采购项目描述					采购时间安排				其他		
采购物资名称	规格型号	单位	数量	单价/元	询价时间	签订合同时间	下订单时间	到货时间	采购方式	负责人	备注
液晶屏	40 寸三星，LTA400HT/12V	个	1000	120000	2013 年 9 月 9 日至 2013 年 9 月 15 日	2013 年 9 月 17 日	2013 年 9 月 19 日前	2013 年 9 月 25 日			
电源适配器	UL1185AWG18	个	2000	100000	2013 年 9 月 9 日至 2013 年 9 月 12 日	2013 年 9 月 15 日	2013 年 9 月 17 日	2013 年 9 月 22 日			
毛巾		条	3200	10000	2013 年 9 月 9 日至 2013 年 9 月 11 日	2013 年 9 月 13 日	2013 年 9 月 14 日	2013 年 9 月 18 日			
手套		副	3500	25000	2013 年 9 月 9 日至 2013 年 9 月 11 日	2013 年 9 月 13 日	2013 年 9 月 14 日	2013 年 9 月 18 日			
⋮											
总采购金额/元				255000.00							
编表人：							审核：				

　　采购计划可分解成为若干个采购订单。采购订单是指企业采购部门在选定供应商之后，向供应商发出的订货单据。采购订单是采购双方订立采购合同的重要依据，它包括了采购所需的重要细节信息，包括采购数量、商品规格、质量要求、采购价格、交货日期、交货地址等，如表5-4 所示。

表 5-4　某公司采购订单示例

编号：000001							日期：2013 年 9 月 10 日	
供应商：××有限公司				地址：			联系电话：	
根据我公司需要，现向贵公司订购产品如下：								
序号	物资名称	规格	单位	数量	含税单价/元	交货日期	交货地点	备注
1	PE 原料		kg	90	125	2013 年 9 月 20 日	××区××路	
2	PMMA 原料		kg	20	85	2013 年 9 月 20 日	××区××路	
3	圆珠笔头		个	10000	0.2	2013 年 9 月 20 日	××区××路	
⋮								
质量要求	按照合同要求			付款方式		货到付款		
票据要求	贵公司要保证所提供发票的合法性，如因贵公司所提供的发票不合法所引起的法律责任及损失，由贵公司全部承担							
备注	1. 通过邮寄、托运发货时请标明发货单位、收件人，否则因标识不清而造成的货物丢失，我方概不负责 2. 如贵公司确认，请在 24h 内签字盖章后回传，此订单双方签字盖章生效，与正式合同具有同等法律效力 3. 自发货之日起请在 2 个月内开票，否则不予结算，造成损失由贵公司承担							
供方负责人：						需方负责人：		

　　具体的采购订单需要在与供应商谈判，详细协商之后才能生成，在此我们仅讨论一般采购订单计划的制订步骤。一般来说，采购订单计划的制订包括评估订单需求、计算订单容量和制订订单计划三个步骤。

（1）评估订单需求。订单需求已经通过物料需求计划计算得出。

（2）计算订单容量。主要有分析项目供应资料、计算总体订单容量、计算承接订单量和确定剩余订单容量四个方面的内容。

1）分析项目供应资料。需要了解在目前的采购环境中，所要采购物料的供应商的信息。例如，在圆珠笔订单中，需要了解市场中能够提供 PE 原料、PMMA 原料的供应商的经营情况、地址、信誉度等。

2）计算总体订单容量。总体订单容量包括可供给的物料数量和可供给物料的交货时间两方面内容。例如，A 供应商可以在 7 天内供应 PE 原料 80kg、PMMA 原料 10kg；B 供应商可以在 7 天内供应 PE 原料 50kg、PMMA 原料 20kg，那么 PE 和 PMMA 两种原料的总体订单容量为 160kg，其中 PE 原料 130kg。

3）计算承接订单容量。承接订单量是指某供应商在指定的时间内已经签下的订单量。

4）确定剩余订单容量。剩余订单容量是指某物料所有供应商群体的剩余订单容量的总和。用公式表示为：物料剩余订单容量 = 物料供应商群体总体订单容量 – 已承接订单量。例如，A 供应商已承接订单容量为 PE 原料 40kg、PMMA 原料 10kg，B 供应商没有承接订单，那么剩余订单容量为 110kg，其中 PE 原料 90kg。

（3）制订订单计划。在对比订单需求量和订单容量，综合考虑市场、生产、订单容量等要素后，就可以制订出订单计划。需要注意的是：订单数量 = 生产需求量 – 计划入库量 – 现有库存量 + 安全库存量。由于订单计划需要分解到供应商计划，所以在制订过程中需要和供应商谈判等环节相结合，因此在时间顺序上可能有交叉和迭代。

4. 执行与调整采购计划

采购计划的执行分为两个步骤，首先是采购任务分解，然后是执行采购任务。采购部经理将采购计划按照时间和职能分解，将采购计划转变为具体的采购任务，分配给采购人员，向采购人员说明采购的种类、数量、价格、期限和供应商情况等，并落实责任如表 5-5 所示。然后，

表 5-5 某公司采购任务分解示例

编号：00002541 　　　　　　　　　　　　　　　　　　　　　　　日期：2013 年 9 月 12 日

	物资编号	名称	数量	需求时间	可行价格/元	备选供应商	采购员	采购人员职责
采购项目描述	0001	液晶屏	1000	2013 年 9 月 16 日	1300	供应商 A、B、C	李××	1. 根据采购计划进行供应商选择，按时下达订单，保证任务完成 2. 新供应商开发及新物料的询价、议价、比价 3. 订单的收集、报价及发放 4. 每日查询未完成订单，对交期异常物料，及时向上级反馈并联系相关部门解决 5. 检查进料的品质和数量 6. 物料到厂后通知使用部门 7. 物料品质及数量异常的处理 8. 供应商月结单的核对
	0002	电源适配器	2000	2013 年 9 月 20 日	200	供应商 D、E	王××	
	0003	手套	3500	2013 年 9 月 21 日	8	供应商 F	沈××	
	0004	办公桌	500	2013 年 9 月 19 日	600	供应商 G、H	张××	
	0005	毛巾	3200	2013 年 9 月 28 日	4	供应商 I	邱××	

审核意见： 　　　　　　　　　　　　　　　　　　　采购部经理（签字）：

采购人员执行采购任务，上报采购结果。如果出现较大问题，关系到整个采购计划的执行，则需对原有采购计划进行调整更改，经采购总监和总经理审核通过后，继续执行变更后的采购计划。

5.1.2 采购预算管理

采购预算是指采购部门在一定计划期间编制的有关物资采购的用款计划，包括年度采购预算（见表5-6）、季度采购预算和月度采购预算等。列入采购预算的物资以企业进行生产经营所需的生产性物资、辅助性物资等为主，设备采购、更新和维修应另设专项采购预算。

表5-6　年度采购预算表

编号：													日期：
年度预算总额													
季度预算	第一季度			第二季度			第三季度			第四季度			备注
	1月	2月	3月	4月	5月	6月	7月	8月	9月	10月	11月	12月	累计
采购项目													
物资 A													
物资 B													
物资 C													
⋮													
填表人：		财务部经理：					采购部经理：						

编制采购预算的目的主要是为了控制支出，提高资金利用率，减少经营风险和财务风险，促使资源合理配置和保证企业现金流。

1. 采购预算的编制方法

采购预算与公司资金调用、公司经济效益息息相关，因此其编写必须体现科学性、严谨性和可行性，克服随意性。在综合考虑企业年度销售计划、企业年度生产计划、企业年度预算、采购环境等影响因素的基础上，需要选择正确的预算编制方法。一般而言，采购预算的编制方法主要有固定预算、零基预算、概率预算、滚动预算、弹性预算等，其具体内容、适用范围及优缺点如表5-7所示。

表5-7　采购预算编制方法汇总

编制方法	内　容	适用范围	优　缺　点
固定预算	以预算期内正常的、可实现的某一业务量为基础	适用于费用固定或者数额比较稳定的预算项目	优点：简便易行、直观 缺点：呆板、可比性差
零基预算	不考虑以往情况，一切以零为起点，根据未来一定时期的采购需求确定是否有支出的必要和支出数量的大小	适用于各种项目	优点：能够确保重点项目的实现，合理配置资源 缺点：工作量大
概率预算	大体估计各项因素发生变化的概率，以判断和估算各种因素的变化趋势、范围和结果，然后进行调整，计算出期望值的大小	适用于难以预测变动趋势的预算项目，如开拓新业务	优点：计算简洁，工作量小 缺点：不确定性大，需要数理模型支持
滚动预算	将采购预算期与会计期间脱离，随着采购预算的执行不断补充预算，逐渐向后滚动，使采购预算期始终保持在一个固定的长度（一般为12个月）	适用于规模较大、时间较长的工程或大型设备采购项目	优点：能够保证采购支出的连续性和完整性 缺点：操作复杂

（续）

编制方法	内　　容	适 用 范 围	优 缺 点
弹性预算	考虑到计划期间采购业务量可能发生变化，根据固定成本、变动成本与经营成本的关系编制 弹性预算 = 单位变动成本 × 业务量水平 + 固定成本预算数	适用于采购数量随业务量变化而变化的采购或者市场价格及市场份额不确定的采购	优点：扩大适用范围，避免频繁修订 缺点：操作复杂，工作量大

注：根据本章参考文献［5］整理。

2. 采购预算管理流程与管理要点

采购预算管理流程与采购计划管理相似，如图 5-3 所示，也分为采购需求汇总、采购预算的编制和审批以及采购预算的执行三个阶段。

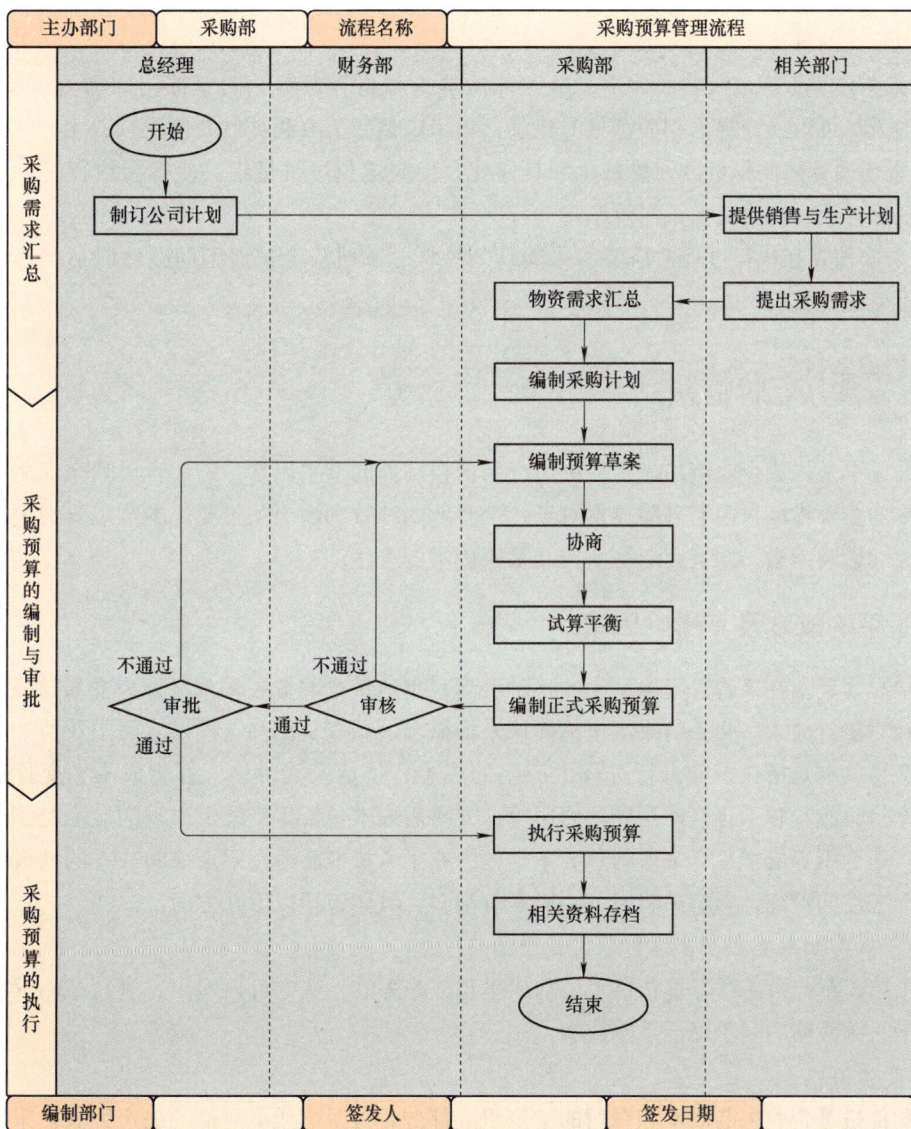

图 5-3　采购预算管理流程

（1）采购需求汇总。其管理要点与采购计划管理相同。

（2）采购预算的编制和审批。在采购计划的基础上，采购部应与财务部协商，选择合适的预算编制方法，制定预算方案，并交由财务部和总经理审批。审核过程中，管理层人员应及时给出意见。

（3）采购预算的执行。在执行过程中要接受监督，控制预算超支率。

在采购预算管理过程中，需要注意以下几点：

① 采购预算不能单独编制，必须要综合考虑企业财务预算、资本支出预算和业务预算。采购预算属于业务预算的一种。预算之间要相互协调，建立全局观，不能顾此失彼。

② 采购预算的编制要与采购类型相匹配。生产性物资采购预算应与生产计划相匹配。设备采购预算包括购买新设备的预算和旧设备增值管理、进行技术升级的预算；辅助性采购预算属于企业月度部门或车间费用预算；零星采购不在计划之内，但需要预留出部分资金灵活调用，产生相应的预算。

③ 采购预算管理以采购部为主，财务部派遣人员指导监督，两个部门间需要保持沟通，其他部门人员可以适当提出相关意见与建议，集思广益，争取利益最大化。

④ 采购预算需要尽量做到数量化和具体化，但应避免过繁过细，使得在执行过程中过于死板，缺乏自由，从而降低工作效率。

⑤ 采购预算在执行过程中需要和采购计划一样，随机应变，遇到问题适时适当修改，不可一成不变。

5.2 采购成本管理

采购成本是构成企业产品成本和决定产品价格高低的重要因素，是综合反映企业生产经营管理水平的主要指标，控制采购成本对于一个企业的绩效利润至关重要。本节主要讨论采购成本的构成和影响因素，并且介绍一些控制采购成本的方法。

5.2.1 采购成本及其影响因素

采购成本是指在采购过程中发生的各种费用，也叫做总购置成本，可分为交易前成本、交易成本和交易后成本。交易前成本包括确认采购需求、调查货源和选择供应商中花费的时间和费用；交易成本是指在采购进行过程中产生的成本，包括采购价格、订货成本、交货运输成本、入库检验成本和不合格产品处理费用等；交易后成本包括生产线上出现的废品处理、设备维护和修理费用等成本。有关采购总成本的概念在第4章中已经介绍。采购成本的构成具有多样性和动态性的特征，影响采购成本的因素有很多，具体包括以下几方面：

1. 战略采购与采购战略

本书第3章与第4章着重介绍了采购战略与战略采购，从中可以看出，进行战略采购、实施有效的采购战略有利于降低采购成本。

2. 采购价格

采购价格是企业采购成本和费用的主要组成部分，是采购成本高低的决定因素。采购价格的高低主要受市场结构和供应商成本结构两方面的影响。市场竞争越激烈，供应商数量越多，打价格战的局面越容易出现，供应商会按照竞争对手的价位来确定自己的价格，对采购方有利；反之，市场中无竞争对手，供应商处于垄断地位，则采购方为价格的被动接受者。供应商进行生产和销售的目的是获得一定的利润，而采购价格即为成本与利润之和。因此，了解供应商的成本结构有利于帮助采购方确定采购价格底线。通常情况下，供应商不愿意与采购方分享内部成本数据，采购方可以采用"倒推价格分析法"对供应商成本进行估计。所谓"倒推价格分析法"，是指采购方根据供应商的产品报价，借助各种信息来估计供应商的总成本结构。对于公开交易的企业，可以利用其公开的财务报告，如资产负债表、损益表、现金流量表及年度报告等进行推算；对于未公开交易的企业，可以借助社会同类企业的一些成本数据作为参考。

3. 采购数量

如同批发和零售的价格差距一样，物资采购的单价与采购的数量成反比，即采购的数量越大，采购的价格越低。供应商可能会根据采购方的采购数量给予一定数量的折扣，这样可以有效地降低采购费用。

4. 采购谈判能力

企业在采购过程中谈判能力的强弱也会影响到采购成本。企业需要分析所处市场的现行态势、市场供给情况、供应商分布情况、购买物资的特性，有针对性地采取有效的谈判议价手法。谈判能力越强，获得的议价空间越大。本章下一节将详细介绍采购谈判技巧，以帮助读者提高采购谈判能力。

5.2.2　采购成本管理的三个环节

采购成本管理是指对企业采购过程中各项成本的科学管理行为，包括采购成本核算、采购成本分析和采购成本控制三个环节。

1. 采购成本核算

采购成本核算是指将企业在采购过程中发生的各种耗费按照一定的对象进行分配和归集，以计算总成本和单位成本。它是采购成本管理的基础环节，为成本管理分析和管理控制提供信息基础，主要核算采购订货成本、采购维持成本和采购缺货成本。采购订货成本包括请购手续成本、往来沟通成本、采购人工成本、差旅费用、招待费用、保险费用等；采购维持成本包括资金成本、搬运成本、仓储成本、折旧及损耗成本、保险及其他管理费用；采购缺货成本包括安全存货成本、延期交货成本、顾客流失成本等。其核算的基本方法有品种法、分批法、分步法和作业成本法等。具体内容见表5-8。

表5-8　采购成本核算方法及应用要点

核 算 方 法	应 用 要 点
品种法	以"产品品种"为对象编制采购成本明细账、采购成本计算单；采购成本计算期一般采用"会计期间"
分批法	以"批次""批号"为对象编制采购成本明细账、采购成本计算单；采购成本计算期与产品的生产周期一致，与会计报告期不一致
分步法	以"步"为对象归集费用、计算成本；采购成本计算期一般采用"会计期间"
作业成本法	即ABC成本法，把直接成本和间接成本（包括期间费用）作为产品（服务）消耗作业的成本同等地对待，拓宽了成本的计算范围。其具体实施包括7个步骤，详见第4章

在具体实施采购成本核算时应遵循以下原则：

（1）合法性原则。这是指计入成本的费用都必须符合法律、法令、制度等的规定。不合规定的费用不能计入成本。

（2）可靠性原则。可靠性包括真实性和可核实性。真实性就是所提供的成本信息与客观的经济事项相一致，不应掺假，不能人为地提高、降低成本。可核实性是指成本核算资料按一定的原则由不同的会计人员加以核算，都能得到相同的结果。真实性和可核实性是为了保证成本核算信息的正确可靠。

（3）相关性原则。它包括成本信息的有用性和及时性。有用性是指成本核算要为管理当局提供有用的信息，为成本管理、预测、决策服务；及时性是强调信息取得的时间性。及时的信息反馈有助于以及时地采取措施，改进工作；而过时的信息往往成为徒劳无用的资料。

（4）分期核算原则。企业为了取得一定期间所采购产品的成本，必须将采购活动按一定阶段（如月、季、年）划分为各个时期，分别计算各期产品的成本。成本核算的分期，必须与会计年度的分月、分季、分年相一致，这样便于利润的计算。

（5）一致性原则。成本核算所采用的方法，前后各期必须一致，以使各期的成本资料有统一的口径，前后连贯，互相可比。

（6）重要性原则。应将对于成本有重大影响的项目作为重点，力求精确。而对于那些不太重要的琐碎项目，则可以从简处理。

2. 采购成本分析

采购成本分析是指利用采购成本核算及其他有关资料，分析采购成本水平与构成的变动情况，研究影响采购成本升降的各种因素及其变动原因，寻找降低采购成本途径的分析方法。具体实施步骤如下：

第一步，采购成本分析专员根据采购物资的实际情况编制采购成本分析表。采购成本分析表一般包括材料成本、所需设备工具、人工成本、制造费用、营销费用、税金、供应商利润等，交由采购部经理审核。

第二步，审核通过后将采购成本分析表发给供应商，要求供应商在规定时间内填写交回。

第三步，回收采购成本分析表，对供应商所使用的物资特性、生产工艺、使用设备和工具进行分析，并根据实际情况向供应商提出优化意见。

第四步，采购成本分析专员根据分析和评估的结果估算采购物资的总成本，编制采购成本分析报告，作为采购过程中与供应商议价的基础。

3. 采购成本控制

采购成本控制是企业根据一定时期预先建立的采购成本管理目标，在采购成本核算和采购成本分析的基础上，对各种影响采购成本的因素和条件采取的一系列预防和调节措施，以降低采购成本的管理行为。在具体实施过程中，企业需要联系实际，选择合适有效的成本控制方法。调查发现，一般可采用以下操作方法：

（1）应用采购商品 ABC 分类管理进行成本控制。把采购商品分为不同的类型，相应地采取不同的采购决策，是降低采购成本的一个基本前提。可采用 ABC 管理法进行具体操作。ABC 管理法与第 4 章介绍的作业成本法不同，它以某一具体事项为对象，进行数量分析，以该对象各个组成部分与总体的比重为依据，按比重大小的顺序排列，并根据一定的比重或累计比重标准，将各组成部分分为 ABC 三类，A 类是管理的重点，B 类是次重点，C 类是一般。应用 ABC 管理法对采购物品进行分类，操作步骤如下：

第一步，计算每一种材料的金额。

第二步，按照金额由大到小排序并列成表格。

第三步，计算每一种材料金额占采购总金额的比率。

第四步，计算累计比率。

第五步，分类。

累计比率在 0%～60% 之间的，为最重要的 A 类材料；累计比率在 60%～85% 之间的，为次重要的 B 类材料；累计比率在 85%～100% 之间的，为不重要的 C 类材料。具体如表 5-9 所示。A、B 类物资可以集中采购。

表 5-9　ABC 管理法应用举例

物资名称	采购金额/万元	累积采购金额/万元	累积百分比（%）	分类
001	80	80	40	A
002	40	120	60	A
003	20	140	70	B
004	18	158	79	B
005	12	170	85	B
006	10	180	90	C
007	8	188	94	C
008	7	195	97.5	C
009	5	200	100	C
合计	200			

基于采购商品分类管理的成本控制方法，将采购部门的工作同生产部门的质量控制、仓储部门的库存管理、运输部门的车辆调度等紧密相连，有利于部门之间的顺畅交流和通力合作。同时，这种控制方法也成为选择供应商的基础。另外，采购活动一般起始于采购需求和商品类型的确定，从这种意义上来看，基于采购商品类型的成本控制方法也是一种基础性的成本控制方法。

（2）实施集中采购战略。考虑如何控制采购成本，很容易想到的解决之道是采取集中采购战略，进行直接采购或结成同盟联合订购。对于企业各生产单位共同生产所用或大宗物资，例如油料、钢材，各单位所使用的同一型号的工矿配件、电器、标准件等，可集体统一向生产商直接订购，减少中间环节，降低采购成本，同时，供应商的技术服务、售后服务会更好。将能够标准化的物资产品尽量标准化，能采用通用部件的尽量使用通用部件，减少采购物资品种，才能顺理成章地实现集中采购。另外，有条件的几个同类厂家可结成同盟联合订购，以克服单个厂家订购数量小而得不到更多优惠的问题，把采购的规模优势最大化。

（3）采用电子采购方式。互联网独特的优势使电子采购日益成为非常重要的采购工具。以 IBM 公司为例，IBM 公司通过互联网同 95% 的供应商做生意，大约有 360 亿的交易额在网上完成，使 IBM 公司和供应商缩减的成本达到数十亿美元。与传统采购方式相比，电子采购可大幅降低采购和供应成本，并使采购和供应密切协作。在实际操作中需要注意：对互联网上供应商的筛选、认证和评估；网上订单与实际交货能力和时间的配合；物流方面的操作应在订单中说明或另外签注合同条款；网上付款操作等。有关电子采购的具体内容详见第10章。

（4）进行招标采购。目前，我国招投标方法有两种，一是公开招标，二是邀请招标。具体实践中可采取函件邀请招标、现场竞标、网上竞标等多种形式。公开招标的由采购员公开发布招标公告。邀请招标的投标供应商不得少于3家（含3家），一般由采购员发出招标邀请书。开标后原则上以报价最低之厂商得标。通过招标采购，企业可以掌握主动性，最大限度降低采购成本。有关招标采购的具体内容详见第9章。

（5）善于使用议价策略。企业在实施采购谈判时，必须要根据现有的市场情况使用有效的议价策略，注意灵活多变。市场情况一般可分为卖方市场、中性市场和买方市场，相应采取灵活多变策略、均衡策略和压制策略。在议价过程中，采购方需注意以下三点：

1）需进行规范的比价分析。经过报价分析与审查，将3～7个厂商的报价按高低次序排列，进行比价。先找比价结果排行第三低者来议价，探知其降低的限度后，再找第二低者来议价。经过这两次议价，"底价"就可能浮现出来。若此底价比报价最低者还低，表示第三、第二低者承做的意愿相当高，则可再找当初报价最低者来议价，以前述第三、第二低者降价后的底价，要求最低者降至底价以下来承做；若当初报价最低者不愿降价，则可交予第二或第三低者按议价后的最低价格成交。

2）买方不可轻易表露购买意愿。应采取"欲擒故纵"的议价技巧，不要明显表露非买不可的意愿，否则将使买方落居劣势。若能判断卖方有强烈的出售意愿，再要求更低的价格，并做出不答应即行放弃，或另行寻求其他来源的表示。若卖方虽想出售，但利润太低而要求买方酌情加价。此时，买方的需求若相当急迫，可略加价格迅速成交；若买方并非迫切需求，则可表明绝不加价的意思，卖方极可能同意买方的降价要求。

3）买方不宜过度压迫卖方降低价格。过度压价容易造成众多劣质厂商，导致交货、品质方面的困扰，就卖方而言可能会得不偿失。过度压价还可能会造成供应商报复，当市场形态转变，供应商状况好转时，原来委曲求全的厂商必定会加价，造成买方成本暴涨。

（6）建立长期合作关系。与供应商建立长期稳定的合作关系，增加双方的信用值，有利于提升议价空间。供应商可能会出于战略考虑给予优惠，采购方得以降低采购成本。

5.3　采购谈判管理

采购谈判是采购过程中一项极其重要的工作，掌握良好的采购谈判技术可以维护企业利益，更好地完成采购任务。本节主要介绍了采购谈判的概念、内容、目的、特点、类型和流程等，并介绍了一些实际的谈判技巧。

5.3.1　采购谈判概述

1. 采购谈判的概念

采购谈判是指企业为采购商品作为买方，与卖方厂商对购销业务有关事项进行反复磋商，谋求达成协议，建立双方都满意的购销关系的过程。采购方想以自己认为比较理想的商品价格来获取合适的商品和商品服务，而供应商则想以自己希望的价格和服务条件向采购方供应自己的商品或服务。当两者意见不一致，产生分歧时，双方就需要通过谈判来解决，由此产生了采购谈判。

2. 采购谈判的目的

采购方进行采购谈判的目的包括以下几个方面：

（1）希望获得供应商提供的满足合同规定的品种、规格、数量、价格、交付条件的产品或服务，争取降低采购成本，争取保证产品质量，争取降低采购风险。

（2）争取采购物资及时送货，确保供应商能及时按照合同约定履行供应合同。

（3）在发生采购商品差错、事故、损失等纠纷时，双方协商解决索赔事宜。

（4）说服供应商给予采购方更大的合作与支持，争取获得比较优惠的服务项目，为以后的继续合作创造条件，建立长期稳定的合作关系。

3. 采购谈判的内容

在采购谈判中，谈判双方主要就以下几项交易条件进行磋商：商品的品质条件、商品的价格条件、商品的数量条件、商品的包装条件、交货条件、货款的支付条件、货物保险条件、商品的检验和索赔条件、不可抗力条件和仲裁等。

4. 采购谈判的特点

采购谈判属于商务谈判范畴，它具有商务谈判的基本特点，但同时也具有自己的特殊性。

（1）目的性。采购谈判是为了最终获取企业所需要的物资，保障企业及时持续的外部供应。

（2）经济性。采购者希望以最低的价格或者最经济地获得所需商品。

（3）沟通性。采购谈判蕴含了买卖双方"合作"和"冲突"的对立统一关系，买卖双方需要通过不断调整各自的需要和利益而相互接近，最终争取在某些方面达成共识。

（4）科学性和艺术性。采购谈判既是一门科学，也是一门艺术。掌握谈判的基本知识和一些常用策略技巧能使谈判者有效地驾驭谈判的全过程，赢得最大利益。

（5）受主客观条件制约。采购谈判中，最终达成的协议所体现的利益主要取决于买卖双方和当时的客观形势。另外，谈判结果还在一定程度上受主观条件的制约，例如谈判人员的素质、能力、经验和心理状态，以及在谈判中双方所运用的谈判策略和技巧。

5. 采购谈判的类型

企业间的交易关系可分为竞争和合作两种，由此产生两种谈判类型，即竞争型谈判和合作型谈判，两者的区别如表 5-10 所示。竞争型谈判存在不少负面影响，但是当一个谈判者想在单边交易中获得价值的最大化，以及当该方和另外一方的关系不是很重要时，竞争性谈判是相当有用的。而合作型谈判在现实中不容易实现，因为谈判者没有认识到潜在合作型谈判的可能，无法完全公开信息，并且人们的感觉通常是服务于自我的，都希望对方的行动能满足自己的需求。

表 5-10　竞争型谈判与合作型谈判的比较

方　　面	竞争型谈判	合作型谈判
支配结构	固定量的资源待分配	可变量的资源待分配
追求的目标	追求自身目标的同时，对方的利益受到损害	追求的目标同他方一致
各方关系	短期关系；各方没有在未来进行合作的愿望	长期关系；各方期待在未来进行合作
主要动机	最大化自身利益	最大化共同利益
信任与公开度	保密与防备；对自我的高度信任，对对方信任度低	信任与公开；积极倾听、共同探讨可能性

（续）

方　面	竞争型谈判	合作型谈判
需求了解程度	各方清楚自己的需求但隐瞒不说或误传给对方；任何一方都不会让对方知晓己方的真正需求	各方清楚自己的需求并传达给对方；同时探寻并响应他方的需求
可预知性	各方表现出不可预知性和出其不意的行为来迷惑对方	各方可以预知，在适当的时候灵活变通，不会故意做出出人意料的行为
关键态度	我得，你失	满足各方的需求
寻找解决方案的行为	各方努力忠实于自己的立场，同对方争论或力图控制对方	各方寻找相互满意的解决方案，使用有逻辑的、创造性及建设性的方法
谈判破裂的补救	如果产生僵局，可能需要调停人或仲裁人	如果产生困难，可能需要团队动力促进者

注：根据本章参考文献［8］整理。

5.3.2　采购谈判流程

采购谈判一般分为准备阶段、洽谈阶段和履行阶段三个阶段。当采购方对自己所作的谈判计划和准备感到满意时才会与供应商进行谈判，进入正式洽谈阶段，在双方协商一致的基础上达成协议；洽谈结束之后会进入履行阶段，只有协议实施之后谈判才算正式完成。关于洽谈与履行阶段将在5.3.3采购谈判技巧中深入介绍，本小节着重介绍采购谈判的准备阶段。

准备工作是否充分直接影响采购谈判的结果。总体而言，采购前的准备工作包括收集谈判资料、制定谈判方案、组建谈判队伍等。

（1）收集谈判资料。对任何一次谈判都要有针对性地事先收集有关信息。通过对这些信息的整理研究分析，谈判人员才能在具体洽谈过程中灵活应对可能出现的问题。具体工作包括采购需求分析、供应市场调查和供应商信息收集等。

1）采购需求分析。采购需求分析是指确定采购物资的种类、数量、到货时间、到货地点等，列出详细的需求清单。对于生产性物资，源头技术规格信息由产品设计部门提供，其他信息由生产和销售部门提供；对于非生产性物资，需求信息由企业使用部门提供。采购部门汇总采购需求信息，并根据采购部门掌握的市场信息进行梳理、匹配和调整，与使用部门协商，形成正式的采购需求信息。

2）供应市场调查。在明确采购需求之后，需要对供应市场进行调查，收集产品的供需情况。不同市场供求情况对应不同的谈判策略。还需要了解产品的竞争情况及分销渠道状况等。

3）供应商信息收集。采购方还需要了解供应商的信息，包括供应商的基本情况（如资质、规模、口碑、名声、信誉、信用）和供应商企业文化（如谈判作风）等。

【采购小案例】

中国某冶金公司要向美国购买一套先进的组合炉，于是组建了一支谈判队伍与美商谈判。该团队的负责人是一位高级工程师，他在谈判前查找了大量有关冶炼组合炉的资料，花了很大的精力对国际市场上组合炉的行情及美国这家公司的历史和现状、经营情况等进行了了解。谈判开始，美商一开口要价160万美元。中方工程师列举各国成交价格，使美商目瞪口呆，终于以95万美元达成协议。当谈判购买冶炼自动设备时，美商报价250万美元，经过讨价还价降到150万美元，中方仍然不同意，坚持出价120万美元。美商表示不愿继续谈判，把合同往中方工程师面前一扔，说："我们

129

已经作了这么大的让步，贵公司仍不能合作，看来你们没有诚意，这笔生意就算了，明天我们回国了。"中方负责人并没有挽留。美商真的走了，冶金公司的其他人有些着急，抱怨生意完不成无法交差。该负责人说："放心吧，他们会回来的。同样的设备，去年他们卖给法国只有 108 万美元，国际市场上这种设备的价格 120 万美元是正常的。"果然不出所料，一个星期后美商又回来继续谈判了。工程师向美商点明了他们与法国的成交价格，美商又愣住了，没有想到眼前这位中国人如此精明，于是不敢再报虚价，只得说："现在物价上涨的厉害，比不了去年。"工程师说："每年物价上涨指数没有超过 6% 的。你们可以算算，该涨多少？"美商被问得哑口无言，不得不让步，最终以 122 万美元达成了这笔交易。

【案例点评】

从中方来看，胜利的关键原因在于准备工作充分，对对方信息进行充分的收集整理，用大量客观的数据给对方施加压力。他们不仅查出了美方与他国的谈判价格，也想到了对方可能会反驳的内容并运用相关数据加以反击（援引惯例，如 6%），对客观标准作了恰到好处的运用，真可谓做到了中国古语所说，"知己知彼，百战不殆"。当然。除这个原因外，中方的胜利还在于多种谈判技巧的运用：谈判前，评估双方的依赖关系，对对方的接受区域和初始立场（包括期望值和底线）作了较为准确的预测，由此才能在随后的谈判中未让步于对方的佯装退出；谈判中，依靠数据掌握谈判主动权，改变了对方不合理的初始立场。

（2）制定谈判方案。谈判方案是指在谈判开始前对谈判主体目标、准则、具体要求等预先作出的安排。谈判方案可根据谈判的规模、重要程度的不同而定。

1）明确采购谈判的目标。采购谈判目标是采购方准备在谈判中实现的目标。具体的谈判目标有助于谈判的成功。

2）确定采购谈判的内容。需要确定商品的品质条件、商品的价格条件、商品的数量条件、商品的包装条件、交货条件等。

3）制定采购谈判策略。不同市场形态下需要采取不同的谈判策略，事先制定谈判策略有助于在宏观上把握谈判的过程，并掌握主动权。具体谈判策略如表 5-11 所示。

表 5-11　不同市场形态下的议价手法

市场形态	谈判策略	议价手法
卖方市场（买方劣势）	灵活多变	不主动与供应商洽谈价格 设法与供应商签订长期合约买方可以兼取现货及合约采购 忍痛割爱，积极寻求替代品
中性市场（双方均势）	均衡	谈判时间地点以买方为主求优势 说明成交之后的后续业务前景（本身及关联企业） 使用疲劳战术，消耗对方体力和精力，诱导对方跟着"感觉"走
买方市场（卖方劣势）	压制	将采购数量分散给几个供应商 请卖方承担物品运送或储存的责任 适当施加压力迫使卖方降价，采购现货

4）安排采购谈判的议程。主要是安排采购谈判的时间和地点。

（3）组建谈判队伍。采购谈判能否成功也取决于谈判成员能否审时度势，正确处理可能出现的问题。一支好的谈判队伍作用极大。为了保证谈判能达到预期的效果，提高谈判的成功率，企业需要挑选合适的谈判人员。总体而言，企业应尽量选择"全能型的专家"。所谓"全能"，是指通晓技术、经济、法律和语言四方面的知识，"专家"是指能够专长于某一个方面。谈判小组由 3~5 人组成为宜。

5.3.3　采购谈判技巧

企业在洽谈过程中与供应商出现争议时，应避免争论，适当运用一些谈判技巧，确保谈判的顺利进行。一般而言，采购谈判技巧包括入题技巧、阐述技巧、提问技巧、回答技巧和说服技巧等。

1. 入题技巧

谈判双方刚进入谈判场所时，难免会感到拘谨，尤其是谈判新手，在重要谈判中，往往会产生忐忑不安的心理。为此，必须讲究入题技巧，采用恰当的入题方法，为谈判营造良好的氛围。

（1）迂回入题。为避免谈判时单刀直入、过于暴露，影响谈判的融洽气氛，谈判时可以采用迂回入题的方法，如先从题外话入题，从介绍己方谈判人员入题，从"自谦"入题，或者从介绍本企业的生产、经营、财务状况入题等。

（2）先谈细节、后谈原则性问题。围绕谈判的主题，先从洽谈细节问题入题，条分缕析，丝丝入扣，待各项细节问题谈妥之后，也就自然而然地达成了原则性的协议。

（3）先谈一般原则、再谈细节。一些大型的经贸谈判，由于需要洽谈的问题千头万绪，双方高级谈判人员不应该也不可能介入全部谈判，往往要分成若干等级进行多次谈判。这就需要采取先谈原则问题，再谈细节问题的方法入题。一旦双方就原则问题达成了一致，那么，洽谈细节问题也就有了依据。

（4）从具体议题入手。大型谈判总是由具体的一次次谈判组成，在具体的每一次谈判中，双方可以首先确定本次会议的谈判议题，然后从这一议题入手进行洽谈。

2. 阐述技巧

（1）开场阐述。谈判入题后，接下来就是双方进行开场阐述，这是谈判的一个重要环节。

进行开场阐述的要点有：开宗明义，明确本次会谈所要解决的主题，以集中双方的注意力，统一双方的认识；表明我方通过洽谈应当得到的利益，尤其是对我方至关重要的利益；表明我方的基本立场，可以回顾双方以前合作的成果，说明我方在对方所享有的信誉；也可以展望或预测今后双方合作中可能出现的机遇或障碍；还可以表示我方可采取何种方式共同获得利益作出贡献等；开场阐述应是原则的，而不是具体的，应尽可能简明扼要；开场阐述的目的是让对方明白我方的意图，创造协调的洽谈气氛，因此，阐述应以诚挚和轻松的方式来表达。

对于对方的开场阐述，我方应认真耐心地倾听对方的开场阐述，归纳弄懂对方开场阐述的内容，思考和理解对方的关键问题，以免产生误会；如果对方开场阐述的内容与我方意见差距较大，不要打断对方的阐述，更不要立即与对方争执，而应当先让对方说完，认同对方之后再巧妙地转开话题，从侧面进行谈判。

（2）让对方先谈。在谈判中，当我方对市场态势和产品定价的新情况不太了解，或者当我方尚未确定购买何种产品，或者我方无权直接决定购买与否的时候，我方一定要坚持让对方先说明可提供何种产品、产品的性能如何、产品的价格如何等，然后再审慎地表达意见。有时即使我方对市场态势和产品定价比较了解，有明确的购买意图，而且能直接决定购买与否，也不妨先让对方阐述利益要求、报价和介绍产品，然后在其基础上提出自己的要求。

（3）坦诚相见。谈判中应当提倡坦诚相见，不但将对方想知道的情况坦诚相告，而且可以适当透露我方的某些动机和想法。坦诚相见是获得对方信任的好办法，人们往往对坦诚的人自然有好感。但是应当注意，与对方坦诚相见，难免要冒风险。对方可能利用我方的坦诚逼我方让步，我方可能因为坦诚而处于被动地位，因此，坦诚相见是有限度的，并不是将一切和盘托出，应以既赢得对方的信赖又不使自己陷于被动、丧失利益为度。

（4）注意正确使用语言。

1）准确易懂。在谈判中，所使用的语言要规范、通俗，使对方容易理解，不致产生误会。

2）简明扼要，具有条理性。由于人们有意识的记忆能力有限，对于大量的信息，在短时间内只能记住有限的、具有特色的内容，所以，在谈判中一定要用简明扼要而又有条理性的语言来阐述自己的观点。这样，才能在洽谈中收到事半功倍的效果。反之，如果信口开河，不分主次，话讲了一大堆，不仅不能使对方及时把握要领，而且还会使对方产生厌烦的感觉。

3）第一次要说准。在谈判中，当对方要我方提供资料时，我方第一次要说准确，不要模棱两可，含混不清。如果我方对对方要求提供的资料不甚了解，应延迟答复，切忌脱口而出。要尽量避免含上下限的数值，以防止波动。

4）语言富有弹性。谈判过程中使用的语言，应当丰富、灵活、富有弹性。对于不同的谈判对手，应使用不同的语言。如果对方谈吐优雅，我方用语也应十分讲究，做到出语不凡；如果对方语言朴实无华，那么我方用语也不必过多修饰。

3. 提问技巧

要用提问摸清对方的真实需要、掌握对方心理状态、表达自己的意见观点。

（1）提问的方式。提问方式包括封闭式提问、澄清式提问、暗示式提问、参照式提问、开放式提问、探索式提问和协商式提问等。

1）封闭式提问，是指答案有唯一性、范围较小、对回答的内容有一定限制的问题。可以用"是"或者"不是"，"有"或者"没有"，"对"或者"不对"等简单词语来作答。如"你们公司是否专门生产××零部件？"这类问句可以使发问者得到特定的资料信息，而答复这类问题也不必花多少工夫思考。

2）澄清式提问，是指针对对方的答复重新措辞，使对方证实或补充原先答复的一种提问。例如，"你说你们公司想在交通发达的地方再建一个配送中心，正式决定了没有？"这类问句在于让对方对自己说的话进一步明朗态度。

3）暗示式提问，是指问句本身已强烈地暗示出预期答案的提问。例如，"你我双方公司一直保持良好的贸易往来，这次合作也应如此，你说是吗？"这类问句在于督促对方表态。

4）参照式提问，是指把第三者意见作为参照系提出的问句。例如，"××公司表示，如果我们公司向他们下订单，他们愿意承担货物的运输成本，你们怎么看？"如果第三方是对方熟悉的人或者竞争对手，可能会对对方产生重大影响，促使对方让步。

5）开放式提问，是指在广泛的领域内引出广泛答复的提问。这类提问通常无法以"是"或"否"等简单字句答复。例如，"你认为你们公司与我们公司现在的关系如何，在合作上存在哪些问题?"这类问句不限定答复范围,可以获得更多的资料信息。

6)探索式提问,是指针对谈判对手的答复要求引申举例说明的一种提问。例如,"你谈到谈判上存在困难,能否告诉我们具体存在哪些问题?"这类问句不但可以挖掘更多的信息,还可以显示发问者对对方所谈问题的兴趣和重视。

7)协商式提问,是指为使对方同意自己的观点,采用商量的口吻向对方发出的提问。例如,"我方愿意增加采购数量,请问你们是否愿意降低采购单价?"这类问句一般与双方的切身利益有关,属于征询对方意见的发问形式。

(2)提问的时机。提问时机包括在对方发言完毕时提问,在对方发言停顿、间歇时提问,在自己发言前后提问,在议程规定的辩论时间提问。

(3)提问的其他注意事项。这主要包括注意提问速度、注意对方心境、提问后给对方足够的答复时间、提问时应尽量保持问题的连续性。

4. 回答技巧

回答问题不是容易的事,回答的每一句话,都会被对方理解为是一种承诺,都负有责任。回答的技巧如:不要彻底答复对方的提问;针对提问者的真实心理答复;有时不要确切答复对方的提问;降低提问者追问的兴趣;让自己获得充分的思考时间;礼貌地拒绝不值得回答的问题;找借口拖延答复。

5. 说服技巧

(1)原则。不要只说自己的理由;研究分析对方的心理、需求及特点;消除对方戒心、成见;不要操之过急;不要一开始就批评对方、把自己的意见观点强加给对方;说话用语要朴实亲切;态度诚恳、平等待人、积极寻求双方的共同点;承认对方"情有可原",善于激发对方的自尊心;坦率承认如果对方接受我方的意见,对方也将获得一定利益。

(2)技巧。讨论先易后难;多向对方提出要求、传递信息、影响对方意见;强调一致、淡化差异;先谈有利的一面后谈不利的一面;强调有利于对方的条件;待讨论赞成和反对意见后,再提出我方的意见;说服对方时,要精心设计开头和结尾,要给对方留下深刻印象;结论要由我方明确提出,不要让对方揣摩或自行下结论;多次重复某些信息和观点;多了解对方、以对方习惯的能够接受的方式逻辑去说服对方;先做铺垫,不要奢望对方一下子接受我方突如其来的要求;强调互惠互利、互相合作的可能性、现实性。激发对方在自身利益认同的基础上接纳我方的意见。

【采购小案例】

采购员:"您这种机器要价850元一台,我们刚才在其他店内看到同样的机器标价为780元。您对此有什么话说吗?"

卖主:"如果您诚心想买的话,780元可以成交。"

采购员:"如果我是批量购买,总共买35台,难道您也一视同仁吗?"

卖主:"不会的,我们每台给予60元的折扣。"

采购员:"我们现在资金较紧张,是不是可以先购20台,3个月以后再购15台?"

卖主很是犹豫了一会儿,因为只购买20台,折扣是不会这么高的。但他想到最近几个星期不甚理想的销售状况,还是答应了。

"那么，您的意思是以 720 元的价格卖给我们 20 台机器。"采购员总结性地说。

卖主点了点头。

"干嘛要 720 元呢？凑个整，700 元一台，计算起来都省事。干脆利落，我们马上成交。"

卖主想反驳，但"成交"二字对他颇具吸引力，几个星期完不成销售定额的任务可不好受，他还是答应了。

【案例点评】

采购员步步为营的蚕食策略生效了，他把价格从 850 元一直压到 700 元，压低了 17.6%，大大降低了采购成本。由此可以发现，谈判桌上没有单方面的退让，在你做出各种让步时，你必然也要求对方做出种种让步，后者，才是你的目的。称职的谈判者善于适时适量的让步，也善于向对方施加压力，利用合适的说服技巧，迫使对方让步。

5.4　采购合同管理

采购方在与单个或多个供应商就采购货物价格、数量、规格、交货时间等内容进行谈判后，会根据谈判结果选择最终的供应商，签订采购合同。采购合同作为交易的凭证，意义重大。本节主要介绍采购合同的内容、签订形式、签订条件和合同管理等相关内容。

5.4.1　采购合同概述

1. 采购合同的含义与签订形式

采购合同是买方（采购方）与卖方（供应商）在双方谈判协商一致同意的基础上签订的，反映"供需关系"的法律性文件，受法律保护，具有法律约束力。采购是指产品或服务的所有权从卖方向买方的转移，而采购合同可以作为所有权转移的见证。当采购合同如约履行，所有权转移成功，交易成功；当一方或双方问题导致合同履行失败，所有权转移失败，交易失败。

采购合同的签订形式有多种多样，最为人熟知的有两种，即口头合同和书面合同。口头形式的合同是指当事人以直接对话的方式或者以通信设备（如电话）交谈订立的合同。其优点是不受时间空间约束，缔约方便；其缺点在于发生纠纷时取证困难，难以进行责任认定。口头合同适用范围较窄，多用于可以即时结清、关系比较简单的交易，或者基于供需双方长期稳定合作关系上的小额临时性交易。相对而言，书面合同更为正规，是目前采购实践中采用最广泛的一种合同形式。书面合同是指以文字为表现形式的合同，多以合同书、信件和数据电文（包括电报、电传、传真、电子数据交换和电子邮件）等有形地表现。其优点在于有据可查，权利义务记载清楚，便于履行，发生纠纷时容易进行取证和责任认定。一般采购业务都会选择此种合同形式。

2. 采购合同订立的必要条件

有效的采购合同必须遵循《中华人民共和国合同法》的规定，一般需要满足以下四个方面条件：

（1）合同双方当事人必须具有民事能力且具有签订合同的资格。合同双方当事人必须具有民事能力，知道自己在做的事并能为之负责。另外，在现实生活中，经常会出现采购合同诈骗案，犯罪者通过伪造单位印章、证件等与另一方签订合同，骗取钱财。为了避免此类事件的发生，合同双方在签订合同前，必须审查对方当事人的合同资格、资信和履约能力，尽量减少风险。

（2）合同的内容对象必须合法有效。国家不允许进行违法的交易，采购合同的内容对象，即采购物品必须是合法的，并且不违反相关国家政策。

（3）当事人必须就合同的主要条款协商一致。《中华人民共和国合同法》规定，订立合同需要遵循以下规则：合同当事人的法律地位平等，一方不得将自己的意志强加给另一方；当事人依法享有自愿订立合同的权利，任何单位和个人不得非法干预；当事人应当遵循公平原则确定各方的权利和义务；当事人行使权利、履行义务应当遵循诚实守信的原则；当事人订立、履行合同，应当遵循法律、行政法规，尊重社会公德，不得干扰社会经济秩序，损害社会公共利益。因此，采购方和供应商需要在平等的基础上就采购的内容进行谈判协商，达成一致后再签订合同。

（4）合同的成立必须具备要约和承诺阶段。要约和承诺是合同成立的基本规则，也是合同成立必须经过的两个阶段。要约是指当事人一方向他方提出订立合同的要求或建议，提出要约的一方称要约人。在要约里，要约人必须明确提出足以决定合同内容的基本条款，在要约的有效期限内，要约人受其要约的约束。承诺是指当事人一方对他方提出的要约表示完全同意，同意要约的一方称要约受领人，或受要约人。受要约人对要约表示承诺，其合同即告成立，受要约人就要承担履行合同的义务。

5.4.2 采购合同的内容

一般而言，采购合同分为首部、正文和尾部三个部分。

1. 首部

合同首部应包括合同名称、合同编号、签订日期、签订地点、买卖双方的名称。

2. 正文

合同正文是合同主体部分，应包括商品名称、品质规格、数量、价格、包装、运输、到货期限、到货地点、付款方式、保险、商品检验、违约责任、纷争与仲裁、不可抗力等。

（1）商品名称。商品名称是指采购方需采购的物资名称。需要注意的是，在合同中必须注明商品的全称，尽量采用国际编码。

（2）品质规格。品质规格作为质量的参考标准，与后期的各种质量问题、追偿等情况息息相关。因此，品质规格条款中需要包含技术规范、质量标准、规格、品牌等内容，尽量做到规格清晰明确。供应商按照确定的规格条款备货，采购方按照确定的规格条款验货，能够最大程度上减少摩擦。一旦发生产品质量纠纷，可参考其条款进行责任认定。

（3）数量。数量条款是指按一定度量制度来确定的采购合同中货物的重量、个数、长度、面积、容积等。其规定必须要具体明确，避免使用"大约""左右"等字眼。

（4）价格。价格包括单价和总价。一般情况下，合同的价格一旦确定就很少更改，为固定价格。价格条款是采购合同中最容易发生舞弊现象的部分。例如，采购人员在订立采购合同时，接受供应商的回扣，没有在价格条款中明确所采购商品的价格，而是约定"商品价格不得超过向当地市场供应的最低价格，如有违反价格协议需进行赔偿"，这一规定只是文字游戏，并无实际约束作用，供应商完全有可能以次充好。针对此种情况，采购方需要进行价格控制和市场调查分析，了解价格底线，在合同中明确规定产品单价和总价，让投机之徒无机可乘。

（5）包装。包装条款的内容应包括包装标志、包装方法、包装材料要求、包装质量和包装成本等。包装费用一般包含在货物总价内，不再另外计价。

（6）运输。此条款包括运输方式、装运地点与目的地、装运方等。其中运输方式有海洋运输、铁路运输、航空运输和公路运输等。最为关键的是确定装运方，由供应商、采购方或者第三方物流公司装运。如果货物在运输途中损坏，需追究装运方责任。

（7）到货期限。到货期限是指最晚到货时间，由双方协商后确定，原则是在供应商的能力范围内不影响采购方的正常生产经营。一旦超过到货期限会有相关违约责任产生，有一定的处罚措施。

（8）到货地点。到货地点是指货物送达的地点，由采购方确定。

（9）付款方式。此条款应包含付款方式、付款时间、支付地点和支付工具等。其中支付工具包括货币、汇票、本票和支票。付款与结算联系紧密，具体内容会在"采购结算管理"中介绍。

（10）保险。此条款主要包括投保人、保险类型及保险金额等，主要目的是减少货物在运输过程中的损失，一般适用于进出口货物采购。

（11）商品检验。商品检验可以发生在供应商交货前，由供应商组织进行；也可以在采购方收货后入库前，由采购方组织进行。关于由哪一方进行检验，以及商品检验的手段和方法等，需要在此条款中注明。

（12）违约责任。违约责任的设置是合同风险控制的重要手段。在合同的执行过程中，由于多方面因素影响，合同的一方或双方可能会有违约行为的出现。违约行为是指当事人一方不履行合同义务或者履行合同义务不符合约定条件的行为，包括不能履行、延迟履行、不完全履行和拒绝履行等。其中不完全履行是指卖方虽然履行了合同，但其履行不符合合同的本旨，包括标的物的品种、规格、型号、数量、质量、运输的方法、包装方法等不符合合同约定等。例如，交付的货物数量不够、质量过差。不完全履行是最有可能出现的违约行为。

为了保护合同缔约方的合法权益，合同法第一百零七条规定：当事人一方不履行合同义务或者履行合同义务不符合约定的，应当承担继续履行、采取补救措施或者赔偿损失等违约责任。

（13）纷争与仲裁。一般而言，处理合同纠纷的方式有和解、调解、仲裁和诉讼。

（14）不可抗力。不可抗力是指在合同执行过程中发生的不可预见的、不能避免、且不能克服的客观情况，如地震、台风、洪水、战争等。《中华人民共和国合同法》规定，因不可抗力而导致合同难以履行时，根据不可抗力的影响，部分或者全部免除责任，但法律另有规定的除外。当事人迟延履行后发生不可抗力的，不能免除责任。

3. 尾部

合同尾部包括合同的份数、合同使用的语言和效力、附件、合同生效日期和双方的签字盖章。

【采购合同实例】

以下是某公司采购合同实例，以方便读者了解采购合同的内容。

××公司室外道路及综合管网用给水管采购合同

合同编号： <u>JS-20120420-003</u>

买受人（以下简称"甲方"）： <u>江苏省扬州市××公司</u>

出卖人（以下简称"乙方"）： <u>山东省××公司</u>

签约时间： <u>2013 年 4 月 20 日</u>

签约地点： <u>扬州市××区××路××号</u>

根据《中华人民共和国合同法》《中华人民共和国建筑法》及其他有关法律、行政法规，遵循平等、自愿、公平和诚实信用的原则，甲乙双方就订购 PE 给水管事宜达成如下协议：

一、产品概况及价格

序号	名称	规格	验收标准	单位	暂定数量/m	固定单价（元/m）	金额/元
1	PE 给水管	φ90	12.5MPa	m	84	40	3360
2	PE 给水管	φ110	12.5MPa	m	350	58	20300
3	PE 给水管	φ160	12.5MPa	m	800	120	96000

暂定总价： <u>壹拾壹万玖仟陆佰陆拾圆整</u> （￥119660）

1. 上述固定单价已包含材料费、人工费、运输费、包装费、装卸车费、交货前仓储费、保险费、各种损耗费、检验检测费、利润、税金、不可预见费等产品送达甲方指定交货地点并验收合格的全部费用。除此之外，甲方无需再向乙方支付任何其他费用。

2. 乙方在明确以上固定单价时已经充分考虑到本合同履行过程中可能存在的风险，在本合同执行期间内，无论材料、辅材、运输、税费等价格如何变化及订购数量如何增减，本合同约定的产品固定单价均不作任何调整。

3. 本合同产品的结算数量以乙方实际送货并经甲方验收合格的数量为准，结算总价＝结算数量×固定单价。

二、产品质量标准（技术标准）

1. 货到现场后现场抽样送检进行复试，材料复试的费用由乙方承担。乙方材料不合格的，乙方应无条件将不合格产品退场，并按合同约定提供合格的产品，工期不予顺延。

2. 产品商标为___ <u>"××"</u> ，生产厂家为： <u>山东省××公司</u> 。

3. 乙方应提供完整无损的、未曾使用的全新产品。

三、交货地点及时间

1. 乙方须将本合同产品送至： <u>扬州市××区××路××号</u> ，乙方自行安排人员卸车并承担相关费用。

2. 乙方应于 <u>2013</u> 年 <u>5</u> 月 <u>20</u> 日前将产品如数送到交货地点并经甲方验收合格。

3. 若甲方要求变更交货时间，应当提前书面通知乙方，乙方应当按照甲方修改后的通知时间交付产品。

四、运输方式

1. 乙方负责办理产品的运输并负责按本合同约定日期或甲方的书面通知确定的供货日期将产品运至甲方指定的位置。

2. 产品的运输方式由乙方按照产品的性能、规格等条件要求自行决定，但应当采取有利于保护产品且不影响供货日期的方式进行运输，运输途中的损坏由乙方承担。

五、包装标准、包装物的供应、回收及费用

1. 包装标准：乙方须采用足以保护产品的方式进行包装。如因产品包装缺陷导致产品发生损坏的，其损失由乙方承担。

2. 包装物由乙方供应，包装物及包装费由乙方承担，乙方不回收包装物。

六、产品的风险承担

1. 本合同项下产品毁损、灭失的风险自乙方送货至甲方指定地点，并经甲方验收合格后转移至甲方承担，在此之前的风险由乙方承担。

2. 产品损坏、灭失风险转移给甲方后，并不能免除乙方按本合同约定所应承担的产品质量责任以及保修、维护的义务。

3. 所有权和风险的转移，不影响因乙方不按本合同约定履行义务时，甲方要求其承担违约责任的权利。

七、文件资料的交付

1. 乙方须在甲方要求的时间内向甲方提供产品的检验合格的检测报告、出厂证、产品合格证、品质保证书等复印件一式三份给甲方，资料全部采用中文，原件备查。

2. 所有乙方提供资料的全部费用已包含在产品固定单价中。

八、验收条款

1. 验收标准：按本合同第一、二条约定的标准进行验收。

2. 验收方法：货到现场后现场抽样送检进行验收。

3. 甲方在施工过程中如发现产品不符合第二条约定的产品质量标准，乙方应无条件重新提供合格的产品，并将有质量问题的产品搬离现场，因此产生的费用由乙方自行承担，工期不予顺延。

4. 如乙方未能按时到现场察看或未能对有问题产品进行书面确认，则以甲方出具的书面异议中的内容为准。

5. 乙方货到工地应在 24 小时内书面通知甲方。

6. 甲方验收合格并不免除乙方对所供应产品的质量保证责任。

九、结算及支付：

1. 甲方以　汇款　方式支付合同货款。

2. 预付款：合同签订后付总价的　20%　。

3. 结算支付：全部产品送达甲方指定地点后，经甲方及有关部门全部验收合格后并签字确认，双方办理完结算手续。结算办妥后甲方支付至本合同结算总价的　95%　。

4. 保修支付：产品结算总价的　5%　作为质保金，质保金利率为零。质保期满，乙方提出质保金支付申请，经甲方验收审定，扣除乙方应承担的质保费（如有）后支付给乙方。

5. 乙方在收取甲方每一笔货款的同时，应根据甲方的要求开具同等金额有效税务发票给甲方。否则，甲方有权拒绝支付款项，直至乙方开具发票为止。

十、质保期

1. 产品质保期自乙方送货到工地经甲方验收合格之日起计算为 1 年。

2. 质保期内产品出现质量问题，乙方须在接到通知后 2 小时内到达现场进行维修或更换，并应在 24 小时内维修或更换完毕。超时不到位或无法完成修理或更换的，甲方有权另请其他单位前来维修或更换，由此产生的费用由乙方承担，甲方在乙方尾款或质保金中直接扣减支付给更换单位，尾款或质保金不足扣减的乙方应在收到甲方书面通知后 3 日内支付给甲方。

3. 以上保修并不免除乙方对其产品所应承担的质量保证责任。

十一、违约责任

1. 乙方不按约定时间交货的，每逾期 1 日须向甲方支付壹仟元的违约金，逾期超过 15 天的，乙方应向甲方支付合同暂定总价 __30%__ 的违约金，同时甲方有权解除本合同并另行采购与迟延到货产品同种类型的产品，由此产生的费用和一切损失由乙方承担。

2. 乙方供应的产品其质量不符合本合同约定标准的（包括但不限于产品瑕疵、产品质量不合格、产品无法正常使用等问题），乙方应当立即进行更换，工期不予顺延。若经以上工序，乙方产品仍不符合本合同约定的，乙方返还该部分产品甲方已付货款、同时乙方支付本合同总价 30% 的违约金给甲方。

十二、解决争议的方式

1. 甲、乙双方友好协商。

2. 依法向本工程所在地有管辖权的人民法院起诉。

十三、合同解除

1. 甲、乙双方协商一致，可以解除合同。

2. 有下列情形之一的，相对方可以解除合同：

（1）因不可抗力致使合同无法履行。本合同约定的不可抗力是指甲乙双方在订立合同时不能预见以及在施工过程中不能避免发生并不能克服的客观情况或事件。不可抗力事件为：

① 战争、动乱、瘟疫、空中飞行物坠落。

② 6 级以上地震及 8 级以上台风（以国家认定为准）。

③ 非甲乙双方责任造成的爆炸、火灾。

④ 50 年未遇的高温或严寒天气。

⑤ 平均降雨量超过 100mm/天并由此引起的洪灾。

（2）因工程停建、缓建致使合同没必要履行的。

（3）本合同约定的解除条件出现或法律规定的其他解除条件成立的。

3. 一方依据本条第 2 款约定要求解除合同的，应以书面形式向对方发出解除合同的通知，通知到达对方时合同解除。对解除合同有争议的，按第十二条关于争议的约定处理。

4. 合同解除后，不影响双方在本合同中约定的结算和清理条款的效力。

十四、其他

1. 双方联系方式：

甲方：	乙方：
地址：	地址：
电话：	电话：
传真：	传真：
联系人：	联系人：
开户银行及账号：	开户银行及账号：

任何一方将函件送达上述地址即视为送达。任何一方须修改上述地址的，应书面通知本合同的另一方，书面通知中的变更地址为新的通信地址。

2. 本合同未尽事宜，双方本着公平、公正、诚实信用原则协商解决。

3. 本合同一式四份，甲、乙双方各执二份，均具同等法律效力。

4. 本合同自甲、乙双方签字、盖章后生效。

甲方：	乙方：
法定代表人：	法定代表人：
签约代表人：	签约代表人：
日期：　　年 月 日	日期：　　年 月 日

5.4.3　采购合同管理

采购合同管理是指企业对以自身为当事人的采购合同依法进行订立、履行、变更、解除、转让、终止以及审查、监督、控制等一系列行为的总称。 合同管理由采购专职人员负责操作。一般分为采购谈判、拟订采购合同、签订采购合同和采购合同执行控制四个阶段，如图 5-4 所示。

（1）采购谈判。采购合同管理始于采购谈判。企业选定专业人员组成谈判小组，与供应商就采购物品、价格、数量、交货时间等内容进行协商后，形成谈判协议。

（2）拟订采购合同。谈判小组经过相互协商一致后形成谈判协议，采购人员在此基础上草拟采购合同。合同初稿提交采购总监和总经理逐级审核，或提交给公司法律顾问审核，审核通过后编制正式合同。

（3）签订采购合同。公司总经理或者受总经理委托的合同签署代理人正式签署合同。

（4）采购合同的执行与控制。采购合同的执行与控制包括编制正式的合同、签订采购合同、下订单、货物验收和合同问题处理等。

采购谈判、拟订采购合同、签订采购合同三个阶段前面已经作了详细介绍，在此重点探讨一下第四个阶段——采购合同的执行与控制中的合同问题处理。合同问题处理主要包括合同跟踪管理、合同变更管理和合同争议的解决三个方面的内容。

1. 合同跟踪管理

所谓合同跟踪，是指签订合同后对合同履行情况进行监管，避免损害自身利益的行为。通过对采购合同监督跟踪，能有效地完善或提高整体合同管理水平，提高管理效益。

其中，重点跟踪的内容事项应包括：

（1）订单完成情况。订单完成情况包括供应商准备物资的详细过程、供应商最新动态。

（2）自身生产经营需求。如果自身生产经营需求紧急，要求本批采购物品迅速到货，需与供应商沟通协调，可以提取现有的已完成的订单物资；如果自身生产经营需求宽松，考虑到库存问题，可以与供应商协商，确定可以承受的延缓时间。

（3）货物验收入库情况。部分供应商在履行合同时可能会分批分期完成，采购方需要做好接收工作和记录工作。

2. 合同变更管理

采购合同变更是指当事人对已经发生法律效力，但尚未履行或者尚未完全履行的合同，进行修改补充所达成的协议。《中华人民共和国合同法》规定，当事人协商一致可以变更合同。合同变更管理应包括分析变更原因、制作变更清单、变更成本分析和控制以及谈判四个环节。

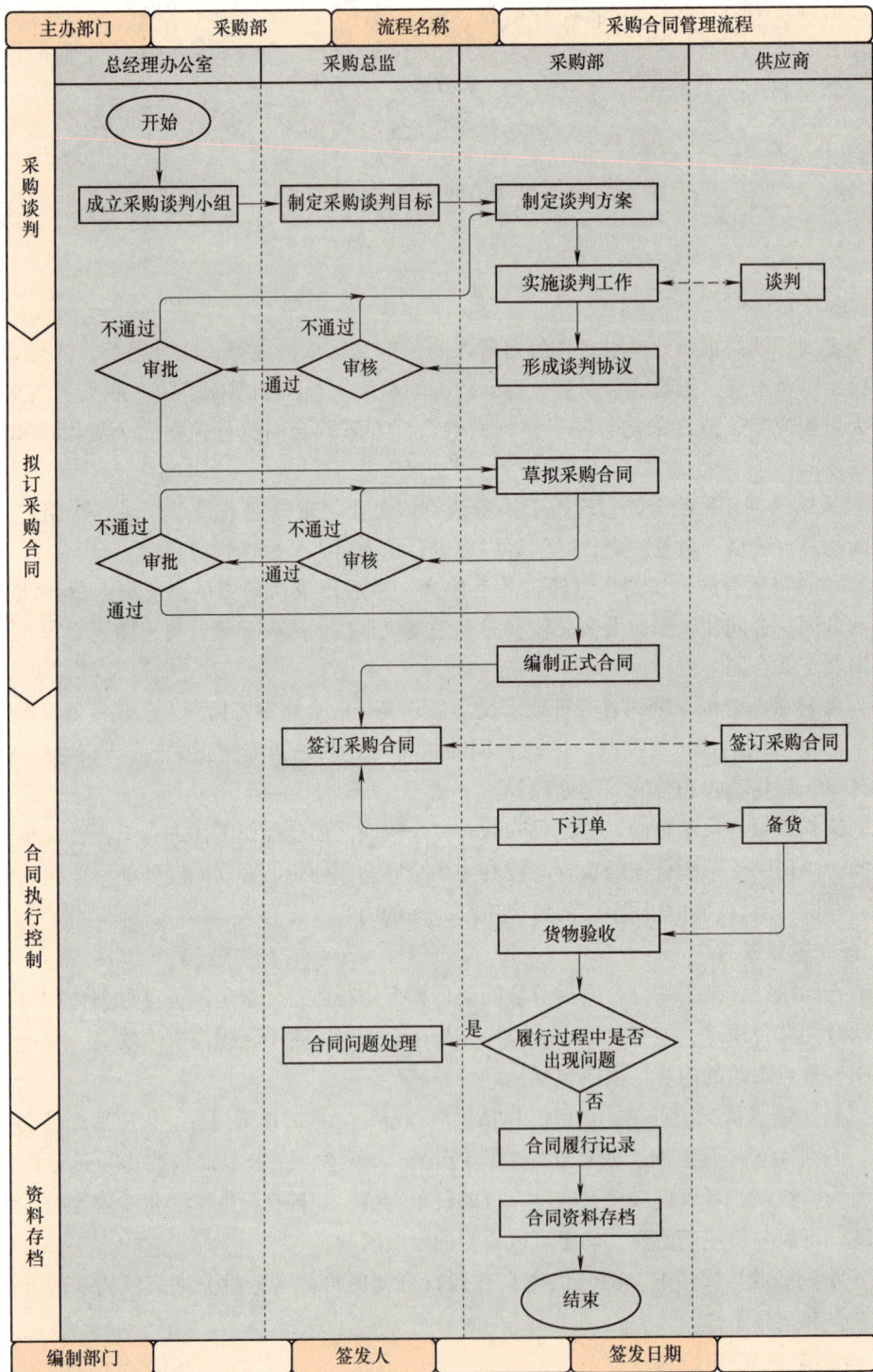

图 5-4　采购合同管理流程

首先，分析合同变更的原因及范围。若合同条款中已规定了产生变更的原因或范围及其处理方式，则按合同要求进行调整；合同未规定的变更规则，则依不同变更原因及范围不同处理。对于不影响合同金额的条款变动，应优先处理；对合同金额有影响的变更，则需经过谈判双方相互协商后达成一致。

其次，制作合同变更清单，列出合同内容的变化，包括：规格、型号、参数、质量、检验、包装等技术要求的变化；数量增加、减少或取消；新增加额外费用；交货进度及交货模式；支付条款等。

然后，进行变更成本分析与控制，主要是价格分析与控制。

最后，进行合同变更谈判，其谈判方式、技巧与采购谈判类似。

3. 合同争议解决

在采购合同履行过程中，当出现违反合同的情况，首先应当进行责任认定，然后进行纠纷处理。合同双方都有可能违反合同。

（1）责任认定。

1）供应商责任：商品种类、数量、质量和包装等不符合合同规定；未按照合同规定期限交货；商品错发到货地点，造成多余运杂费等。

2）采购方责任：寻找其他供应商，单方面违约；未按合同规定日期提货或者付款；错填或临时变更到货地点造成多余运杂费等。

（2）纠纷解决方式。合同纠纷是指因合同的生效、解释、履行、变更、终止等行为而引起的合同当事人的所有争议。任何违约行为都可能引起合同纠纷。其解决方式一般有以下四种：

1）和解。和解是由争议各方根据合同规定内容和自身实际情况，在平等自愿的基础上，自行协商解决。和解是最和平的方式，但缺乏法律约束力，容易出现出尔反尔的情况。

2）调解。调解是指双方或多方当事人就争议的实体权利、义务，在人民法院、人民调解委员会及其他第三方的主持下，自愿进行协商，通过教育疏导，促成各方达成协议、解决纠纷的办法。和解和调解失败后，可进行仲裁和诉讼。

3）仲裁。仲裁是指合同当事人在纠纷发生之前或发生之后，签订书面协议，自愿将纠纷提交至双方所同意的第三者仲裁机构进行审理，由仲裁机构做出对争议各方均有约束力的裁决的一种解决纠纷的制度和方式。仲裁协议有两种形式：一种是在争议发生之前订立的，它通常作为合同中的一项仲裁条款出现；另一种是在争议之后订立的，它是把已经发生的争议提交给仲裁的协议。仲裁具有自愿性、专业性、快捷性、经济性等特点。在约定仲裁条款时应包括以下内容：请求仲裁的意思表示、仲裁事项、选定的仲裁委员会等，避免出现仲裁协议无效的情况。

4）诉讼。诉讼是指合同当事人通过向具有管辖权的法院起诉另一方当事人的形式解决纠纷的方式。由于民事诉讼是在国家审判机关的主持下进行，依照严格的诉讼程序和诉讼制度，且具有强制性，因此由人民法院解决争议成为合同当事人的首选方法。合同争议由不同的法院管辖，直接影响当事人的诉讼成本和人力、财力、物力支出，因此合同当事人在选择管辖法院时应尤为谨慎，一般来说，当事人选择己方所在地的人民法院为管辖法院对当事人是最为有利的。合同当事人可以通过协商来选择人民法院，但是在具体实践中合同当事人往往无法达成一致意见，这时就应通过明确约定合同履行地点或交货地点，使合同履行地人民法院具有管辖权。

本章小结

本章从企业采购的具体运作流程出发，重点介绍了一些企业采购中可能遇到的管理活动，包括采购计划与预算管理、采购成本管理、采购谈判管理和采购合同管理。

采购计划是企业采购的起点，企业采购一般分为生产性物资采购、设备采购、辅助性物资采购和零星采购。采购部首先根据采购类型进行采购需求分析与汇总，然后根据收集的信息编制采购计划，交由总经理审批后执行；采购预算的编制与采购计划同时进行，采购预算的编制方法主要有固定预算、零基预算、概率预算、滚动预算、弹性预算等；企业根据采购计划选择合适的供应商，就采购商品的品质条件、商品的价格条件、商品的数量条件、商品的包装条件、交货条件、货款的支付条件、货物保险条件、商品的检验和索赔条件、不可抗力条件和仲裁等内容与其进行谈判，确定最终的供应商；将谈判内容以书面形式确定下来，签订合同；最后是监督合同的履行。

采购成本管理贯穿整个采购过程，控制采购成本是每个企业必须重视的事项，降低总成本有利于企业在竞争中获得优势地位。影响采购成本的因素多种多样，包括采购价格、采购数量、采购战略、企业议价能力等。企业可以通过采购成本核算和采购成本分析，选择合适的方法来降低采购成本。

针对采购计划与预算管理、采购成本管理、采购谈判管理和采购合同管理的研究尚在进行中，有更多的问题等待我们发现并解决。目前的研究结果对企业产生了很大的帮助，有利于企业在采购管理活动中理清思路，使采购活动更加合理化、流程化和科学化。

习题

一、选择题

1. 采购计划管理的首要工作是（　　）。

   A. 编制采购计划　　B. 汇总采购需求　　　　C. 选择合适的供应商　　D. 编制采购预算

2. 当需要对难以预测变动趋势的项目，如开拓新业务进行预算编制时，应采用（　　）方法。

   A. 滚动预算编制　　B. 概率预算编制　　　　C. 固定预算编制　　　　D. 弹性预算编制

3. 影响采购成本的因素包括（　　）。

   ①采购价格　②采购批次　③企业谈判能力　④采购战略　⑤采购数量

   A. ①②③④⑤　　　B. ①②③④　　　　　C. ①③④⑤　　　　　D. ①③⑤

4. 除了（　　）以外，其余都是采购谈判前的准备工作。

   A. 收集谈判资料　　B. 制定谈判方案　　　　C. 评估采购绩效　　　　D. 组建谈判队伍

5. 在采购合同履行过程中，当出现违反合同的情况时，首先应该做的工作是（　　）。

   A. 进行责任认定　　B. 直接要求赔偿　　　　C. 提出诉讼　　　　　　D. 不予处理

二、判断题

1. 采购预算可以单独编制，一定要详细精确。　　　　　　　　　　　　　　　　　　（　　）

2. 采购数量与采购价格成反比。　　　　　　　　　　　　　　　　　　　　　　　　（　　）

3. 在企业采购过程中，应该以降低采购成本为第一要务，为了成本可以放弃质量。　　（　　）

4. 采购谈判过程中，尽量要让对方做主导，以便随机应变。　　　　　　　　　　　　（　　）

5. 与熟悉的供应商之间的大型商业采购可以不签订书面合同，口头承诺即可。　　　　（　　）

三、思考题

1. 如何针对生产性物料做采购计划？

2. 采购预算有哪些编制方法？指出其优缺点。

3. 什么是采购成本？如何降低采购成本？

4. 企业在进行采购谈判前应做哪些准备工作？

5. 采购合同订立的必要条件是什么？如何处理违约问题？

四、练习题

某企业采购部需制订采购计划，该产品的产品结构树如图 5-5 所示，企业需要生产 1000 个 W 型设备，请列出物料需求清单。

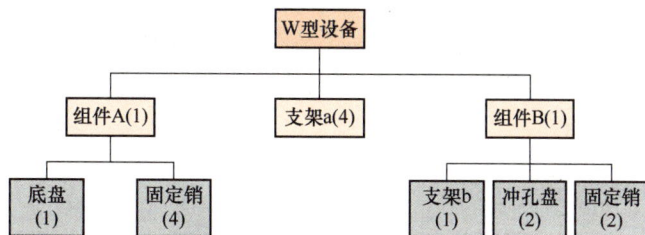

图 5-5　W 型设备的产品结构树

参 考 文 献

[1] 孙铁玉. 新编采购管理 [M]. 南京：南京大学出版社，2011.

[2] 李育蔚. 采购管理流程设计与工作标准 [M]. 北京：人民邮电出版社，2012.

[3] 魏国辰. 采购实际操作技巧 [M]. 北京：中国物资出版社，2007.

[4] 姜宁. 中小企业物资采购计划的科学管理 [J]. 产业与科技论坛，2011，7：235-236.

[5] 韩建国. 采购管理规范化手册——职责·流程·制度·表单 [M]. 北京：人民邮电出版社，2012.

[6] 彼得·贝利. 采购原理与管理 [M]. 王增东，译. 北京：电子工业出版社，2006.

[7] 党康林. ABC 分类法在高校餐饮采购成本控制中的应用 [J]. 物流科技，2006，29：132-134.

[8] 罗伊 J 列维奇，布鲁斯·巴里. 谈判学 [M]. 廉晓红，等译. 北京：中国人民大学出版社，2006.

[9] 《新经济时代解读哈佛》编委会. 商务谈判 [M]. 北京：中华工商联合出版社，2001.

[10] 钟怡. 浅谈如何在采购中运用谈判心理技巧 [J]. 当代经济，2008，4：20-21.

[11] 陈榕. 采购合同的风险防范 [J]. 物流科技，2005，6：81-83.

第 6 章

采购运作管理 II

除了第 5 章讨论的采购计划与预算、采购成本、采购谈判和采购合同管理之外，企业采购活动的运作流程中还涉及其他采购管理活动。本章为采购运作管理的第二部分，主要介绍企业采购质量管理、结算管理、外协采购管理和采购绩效管理等内容。

6.1 采购质量管理

质量作为产品好坏的判断标准，直接关系到企业的经济效益和声誉，越来越受到企业的重视。产品质量问题的源头大部分在于采购，因此采购质量管理必不可少。本节主要介绍采购质量管理的意义、内容及企业采购质量管理的手段。

6.1.1 采购质量管理的概念及其意义

随着全球经济一体化进程的加快和社会分工的细化，原材料、零部件、成品在供应链内部不停流动，而产品质量问题始终困扰着供应链上的企业。影响产品质量的原因多种多样、错综复杂，既有内部原因，也有外部环境影响。某公司产品质量问题的鱼骨图如图 6-1 所示。

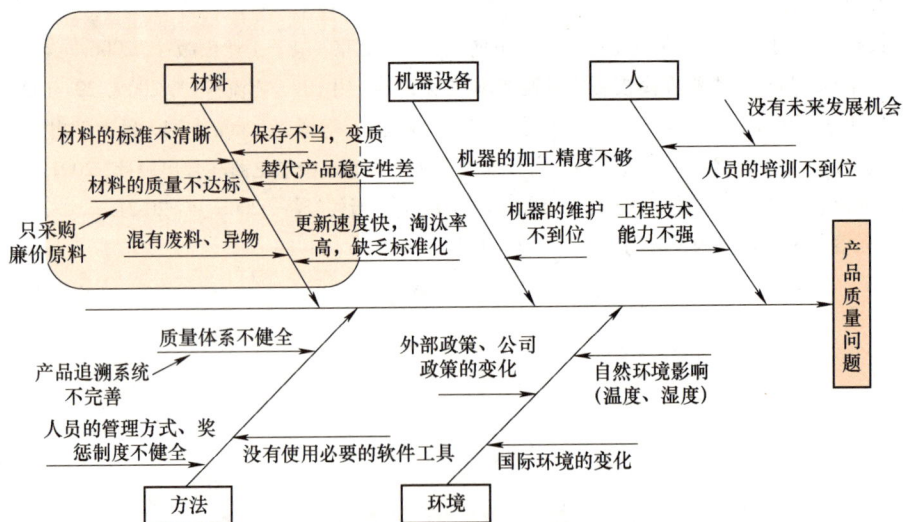

图 6-1　某公司产品质量问题的鱼骨图

调查发现，材料环节处于产品质量问题的源头。有关统计资料表明，企业产品中 55% ~ 65% 的价值是经采购由供应商提供的，而产品质量缺陷的 25% ~ 35% 是由于不合格的采购商品造成的。**采购商品质量的优劣直接影响着企业最终的产品质量，影响企业的效益**。为此，对采购商品进行有效的质量管理与控制，避免质量事故的发生，保证企业产品的生产和使用安全，是企业获得竞争优势、取得更大发展亟待解决的问题，也是企业实施质量战略的重要措施。同时，企业绝大多数设备也是采购来的，设备的质量同样也影响着产品质量。

所谓质量，是指一组固有特性满足要求的程度，而采购质量可概括为"采购商品的固有特性满足要求的程度"。采购质量管理是指针对采购质量方面问题的计划、组织、领导和控制活动，通常包括制定质量方针和质量目标、质量策划、质量控制、质量保证和质量改进。其中最主要的是质量控制和质量保证环节。产品检验活动和其他涉及产品缺陷问题的监控活动都可以归入采购质量控制，而采购质量保证主要包括采购部件规格设计、检验活动过程设计、供应商选择和评定、相关人员的培训和激励等。质量控制与质量保证相辅相成，以降低采购质量风险，共同促进良好的采购质量管理体系的建立。

采购质量管理是一个完整的过程，贯穿于整个采购流程。如图 6-2 所示，首先需要对市场和供应商进行深入调查，然后才能实施具体采购任务，并进行质量保证和反馈。

6.1.2　采购质量管理的内容

由于采购货物的质量与企业产品质量、企业效益息息相关，所以建立一套有效的采购质量管理体系刻不容缓。一般认为，采购质量管理作业可以分为三步，事前规划、事中执行与事后考核。所谓事前规划，就是指在采购开始之前需要确定物料规格，使之清晰、有效、容易理解。事中执行是指根据物料规格选择合适的信誉较好的供应商，以降低采购质量风险。事后考核是指收货检验，严格执行验收标准，根据检验标准、规格，对货物进行检验比对，拒收不合格品。

1. 事前规划：确定清晰的物料规格

供应商和采购企业对于质量的分歧通常源于对物料规格的误解。**所谓规格，可理解为"生产的成品或所使用的原材料、零部件等规定的质量标准"**。对于货物的质量，不同供应商有不同的理解，对采购企业的需求会得出非常不一致的结论，如果供应商与采购企业缺乏沟通交流，容易产生一系列后续的产品质量问题。关于质量最简单的定义就是符合规格，由此可见，规格必须是清晰的。物料规格的确定方法取决于物料的种类，物料种类不同，其规格也大不相同。

（1）原材料。用于进一步加工的材料，如钢材、原油、烟煤、木材等，它们的规格取决于相关协议所规定的标准。钢材等材料的规格是根据生产工艺（如热轧）、物理性质（硬度和强度）和尺寸确定的。根据行业规格或标准下订单的采购企业一般不会面临供应商误解物料需求的风险。

（2）零部件。零部件主要包括将要进一步处理的半成品和成为最终产品零部件的成品料。

我们将零部件分为两种，一种是标准化的，可以在商场货架上购得，数量较多，差异化程度较小。它们是根据行业、专业协会或者独立测试组织制定的规格进行生产的。此时，采购方需要确定该零部件是否适用于特定的生产环境，并且其安装是否能符合标准。

另一种是个性化订单生产，采购方与供应商签订合同后，向供应商提供相应零部件的工程设计图等图形说明，该工程设计图确定订购零部件的规格。工程制图具有清晰直观的优点，主要应用于大多数机械零件的质量描述上，采用标准的规范来展示尺寸、公差、表面质量、硬度和其他性质，能够完全、明确地说明部件。供应商收到图样后决定具体采用什么样的工艺来进行生产，重要的是客户和供应商对设计图的理解要一致。如果按订单生产的零部件只有一件或数量很少，采购方出于技术保密，可能不会向供应商提供工程设计图，而是向供应商提供零部件原型并要求根据样品生产零部件，这可能会造成误解。采购方需要实时监控供应商，要求供应商先行制造一个或一批产品，经采购方确认无误后再生产。

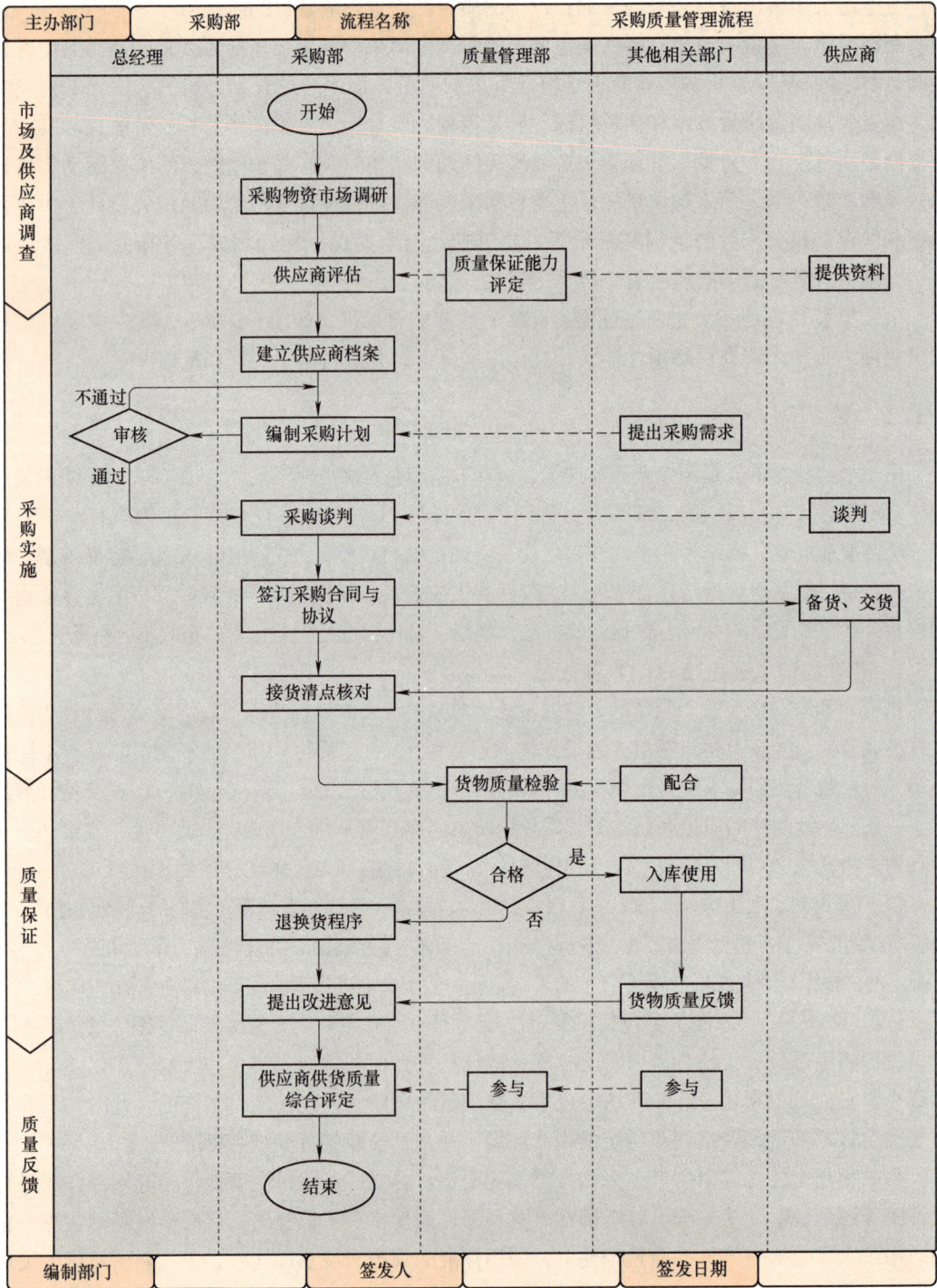

图6-2　采购质量管理流程

企业在制订采购计划、确定采购物料需求时，必须确定清晰的物料规格。规格的制定需要由专门的技术人员统一协商讨论，并交由管理层审批。在物料规格制定阶段，目前有一种方式为"供应商早期介入"，指的是在某产品设计和物料规格设计时邀请供应商介入，参与规格编写。因为供应商一般对物料相关的技术、内容等了解较多，可以在产品开发观念、所用物料的可获得性、物料成本和物料种类选择、制造和供应方法等方面给出很多有利的启发性建议，会给采购方带来很多潜在的好处。然而此方式也有很多缺点，比如说可能会导致采购方商业技术的泄密，降低或消除竞争，采购方在双方谈判中可能会处于劣势等。因此，供应商早期介入方式的运用一般建立于该供应商与采购方已经形成长期合作关系的基础之上。

由于受内部技术程度和外部价格环境等影响，制定合适的规格代表着最佳购买，不仅考虑技术因素，也要考虑经济因素。原则是在满足产品标准的前提下，合理选择适用的物料和替代品，降低采购成本。

确定物料规格之后，采购人员根据该物料规格挑选合适的供应商，可以使用招标采购等方式。在与供应商谈判过程中需要再三确认供应商对该物料规格的理解，确认无误后签订采购合同，将规格要求明确写入合同中，使其具备法律约束力，按合同办事。在供应商备货至交货期间，采购方需要与其保持沟通联系，以零部件为例，采购方可以先要求供应商制造出一件样品，交由采购方检验与规格无误后再投入大量生产，减少不必要的开支和误解的风险。

【采购小案例】

采购规格示例：A 公司电源适配器物料规格书节选

本技术规格书的目的是让供应厂商了解 A 公司对该物料在质量及其可靠性方面的要求，只有质量和可靠性两方面都 100% 达到要求的物料才被 A 公司接受。A 公司有权取消不合格产品供应商的供应资格，有权在必要时修改本技术规范的有关内容，届时供应商会提前收到有关更改通知并给予适当的时间来作相应的更改。本规格书适用于供应厂商进行电源适配器设计、生产以及检验，指导质量部对供应厂商提供的电源适配器进行技术认证及进货检验，指导采购部采购合格产品，研发部在设计新产品时选用合格物料。

1. 一般要求

（1）外形尺寸要求如表 6-1 所示。

表 6-1　外形尺寸要求

控制项目	规　　格
外形尺寸	73.0mm（L）×44.0mm（W）×31.00mm（H）
外壳颜色	黑色
阻燃等级	V0
直流输出线	线材符合 UL 标准，型号为 UL1185AWG18，黑色，长度为 1.8m，DC 端子为 $\phi5.5 \times 2.1 \times 12mm$（H 型）
极性	内正外负
电源和插头一体化的结构，2PIN，符合 CCC 标准（国家关于电器件标准）	

（2）外观要求如表6-2所示。

表6-2 外观要求

检验项目		技术要求	缺陷分类		
			CRI	MAJ	MIN
外观		外壳无裂缝、破损		√	
		周边无缝隙、飞边			√
		外壳和DC线表面无手感划痕及明显色差（眼睛距实物20cm处观察），无熔伤			√
		DC线无露铜线		√	
		表面无污迹或异物		√	
		外露金属部分无生锈、氧化、变形或镀层不良		√	
		输入、输出插头及连接线与电源可靠连接		√	
		铭牌标识：印字内容、材质要求应符合产品规格书，且表面平整，无划伤、气泡、翘角，印字清晰			√

（3）标识要求。标识上应有制造公司名称或商标、生产批号、产品型号，标识要牢固、清晰，查看方便。

（4）使用环境要求如表6-3所示。

表6-3 使用环境要求

控 制 参 量	温度/℃	湿 度	海拔/m
工作温度	−40～50		
工作湿度		5%～95%	
工作海拔			3000
储存温度	−50～70		
储存湿度		5%～90%	
储存海拔			4500

2. 电气要求

（1）输入性能要求如表6-4所示。

表6-4 输入性能要求

性 能 参 量	交流电压/V	频率/Hz	电流（MAX）/A	其 他
额定输入电压	90～310			
输入电压范围	90～310			
额定工作频率		50/60		
工作频率范围		40～60		
输入最大电流			0.4（输入交流电压110V额定负载）	
输入最大冲击电流			40A（输入交流电压220V额定负载）	

（2）输出性能要求如表6-5所示。

表6-5 输出性能要求

性 能 参 量	直流电压/V	电流/A	性 能 参 量	直流电压/V	电流/A
额定输出电压	4.75 ~ 5.25		输出负载电压	5.0 +5%	
额定输出电流		2.0	输出噪声 + 纹波	≤50mV *	

注：测试条件：空载—满载，带宽限制20MHz，电源输出端子末端并联0.1μF陶瓷电容和10μF电解电容。

（3）保护性能要求。

输出过压保护：电源适配器输出电压大于5.6V时应能自动保护无输出。

输出过流保护：当负载电流大于4.5A，适配器自动保护无输出。

输出短路保护：电源适配器应能长期短路不损坏，短路电流小于额定250%，故障排除后自动恢复正常。

3. 环境试验要求

环境试验要求如表6-6所示。

表6-6 环境试验要求

试 验 项 目	试 验 要 求	试验结果判定	备 注
高温存储	温度：55℃，时间：24h	应符合上述标准	
低温存储	温度：-45℃，时间：24h	应符合上述标准	
恒定湿热	温度：50℃，湿度：93% ±2%时间：24h	应符合上述标准	
高温带电老化	温度：50℃，时间 72h	应符合上述标准	
低温带电老化	温度：-40℃，时间：72h	应符合上述标准	
高低温循环	高温：50℃，低温：-40℃，每个状态时间：2h，循环次数12次	应符合上述标准	
高低温冲击	高温：50℃，低温：-40℃，每次循环时间：1h，冲击次数：12次	应符合上述标准	

4. 安全要求测试

（1）绝缘强度。输入对输出端、输入对壳体之间应能承受50Hz、有效值3750V交流电压1min，漏电流≤10mA，无击穿或飞弧现象。

（2）绝缘电阻。在正常大气压下，相对湿度为90%、试验电压为直流500V时，输入对输出端、输入对壳体之间的绝缘电阻不低于100MΩ。

（3）泄漏电流。按照GB 4943测试要求，输入对输出端、输入对壳体之间的泄漏电流不大于0.25mA。

安全标准：设计符合UL 60950、IEC 60950、GB 4943-1995和EN 60950标准的要求。

（4）外壳表面温度。分别在常温（25℃）及高温环境（40℃）下，输入交流电压范围为90 ~ 310V/47 ~ 63Hz，电源输出满负载工作（4h以上）达到热稳定状态后，外壳的表面温度在常温下小于60℃，高温下小于70℃。

（5）传导干扰（CE）和辐射干扰（RE）。适用标准GB 9254B。假负载测试达到6dB裕量，与系统配合测试达到4dB裕量。

（6）静电放电（ESD）测试。适用标准 IEC 61000-4-2（1995），具体要求如表6-7所示。

表6-7　静电放电测试要求

放电等级	放电电压/kV	结　果
3级	接触：6 空气：8	正常工作
4级	接触：8 空气：15	可以出现短时间内功能尚失，但试验过后不能损坏

（7）传导抗扰（CS）和辐射抗扰（RS）。传导抗扰和辐射抗扰要求如表6-8所示。

表6-8　传导抗扰和辐射抗扰要求

抗扰测试	等　级	适用标准
CS试验电平	10V，等级为A	IEC 61000-4-6
RS试验电平	10V/m，等级为A	IEC 61000-4-3

（8）浪涌/雷击（SURGE）。LEVEL 3 等级为B。适用标准：IEC61000-4-5/EN61000-4-5。1.25/50μs，2kV，不能出现输出电压关断、瞬断以及保护电路的误动作。

（9）快速瞬变脉冲群（EFT/B）。LEVEL 3 等级为B。适用标准：IEC61000-4-4。1kV，5/50μs，5kHz，不能出现输出电压关断、瞬断以及保护电路的误动作。

5. 加工工艺说明

电源适配器为终端常用配件，在任何失效情况下都不允许起火燃烧。

2. 事中执行：选择合适的供应商

确定清晰的物料规格之后，采购方需要组织人员进行供应商的开发和挑选，选择一个或者几个有能力的、可以按照物料规格供货的供应商。供应商管理一般包括供应商的开发、选择、评价和关系管理等方面，具体内容会在第7章详细描述。采购方还可以协助供应商建立监管制度，定期或不定期检查供应商是否按照规范施工，派驻检查员抽查供应商在制品的质量，监视供应商的质量管理措施是否落实，确保采购品的质量没有异常状况。

3. 事后考核：利用有效的检验方式

根据合同规定的交货期，供应商在按订单生产备货完成之后，向采购方发出交货通知，通知采购方进行货物的验收。目前，采购产品检验方式主要有免检、自检和第三方机构检验三种。

（1）免检。所谓免检，是指采购方不介入或者不进行商品检验，只要求供应商单独进行检验，检验后向采购方提供全面的检验报告，包括检验记录、合格证等。采购方对供应商提供的检验报告进行分析验证。该方式适用于供应商质量保证能力强、管理水平高且相互信任的情况。免检的前提是供应商对供货产品质量的承诺，免检也是未来的发展趋势。

（2）自检。该种情况是在供应商发出交货通知后，采购方组织人员接收货物，利用自身设备自行进行产品检验，提交进料检验记录单（见表6-9），此时对采购方自身的检验手段和检验设备要求较高。也可以由采购方派代表监督或者派检验人员到达供应商场地，利用供应商检验设备进行检验，出具检验报告。如果检验出现问题，应填写提交检验异常报告单（见表6-10）。

表 6-9　某公司液晶屏检验记录单

编号：0000002311　　　　　　　　　　　　　　　　　　记录日期：2013 年 9 月 21 日

供应商编号	000001A	供应商名称	江苏省南京市××有限公司
物资名称	液晶屏	规格型号	40 寸三星，LTA400HT/12V
采购日期	2013 年 9 月 14 日	到货日期	2013 年 9 月 20 日
采购数量	1000	交货数量	1000

检验记录

序号	检验项目	检验标准	检验记录	合格	不合格	备注
1	包装	外包装箱无机械损伤、变形 外内包装箱材料必须保持为厂家原包装 外箱须有物品型号、数量、料号、产期及厂商标识 内包装袋完好，无破损、潮湿等不良状况	包装完好	合格		
2	结构尺寸	符合提交的物料规格书	基本满足要求		15 个不合格	
3	材质	符合提交的物料规格书	满足要求	合格		
⋮	其他					

验收结果	（√）抽样	1.5% 不合格
	（ ）全数	＿＿＿个不合格
判定结果	合格	☐不合格
最终判定	（√）接收　　（ ）退货　　（ ）换货　　（ ）其他（详细说明情况）	

采购部经理：　　　　　　　质检部经理：　　　　　　　检验员：

表 6-10　某公司液晶屏检验异常报告单

编号：0000002311　　　　　　　　　　　　　　　　　　日期：2013 年 9 月 21 日

物资编号	000001	品名	液晶屏	规格型号	40 寸三星，LTA400HT/12V	
供应商	××公司	到货日期	2013.9.20	交货数量	1000	
检验方式	抽样检验		样本数量	200		
序号	规格	问题描述		不良数	检查方法	备注
1	40 寸三星，LTA400HT/12V	灯管连接线破损		1		
2	40 寸三星，LTA400HT/12V	显示区出现划伤、擦伤		1		
3	40 寸三星，LTA400HT/12V	画面中出现亮线、雪花、漏液等		1		
4	40 寸三星，LTA400HT/12V	连续通断电 50 次，部分工作异常		2		
5	40 寸三星，LTA400HT/12V	螺孔位置、孔径大小与样板不一致		1		

质量检验人员确认：

（3）第三方机构检验。第三方检验机构的测试水平和测试能力相对较高，公正性、公开性、科学性和可靠性强，并且具有法律效力，针对某些特殊的价值高的货物检验可以采取此种方式。当然，第三方检验会产生一定的检验费用，增加采购的成本。

6.1.3 采购质量问题处理

1. 不合格产品的处理

一般而言，采购货物的合格率很难达到 100%，设备损坏、工艺控制不严格、人员疏忽、搬运不当、安装调试不正确等问题都可能导致不合格产品的出现。对于这些不合格的产品，需要建立一套清晰透明的处理体系。

首先，需要对不合格产品进行标记分类，防止不合格品被使用或非正常转序，避免和合格品混批，从而便于产品质量跟踪、保证正常的生产秩序等。不合格品的标记应具唯一性，不能同一种不合格品有若干个标记或不同不合格品用同一个标记。

其次，应对不合格产品进行责任认定。不合格产品不可一味归咎于供应商。调查发现，不合格产品可分为以下三种情况：一是出厂时就不合格，此时供应商为主要责任方；二是搬运不规范导致不合格，此时要看是谁负责搬运，是供应商、采购方还是第三方物流，追究负责方的责任；三是供应商检验合格，物流过程没有问题，但是采购方检测后发现产品不合格。第三种情况的发生主要可能是由于环境不同，安装方式不同所导致的。此时需要供应商和采购方再次确认，在双方都认可的条件、方式和环境下进行检测，确认产品责任归属。此外，某些物料通过检验安全入库后，却在生产过程中出现问题，此时也需要进行责任认定，由双方派遣人员参与调查，争取圆满解决。

最后是选择不合格产品的处理方式。采购双方签订的合同中应该在双方协商的基础上明确注明处理方式，按合同办事。有关不合格产品的处理，主要考虑费用问题。供应商无法保证产品100% 的合格率，因此在合同中需注明双方商议后可接受的不合格产品比例，如果产品合格率达到规定比例，那么采购方接收该批产品；超出规定比例的不合格产品可以退回或者由供应商负担处理费用。例如，某企业向供应商订购 10000 个零部件，规定产品合格率为 99.6% 以上，交货后采购方发现不合格零部件有 50 个，没有达到要求，此时可按照合同规定拒收该批货物，或者由供应商负责超出规定的 10 个零部件的处理费用。调查发现，**采购中产生的不合格产品的主要处理方式有退换货、返工返修、降等级使用等**。针对不同的产品，其处理方式各有不同。

（1）退换货处理。按照物料规格要求、采购合同等协议规定，所购原材料、外购外协件、零星物资等没有达到相关要求，缺乏使用性或出现质量问题，应给予退货处理。其方法如下：由检验员填写退货单（见表 6-11），注明退货产品名称、规格、型号、数量、不合格项、退货

表 6-11　某公司退货单

编号：0000001					日期：2013 年 9 月 22 日
收货单号	000125A4	采购计划单号	0005213A21	订货合同号	0002654A23
合同签订人	李××		供应商	××公司	
物资名称	物资号	收货数量	不合格数量	退（换）货原因	处理意见
液晶屏	000001	1000	15	灯管连接线破损；显示区出现划伤、擦伤等	
电源适配器	000002	5000	230	功能不全，无法使用	
采购经理：		采购专员：	质检员：	收货员：	

原因、退货金额、退货时间、受退企业名称等，并附检验报告或不合格项的检验数据交采购部门，由采购部门交供应商，进行后续事件处理。换货处理同上。

（2）返工返修。大部分外协件出现问题时会使用此种处理方式。其目的是使不合格产品满足预期用途，可以投入生产。企业要进行返工或返修决策，即对不合格产品是否进行返工返修以及返工返修数量的确定，要考虑到费用、合格率、废品残值、生产可用原材料、企业生产能力，以及市场需求量等诸多因素的影响。

（3）降等级使用或让步使用。退换货处理和返工返修处理等过程会产生大量的费用，如运输成本、保管成本等。如果该部分不合格产品仍能使用，采购双方会进行成本与价值的比较，协议商定对其进行降等级处理。采购方继续使用，供应商退还部分货款，例如，退还该部分产品 50% 的货款。

（4）记录不合格产品的各项报告。应建立一个数据库，将往来不合格产品的名称、批次、数量、所属供应商等信息记录在案，作为评估和考核供应商的衡量指标之一，也作为采购支付的依据。

2. 供应商供货质量综合评定

企业自行建立一套供应商供货质量综合评价体系，分为供应商供货种类、供货数量、供货质量、供货速度等方面，给每个方面分配权重，进行打分，随时更新数据。

根据这套体系对现有的供应商进行分类，可分为战略供应商、首选供应商和淘汰供应商。对于战略供应商建立战略合作伙伴关系，在新物料供应商选择过程中，在质量、价格方面达到项目要求的情况下，优先选择战略合作供应商。对首选供应商在供应商质量能力提升过程中提供质量管理、培训等方面支持，帮助首选供应商升级为战略供应商。而对于淘汰供应商应该终止合作关系。

6.2　采购结算管理

采购结算关系到采购物料的验收入库和货款的支出，是采购的收尾工作，对企业资金管理意义重大。本节主要介绍了企业采购结算管理流程及具体的结算方式，并举例说明了一些采购结算问题，给出相应的解决方法。

6.2.1　采购结算管理的流程

所谓采购结算，是指在商品经济条件下，各经济单位间由于商品交易、劳务供应和资金调拨等经济活动而引起的货币收付行为。按支付形式的不同可以分为现金结算和转账结算。现金结算是收付款双方直接以现金进行的收付，要求买卖双方同时在场，具有时空一致性，即交货与付款是在同一时间、同一处所进行。转账结算是通过银行或网上支付平台将款项从付款单位账户划转到收款单位账户的货币收付行为，交货与付款并不需要同时进行，对于交易双方而言十分便利，不受时空局限。在银行办理的货币收付总额中，转账结算约占 95% 以上，是货币结算的主要形式。转账结算方式包括托收承付、委托收款、汇兑、信用证、限额结算、转账支票和付款委托书等。

采购结算指的是关于采购业务产生的货币收付问题的清算。供应商发出交货通知书之后，企业进入采购结算步骤，开始进行采购结算管理。采购结算涉及货款支付，由采购部与财务部共同管理执行。**采购结算管理一般分为货品验收入库、采购单据汇总、付款申请和结算付款四个阶段。**如图6-3所示。

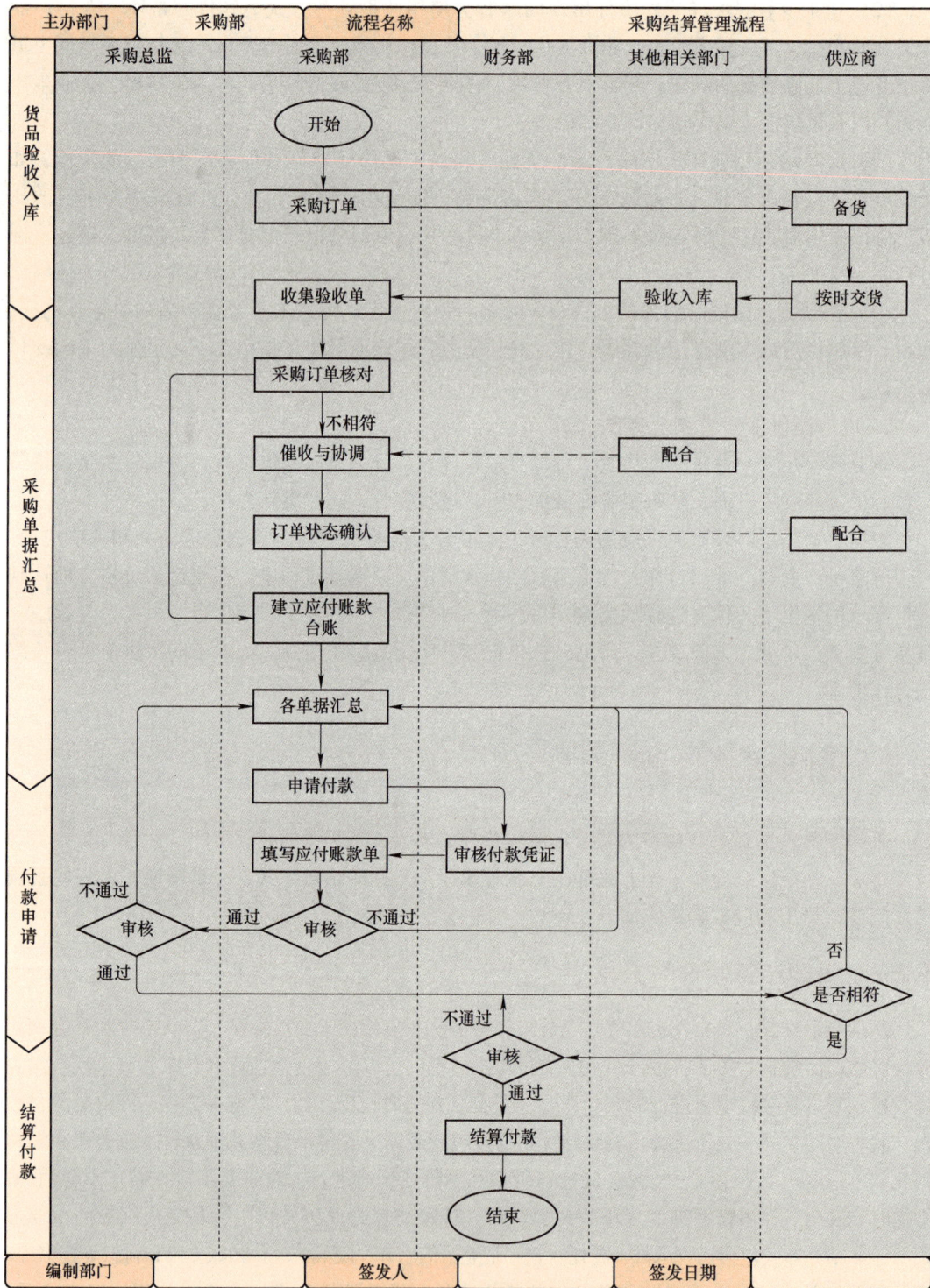

主办部门	采购部	流程名称	采购结算管理流程

	采购总监	采购部	财务部	其他相关部门	供应商

货品验收入库

开始 → 采购订单 → 备货

收集验收单 ← 验收入库 ← 按时交货

采购单据汇总

采购订单核对 → 不相符 → 催收与协调 ← 配合

订单状态确认 ← 配合

建立应付账款台账

各单据汇总 → 申请付款

填写应付账款单 ← 审核付款凭证

付款申请

审核(不通过/通过) ← 审核(通过/不通过)

是否相符(否/是)

结算付款

审核(不通过/通过) → 结算付款 → 结束

编制部门		签发人		签发日期	

图6-3 采购结算流程

（1）货品验收入库。供应商发出交货通知后，企业相关部门安排人员按照采购订单进行货物验收、入库，填写货物验收单和货物入库单。

（2）采购单据汇总。核对货物验收单与采购订单，若相符则建立相应的应付账款台账；若不相符，联系供应商，确认货物状态，是还在途中，还是尚未交货，并相互协调和催收。确认货物无误后将所有采购单据汇总，作为采购结算的凭证。

（3）付款申请。根据应付账款台账和采购单据以及供应商提供的发票，填写"付款申请单"，提交采购部经理审核；采购部经理审核通过后提交财务部经理审核。

（4）结算付款。经总经理和财务部审核无误后，财务部根据合同条款将货款转入供应商账户，作好相关记录，采购结算结束。

6.2.2　采购结算方式

受市场环境、企业情况和供应商关系等因素的综合影响，采购结算方式存在多样性。以原材料采购结算为例，主要有以下三种结算方式：

1. 预付货款结算方式

预付货款是指企业因生产需要，在与供应商谈判过程中，按采购合同的约定，以一定的采购数量和采购价格为依据，预先支付给供应商的货款。预付货款结算分为全部预付货款结算和部分预付货款结算。出于流动资金和风险考虑，企业一般采用部分预付货款，具体付款比例经双方协商，在采购合同上确定。预付货款结算管理流程如下所示：

第一步，采购部与选定的供应商就采购方式、付款方式、采购项目、采购价格等进行谈判，达成共识，确定预付款量（原则上不得超过总货款的50%），签订采购合同，根据合同要求及采购价格进行采购订单预算。

第二步，采购部填写"预付款申请单"（见表 6-12），报采购部经理审核，采购部经理签字后报财务部经理审核，财务部经理签署意见后报总经理审批。

表 6-12　预付款申请单示例

编号：00002154			日期：2013 年 09 月 11 日	
申请部门	采购部		申请人	李××
付款类别	（√）订金（尚未开发票）		（　）分批交货暂支款	
付款金额	78400.00（柒万捌仟肆佰元整）			
说明	生产用料采购订金			
审核：	财务部经理：		总经理：	

第三步，预付款申请经总经理审批后，由财务部按照程序将货款转入供应商账户，并保存付款凭证，通知供应商查收货款。

第四步，供应商收到货款后进行备货，发出交货通知。

第五步，采购部协同相关部门进行货物验收入库，确认无误后根据供应商提供的原始发票填写"付款申请单"（见表 6-13），上报采购部经理、财务部经理、总经理逐级审核审批，按照合同要求支付剩余货款。

表 6-13　付款申请单

申请单编号：00002155						申请日期：2013 年 09 月 13 日		
收款供应商名称：××公司						合同编号：0002123A102		
地址：××省××市××区××路					电话：			
序号	物资编码	名称	型号	合同数量	入库数量	单价/元	税额/元	价税合计/元
1	000001	液晶屏	40 寸三星，LTA400HT/12V	100	1000	1200	30	123000.00
2	000002	电源适配器	UL1185AWG18	500	5000	200	5	102500.00
合　　　计								225500.00
总金额（大写）		贰拾贰万伍仟伍佰元整						
特别说明		后附单据						
		其他说明						
付款申请人				采购部经理审批				
总经理审批				财务部经理审批				

第六步，财务部存档，交易完成。

2. 当场付款结算方式

当场付款的采购也称为现场采购，通俗而言就是指在交易当场钱货两讫。这种方式一般适用于临时性的紧急采购，由于时间紧迫无法按照一般步骤先挑选合适的供应商再下订单，或者无法从现有供应商中拿到货源，所以直接派人到达采购现场实施现场采购。具体管理流程如下：

第一步，采购人员制订采购计划，经审批后由采购经理组织采购工作，包括对各项目的市场调查分析等，确定现金采购的项目，编制采购预算。

第二步，采购人员根据采购预算申请借款，填写借款单，报采购部经理、财务部经理、总经理逐级审核审批。

第三步，借款申请经总经理审批后，财务部按照程序拨付借款。

第四步，采购部领取借款，到达事先确定的采购地点，如订货会、展销会或者供应商场等，进行采购。根据企业实际要求与供应商议价，达成一致后进行交易。

第五步，供应商备货，采购人员预支结算货款，现场支付现金，供应商收款后开具发票。

第六步，采购人员整理各式单据，列明各项费用情况，填写报销单，交由采购部经理、财务部经理、总经理逐级审核。

第七步，总经理签字后，财务部会计人员核销后存档，工作结束。

3. 后付款结算方式

当采购方与供应商建立起长期稳定的供应关系，或者采购方拥有较高地位时，双方一般采用后付款结算方式。顾名思义，后付款是指货物到达甚至使用之后采购方才交付货款，又分为货到付款方式、月结方式与用量挂账方式。

（1）货到付款方式。货到付款是指供应商货物到达企业后，凭货物验收单据、入库单和发票等支付货款的行为。其管理流程与预先付款结算流程相似，只是去掉了预付款申请和发放款项。在实际应用中要严格办理入库程序，因为企业办理了入库手续后，货物的所有风险都转移给企业，企业拥有货物的所有权。企业需要建立健全货物的退货制度，材料入库后发现不合格，可以采用退货换货的形式进行处理。

（2）月结方式。月结方式是指企业平时只登记材料的入库数量，在月末依据当月入库数一次性付款的结算方式，月结和用量挂账方式都涉及账期问题。

账期是指从供应商向采购方供货后，直至采购方付款的周期。供应商在规定时间内给予采购方一定金额的信用额度，采购方在信用额度内不用付款就可以下订单收货，但是在规定时间内必须回款，这个规定的时间周期就称为账期。采购方的额度和账期一般可以根据合作的情况进行调整，回款信用越好则额度会越大。账期的采用可以替采购方节省大量的流动资金，且交易时间短，沟通成本低，对采购方十分有利。但由于账期的本质是采购方利用时间差对供应商资金的占用，容易引发双方矛盾，不利于市场的长远发展，所以 2006 年 11 月 15 日起执行的，我国商务部、国家发展与改革委员会、公安部、税务总局、工商总局联合发布的《零售商供应商公平交易管理办法》第十四条规定：零售商与供应商应按商品的属性在合同中明确约定货款支付的期限，约定的支付期限最长不超过收货后 60 天。具体账期由采购方、供应商协商而定，并在采购合同中注明，采购方必须在账期内将货款支付给供应商，违反者会受到相应的处罚。

月结方式在实际应用中要注意建立材料入库明细账，材料明细账根据材料入库单登记，月末作为货款结算的依据；发票的开具是以当月入库数与退货数的净额来结算。

（3）用量挂账方式。用量是指企业当月生产耗用的数量。用量挂账方式是指企业根据生产耗用的数量与供应商结算的一种方式。在这种结算方式下，采购方与供应商签订协议约定结算以每月双方确认的采购方耗用量（生产装配数量 + 直接销售数量 + 其他耗用数量），以及当月的原材料涨跌而计算出的结算价格进行结算。即在供应方发出商品时，需要进行结算的数量和单价不确定。

在实际应用中企业需要准确登记材料出入库明细账，月末按材料出库数挂账，供应商凭此数量、单价开具发票；每月与供应商对账，保证账账相符。采用用量挂账方式可以减少因采购存货而支付的货款及资金利息，对于不再使用的原材料，可以退还给供应商，因此这种方式是采购方最有利的付款方式。然而对于供应商而言，只要没有进行月度挂账结算，货物就有被退回的风险，具体的结算时间和价格无法确定，结算价格随原材料的涨跌而波动，商品所有权上的主要风险和报酬并未转移给采购方，相关的经济利益并没有马上流入供应商，所以一般供应商都不会选择此种结算方式。

企业需要结合市场行情、行业规则、企业传统与习惯、物资类别和资金情况，选择适当的结算方式，保证自身的利益和长远发展。

6.2.3　采购结算管理要点

1. 企业内部控制

采购结算关系到大笔资金的流出，直接影响企业的现金流。企业必须从内部管理出发，加强控制，争取减少内部管理失误和事故。经分析总结，采购方企业需要做好以下几点：

（1）适当的岗位职责分离。为了避免采购舞弊现象的发生，企业内部需要进行明确的岗位职责分离，具体可分为以下几种：

1）请购与采购职务的分离。对原材料、物品和商品的需要必须由生产或使用部门提出，生产使用部门可以申请采购物品的内容、数量、规格等，但是不具有采购权。企业设有专门的采购部门，由采购人员负责执行具体采购业务。

2）商品的采购人不能同时担任商品的验收工作，或者商品验收过程中必须有其他人员参与，相互监督。

3）付款审批人和付款执行人不能同时办理寻求供应商和询价业务，审核付款的人员应同付款的人员分离。一般而言，采购部经理和财务部经理进行付款审核，总经理进行付款审批，货款一般由财务部出纳直接汇入供应商账户。

4）商品的采购、存储和使用人不能同时担任账务的记录工作。企业设立采购部、财务部、生产销售等部门，分工合作，一般不会出现不符合此要求的情况。

5）接受各种劳务的部门或主管这些业务的人员应恰当地同账簿记录人分离。

（2）正确的授权审批。对于采购与结算环节，一般应予以关注的控制审批要点包括：

1）企业的生产计划部门一般会根据客户订单或者对销售预测和存货需求的分析来决定生产授权。

2）采购计划的执行需经有关授权人员的审批。

3）采购合同的签订需经有关授权人员的审批。

4）采购款项的支付需经有关授权人员审批。

（3）充分的凭证和记录。采购结算的原始凭证主要有采购订单、采购合同、物资验收单、物资入库单、付款申请单、发票等。采购部必须汇总采购单据才能向财务部提出付款申请，凭证缺一不可。应付账款与预付账款必须依据真实完整的原始凭证进行记录，应付账款的凭证至少包括经核准的请购单采购合同或采购订单、验收单以及入库单等，预付账款的凭证至少包括经核准的付款申请单、付款凭证以及银行结算凭证等。往来会计须对上述原始凭证的真实性、合法性、完整性、合规性及正确性进行审核，核对无误后记录应付款与预付款，且确保相关凭证经财务负责人审核或由其指定其他人员进行交叉复核。

应付账款是因在正常的商业过程中接受商品和劳务而产生的未予以付款的负债。已经验收的商品若未予以入账，将直接影响应付账款余额，从而低估企业的负债。因此企业所有的购货业务应及时准确地登记入账，作好记录。

（4）必要的监督检查。由企业指派专员对采购结算业务行使检查监督权，对采购结算业务检查监督的主要内容包括以下几点：

1）采购结算业务相关岗位及人员的设置情况，重点检查是否存在采购结算业务不相容职务混岗的现象。

2）应付账款是否依据真实、充分的原始凭证记录，并经有效的复核。

3）采购付款计划编制是否准确，是否按照审批程序审批后下发执行。

4）是否严格根据采购付款计划执行付款，付款方式是否合理。

5）已经办理的付款是否均经适当的审批，是否存在未经有效审批擅自办理结算或越权审批的情形。

审计人员对监督检查过程中发现的采购结算内部控制中的薄弱环节，应编制书面检查报告呈报相应责任人，并要求相关部门及时纠正和完善。

【采购小案例——采购结算】

HT 鲜肉处理公司购买牲畜经处理后，出售给超市。该公司的牲畜采购与罚款控制要点如下：

1）每位牲畜采购员向公司总经理提出采购日报，报告内容有购买日期、预定交货日期、供应商姓名及编号、所购牲畜之种类和重量。货送达时，由 HT 公司中任何职员将每类牲畜点收，并在采购日报中的数量旁加注核对记号。日报中所列牲畜全数收齐后，即将报告退交采购员。

2）核对无误后的供应商发票，应交给相关的采购员核准并送至会计部门。会计部门编制支出传票并按核准的金额开立支票。支票送交出纳签章后，直接交给采购员转付供应商。

3）牲畜按批处理，每批均编订号码。每日终了将各批处理清单送至会计部门，清单内列示每批牲畜的号码、名称、鲜肉重量。会计部门设有存货盘存记录，记载处理后的鲜肉名称和重量。

4）处理后的鲜肉储存于员工停车场附近的小型冷冻库内。HT 公司停工时冷冻库上锁。上下班时间，另有公司警卫看守。超级市场提货人员提货时，若冷冻库无人，与公司人员接洽。

5）厂房或冷冻库内另有大量肉类副产品。副产品出货时才入账。此时，销货经理出二联式发货单，一联作为顾客提货凭证，另一联为开立账单的依据。

6）某日采购员小刘以现金 580 元购买了一些办公用品返回，凭发票直接到财务部报销。

7）HT 公司某经理外出与供应商协商谈判，回来后填制"差旅费报销单"，在"领导批示"栏经理直接签署同意后，即予以报销。

【案例点评】

结合上文所述的管理要点，我们可以发现该鲜肉处理公司存在的问题有：①采购与验收职务没有适当分工，没有适当编制验收报告；②采购员权力过大，不应收取和核准供应商发票；③牲畜屠宰控制机制没有建立；④冷冻库位置不当，应迁至工厂内或人烟稀少的地方；⑤安全措施不当，应随时上锁；⑥采购员小刘采购未曾申请，所购办公用品未经验收，发票未经签字，付款未经授权；⑦付款授权体系有问题，经手人和批准人不能为同一人。

2. 结算过程中出现的问题及处理方法

企业采购业务中，由于供应商生产、运输、装卸等种种因素影响，采购的货物会发生溢余短缺等情况，需要根据不同的情况进行相应处理。

（1）入库数量与发票数量不一致。

【问题 1】

某公司接收入库 6N137SDM SOP 贴片 100 件，然而供应商提交的原始发票上记录 6N137SDM SOP 贴片 80 件，入库数量大于发票数量。

处理方法：入库数量 + 合理损耗数量 = 发票数量。在选择发票时，在发票的附加栏："合理损耗数量"中输入溢余数量，此时溢余数量为负数。账务处理时降低入库货物的单价，将多余数量按赠品处理。处理方式见表 6-14。

【问题 2】

某公司接收入库 6N137SDM SOP 贴片 80 件，然而供应商提交的原始发票上记录 6N137SDM SOP 贴片 100 件，入库数量小于发票数量。

处理方法：入库数量 + 合理损耗数量 + 非合理损耗数量 = 发票数量。选择发票时，在发票的附加栏"合理损耗数量""非合理损耗数量""非合理损耗金额"中输入短缺数量、短缺金额，数量、金额为正数。账务处理时提高货物的单位成本，保持总成本不变。处理方式如表 6-15 所示。

表6-14　入库数量大于发票数量处理

货物编号	货物名称	单据号	结算数量/张	发票数量/张	合理损耗数量/张
2003	6N137SDM	00000002		80.00	−20.00
	SOP 贴片	00000005	100.00		
	合计		100.00	80.00	−20.00

结算号：		结算日期：		业务类型：			
供应商：		部门名称：		职员：			
采购类型：		备注：		税率：			

序号	规格型号	货物编码	货物名称	结算数量/张	结算单价/元	结算金额/元	暂估单价/元	暂估金额/元
1	6N137SDM	2003	6N137SDM SOP 贴片	100.00	80.00	8000.00	100.00	10000.00

表6-15　入库数量小于发票数量处理

货物编号	货物名称	单据号	结算数量/张	发票数量/张	合理损耗数量/张
2003	6N137SDM	00000002		100.00	20.00
	SOP 贴片	00000005	80.00		
	合计		80.00	100.00	20.00

结算号：		结算日期：		业务类型：			
供应商：		部门名称：		职员：			
采购类型：		备注：		税率：			

序号	规格型号	货物编码	货物名称	结算数量/张	结算单价/元	结算金额/元	暂估单价/元	暂估金额/元
1	6N137SDM	2003	6N137SDM SOP 贴片	80.00	125.00	10000.00	100.00	8000.00

由以上两种情况及其处理方法中可以得知，在采购结算时，如果入库数量与发票数量不一致，先确定其是否为合理损耗：合理损耗直接计入成本，相应提高入库货物的单位成本。也就是说总成本是不变的，损耗改变货物单位成本。非合理损耗则根据业务选择相应的非合理损耗类型，有专门的处理方式，各企业有不同的处理方法，这里不再深入探讨。

（2）订单数量与入库数量不一致。

【问题3】

C公司向供应商A订购常用电器零部件100个，供应商备货后发出交货通知，采购方验货后发现该零部件有120个，入库数量大于订单数量。

处理方法：该种情况发生在C公司与该供应商建立了长期友好的合作关系，且采购物品是常用的、多次采购的基础之上。由于供应商自身生产，或者装运时为了更好地利用空间，供应商会将多余的产品一并发给采购方。如果下次采购方订购100个零部件，供应商可以交货80个。同理，如果此次供应商只发货70个，需在下次补齐所欠的30个。针对此种问题的处理方式是建立供应商往来账，将这些交易情况、订单发货收货数量都记录在案，在双方规定的账期内进行结算。

6.3   外协采购管理

外协采购是指企业生产中需要的产品、零部件企业自己无法生产，或者达到相同质量要求所需费用更高，在市场上又买不到现成的成品，需要其他企业代为加工。我国有很多制造企业都是发达国家制造企业的"代工厂"，所谓原始设备制造商（OEM）就是这类产品外协生产商。现代企业为了提高竞争核心能力，发挥供应链优势，通常将非核心业务外包。本节主要围绕外协采购决策、外协采购流程、外协采购方式、外协采购管理等内容展开。

6.3.1   外协采购决策

外协采购决策是企业管理中的重大决策，其目的是保证发挥企业核心竞争能力，将非核心业务外包，使企业迅速发展壮大。外协采购决策包括决策的原则、决策应该考虑的因素和决策的制定过程。

1. 外协采购决策的原则

（1）专注核心业务。企业应根据自己的发展战略，确定自己的核心业务，并将核心业务所带来的优势发挥到极致，而将非核心业务外包，使企业健康、快速发展。企业的核心业务一般包括产品设计与创新能力（如苹果、三星等企业）、市场渠道与销售能力（如沃尔玛、苏宁、苹果等企业）、零部件加工与装配能力（如富士康、比亚迪等企业）。不是所有的企业都同时具备这三种能力，但只要具备一种，就应该潜心打造，并将其发扬光大。

（2）低成本。企业在选择外协采购时，在保证相同的质量水平下，一定要分析委托加工的成本，要保证其比自己生产的成本低。这样才有利于发挥低成本的优势，提高产品的市场竞争力。

（3）高质量。企业在选择外协采购时，在保证相同的成本水平下，如果委托加工可以获得更高的产品或零部件质量，则应该选择外协采购。

（4）缩短交货期。随着市场需求的个性化和产品更新换代的加速，短的交货期已成为企业制胜的法宝。有效的外协采购可以缩短产品的交货期，使企业在市场中占得先机。

2. 外协采购决策应该考虑的因素

（1）内部因素。企业是否选择外协采购，首先需要考虑自身因素，如自己是否具备产品/零部件加工能力、加工成本是多少、加工周期多长、是否需要添置额外的厂房和设备及人员、是否有利于发挥企业的核心竞争力。如果得到否定的答案，企业则需要选择外包。

（2）外部因素。在分析了内部因素之后，企业还需要考虑外部因素，如市场上是否有合适的供应商、供应商的地理位置是否方便产品/零部件的运输、国家宏观政策对产品/零部件的影响、技术发展水平与可得性等。

3. 外协采购的决策过程

外协采购决策的制定过程如图 6-4 所示。

首先决定外协内容，是产品外协还是零部件外协。然后进行具体策划，对于产品外协，公司设计部门应该提出产品质量标准与要求，公司高层开会决定哪些产品外协；对于零部件外协，需要根据设计图样和工艺要求，公司工程部门提出外协要求，公司领导组织设计、工艺、质量、生产、财务等部门开会，决定需要外协加工的零部件品种与规格以及外协加工允许的价格范围。

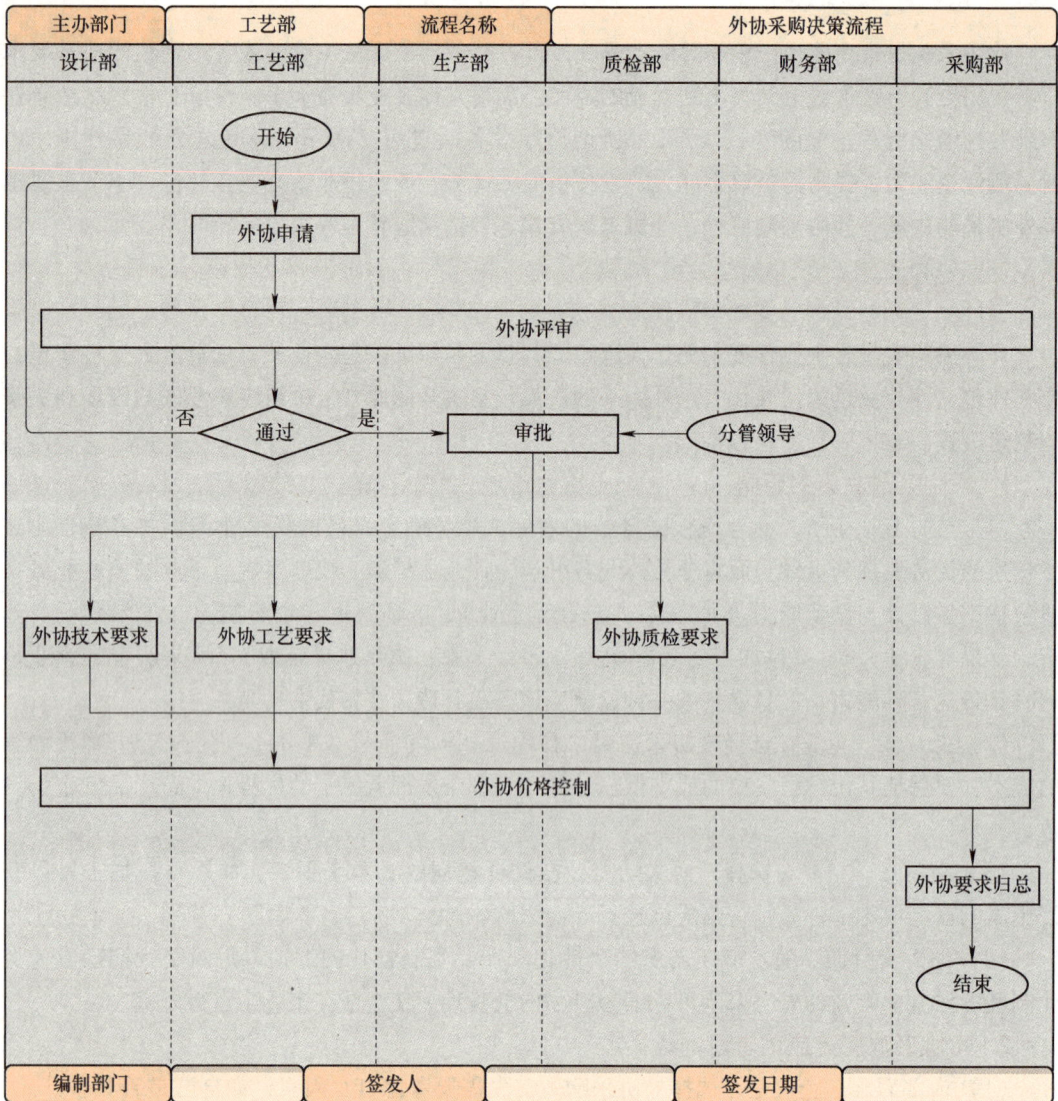

图6-4　外协采购决策的流程

6.3.2　外协采购流程

外协采购的流程如图6-5所示，包括外协采购申请、外协供应商选择标准制定、外协供应商选择、商务谈判、签订外协加工合同和监控加工质量。

1. 外协采购申请

外协采购申请由企业工艺部门提出，经过企业相关部门评审，确定需要外协的产品品种、零部件和某些零件的外协工序。然后设计部门提出相关的技术要求、工艺部门提出相关的工艺要求、质检部门提出相关的质检要求，由采购部门汇总，形成外协件总需求。

主办部门	采购部	流程名称		外协采购流程		
设计部	工艺部	生产部	质检部	财务部	采购部	供应商

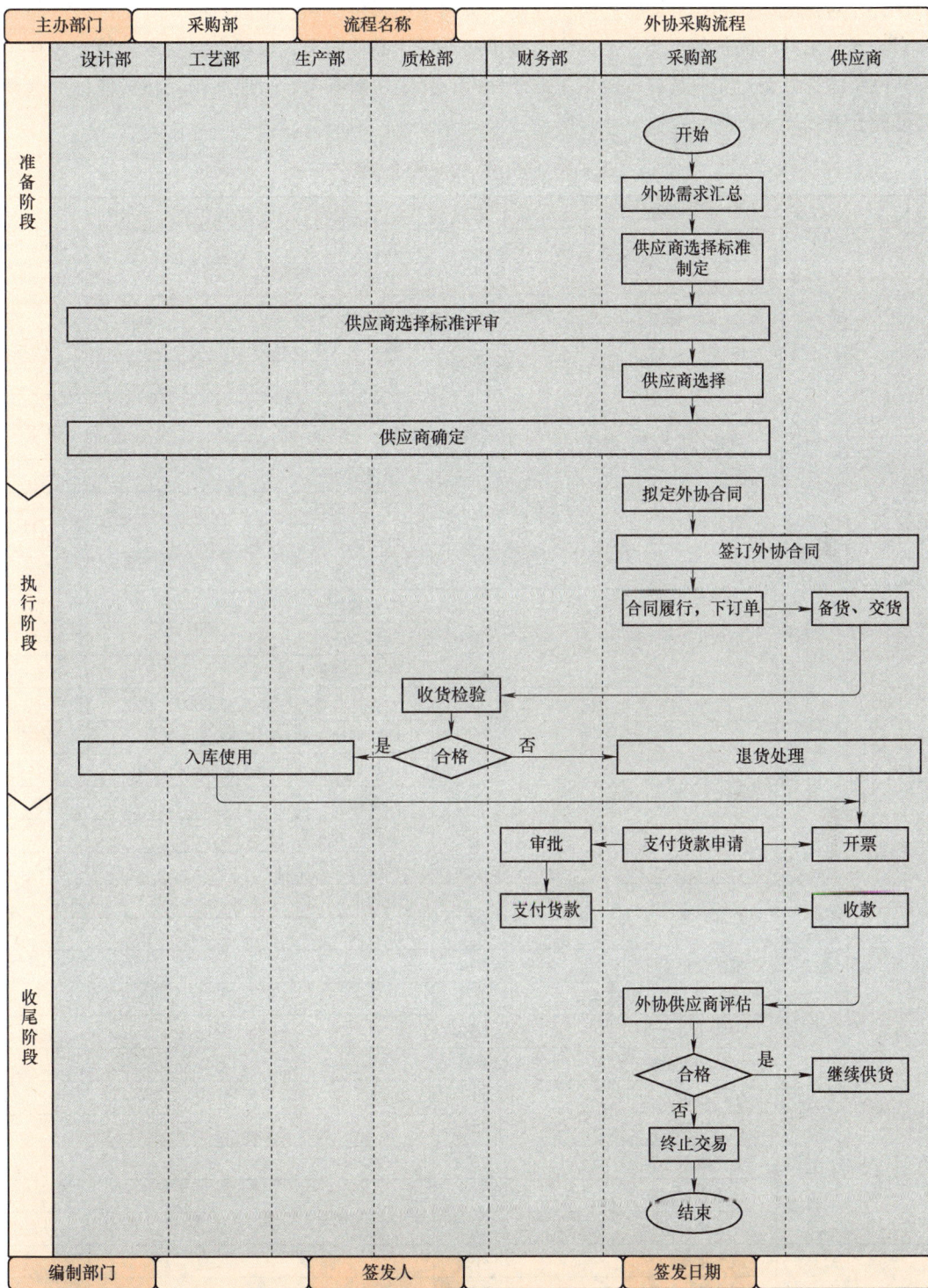

图 6-5　外协采购流程

2. 外协供应商选择标准制定

采购部门根据外协件总需求，提出外协供应商选择标准。前面我们提到可以根据采购物资的分类，对供应商作相应分类，外协供应商一般属于瓶颈供应商，他们一般具有生产该产品的专有技术，虽其产品价值不高但能为企业提供必需的产品或服务，市场直接获取较难。表 6-16 是某汽车零部件制造企业选择外协供应商的标准，供学习时参考，行业不同，在具体标准选择上可能会有差异。

表 6-16　外协供应商的选择标准

一级指标	权重	二级指标	权重	三级指标	权重
资质	30%	企业文化与管理水平	15%	企业文化	60%
				管理水平	40%
		专有技术及研发能力	20%	专利发明数量	30%
				新产品开发能力	20%
				标准制定能力	20%
				研发经费投入	30%
		设备及工艺的先进性	15%		
		财务状况	15%	销售利润率	30%
				资产负债率	20%
				资产周转率	20%
				资信等级	30%
		信息化水平	10%	应用软件	50%
				网络及服务器	40%
				开发与维护人员	10%
		企业社会责任	15%	企业社会责任标准（SA 8000）认证	20%
				国际环境标准 ISO 14000 认证	20%
				保护员工权利，营造安全生产环境	20%
				回报社会	20%
				多样性和包容性	10%
				可持续发展能力	10%
		外部环境	10%	地理位置	60%
				经济发展状况	40%
质量	30%	批次合格率	30%		
		每百万个产品废品率（PPM）	20%		
		虚假质量文件	20%		
		导致装配故障	15%		
		用户投诉	15%		
交付	20%	延迟交货	50%		
		交货数量不足	20%		
		交货数量过多	20%		
		导致额外运费	10%		
服务	15%	服务承诺	40%		
		快速响应	35%		
		客户满意度	25%		
价格	5%	相对价格水平	60%		
		价格稳定性	40%		

3. 外协供应商选择

外协供应商选择与一般供应商选择类似，首先成立外协供应商选择小组，这个小组成员除采购部之外，应包含设计、工艺、生产、质检和财务部门相关人员。然后根据已经建立的外协供应商选择标准，对外协供应商进行实地考察走访，向外协供应商说明外协产品的技术要求和工艺要求，让外协供应商提供解决方案并介绍已经解决的经验，查看外协供应商的资质，对照选择标准逐一评分。最后根据评分结果确定合格外协供应商和备选外协供应商。

4. 商务谈判

应用谈判技巧对合格外协供应商逐一进行商务谈判，仔细了解外协供应商对所提供的外协产品的原材料选择与来源、加工工艺设计、设备选型、质量保证措施、加工能力、员工技术水平等信息，评估外协供应商的报价和服务水平以及未来发展空间，确定合理的外协价格和交付需求。

5. 签订外协加工合同

经过双方友好协商，就外协加工条款达成一致，在法律规范下形成外协加工合同，双方签字、盖章后生效。

6. 监控加工质量

外协加工合同签订之后，如果是供应商首次加工该种产品，需要供应商先做首件试验，待检验合格后方能批量供货；如果供应商已经具有该种产品的加工经验，则可以直接按照用户需求进行批量供货。一般要求供应商完全负责产品质量。如果允许有不合格品，则在收货时要进行检验，以剔除和统计不合格品批次和数量，并据此向供应商索赔和作为考核供应商的依据。

6.3.3　外协采购方式

外协采购的方式一般包括产品外协、零部件外协、部分加工工序外协三类。

1. 产品外协

产品外协是指企业将产品设计好之后，全部委托其他企业进行生产和组装，然后由该企业进行销售。产品外协如果委托一家工厂进行，需要提供全套产品设计图样或工艺，这必然产生技术泄密问题，需要在委托合同中严格界定；产品外协如果委托不同的工厂进行，每家工厂只做产品的一部分，这有利于保护企业的技术机密，但会带来供应商协调管理的复杂性。

2. 零部件外协

零部件外协是指产品中的部分零部件由于加工设备、加工能力、加工成本等因素，企业自己无法生产而委托给其他企业生产的情况。零部件外协需要提供零部件设计图样和工艺要求，可以细分为带料外协加工和不带料外协加工。

带料外协加工是指不仅提供设计图样和工艺要求，而且提供原材料，要求外协供应商利用该原材料按照工艺要求加工好零部件，并按时送回企业。此时，外协加工成本只包括加工费和运输费。企业采购部门需要采购原材料并需要进行简单的下料处理，随外协订单一起送达外协供应商。采购部门要根据销售或生产计划，依照工艺、定额限额发料。外协供应商应回收有价值的边角料，数量由采购部定额员核销。

不带料外协加工只提供设计图样和工艺要求，外协供应商根据要求采购原材料进行加工，并按时送回企业。外协加工成本除加工费和运输费外，还包括材料费。

3. 部分加工工序外协

部分加工工序外协是外协采购中最复杂的一种，是指企业在零部件加工过程中，某些工序由于设备或技术原因，自己无法完成，需要其他企业协助完成，例如机械加工中的热处理工序、电镀工序、特种加工工序（如线切割、电火花加工、复杂曲面加工等）。此时因为零部件已经经过加工，出厂外协时，必须经过严格检验，防止不合格品外流；另外，在运输过程中，要确保零部件不被损坏，外协供应商在接到这些已经加工过的零部件时，也需要仔细检验，以避免收到不合格品或运输过程中损坏的零部件；工序加工完成之后，外协供应商同样需要检验工序质量；零部件返回企业之后，同样需要进行入库检验，以消除不合格品。

检验过程中，一旦发现不合格品，需要分析其原因和责任方，如果是外协供应商的责任，需要根据外协合同进行索赔，索赔的金额记录在外协供应商的往来账中。

产品装配过程中发现不合格品，需要追溯加工过程，分析其原因和责任方，如果是外协供应商的责任，需要根据后续工序的加工成本和外协合同，进行加倍索赔，索赔的金额记录在外协供应商的往来账中。

产品在使用过程中，在质保期内发现不合格品，需要追溯加工和装配以及运输过程，分析其原因和责任方，如果是外协供应商的责任，需要根据外协合同，进行严厉经济制裁，处罚的金额记录在外协供应商的往来账中。情况严重时，要取消外协供应商资格。

6.3.4 外协采购管理要点

外协采购管理是个动态管理的过程，与一般采购管理相似，这里仅就外协供应商管理、外协价格管理、外协件质量管理和与外协供应商建立长期合作关系进行讨论。

1. 外协供应商管理

与一般供应商的管理相比，外协供应商的管理更加复杂。企业首先需要建立外协供应商评价标准，然后应用此标准去选择外协供应商。在选择过程中，主要是实地考察供应商的生产工艺、生产设备，要从生产能力、技术水平、质量保证和价格合理等多方面进行考察。与一般供应商管理方式相类似，外协供应商也需要经过开发、调查、认证、选择等步骤。

与一般供应商管理不同的是，外协供应商需要进行单件试制、小批试产，让采购方的生产、技术、质检、企管和销售等部门评估，达到企业的要求之后，才能初步认定；待投入试产后得到各部门和用户的确认，才能正式签订外协合同，成为企业的合格外协供应商。

2. 外协价格管理

外协加工的价格制定是一个困难和复杂的任务。一是没有标准可以参考，二是详细的成本核算需要耗费大量的人力和时间，三是核算过程需要专业知识和技能。正因为如此，企业需要加强外协加工的价格管理，以消除外协加工价格的"黑洞"。具体的外协加工价格管理包括定价、核价和调价。采购部门应设立外协加工定价员，定价员根据加工工艺和企业加工成本预算，估计外协件的加工成本，作为与外协供应商谈判价格的基础。企业应该成立一个以财务部门为主的采购价格小组，完善采购价格管理机制。无论是新定价或调价，都应由外协供应商提出申请，填写核价申请单、阐明理由，并提供材料费、加工费资料，由企业采购价格小组审核讨论集体决定，以书面答复为依据，避免少数人说了算，或引起不必要的纠纷。

3. 外协件质量管理

外协零部件，不论是成品还是半成品，理论上都要经过质检部门的严格检查。对于不合格的零部件，检查人员要不徇私情，应将检验单书面通知生产部门和外协供应商作报废处理或返修；如果能够回用的零部件，必须经技术部门认可，书面提出回用措施及注意事项。如果是采用免检方式，则对外协供应商较为信任，需要在早期选择过程中，按照物料或零部件规格选定可靠的外协供应商。零部件判定为不合格的，是外协单位的责任，由外协单位赔偿；是本企业的责任，按质量管理处罚条例酌情处理；对于回用品，分清责任赔偿部分损失。

4. 重视与外协供应商建立长期合作关系

与供应商关系管理类似，每年可以集中一至二次对外协供应商进行评比，质量信得过又能按时交货的外协供应商应给予一定的奖励，以继续发展双边关系；反之，出了问题又得不到及时纠正的外协供应商，应根据合同法予以解除。在外协过程中，要放弃单向有利的原则，转而寻求互利共赢。应该根据市场波动，制定合情合理的外协价格，鼓励外协供应商的加工积极性，避免由于过分压价，使得外协供应商采用偷换材料、降低质量指标等手段降低加工成本，最终造成产品质量水平下降的情况发生。对于人员素质较好、有发展前景的外协供应商，可以积极培养为优秀的外协供应商，与之建立长期合作关系，在业务方面提供长期稳定的业务量，确保该外协供应商稳定发展；并在技术方面提供技术培训和指导，把经验和技术传授给外协供应商，使外协供应商在设备和技术方面都有不断的提高和创新，有能力成为合作伙伴并建立长期合作关系。

6.4　采购绩效评估

采购结算并不意味着采购活动的结束，企业还需要依据实际情况对每一次或者部分重大采购活动进行绩效评估，了解采购活动的缺陷与不足，并予以改善，为下一次采购作准备。

6.4.1　采购绩效评估概述

1. 采购绩效评估的含义

采购绩效包括采购效益和采购业绩，是指采购产出与相应的投入之间的对比关系。评估即评价估量，就其本义而言，是评论估量货物的价格，现在泛指衡量人物、事物的作用和价值。由于企业对采购绩效评估的重视相对较晚，采购绩效评估的概念与内涵尚没有严格的界定。房庆辉认为，采购绩效评估是对采购业务发生过程的具体反馈，通过各类绩效评估指标把采购过程发生的数据收集整理出来，通过数据整合对企业采购作出一个评价，用实际数据说话，而不是像传统方法一样通过人的主观感觉意识来对其进行评价。Kenneth 等强调数量和质量评价的综合运用，将采购绩效评估定义为在给定时间内，从数量上和质量上来评估与采购经济性、效率和有效性有关的企业目标或运作达到的程度及完成的情况。这个定义在时间上明确了评价的进程，确定了企业目标与采购效率和效益的结合，具有很强的代表性。

综合前人研究，我们将企业采购绩效评估定义为：围绕企业采购活动过程和相关主体来进行的，通过将企业战略目标分解成采购具体目标，建立绩效评价体系、测量标准，对特定采购活动、人员以及供应商等进行测评，将测评结果反馈并应用于企业日常管理活动中的一系列业务活动。

2. 采购绩效评估的意义

近年来，采购在企业整个运作过程中的重要性越来越大，企业越来越强调对采购过程的监控，通过对采购活动过程中各项指标的观察与评估，保证战略目标的实现。企业进行采购绩效评估的意义在于：

（1）为企业提供决策支持。通过采购绩效评估可以发现计划与实施过程中出现的差异，通过差异分析可以使采购绩效和成果更具可见性，为企业提供一定时间内采购绩效的追踪记录，及时发现和解决可能出现的问题，直接支持管理层对采购活动的战略决策制定。

（2）促进企业内外良好沟通。采购绩效评估活动促使供应链成员之间能更好地沟通，包括在企业部门内部、部门之间，以及与供应商之间。

（3）提高采购业务的透明度。通过采购绩效评估，了解采购活动的各个方面，可以减少或杜绝采购舞弊状况的发生，提高业务的透明度，有利于企业的平稳发展。

（4）为员工提供激励和指导。企业可以将采购绩效评估与员工绩效相挂钩，将采购绩效评估的结果作为员工奖惩制度和员工发展计划的一部分，提高员工的积极性，激励和引导与采购有关的员工行为向良性结果方向发展。

3. 现有企业采购绩效评估存在的问题

尽管采购绩效评估对企业的意义重大，但是在具体实施过程中仍出现了不少问题。调查发现，问题可以大致归为两类，一是管理层面的问题，二是采购绩效评估体系的问题。

（1）管理层面存在的问题。

1）决策层没有给予足够的支持。企业高层忽视采购绩效评估的重要性，不能在人员和资源等方面给予足够的权利，导致采购绩效评估活动得不到有力的支持，从而不能很好地开展，影响了采购绩效评估的效果。

2）采购绩效评估人员缺乏必要的沟通与反馈。整个绩效评估需要大量的信息和数据收集，然而企业经常由于各种原因不能实现很好的信息联系和信息沟通，往往不能使信息数据在第一时间反馈给评估人员，信息的不全面和时间滞后性使得企业不能作出有效的评估。

3）采购绩效评估集中于采购部门。现代采购是站在企业战略的角度上，涉及供应商和顾客的整个供应链采购过程，因此，采购绩效评估也应站在整个供应链的角度来衡量、评估，但在现在的企业中，这项工作仍由采购部门单方来负责，存在着很大的局限性。

（2）采购绩效评估体系存在的问题。

1）绩效评估指标不健全，缺乏战略性高度。目前大多数企业还没有形成一整套指标体系，难以在现代企业管理制度的指导下全方位地评估物资采购工作的绩效。同时，对采购工作也缺少战略高度的要求，不能促进物资采购管理在经济全球化的趋势中向供应链管理方向提升、优化。

2）绩效评估只关注结果。绩效评估应该既关注过程又关注结果，然而目前企业大多都只看绩效评估的结果，从结果中发现问题，却忽视了结果中的问题往往是过程导致的，从而不能在根源上真正把握绩效评估中存在的问题。

3）往往只关注财务指标。很多企业建立的采购绩效指标大多围绕财务指标展开，却忽视了供应商关系等指标的作用，从而无法得到全面的绩效评估结果。

4）绩效评估指标缺乏重点。许多企业建立了相对完善的采购绩效评估指标体系，但并没有分清主次指标，因此不能对重点采购指标进行详细、具体的评估，从而不能把握关键的采购指标，造成耗费了大量的人力物力、财力。

针对第一类问题，企业需要从决策层开始，强化采购绩效评估意识，贯彻实施采购绩效评估，动员全体员工，从而达到有效的评估结果。针对第二类问题，我们将在下文介绍一套相对完整有效的采购绩效评估体系。

6.4.2　采购绩效评估指标体系

企业在进行采购绩效评估指标体系的构建时，**可应用 SMART 原则进行检查，即符合具体明确的（specific）、可测量的（measurable）、可采取行动的（actionable）、实际可行的（realistic）和基于时间限制的（time-bound）这几项要求，进而依具体的企业目标作相应的评价指标选择**。在综合各项研究的基础上，我们认为可以从战略层面、战术层面和运作层面三个层面进行采购绩效评估。

1. 战略层面

采购绩效评估的一个重要指标是采购战略与企业战略的匹配度。所谓战略匹配，是指公司寻求的竞争优势与公司用以获取竞争优势的流程、能力和管理政策之间的一致性。通过本书第 3 章和第 4 章我们可以发现，应从战略高度分析和理解企业采购问题。采购战略是采购管理部门在现代采购理念的指导下，为实现公司的战略目标，通过供应环境分析，对采购工作进行长远性的谋划和决策。企业采购战略可分为集中采购战略、分散采购战略和联合采购战略等。企业在选择采购战略时应服从于企业战略等，通过有效的匹配达到支撑和实现企业战略的效果。采购战略与企业战略是否匹配可以从采购目标、采购组织、采购制度与流程、供应商管理策略中反映出来。

2. 战术层面

采购绩效评估还需要考察企业是否形成供应商联盟。21 世纪以来，供应商正在从单纯的货物/服务的提供者转变为采购方的商业伙伴。新的战略供应商关系已成为趋势，在更紧密的共同利益联系下，游戏规则从"单赢"变成了"双赢"。采购方需要更多地从双赢的目的出发，以帮助供应商改进流程，降低营运成本。同时采购方可以通过减少供应商数目来控制自身对供应商的管理成本，同时增加单个供应商的采购量，提高供应商的依赖度。双方可以建立联合的、系统性的组织，以达到组织的兼容，并通过流程优化增强合作双方的基础，减少"企业边界"固有的效率损失。

供应商联盟关系表现在以下方面：根据需要设立专门的对口部门，实行"一站式"管理；互派员工到对方公司内实习、考察、工作；举办各种类型的研讨会和交流会；每年针对存在的组织问题成立联合的"效率小组"，改善彼此的组织模式和接口；彼此开放一定的管理系统（如信息布告牌共享、市场信息共享、技术信息共享、实时生产计划传递）等。我们可以据此来进行评估。有关供应商关系管理的内容将会在第 7 章详细叙述，在此，我们只需要了解企业与供应商是否形成长期可靠的联盟关系是考核采购绩效的一个重要指标即可。

3. 运作层面

主要对采购运作过程中的各项活动进行评估，其指标体系主要包括成本绩效指标、质量绩效指标、时间绩效指标、效率指标和供应商绩效指标等。

（1）成本绩效指标。采购管理的重大目标之一就是降低采购总成本。所有与财务有关的指标都可归入这一类。

1）物资采购费用率。物资采购费用率是指采购费用额与实现采购资金总额的比率。采费用额是指围绕着采购活动而发生的，除去购入原料以外的费用。包括管理费用、装卸费用、差旅费用、办公费用等。物资采购费用率越低越好。

2）采购资金节约率。采购资金节约率是指计划采购资金与实际采购资金之差占计划资金的百分比。采购材料价格差异是反映资金利用情况的一项重要考核指标。采购资金节约率越高，绩效越高。

3）库存管理费用。库存管理费用包括存储成本、库存品转移成本等。库存管理费用越低越好。

（2）质量绩效指标。该指标用于考核采购的质量绩效，通常由进货验收合格率指标和在制品验收合格率指标来判断。前者指供应商交货时的产品验收合格率；后者则是交货后，在生产过程中发现的不合格品的百分比，后一个指标用于弥补在验收时由于抽样验收产生的漏检，而不能对进货产品质量做出全面准确的判断的缺陷。合格率越高，采购绩效越好。

除此之外，质量绩效指标还包括商品免检率、商品抽检缺陷率、商品返工返修率、商品报废率、退货率、对供应商的投诉率与处理时间等。

（3）时间绩效指标。这项指标是用以衡量采购人员下达订单的时机以及对供应商交货时间的控制。订单下达延迟和供应商延迟交货，都可能形成缺货。经常停工断料，将造成顾客订单流失。但是订单下达过早和供应商过早交货，也可能导致采购方负担不必要的存货成本或提前付款的利息费用。因此，企业需要在恰当的时间内进行采购，并与供应商保持沟通，进行严格的到货时间控制。

（4）效率指标。采购效率指标主要考察采购人员的工作能力，包括采购计划完成率、错误采购次数、采购资金周转率、开发新供应商个数等。

1）采购计划完成率。采购计划完成率等于考核期实际采购量与计划采购量之比。它是反映采购人员在一定时期内，保证生产用料供应程度的核算指标。在采购计划制订科学、合理、准确的情况下，采购计划的完成率越高，说明生产用料的保证程度就越高，采购绩效越高。

2）错误采购率。错误采购率等于错误采购次数与总采购次数之比。错误包括采购物资错误、采购时间错误等。错误采购率越低，绩效越高。

3）采购资金周转率。这是考核采购资金周转速度和利用效果的指标。采购资金的周转速度越快，意味着采购资金利用得越充分，利用的效果越好。年度采购资金平均占用额就是年内12个月的采购资金平均占用额之和除以12。采购资金周转率越高，采购绩效越高。

4）开发新供应商个数。采购人员不仅要处理日常的采购工作，还要不断进行新的供应商开发，新供应商个数越多、质量越好，其采购绩效也越高。

（5）供应商绩效指标。供应商绩效也与企业的采购绩效息息相关，一般从质量、价格、供应、服务四个维度对供应商进行绩效考核，内容详见第7章。供应商绩效越高，相应的，企业采购绩效也能得到大幅提高。

企业可以根据自身情况从以上指标中挑选全部或者部分作为评估指标，进行采购绩效评估。

6.4.3　采购绩效评估标准

采购绩效评估的关键不仅在于设置一套合理的指标体系，还在于制定出相应的、合理的、适度的标准。常见的标准如下：

1. 历史绩效

选择公司以往的绩效，作为评估目前绩效的基础，是相当正确、有效的做法。但只有在公司采购部门的组织、职责或人员等都没有重大变动的情况下，才适合使用此项标准。

2. 预算或标准绩效

若过去的绩效难以取得或采购业务变化巨大，则可以用预算或标准绩效作为衡量基础。标准绩效具有固定性、持续性、可达成性和挑战性。

3. 同业平均绩效

若企业其他同业公司在采购组织、职责及人员等方面相似，则可与其进行绩效比较，以辨别彼此在采购工作成效上的优势。若个别公司的绩效资料不可得，则可以用同业绩效的平均水准来比较。

4. 目标绩效

预算或标准绩效代表在现况下"应该"可以达成的工作绩效；而目标绩效则是在现况下，要经过一番特别的努力，否则无法完成的较高境界。目标绩效代表公司管理当局，对工作人员追求最佳绩效的"期望值"。

当采购绩效评估指标体系和评估标准确定之后，企业就可以组织人员对采购工作进行定期或者不定期评估，具体考核表如表 6-17 所示。

表 6-17　某公司 2013 年第一季度采购绩效考核表

指标类别	指标名称	考核标准（%）	完成值（%）	得分（5 分制）
质量绩效	到货质量合格率	99	100	5
	退货率	1	0	5
时间绩效	到货及时率	98	99.6	4.8
效率	计划完成率	96	96.5	4.5
	订货差错率	1	0	5
	人均完成采购申请单数	按实	44	4.5
财务绩效	采购费用率	0.15	0.12	4.8
	采购资金节约率	5.5	5.53	4.6
供应商绩效	供应商流动比率	按实	105	4.5
	供应商交货及时率	96	99	4.8
	供应商信用度	按实	96.7	4.7
平均得分				4.75

实践证明，采购绩效评估指标体系的建立和使用，能够科学、客观地反映企业整个采购过程的运作情况，促进企业加强采购管理，提高效益。

6.4.4　采购绩效评估方法

由于采购在企业整个运作过程中的重要性越来越大，企业越来越强调对采购过程的监控，通过对采购活动过程中各项指标的观察与评估，保证战略目标的实现。越来越多的企业管理者认识到采购部门的巨大作用，定期合理地评价采购部门的绩效可以节省费用，直接增加企业利润。企业进行采购绩效评估的方式一般可分为定期评估和不定期评估两种。

1. 定期评估

定期评估是配合公司年度人事考核制度进行的。一般而言，如果能以目标管理的方式，也就是从各种工作绩效指标中选择年度重要性比较高的几个定量指标，年终按实际达到的程度加以考核，那么一定能够提升个人或部门的采购绩效。并且，这种方法因为摒除了"人"的抽象因素，以"事"的具体成就为考核重点，也就比较客观、公正。

2. 不定期评估

不定期绩效评估是以专案的方式进行的。例如公司要求某项特定产品的采购成本降低15%，当设定期限一到，评估实际的成果是否高于或低于15%，并就此成果给予采购部门的成员适当的奖励或处分。此种评估方法对采购人员的士气有巨大的提升作用，特别适用于新产品开发计划、资本支出预算、成本降低的专案。

在了解采购绩效评估的指标体系和标准的前提下，具体的采购绩效评估方法直接影响评估计划的成效和评估结果的正确与否。常用的评估方法有以下几种：

（1）模糊综合评价法。对采购绩效评估指标体系进行分层，构造出多级模糊综合评价模型来对未来企业采购行为进行多层的评价，是目前企业最为常用的评估方法。

（2）时间序列分析。这种方法以历史数据为基础，并假设过去活动中的某种趋势将会在未来几年内持续下去，从而推断将来的行为。这种方法适用于涉及物资较少、采购过程较为简单的企业。

（3）采购基准法。采购基准法是指同行业不同公司之间的比较，以一个特定背景的采购组织为参考，作为比较的依据。这种方法对行业透明度要求较高，需要企业对同业采购信息了解较多。

（4）直接排序法。在直接排序法中，在每一次采购完成后，评估人员按绩效表现从好到坏的顺序依次给每一次采购排序。这种绩效体现的既可以是整体绩效。此方法也可以是某项特定工作的绩效。此方法简洁明了，但不够精确。

（5）两两比较法。两两比较法是指在某一绩效标准的基础上把每一次采购与其他采购相比较来判断出哪一次"更好"。将此方法运用到采购人员绩效评估中就是在某一绩效标准的基础上，把每一个员工与其他员工相比较，来判断谁"更好"，记录每一个员工和任何其他员工比较时被认为"更好"的次数，根据次数的高低给员工排序。

（6）等级分配法。等级分配法能够克服直接排序法和两两比较法的弊病，由评估小组或主管先拟定有关的评估项目，按评估项目对员工的绩效作出粗略的排序。

采购绩效评估应不断完善。在形成和实施制定的标准和计划后，要对产生的结果重新进行审视，对已经形成的标准和方法不断地进行提炼和改进。这样，数据的收集、分析与方案的提炼、改进就形成了一个精确复杂的循环。

📖 本章小结

本章是采购运作管理的第二部分，重点介绍了采购质量管理、采购结算管理、外协采购管理与采购绩效评估等。

与采购成本管理相似，采购质量管理也贯穿整个采购过程。采购质量是整个产品质量问题的源头，企业可以通过事前规划、事中执行与事后考核三步来进行采购质量控制。事前规划是指确定清晰的物料规格，关于质量最简单的定义就是符合规格。事中执行是指选择合适的供应商，有能力、信任度高的供应商有利于提高采购质量。事后考核是指利用有效的检验方式，包括免检、自检和第三方检验等。

173

当供应商按期交货，产品验收入库后企业需要按照结算制度进行款项结算。结算方式包括预付款结算、现金结算和后付款结算。在采购结算管理中，企业要注意进行内部控制，结算申请需要提交充分的凭证和记录，并进行适当的职责分离、正确的授权审批和必要的监督检查。本章也介绍了一些企业采购结算管理中可能出现的问题，并给出解决方案。

对于部分产品或零部件，企业不准备自己生产时，就产生了外协采购需求。企业需要根据内外部因素分析，作出外协采购的决策。选择外协方式，而后进行外协采购。外协采购的方式一般包括产品外协、零部件外协、部分加工工序外协三类。外协采购包括外协采购申请、外协供应商标准制定、外协供应商选择、商务谈判、签订外协加工合同和监控加工质量等程序。

采购绩效评估是企业对整个采购过程的监控。通过采购绩效评估，企业可以发现采购活动中的缺陷与不足，并予以改正，提高效率。采购绩效评估可以从战略层面、战术层面和实际运作层面三方面进行。

企业采购运作管理是一个整体，不仅需要对每个环节进行单独管理，更要发挥整体效应，达到整体最优。目前对企业运作管理的研究还在进行中，现实中企业运作也会暴露更多的问题。通过对新问题的研究，企业采购运作管理将会取得更大的发展。

习题

一、选择题

1. 以下导致产品质量问题的原因中，不属于材料方面的因素是（ ）。
   - A. 混有杂料、废料
   - B. 替代产品稳定性差
   - C. 入库管理不当，导致变质
   - D. 机器加工精度不够

2. 采购质量管理中最主要的环节是（ ）。
   - A. 制定质量方针
   - B. 质量策划
   - C. 质量改进
   - D. 质量控制和质量保证

3. 采购结算方式包括（ ）。
   ①预付款结算方式 ②当场付款 ③用量挂账 ④月结方式 ⑤货到付款
   - A. ①②③④⑤
   - B. ①②③④
   - C. ①②④⑤
   - D. ②③④⑤

4. 企业外协采购流程中，（ ）的工作需要设计部、工艺部、财务部、质检部、采购部等多部门共同完成。
   - A. 拟定外协合同
   - B. 供应商选择标准的评审
   - C. 支付货款
   - D. 验收入库

5. 外协采购中，最复杂的方式是（ ）。
   - A. 产品外协
   - B. 零部件外协
   - C. 服务外协
   - D. 部分工序外协

二、判断题

1. 当供应商评分较高时，对于该供应商提供的产品可以采用免检方式。（ ）
2. 所有不合格产品都由供应商承担责任。（ ）
3. 供应商在通知采购方支付货款时，应提供的凭据包括采购订单、发货单和原始发票。（ ）
4. 外协供应商的选择标准应包括资质、服务、质量、交付、价格等，行业不同，在具体标准选择上可能会有差异。（ ）
5. 采购绩效评估只需要在采购部进行，不需要考虑其他因素。（ ）

三、思考题

1. 企业如何保证采购质量？

2. 列举采购结算管理的方式，并指出企业进行结算管理时应注意哪些的问题。

3. 当供应商提供的原始发票与实际订单数量不符合时应如何处理？

4. 描述企业外协采购的方式，及外协采购管理的注意要点。

5. 为什么要进行采购绩效评估？采购绩效评估应包括哪些方面？

参 考 文 献

[1] 孙铁玉. 新编采购管理 [M]. 南京：南京大学出版社，2011.

[2] 李育蔚. 采购管理流程设计与工作标准 [M]. 北京：人民邮电出版社，2012.

[3] 彼得·贝利. 采购原理与管理 [M]. 王增东，译. 北京：电子工业出版社，2006.

[4] 魏国辰. 采购实际操作技巧 [M]. 北京：中国物资出版社，2007.

[5] 陈兵. 加强采购质量管理方法与措施研究 [J]. 市场论坛，2007，8：30-32.

[6] 韩建国. 采购管理规范化手册——职责·流程·制度·表单 [M]. 北京：人民邮电出版社，2012.

[7] 刘世兵. 原材料采购结算方式的应用 [J]. 中国经贸，2011，20：191-192.

[8] 李明. 采购与付款及销售与收款控制实务与案例分析 [M]. 北京：经济科学出版社，2007.

[9] 范明远，曾仕龙. 企业政策因素对灰色采购行为倾向的影响 [J]. 管理科学学报，2010，10：40-50.

[10] 葛立凡. 改善企业外协管理的六个重要环节 [J]. 包装世界，2012，3：23-25.

[11] 房庆辉. 面向单件小批生产系统的物资采购管理设计与实现 [J]. 哈尔滨理工大学学报，2005，(3)：26-28.

[12] Kenneth L, Brian F. Purchasing and Supply Chain Management [M]. 北京：电子工业出版社，2007.

[13] 唐艳，蔡勇，李卫忠. 现代采购管理 [M]. 武汉：武汉理工大学出版社，2008.

[14] 周雅顺. 采购实务 [M]. 北京：化学工业出版社，2009.

第7章
供应商管理

供应商是指可以为采购企业经营提供所需原材料、设备、工具、服务和其他资源的企业。采购企业要维持正常的生产经营，就必须有一批可靠的供应商提供物资和服务，因此，供应商对采购企业的生存和发展至关重要。供应商管理就是供应商开发、选择、审核、认证、考核评价等综合性管理工作的总称。供应商管理是采购管理中一项至关重要的工作，其目的在于建立稳定可靠的供应商关系，为采购企业生产经营活动提供可靠的物资保障。

7.1 供应商开发与选择

供应商的开发与选择是企业进行供应商管理的开端，优秀的供应商不仅可以为采购企业提供质量过硬的物资，而且可以为采购企业的最终产品带来竞争优势。采购企业在开发与选择供应商时，首先应对供应市场进行分析，初步掌握供应市场的基本情况，然后按照规范的流程和步骤来开发和选择供应商。

7.1.1 供应市场分析

供应市场分析是企业为了满足未来发展的需要，针对所采购的物资进行供应商、供应价格、供应量等与供应市场相关的数据调研、收集、整理和归纳，从中分析出所有相关的要素，以应用于采购决策。具体分析内容包括供应商所在国家或地区的宏观经济情况、供应行业及市场情况和供应商的情况。

1. 宏观经济分析

宏观经济分析指的是分析一般经济环境及影响未来供需平衡的因素。宏观经济环境决定了供应市场的发展趋势，因此分析供应市场时应首先全面分析整个世界经济和当地经济的发展趋势。具体来说，应分析的内容是产业范围、经济增长率、产业政策及发展方向、行业设施利用率、货币汇率及利率、税收政策与税率、政府体制结构与政治环境、关税政策与进出口限制、人工成本、通货膨胀、消费价格指数、订购状况等。这些内容客观反映了经济的发展状况和所处地位，并且它们的变化会对供应市场产生较大影响。

2. 供应行业及市场分析

供应行业及市场分析属于中观经济分析，分析的内容主要集中在采购企业所处的行业及行业内的市场结构。行业分析的很多信息可以从国家的统计部门和工业机构那里获得，包括行业效率、行业增长态势、行业生产与库存量及行业内的盈利性、技术发展的劳动成本、间接成本、资本利用、订购状况、能源消耗等具体信息。市场分析的主要内容是市场供应结构、供应商的数量及分布、供求关系等。市场结构通常可分为卖方完全垄断市场、垄断竞争市场、寡头垄断竞争市场、完全竞争市场、买方寡头垄断市场和买方完全垄断市场（独家采购垄断市场）等。

3. 供应商分析

供应商分析属于微观经济分析。针对具体的供应商，采购人员应积极主动的了解供应商的整体状况，建立完善的供应商信息库。供应商分析的目的是对供应商的特定能力和其长期市场地位进行透彻理解。具体应从以下 5 个方面对供应商进行分析。

（1）生产技术设备信息。主要包括供应商的主要生产设备、检测仪器及设备和主要生产线、设计开发能力、正常生产能力等。从供应商机器设备的新旧程度和保养情况可以看出供应商对生产设备、产品质量的重视程度，以及内部管理的优劣。从生产线等信息中可以分析供应商的潜在生产能力，从而了解供应商是否可以满足企业的当前需求。

（2）产品信息。对产品信息的分析是最重要的，因为供应商直接提供的就是产品，产品信息分析主要包括供应商的主要产品及原材料、产品介绍、产品遵守的标准及产品的销售区域。产品信息表明了供应商的产品范围及产品质量标准，为企业选择供应商提供直接依据。

（3）人员信息。人员信息主要是指供应商职工、管理人员、技术人员及品质管理人员的相关信息。通过对供应商人员构成的分析，可以了解供应商的管理水平，以判断供应商是否可以成为长期的合作者。

（4）信用度信息。企业的信用度是指企业对客户、对银行等的诚信程度，具体表现为供应商对自己的承诺和义务履行的程度，如产品质量保证、按时交货、往来账目处理等方面是否能够以诚相待、一丝不苟地履行自己的责任和义务。

（5）财务信息。对供应商进行财务分析时主要分析固定资产净值、营运资金、资产负债率等相关财务指标。供应商的财务状况直接影响到其交货和履约的绩效，如果供应商的财务出现问题，资金周转不灵，就会影响供货，进而影响采购企业的生产，甚至会出现停工等严重危机。

7.1.2 供应商的开发

供应商的开发是寻找、发现新的供应商，以建立适合企业需要的合格供应商队伍的过程。供应商开发是一项复杂的系统工程，需要精心组织策划。供应商的开发的一般流程如图 7-1 所示。

1. 物资需求单

物资需求单是由生产部门提供，由技术和工艺部门审核，经生产管理部门批准后，交由采购部负责采购的物资清单。物资清单的内容包括品名、品种、规格、型号、数量、尺寸、重量、材质、颜色、技术要求、工艺要求、特殊要求、遵从的标准等。

2. 物资分类

在供应商开发的初期，需要将采购物资进行分类。在第 3 章第 3 节，我们详细介绍了目前经常使用的 4 种物资分类方法，包括 ABC 分类法、风险/价值分类法、供应商成本/创新能力分类法和按物资使用性能分类法。采购企业可以根据自己的习惯和物资特性选择合适的物资分类方法。这里，假设按物资使用性能分类，主要可分为直接生产物资、辅助生产物资、设备及维护维修用物资。直接生产物资是指与生产直接相关的产品清单中所包含的物资；辅助生产物资是指生产过程中必须要使用的物资和各种消耗品，如各种溶剂、焊丝、刀、夹、量具、工具、劳保用品等；设备及维护维修用物品也称 MRO（Maintenance、Repair、Operation）物资，是指各种工器具、设备及其零配件、消耗品等。物资分类的目的是针对具体的物资类别确定资源市场的类型，寻找合适的供应商。

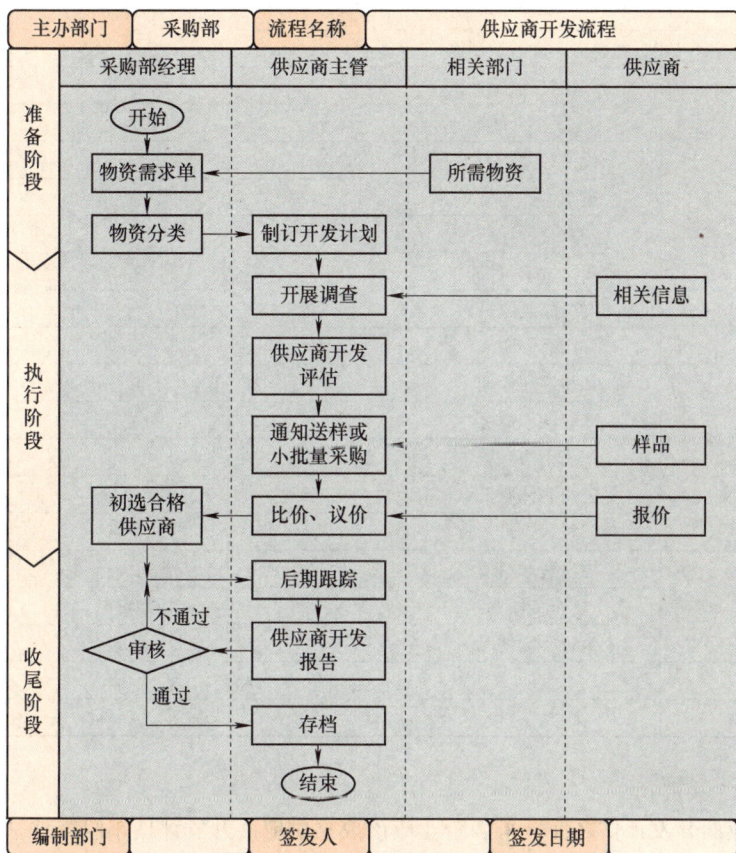

图 7-1　供应商开发流程

3. 制订开发计划

采购企业在物资需求分析和物资分类确定之后，就可以制订供应商开发计划，根据采购企业的生产任务进度开发相应的供应商与之配套。供应商开发计划一般包括供应商类别（与物资需求类别相对应），需求数量、需求时间、具体要求等。

4. 开展调查

根据物资的分类，采购企业必须对供应市场进行调查，通过多种渠道获得这些物资的供应信息。可采用的调查渠道包括国内外物资采购指南、产品发布会、产品展销会或同业协会、网络搜寻等。每类物资应确定 5～10 家供应商，主要了解供应商的基本信息、生产技术设备信息、产品信息、人员信息和财务信息等，填写《供应商调查表》（见表 7-1），为后续供应商评估工作作准备。

表7-1 供应商调查表

编　号				
供应商基本信息	公司名称		厂址	
	成立时间	占地面积	企业性质	
	负责人		联系人	
	电话	传真	电子邮箱	
	公司网址			
生产技术设备信息	主要生产设备及用途			
	主要监测仪器及设备			
	主要生产线			
	设计开发能力			
	正常生产能力	/月	最大生产能力	/月
	正常交货周期			
	最短交货期及说明			
产品信息	主要产品及原材料			
	产品介绍			
	产品遵守标准	□国际标准 □国家标准 □行业标准 □企业标准		
	产品认证情况			
	产品销售区域			
人员信息	公司总体职工	人	管理人员	人
	技术人员	人	质检部	人
财务信息	固定资产净值	万元	营运资金	万元
	资产负债率	%	短期负债	万元
	银行等级情况			
调查时间		调查人		
部门主管签字				

5. 供应商开发评估

在进行供应商开发评估之前，采购企业应该成立供应商开发评估小组，评估小组成员应包括采购部、质检部、财务部、技术部和生产部的成员。根据不同的物资类别，分别对相应的供应商进行开发评估。

在对供应商进行开发评估时，首先应针对《供应商调查表》的内容进行评价；然后，对候选供应商的资质和信誉进行评价，可通过资信系统检索供应商的资信情况，打印资信报告；最后，对照采购企业已经拟定的供应商开发标准选择合格的供应商。必要时，采购企业可对供应商进行现场考察，对《供应商调查表》的内容进行核实；最后，确定基本合格的供应商名单。

6. 通知送样和小批量采购

在通过供应商开发评估之后，采购部通知基本合格的供应商提供样品进行检验。采购部接到供应商提供的有关样品后，应交由质检部检验，检验合格之后，交给生产部确认。供应商提供的样品在经过确认合格之后，并不代表供应商的产品质量都是合格的，采购企业还需进行小批量的采购，并进行试生产。大量的样品通过试产检测都达到相关要求后，才可确定供应商产品的总体质量水平。

7. 比价、议价

企业采购部应对样品合格的供应商进行比价、议价。对于生产直接物资和生产辅助物资的价格，应与同类物资目前的市场价格作比较，必要时要求供应商提供材料成本明细，评估其价格方面的竞争力。对于 MRO 物品，采购部需要收集两家或两家以上供应商的报价，在质量水平相同时，选择报价最低的一家。在总体的比价、议价后，采购部与供应商确定最终的采购价格后，报请采购部经理（或采购委员会）确认。

8. 初选合格供应商

在一系列的送样、小批量试制、价格谈判等工作完成之后，经采购部经理批准，才能确定供应商为合格供应商，可编写企业《合格供应商名单》（见表7-2），为供应商的进一步选择提供依据，同时编写《供应商开发报告》并存档。

表7-2　合格供应商名单

序　号	供应商编号	名　　称	联系方式	供应物资	最后复查时间	备　注
1						
2						
3						
4						
5						
确认		审核			填表	

7.1.3　供应商的选择

供应商的选择是在众多候选的合格供应商中，选择几家合适的供应商，并与之建立长期的合作伙伴关系。供应商的选择包括制定选择流程、建立选择标准、确定选择方法、分析和规避选择风险等。

1. 供应商的选择流程

供应商的选择需要考虑多方面因素，不同的企业在选择供应商时，所采用的流程会有差别，但基本的流程应包含下列几个方面，如图7-2所示。

（1）明确供应商选择的目标。不同的企业，其选择供应商的目标是不同的，只有明确选择目标，才能更有针对性选择合适的供应商。采购企业在选择供应商时的主要目标包括：获得符合企业质量和数量要求的供应商、以较低的成本获取优质的服务、维护和发展良好的供应商关系并建立长期的合作关系等。

（2）制定供应商选择的标准。供应商的选择标准是企业对供应商进行选择时所依据的标准，不同的行业、企业，不同物资需求和环境下的供应商的选择标准应是不一样的，但供应商的评价标准一般都应涉及供应商业绩、设备管理、人力资源开发、质量控制、成本控制、技术开发、交货协议等。根据企业实际状况和供应商的级别不同，对供应商的要求也有不同。

（3）成立供应商评选小组。采购企业对于供应商的选择是综合性工作，必须通过企业内部的跨部门合作来完成。因此企业需成立一个专门的小组来进行供应商的选择，小组成员应包括与供应商合作关系密切的部门，如采购部、质检部、生产部、技术部、物流部等，成员之间必须有团队合作精神，还应具备一定的专业技能。评选小组必须同时得到采购企业和供应商企业最高领导层的支持。

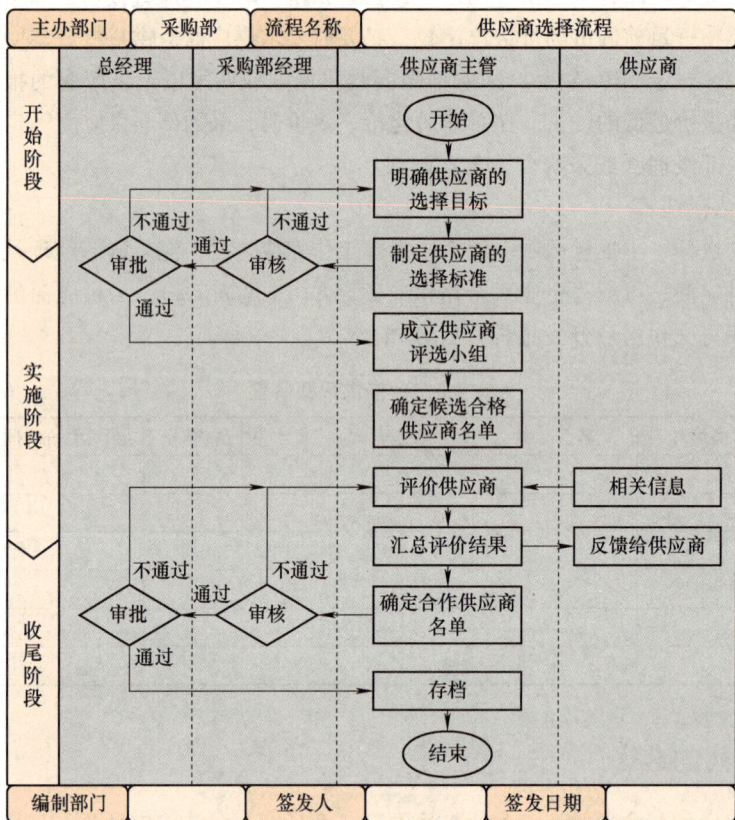

主办部门	采购部	流程名称	供应商选择流程

图 7-2　供应商选择流程

（4）评价供应商。在运用供应商开发流程筛选出的合格候选供应商名单的基础上，为了保证评价结果的可靠性，评选小组的主要工作是搜集、调查有关供应商的生产、财务、运作等全方位的信息，然后利用一定的工具和技术对供应商进行评选。

（5）确定供应合作关系。在综合考虑各个方面因素之后，采购企业须对每个供应商进行评分，并采用一定的方法对供应商进行综合评价，根据评价结果确定合格供应商，并与之建立长期合作关系。

2. 建立供应商选择标准

在现代的采购环境下，采购企业与供应商的关系一般是长期合作关系。因此，在建立供应商的选择标准时，首先，应综合考虑各方面因素，全面、准确反映供应商各方面的绩效，并且应注重实用性；其次，应该将定性和定量指标相结合，定性指标可以反映供应商的整体实力，定量指标可以利用供应商的历史数据，对供应商之前的供应情况进行评价；最后，所指定的标准要符合采购企业本身的发展要求，标准的高低要与采购企业的实际需求结合起来。

一般来说，供应商的评价标准可大致分为企业实力、服务水平、长期发展和社会责任四个方面。具体如表 7-3 所示。

表 7-3　供应商的选择标准

一级标准	二级标准	三级标准
企业实力	企业规模	总资产、销售收入
	行业地位	市场占有率
	人员素质水平	专业技术人才的比例
	技术能力	专利数量、新产品的开发能力
服务水平	产品质量	质量标准、质量管理体系、质量改进能力
	价格水平	相对价格水平、价格的稳定性
	交付能力	交付及时性、交付准确性
	合作能力	处理问题的速度、提供技术咨询、送货服务
长期发展	企业信誉	还贷信誉、履行合同的能力
	财务状况	资信等级、销售利润率、资产负债率
	企业发展潜力	研发经费投入情况、新产品的贡献能力
	经营理念、管理水平的兼容性	
	供应商环境	自然环境、经济及技术环境、政治法律环境
社会责任	企业社会责任标准（SA 8000）认证	
	国际环境标准 ISO 14000 认证	
	保护员工权利，营造安全生产环境	
	回报社会	
	多样性和包容性	
	企业可持续发展能力	

（1）企业实力。在企业实力的层面，主要考虑的指标有企业规模、行业地位、人员素质水平和技术能力。①企业规模是反映企业整体实力的一个重要指标，包括供应商的总资产、销售收入等，可以用供应商的相应数据与行业平均水平进行比较，数值高者得分高。②行业地位反映供应商在市场中的地位，能影响其在供需市场中的话语权，一般可以运用市场占有率来衡量。③人员素质水平是指企业内部管理人员的整体状况，反映企业的专业技术人员占员工总数的比例。④技术能力是指企业的生产技术水平、所采用的标准以及发明和专利数量，可以进行不同供应商之间的比较。

（2）服务水平。在服务水平的层面，主要是对供应商提供的服务进行的评价，包括产品质量、价格水平、交付能力以及合作能力。①产品质量是企业选择供应商时首要考虑的因素，物资质量必须满足企业经营所需要的水平，主要考虑的因素是供应商采用的质量标准、质量管理体系和质量改进能力。②价格水平直接反映了企业的采购成本，主要使用供应商的价格与市场平均价格的相对水平以及价格的稳定性来衡量。③交付能力体现了供应商满足需求的程度，要求交货及时并保证运输过程中的质量。④合作能力是指供应商处理问题的速度、提供技术咨询和送货服务等。

（3）长期发展。长期发展注重的是供应商与企业的长期合作方面的指标，包括供应商信誉、财务状况、发展潜力以及经营理念和管理水平的兼容性。①供应商信誉主要考虑供应商的还贷信誉以及履行合同的能力。②财务状况能直接影响到供应商的交货和履约，能反映长期供货能力。③发展潜力考察供应商的持续发展能力，这是建立长期合作伙伴关系的基本保证。④经营理念和管理水平的兼容性反映供应商与企业在经营理念和管理水平的接近程度，接近程度越高，越能实现长期合作。⑤供应商的环境，包括自然环境、经济与技术环境、政治法律环境。这些环境的变化会对供应商产生较大的影响。

（4）社会责任。企业社会责任是近年来跨国公司选择供应商的新要求，它衡量供应商承担对员工、对消费者、对社区和环境的社会责任履行情况，具体指标将在第11章详细介绍。

这些选择标准是采购企业在选择供应商时的一般标准，在实际的采购工作中，可以根据物资种类、供需市场状况等因素的不同进行相应调整，既简单易行，又能真实反映出供应商之间的差别。

针对不同的物资分类，供应商选择的标准应有不同侧重点，在实际的操作中，可以为各个指标设置不同权重，从而体现具体的目标和要求。

3. 供应商的选择方法

在制定供应商的选择标准之后，接下来确定供应商的选择方法。供应商的选择方法较多，在实际使用时要根据供应商的数量、对供应商的了解程度、采购物资的特点、采购的规模以及采购的时间性要求等具体确定。目前，应用于供应商选择的技术方法和工具主要分为定性方法、定量方法及定性与定量相结合的方法三类。定性方法主要包括直观判断法、招标法、协商选择法。定量方法主要包括评分选择法、采购成本比较法、作业成本法。定性与定量相结合的方法包括层析分析法等。

（1）直观判断法。直观判断法是指通过调查、征询意见、综合分析和判断来选择供应商的一种方法。这种判断方法的主观性较强，主要是倾听和采纳有经验的采购人员的意见，或者直接由采购人员凭经验作出判断。这种方法的质量取决于对供应商资料掌握得是否正确、齐全，还有决策者的分析判断能力与经验。这种方法运作简单、快速，但是缺乏科学性，受到掌握信息的详尽程度限制，常用于选择非生产性物资的供应商。

（2）招标法。当采购物资数量大、供应市场竞争激烈时，可以采用招标方法来选择供应商。方法是先由企业提出招标条件，各供应商进行竞标，然后由企业判断，与提出最有利条件的供应商签订合作协议。通过招标的方法，企业可以更大范围地得到既满足条件又便宜适用的原材料。但招标这种方法持续时间长，对时间要求紧的采购并不适用。更重要的是，现代的供应链管理思想强调企业之间的长期合作与双方"共赢"，原材料成本的降低往往以破坏企业合作关系、影响产品质量为代价。因此，这种方法不适宜进行供应链上合作伙伴的选择。

（3）协商选择法。在可选择的潜在供应商较多、采购企业难以抉择时，可采用协商选择方法，即由采购企业选出供应条件较为有利的几个供应商，同他们分别进行协商，再确定合适的供应商。和招标选择方法相比，协商选择方法因双方能充分协商，因而在商品质量、交货日期和售后服务等方面较有保证，但由于选择范围有限，不一定能得到最便宜、供应条件最有利的供应商。当采购时间较为紧迫、采购物资规格和技术条件比较复杂时，协商选择方法比招标选择方法更为合适。

（4）评分选择法。评分选择法是企业在对供应商充分调查了解的基础上，再进行认真考核、分析比较、评分进而选择供应商的方法。供应商的调查可分两步，第一步先根据产品的品种规格、质量价格水平、生产能力等，初步筛选出初步的供应商；第二步针对重要的供应商进行深入调查，主要调查企业的实力、产品的生产能力、技术水平和质量保障体系等。调查之后，将各个供应商的指标列入表中，进行评分，选择评分较高的供应商。表7-4为某企业的供应商评分表。

表 7-4　某企业的供应商评分表

评分项目数	评分内容	优	良	中	差	劣
		5	4	3	2	1
1	企业规模					
2	企业信誉					
3	产品质量					
4	产品价格					
5	产品认证水平					
6	生产技术					
7	加工工艺					
8	开发能力					
9	不合格品控制					
10	配合度					
11	准时交货					
12	历史合作情况					
13	服务范围					
14	售后服务					
15	质量保证体系					
总得分						
评价说明						

（5）采购成本比较法。对于质量和交货时间都满足条件的供应商，通常采用采购成本比较法。采购成本是采购价、订购费用（固定费用）、交易费、运输费用等各项支出的总和。在比较时，采购成本比较法是通过计算每个供应商的采购成本，选择采购成本较低的供应商。

【例 7-1】某企业计划采购某项物资 500t，甲、乙两个供应商的物资质量和交货时间均能满足企业要求，且信誉良好。甲供应商的报价是 150 元/t，运费是 10 元/t，订购费用为 400 元；乙供应商的报价是 140 元/t，运费是 20 元/t，订购费用是 800 元。试分析应采购谁家的物资。

【解】根据以上资料，可计算出从甲、乙两个供应商采购所需的采购成本。

甲供应商：$150\ 元/t \times 500t + 10\ 元/t \times 500t + 400\ 元 = 80400\ 元$

乙供应商：$140\ 元/t \times 500t + 20\ 元/t \times 500t + 800\ 元 = 80800\ 元$

从计算结果可看出，从甲供应商采购物资的成本较低，故应选择甲供应商。

（6）作业成本法（ABC 法）。作业成本法是 1996 年提出的对供应商进行选择的方法。该方法针对单一订单，在一组供应商中选择最佳者。其基本思想是，供应商所供应物资的任何因素的变化都会引起采购企业总成本的变动，价格过高、质量达不到要求、供应不及时等都会增加采购企业的成本，因此通过分析供应商总成本来选择合作伙伴。

作业成本法以成本为桥梁，实现了供应商选择的定量化，提供了客观标准。并且作业成本法划清供应商和需求方的职责，使双方有针对性地减小成本动因率，最终促进双方合作关系的改善。但是，作业成本法要求在制定采购决策之前必须详尽收集供应商的信息及各种成本数据，信息量和计算复杂度大，对于那些没有供应商详细信息的供应商选择问题，此方法难以奏效。由于 ABC 法实行的条件要求具备强有力的计算机环境，故所花费的成本比传统方法要高，但它的成本计算更准确，能够提供给管理者更有用的成本信息。作业成本法的详细内容可参见本书第4章第2节。

（7）层次分析法（analytic hierarchy process，AHP）。层次分析法在20世纪70年代初由美国运筹学家萨蒂教授提出的，是一种对较为模糊或复杂问题使用的定性与定量分析相结合的进行多目标决策的方法。

这种方法是把复杂问题中的各种因素通过划分为相互联系的有序层次，使之条理化，根据对一定客观现实的主观判断结果（主要是两两比较），把专家意见和分析者的客观判断结果直接而有效地结合起来，将同一层次元素两两比较的重要性进行定量描述。然后，利用数学方法计算反映每一层次元素的相对重要性次序的权值，通过所有层次之间的总排序计算所有元素的相对权重并进行排序。

【例7-2】利用层次分析法选择供应商。某公司是高新技术企业，总资产8000万元，资产负债率为9%，职工342人，拥有一流的生产制造设备、研发设备及一批专业的技术人员。公司具有较强的市场销售网络、产品主要销往大中城市，虽然销售市场行情很好，但是公司的利润并不理想。经过咨询机构的诊断分析，发现该公司的主要问题在于采购成本过高。从公司对供应商管理过程来看，虽然该公司已建立起一些对供应商的选择评价制度，但从整体来看还存在着一些不足，具体表现如下：

（1）仍停留在传统的供应商关系上。采购策略都是在满足基本的质量要求下追求最低成本，由此产生了供应商的交货不及时、原材料的质量不合格、供应商不提供售后的技术支持等问题，耽误了公司的生产进度。

（2）尚未形成一套完整的供应商评价选择体系，选择方法上主要是采用定性的方法，因此供应商的评价选择结果容易受到人为因素的影响。

（3）没有建立供应商评价与选择的模型，且对供应商的评价和选择需要占用双方大量的时间和资源，可能会产生资源的浪费，从而导致评价结果的实用性不强。

针对该公司供应商管理方面的具体问题，可采用层次分析法对该公司的供应商进行选择。

【解】

（1）选择评价指标。根据公司的现有状况，可知公司在选择供应商时重点考虑的因素应有质量、价格、交货期、合作、信息化程度。故在运用层次分析法评价时，所选择的指标因素为质量水平、价格体系、交货能力、合作能力、信息化程度五个方面。

（2）建立层次分析结构模型。层次结构是AHP法最主要的分析工具。层级结构模型分为三层，第一层为目标层（即选择最佳的供应商）；第二层为准则层包含质量水平、价格体系、交货能力、合作能力、信息化程度；第三层为方案层，包括四个供应商。具体结构图如图7-3所示。

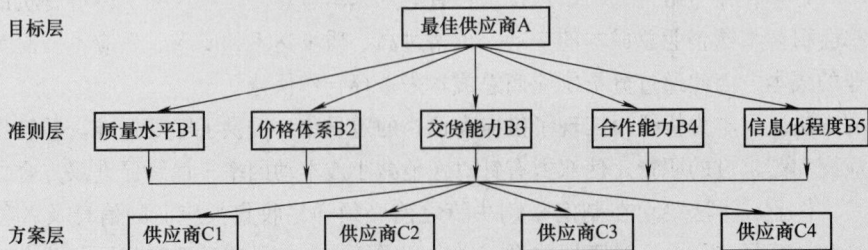

图7-3 供应商选择的层次分析结构模型图

（3）构造重要性判断矩阵。重要性比较就是比较同一层中关于上一层同一个因素的各因素的相对重要性，构造判断矩阵。具体来说，准则层的判断矩阵是比较质量水平 B1、价格体系 B2、交货能力 B3、合作能力 B4 和信息化程度 B5 在选择最佳供应商时的相对重要性；方案层的判断矩阵是比较供应商 C1、供应商 C2、供应商 C3、供应商 C4 分别在质量水平 B1、价格体系 B2、交货能力 B3、合作能力 B4 和信息化程度 B5 上的相对重要性，所以准则层有 1 个判断矩阵，方案层有 5 个判断矩阵。

在进行两两指标和供应商之间各个指标重要性判定时，我们采用专家打分法，专家组包含供应商选择方面的研究学者、企业各个部门的技术人员、具有多年经验的采购人员、高层管理人员。共同打分求平均值的方法评分，可减少判断的主观性。评分标准采用九分尺度判断法，如表 7-5 所示。

表 7-5　判断矩阵的评分标准

标 度 值	含 义
1	表示要素两两相比，具有同等重要性
3	表示要素两两相比，前者比后者稍微重要
5	表示要素两两相比，前者比后者明显重要
7	表示要素两两相比，前者比后者强烈重要
9	表示要素两两相比，前者比后者极端重要
2, 4, 7, 8	表示上述判断的中间值
倒数关系	若要素 i 与要素 j 的重要性之比为 c_{ij}，那么存在 $c_{ij}=1/c_{ji}$

经过评估之后，准则层的相对重要性如表 7-6 所示。

表 7-6　准则层的相对重要性表

指　　　标	质量水平 B1	价格体系 B2	交货能力 B3	合作能力 B4	信息化程度 B5
质量水平 B1	1	4	3	5	2
价格体系 B2	1/4	1	1/2	2	1/3
交货能力 B3	1/3	2	1	3	1/2
合作能力 B4	1/5	1/2	1/3	1	1/3
信息化程度 B5	1/2	3	2	3	1

相应地，准则层的判断矩阵为：

$$\mathbf{A} = \begin{bmatrix} A & B1 & B2 & B3 & B4 & B5 \\ B1 & 1 & 4 & 3 & 5 & 2 \\ B2 & 1/4 & 1 & 1/2 & 2 & 1/3 \\ B3 & 1/3 & 2 & 1 & 3 & 1/2 \\ B4 & 1/5 & 1/2 & 1/3 & 1 & 1/3 \\ B5 & 1/2 & 3 & 2 & 3 & 1 \end{bmatrix}$$

同理可得，方案层的判断矩阵为：

$$\mathbf{B}1 = \begin{bmatrix} B1 & C1 & C2 & C3 & C4 \\ C1 & 1 & 6 & 4 & 1/2 \\ C2 & 1/6 & 1 & 1/2 & 1/8 \\ C3 & 1/4 & 2 & 1 & 1/5 \\ C4 & 2 & 8 & 5 & 1 \end{bmatrix} \quad \mathbf{B}2 = \begin{bmatrix} B2 & C1 & C2 & C3 & C4 \\ C1 & 1 & 2 & 1/4 & 1/3 \\ C2 & 1/2 & 1 & 1/5 & 1/4 \\ C3 & 4 & 5 & 1 & 2 \\ C4 & 3 & 4 & 1/2 & 1 \end{bmatrix}$$

$$\mathbf{B3} = \begin{Bmatrix} B3 & C1 & C2 & C3 & C4 \\ C1 & 1 & 3 & 3 & 2 \\ C2 & 1/3 & 1 & 1 & 1/2 \\ C3 & 1/3 & 1 & 1 & 1/2 \\ C4 & 1/2 & 2 & 2 & 1 \end{Bmatrix} \quad \mathbf{B4} = \begin{Bmatrix} B4 & C1 & C2 & C3 & C4 \\ C1 & 1 & 1 & 1/2 & 1 \\ C2 & 1 & 1 & 1/2 & 1 \\ C3 & 2 & 2 & 1 & 2 \\ C4 & 1 & 1 & 1/2 & 1 \end{Bmatrix}$$

$$\mathbf{B5} = \begin{Bmatrix} B5 & C1 & C2 & C3 & C4 \\ C1 & 1 & 4 & 1/2 & 2 \\ C2 & 1/4 & 1 & 1/2 & 1 \\ C3 & 2 & 2 & 1 & 2 \\ C4 & 1/2 & 1 & 1/2 & 1 \end{Bmatrix}$$

（4）权重的计算。在计算权重时，通常采用的方法是先将判断矩阵的每列进行归一化，然后再求行和的算术平均值，将其近似作为权重。

每列归一化的做法对判断矩阵的每列求和，矩阵中每个值除以相应列之和得到调整后的矩阵。

对每一列元素进行归一化：$\overline{c_{ij}} = \dfrac{c_{ij}}{\sum c_{ij}}$

准则层判断矩阵的归一化矩阵为：

$$\mathbf{A} = \begin{Bmatrix} A & B1 & B2 & B3 & B4 & B5 \\ B1 & 0.438 & 0.318 & 0.439 & 0.357 & 0.481 \\ B2 & 0.110 & 0.095 & 0.073 & 0.143 & 0.079 \\ B3 & 0.145 & 0.190 & 0.146 & 0.214 & 0.120 \\ B4 & 0.088 & 0.048 & 0.048 & 0.071 & 0.079 \\ B5 & 0.219 & 0.286 & 0.293 & 0.214 & 0.240 \end{Bmatrix}$$

然后计算归一化矩阵的每行的平均值，即可得到各指标的权重。

$$\mathbf{W_A} = \begin{Bmatrix} B1 \\ B2 \\ B3 \\ B4 \\ B5 \end{Bmatrix} = \begin{Bmatrix} 0.419 \\ 0.100 \\ 0.163 \\ 0.067 \\ 0.251 \end{Bmatrix}$$

同理，方案层4个供应商相对于准则层5个指标的权重如表7-7所示。

表7-7　供应商的指标权重

指标	供应商 C1	供应商 C2	供应商 C3	供应商 C4
质量水平 B1	0.325	0.056	0.099	0.520
价格水平 B2	0.126	0.079	0.490	0.305
交货能力 B3	0.455	0.141	0.141	0.263
合作能力 B4	0.200	0.200	0.400	0.200
信息化程度 B5	0.325	0.140	0.379	0.156

（5）进行一致性检验。理论上，每个因素比较的结果应该满足一致性。但实际上，成对判断矩阵的构成是依据定性的经验判断，所以比较结果可能会因为主观判断的不精确而不具备一致性。因此，要进行判断矩阵的一致性检验。步骤如下：

① 计算判断矩阵的一致性指标：$CI = \dfrac{\lambda_{max} - n}{n - 1}$

式中，λ_{max} 为判断矩阵的绝对值最大的特征根；n 是判断矩阵的阶数。

先计算准则层判断矩阵 A 的一致性指标：

$$\mathbf{CW} = \begin{cases} \begin{array}{cccccc} A & B1 & B2 & B3 & B4 & B5 \\ B1 & 1 & 4 & 3 & 5 & 2 \\ B2 & 1/4 & 1 & 1/2 & 2 & 1/3 \\ B3 & 1/3 & 2 & 1 & 3 & 1/2 \\ B4 & 1/5 & 1/2 & 1/3 & 1 & 1/3 \\ B5 & 1/2 & 3 & 2 & 3 & 1 \end{array} \end{cases} \begin{Bmatrix} 0.419 \\ 0.100 \\ 0.163 \\ 0.067 \\ 0.251 \end{Bmatrix} = \begin{Bmatrix} 2.145 \\ 0.503 \\ 0.828 \\ 0.337 \\ 1.228 \end{Bmatrix}$$

$$\lambda_{max} = \sum \frac{(CW)_i}{nW_i} = \frac{2.145}{5 \times 0.419} + \frac{0.503}{5 \times 0.100} + \frac{0.828}{5 \times 0.163} + \frac{0.337}{5 \times 0.067} + \frac{1.228}{5 \times 0.251} = 5.030$$

$$CI = \frac{\lambda_{max} - n}{n - 1} = 0.0158$$

② 查表找出平均随机一致性指标 RI。随机一致性指标是指随机产生若干对称互反矩阵，计算每一个矩阵的一致性指标 CI，再求均值所得。平均随机一致性指标值如表7-8所示。

表7-8　平均随机一致性指标值表

n	1	2	3	4	5	6	7	8	9	10
RI	0	0	0.58	0.90	1.12	1.24	1.32	1.41	1.45	1.49

③ 计算一致性比例 CR。

$$CR = \frac{CI}{RI}$$

当 CR < 0.1 时，认为判断矩阵的一致性是可以接受的；当 CR ≥ 0.1 时，应对判断矩阵作修正，直至判断矩阵的一致性满意。

准则层判断矩阵的一致性比例为：$CR = \dfrac{CI}{RI} = \dfrac{0.0158}{1.12} = 0.014 < 0.1$

同理，方案层的判断矩阵一致性检验结果如表7-9所示。

表7-9　方案层的判断矩阵一致性检验结果

	质量水平 B1	价格体系 B2	交货能力 B3	合作能力 B4	信息化程度 B5
λ_{max}	4.033	4.048	4.012	4	4
CI	0.011	0.016	0.004	0	0
RI	0.9	0.9	0.9	0.9	0.9
CR	0.012	0.018	0.005	0	0

由上表我们可以看 CR 出值都是小于0.1，一致性检验通过。

（6）供应商排序。供应商在各指标下的排序权重与各指标权重之积累加后即可得到供应商排序的总分，计算结果如表7-10所示。

表7-10　供应商的评分排序结果

	质量水平 (0.419)	价格体系 (0.100)	交货能力 (0.163)	合作能力 (0.067)	信息化程度 (0.251)	总　　分
供应商 C1	0.325	0.126	0.455	0.200	0.325	0.317915
供应商 C2	0.056	0.079	0.141	0.200	0.140	0.102887
供应商 C3	0.099	0.490	0.141	0.400	0.379	0.235393
供应商 C4	0.520	0.305	0.263	0.200	0.156	0.343805

从供应商总排序我们可以看出，4个供应商的实力中，C4实力最强，其次是C1、C3，实力最差的是C2，则供应商C4为最优供应商，C1为次优供应商。

4. 供应商选择风险

一般来说，供应商的选择风险主要来源于供应商、采购企业和其外部市场。但是随着供应链上企业的紧密联系，供应商与采购企业之间的合作程度也成为供应商选择风险的来源之一。因此，供应商选择的风险来源主要有四部分：供应商的内部环境、供应商的外部环境、供应商与采购企业的合作情况以及采购企业本身。对应地，**供应商的选择风险可分为供应商风险、外部风险、采购企业风险以及与采购企业的合作风险四种，**如图7-4所示。

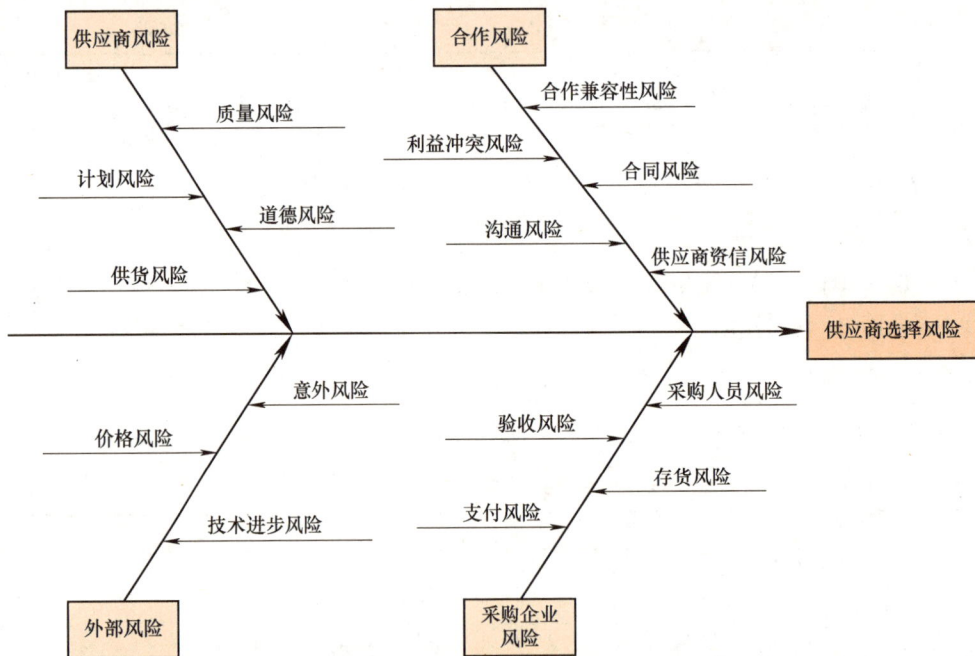

图7-4　供应商的选择风险分类

（1）供应商风险。供应商风险是指供应商的内部环境所造成的风险，包括供应商的质量风险、计划风险、道德风险和供货风险。①质量风险是由于供应商提供的物资质量不符合要求而导致采购企业的整体质量水平下降、降低采购企业的信誉和产品竞争力而造成的风险。②计划风险是指由于外界需求的不确定性,影响到供应商采购计划的准确性,导致供应商的生产计划不准确所造成的风险。③道德风险是指供应商盲目追求利润,就供货能力及质量提供虚假信息以吸引采购企业,供货时可能在物料质量、数量上动手脚,有时甚至制造假冒产品将侵害采购企业的利益。④供货风险是指由于供应商原材料市场波动或某些外部不可抗力的因素,造成供应商无法保证产品的交货质量和交货时间。

(2)外部风险。外部风险是指供应商的外部环境所造成的风险,包括意外风险、价格风险、技术进步风险等。①意外风险是由于自然、经济政策或自然灾害等因素所造成的意外风险。②价格风险是指采购企业与供应商确定好价格签订合同后,物资市场价格的下降而给企业带来的风险。③技术进步风险是指供应商制造的产品由于社会技术进步而引起的贬值、无形损耗甚至淘汰,致使采购企业积压采购物资而造成风险。如购买计算机等相关设备,等设备到货安装调试后,其技术性能和水平已经落后,设备已经贬值。

(3)合作风险。合作风险是指供应商与采购企业合作的过程中所产生的风险,包括合作兼容性风险、合同风险、利益冲突风险、沟通风险及供应商资信风险。①合作兼容性主要是指供应商与企业的战略目标兼容性、管理体制兼容性、信息平台兼容性和技术水平合作研发程度。兼容性过低会给企业经营带来巨大风险,所以采购企业在选择供应商时,应考虑供应商的战略目标与本企业是否一致。②合同风险是指供应商以虚假的合同主体身份与采购企业签订合同,以伪造、假冒的票据或虚假的产权证明作为合同担保而签订空头合同,进而给采购企业带来货款、预付款等的损失。③利益冲突风险是由于供应商和采购企业都是独立的利益主体,为了追求各自利益的最大化,在合作的过程中难免出现利益冲突。④沟通风险是指采购企业与供应商沟通时所使用的信息平台不同以及不同的沟通方式与风格所引发的风险。⑤供应商资信风险主要是指供应商与采购企业合作过程中的信誉度和诚信发生变化引发的风险。

(4)采购企业风险。采购企业风险包括采购人员风险、验收风险、存货风险和支付风险。①采购人员风险包括技能风险、职业道德风险和责任风险,技能不足会买错物品或上当受骗,使企业遭受损失;职业道德不良会收受回扣、以次充好、抬高价格等给企业带来损失;责任风险是采购人员责任心不强,导致失职现象,如供应商选择不当、采购合同漏洞、货物验收把关不严等。②验收风险是指在收货检验时,在数量上缺斤少两,在质量上以次充好,在品种规格上鱼目混珠,最终导致企业产品质量下降,企业蒙受损失。③存货风险包括缺货风险,会导致生产中断,不能按时交货,引起客户投诉或索赔;物资积压风险,导致存货过多,物资贬值,资金占用过大,影响企业的资金周转和现金流。④支付风险是指采购企业根据购货合同的规定支付预付款给供应商,由于各种不确定性因素,供应商无法按时交货带来的风险;或者在支付过程中,采购企业没有控制支付流程和严格的管理规定,导致支付货款流失给企业带来损失。

在供应商选择过程中,风险因素较多,采购企业应科学有效地识别主要风险,并定量评价风险将会给企业带来的损失程度,制定风险预防和规避政策与措施,对主要风险进行重点监控。但是随着企业面临的环境越来越复杂,企业选择供应商的风险也趋于多样化。这就要求企业不断改善供应商选择评价体系,不断提高供应商选择标准,并且进一步建立和完善风险管理体系。

7.2 供应商认证

供应商认证是针对已经通过挑选后的供应商进行的。无论是已经开始供货的供应商还是未开始供货的供应商(潜在供应商)都要进行认证。**供应商的认证是要对供应商的生产或服务**

能力、产品质量、交付及时性等进行持续的监督。通过供应商认证，采购企业可以了解供应商的优缺点、控制供应过程、降低供应风险、保证持续供应、促进供应商持续改善。供应商认证是稳定供应商关系、提升供应商能力、规范采购业务、降低采购风险和总成本的一种手段。

供应商认证一般包括设计认证流程、确定认证内容、选择认证方法。

7.2.1 供应商认证的流程

在对供应商认证时，供应商需要提供工商文件、行业资质、资格证书和产品质量文件等，对于采购企业来讲，对供应商的认证需要高层管理者的批准、财务部门调查和供应商调查等。供应商认证流程的主要环节如图7-5所示。

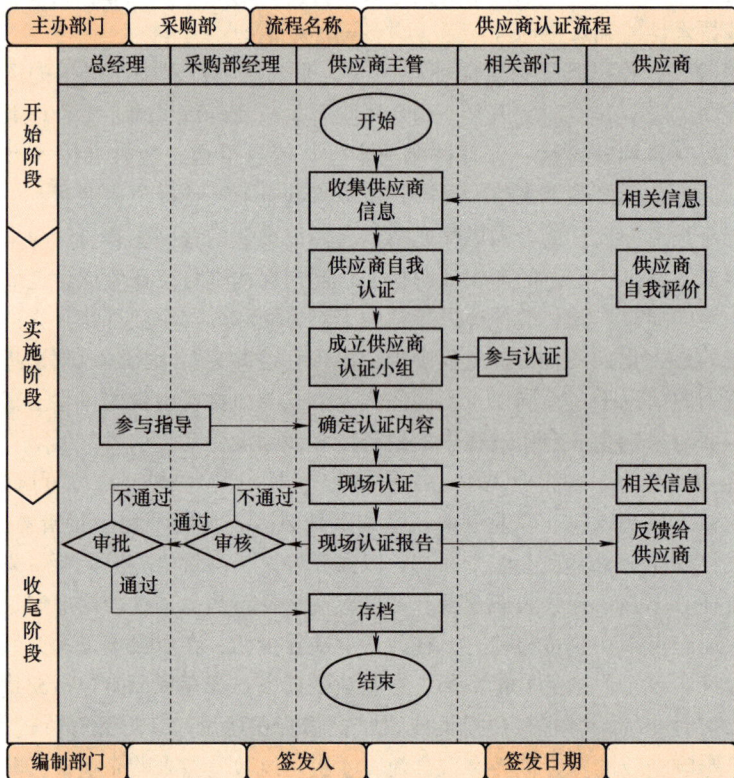

图7-5 供应商的认证流程

1. 供应商自我认证

对供应商进行认证之前应该要求供应商先进行自我评价，采购企业可以先发信函给供应商，让供应商先对自己的供应活动作出评价，然后再组织采购企业相关人员对供应商进行认证。

2. 成立供应商认证小组

收到供应商反馈来的自我认证资料后，采购企业要成立供应商认证小组。认证小组应该包括不同部门的成员，主要包括采购、质检、生产、工程技术、财务、审计等部门。认证小组成立后应该确定对供应商认证所采用的认证指标体系和认证形式。

3. 确定认证内容

对于不同的供应商，认证小组应该采取不同的指标评分体系。但不管是什么样的企业，一一般供应商的认证评分体系应该包括以下内容：供应商领导风格、信息系统及分析、战略计划、人力资源、过程控制、商务运作、客户满意度、供应管理、销售管理、时间管理、环境管理等，具体内容在下一节描述。

4. 现场认证

认证小组在对供应商进行现场调查时，要了解供应商的管理机构设置情况、各个部门的分工以及汇报流程，供应商质量控制与管理体系、生产工艺、顾客服务、环境保护等内容，然后根据预先设定的评分体系，对各个认证评分内容给出相应的分值。

5. 现场认证报告

在现场认证之后，认证小组根据现场评分结果，结合供应商的自我认证情况、先期市场调查的情况以及供应商的客户对供应商的评价等，进行综合评分，得出供应商最终的认证结果。得出最终结果后，认证小组应该撰写认证报告提交给采购企业领导审批并存档。

6. 反馈给供应商

将最终的认证结果反馈给供应商，让供应商知晓其认证结果和不足，以便进行有针对性改进和提高。

7.2.2　供应商认证的内容

1. 供应商基本情况

（1）供应商的经营环境，包括供应商所在国的政治、经济和法律环境的稳定性、进出口是否有限制、货币的汇率风险、通货膨胀情况、基础设施情况等。

（2）供应商近几年的财务状况，主要包括供应商的财务报表、与银行的关系、供应商的经营报告。

（3）供应商在同行业中的地位及信誉，主要包括同行业的其他企业对供应商产品的质量、交货周期、交货可靠性、客户服务及支持、成本等各项的评价。

（4）供应商的销售情况，主要包括供应商的年销售量及趋势、供应商产品的市场占有率。

（5）供应商与其他企业的关系，包括供应商与本企业的竞争对手、与其他客户或供应商的关系。

（6）供应商的地理位置，主要包括供应商与本企业的距离以及海关通关的难易程度。

（7）供应商企业员工情况，主要包括员工的受教育程度、出勤率、平均工作时间、平均工资水平、一线员工的比例等。

2. 供应商的内部管理情况

（1）企业管理的组织框架，企业部分之间的职能分配，以及部门之间的协调情况。

（2）供应商的经营战略及目标、产品质量改进措施、技术革新情况、生产效率、降低成本的措施、员工的教育培训、质量体系等。

3. 供应商的质量管理体系

（1）质量管理机构的设置与主要职责，考察其机构设置是否完整，职责是否明确，边界是否清晰。

（2）供应商现有的质量管理体系是否完整，包括质量保证文件的完整性与正确性、质量管理的目标是否合理、质量审核情况是否公正、质量管理的相关培训工作开展的如何。

（3）供应商产品的质量水平，主要包括产品质量、过程质量、顾客质量投诉情况。

（4）质量改进情况，主要包括是否参与供应商的质量改进、是否参与自己供应商的质量改进、质量成本控制情况、是否接受顾客对其质量的审核。

4. 供应商产品的设计、工程与工艺情况

（1）相关机构的设置与主要职责，相关机构的设置是否完整、职责是否明确、边界是否清晰、是否建立部门间的协调机制。

（2）工程技术人员的能力，主要包括工程技术人员的教育程度、工作经验、产品开发水平、生产工艺水平。

（3）产品开发与设计情况，主要有开发设计的试验数量、试验情况、与顾客共同开发的试验情况、与自己的供应商共同开发的试验情况、产品开发周期、工艺开发程序等。

5. 供应商生产情况

（1）生产机构的设置及主要职责，包括机构设置是否完整、职责是否明确、边界是否清晰。

（2）生产工艺过程情况，主要有工艺布置、设备（工艺）的可靠性、生产工艺的改进情况、设备利用率、工艺的灵活性、作业指导的情况、生产能力等。

（3）生产人员的情况，主要有职工参与生产管理的程度、生产的现场管理情况、生产的信息控制情况、外协加工情况、生产现场环境情况。

6. 供应商的企业规划与物流管理情况

（1）供应商企业的战略规划和发展方向定位，是否有清晰的发展战略，方向是否明确具体，是否有具体的战略措施。

（2）供应商企业的组织机构的设置与主要职责，与战略规划的匹配程度。

（3）物流管理系统的情况，主要包括物流管理、物料的可追溯性、仓储条件、储存量、MRP 系统等。

（4）发货交单情况，主要包括发货及交单的可靠性、灵活性、即时供应能力、包装及运输情况、交货的准确程度。

（5）供应商企业自己的供应商管理情况，主要有供应商选择、审核情况、供应商表现考评、供应商分类管理、供应商的改进情况。

7. 供应商的环境管理情况

（1）相关环境管理机构的设置与主要职责，包括机构设置是否完整、职责是否明确、边界是否清晰。

（2）环境管理体系建立情况，主要有环境管理的文件体系、环境管理的方针与计划等。

（3）环境控制情况，主要有环境控制的运作情况、沟通与培训情况、环境监测情况、环境管理体系的审核情况。

8. 供应商对市场及客户服务支持的情况

（1）相关机构的设置及主要职责。相关机构设置是否完整、职责是否明确、边界是否清晰。

（2）交货周期及条件，主要包括正常交货的周期、紧急交货的周期、交货与付款条件、保险与承诺等。

（3）价格与沟通情况，主要包括合同的评审、价格谈判的态度、联系方式情况、收单与发货沟通情况。

（4）客户投诉与服务情况，主要包括客户投诉的处理程序、客户投诉的处理情况与反应时间、客户的满意度、售后服务机构、客户数量、合作伙伴数量。

7.2.3 供应商认证的方法

供应商认证方法包括采购企业自行组织认证、委托第三方认证等方法，无论哪种认证方法，一般采用现场认证的方式，由认证小组成员到供应商企业所在地现场，就认证内容逐一听取供应商汇报、现场考察走访、现场提问，对认证内容逐项打分，最后汇总形成认证报告和评分表。

通过认证的供应商，才能成为采购企业的合格供应商，可以正式为采购企业供应物资。认证不通过的供应商，如果采购企业确实需要，则指出其存在问题，令其整改，整改后再进行认证，通过认证后也可以成为采购企业的合格供应商。如果采购企业暂时不需要，可以作为候选供应商预留备用。

7.3 供应商绩效考核

供应商绩效考核是对已经通过认证审核的、正为企业提供服务的供应商进行定期监督和考核。传统的供应商管理只是对质量进行检验，但在现代采购管理中，为了维护良好的供应商关系，全面、科学地评价供应商绩效是一项重要的内容。

7.3.1 供应商绩效考核的流程

供应商绩效考核是一项复杂、费时的工作，必须尽量做到公平、公正、公开、透明。如果考核不公正，就会引起供应商的不满，不利于供应关系的维持和发展。因此，要实施供应商绩效考核，就必须制定一套严格完整的程序和考核标准，并严格依照程序和标准来执行。一般认为，供应商的绩效考核的流程如图 7-6 所示。

1. 制订考核计划

采购部门应制订供应商考核计划，内容包括供应商考核的目的、考核方式、参与人员等内容，计划编制完成后由采购部经理审核，总经理审批。其中，供应商考核的目的是了解供应商的表现、促进供应商提升供应水平、保证采购企业供应的稳定，进而优化供应商结构，提高采购企业的竞争优势。采购企业一般会将评价结果及时通知该供应商以督促他们加以改进，并且将供应商之间进行比较，对供应商进行分级，以便继续同优秀的供应商合作，淘汰绩效差的供应商。

2. 制定考核原则

在进行供应商考核时，必须制定考核原则，根据考核原则进行考核。考核原则通常包括整体性原则和持续性原则。整体性原则是指要从供应商和采购企业自身的整体运作方面来考核供应商。持续性原则是指供应商的绩效考核必须持续进行，定期检查目标实现的程度。此外，还包括公平、公开、公正和透明的原则，使考核工作在法律规定的框架下进行。

主办部门	采购部	流程名称	供应商绩效考核流程

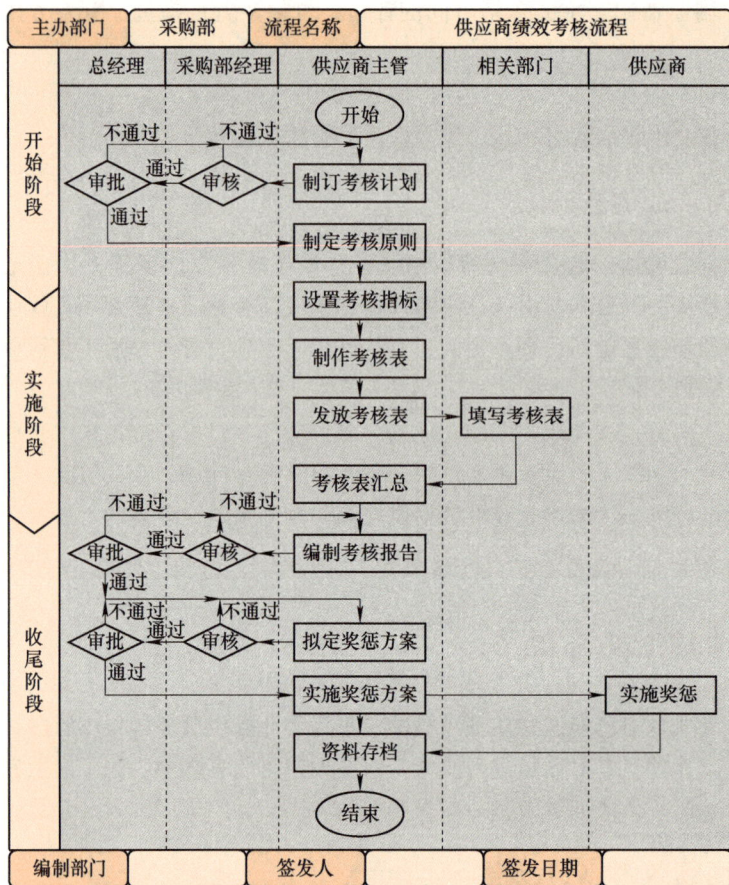

图 7-6 供应商绩效考核流程

3. 设置考核指标

设置考核指标时要明确、合理、与采购企业的战略目标保持一致，设置的考核指标适用于所有供应商，但是针对不同类别的供应商应设置不同的权重，并且每个指标要建立评分等级，形成完整的供应商绩效考核指标体系。

4. 实施考核

采购部门应制作考核表，并向工程技术部、质检部、生产部等相关部门发放考核表，并汇总考核结果，编制考核报告。

5. 实施奖惩

采购部根据企业相关供应商管理规定拟定奖惩方案，经主管领导审核后实施。对于绩效优秀者一般给予优先合作的机会，并给予一定奖励；对于绩效差者，一般视情节严重性，予以警告，或友好结束供应关系。对于合格的供应商，指出其存在的不足，提出改进意见和建议。最后将相关考核资料存档。

7.3.2 供应商的绩效考核指标体系

为了科学、真实地反映供应商目前的供应水平，必须建立一套全面的评价指标体系。采购企业一般选用质量、价格、供应、服务四个维度来进行评价，采用日常业绩跟踪和阶段性评价结合的方法，将供应商的四个维度的表现汇总后进行加权，依据重要程度设置每个维度的权重，最后综合评分，得出每个供应商的绩效评分。

1. 质量维度

对于企业来讲，采购物资的质量是影响产品最终质量的关键因素。因此，无论在供应商的选择阶段还是评价阶段，质量都是最基本的指标。一般来说，在评价供应商时，质量所占的权重最大，并且质量是进行阶段性评价，通常每月进行一次。质量维度包含的具体衡量指标有来料批次合格率、来料抽检缺陷率、来料在线报废率、来料免检率和退货率。具体计算方法如表 7-11 所示。

表 7-11　质量维度衡量指标

质 量 指 标	计 算 公 式
来料批次合格率	来料合格批次/来料总批次×100%
来料抽检缺陷率	抽检缺陷总数/来料总批次抽检样品总数×100%
来料在线报废率	来料在线总报废数/来料总数×100%
来料免检率	来料免检的种类数/该供应商供应的产品总品种数×100%
退货率	退货总数/来料总数×100%

在以上指标中，最常用的指标是来料批次合格率。其中，来料在线报废率还包括在生产时发现的废品。此外，有些企业还要求供应商提供过程质量检验报告、出货质量检验报告、产品成分性能测试报告等质量文件，并对供应商提供信息的完整、及时与否进行评价。

2. 价格维度

价格维度的指标主要包括采购价格与采购成本。价格维度相对稳定，通常每季度评价一次。价格维度主要包含的具体衡量指标有平均价格比率和最低价格比率，如表 7-12 所示。

表 7-12　价格维度衡量指标

价 格 指 标	计 算 公 式
平均价格比率	（供应商的供应价格 – 市场平均价格）/市场平均价格×100%
最低价格比率	（供应商的供应价格 – 市场最低价格）/市场最低价格×100%

根据表 7-12 中的公式可以看出，平均价格比率和最低价格比率主要是将供应商的价格与现有的市场行情的价格进行比较。若供应商的供应价格高于市场平均价格，则平均价格比率和最低价格比率都为正数，此时供应商的价格维度就会得分较低。若供应商的供应价格处于市场平均价格和市场最低价格之间，则平均价格比率为负数，最低价格比率为正数，此时供应商的价格维度的得分处于中间值。若供应商的供应价格低于市场最低价格，则平均价格比率和最低价格比率都为负数，此时供应商的价格维度就会得分较高，但此刻要特别注意供应商的产品质量。

另外，经常采用的价格维度中的定性指标有供应商的报价行为、付款条件。报价行为包括供应商的报价是否及时，报价单是否分解成原材料费、加工费、包装费、运输费等明细。付款条件是指供应商是否积极配合采购企业的付款条件、要求和办法。有些采购企业还将供应商的财务管理水平和手段、财务状况融入考核的范围。

3. 供应维度

供应维度主要考核供应商的交货表现。采购企业必须对交货期严格控制，交货一旦延迟，就会造成采购企业的生产计划、出货、输送、销售计划等发生异常，影响采购企业内外的各种事务。对于供应商来说，交货能力可以反映企业的制造能力、生产柔性等企划管理水平。供应维度的评价通常每月进行一次，主要包括的具体衡量指标有准时交货率、延迟日数率、订单变化接受率，如表7-13所示。

表7-13　供应维度衡量指标

供应指标	计算公式
准时交货率	每月按时按量交货的实际批次/每月交货总批次×100%
延迟日数率	订单日起至实际交货日的天数/订单日到合同交货期的天数×100%
订单变化接受率	订单增加或减少的交货数量/订单原定的交货数量×100%

其中，订单变化接受率是指双方确认的订单增加或减少的比率，是衡量供应商对订单变化的灵活反应能力。实际上，供应商能够接受的订单增加接受率和订单减少接受率是不一样的，前者取决于供应商生产的弹性、生产计划的安排以及库存大小的状态，后者取决于供应商对减单损失的承受能力。

4. 服务维度

服务维度主要考核供应过程中供应商的协调精神。由于外界环境的变化，采购企业的生产计划有时需要进行调整、变更或取消，同时需要供应商配合由此带来的采购计划的变化，甚至会给供应商造成损失。服务维度主要依靠企业采购人员的定性判断，根据经验对供应商进行评分，通常每季度考察一次。服务维度考核的主要指标有反应能力、沟通能力、合作态度、共同改进、售后服务和其他支持。

（1）反应能力——供应商对于采购企业的订单、交货、质量等投诉反应是否及时答复，对退货、挑选等要求是否及时处理。

（2）沟通能力——供应商是否与采购企业定期进行沟通，沟通手段是否符合采购企业的要求（电话、传真、电子邮件以及文件书写所用软件与企业的匹配程度等）。

（3）合作态度——供应商是否将采购企业当作其重要客户，供应商高层领导或有关人员是否重视采购企业的要求，是否经常走访采购企业，供应商内部沟通（如市场、生产、计划、工程、质检等部门）是否能整体理解并满足采购企业的要求。

（4）共同改进——供应商是否积极参与或主动提出与采购企业相关的质量、供应、计划等改进项目或活动，是否经常采用新的管理办法，是否积极组织参与采购企业共同召开的供应商改进会议、配合采购企业开展的质量体系审核。

（5）售后服务——供应商是否主动征询采购企业意见，是否主动走访采购企业，是否主动预防可能发生的质量和交货期事故，是否及时安排技术人员对发生的问题进行处理。

（6）其他支持——供应商是否积极接纳采购企业提出的有关参观、访问、实地调查等事宜，是否积极提供采购企业要求的新产品报价与送样，是否妥善保存与采购企业相关的机密文件等不予泄漏，是否保证不与影响到采购企业利益的相关的其他单位合作等。

7.3.3　供应商绩效考核的实施

在建立了绩效评价指标后，就要开始进行具体考核实施。在实施考核前，需要成立供应商考核领导小组，成员包括采购企业分管领导、采购部、质检部、生产部、财务部、技术部相关领导。考核过程主要包括对考核指标权重的确定以及考核结果的处理。

1. 权重的确定

供应商绩效考核的指标对于企业的重要性并不都是一样的，所示需要对各个指标的权重进行确定。Dickson 在 1996 年对美国采购经理协会 170 人进行详细调查，在调查的结果中总结了供应商的评价指标，并将指标的重要性分为非常重要、相当重要、重要、不太重要四个级别。其中，质量是非常重要，价格是相当重要，供应是相当重要，服务是重要，根据 Dickson 所确定的重要度顺序，可将指标的权重具体量化。某企业的供应商绩效评价表如表 7-14 所示。

表 7-14　某企业的供应商绩效评价表

维　度	权　重	指　标	分值设置	得　分	总得分
质量	55	来料批次合格率	15	13	51
		退货率	10	10	
		质量事故	10	8	
		市场退货	10	10	
		质量体系开发	5	5	
		质量体系监督	5	5	
价格	15	平均价格比率	5	5	12
		最低价格比率	5	3	
		付款	5	4	
供应	20	准时交货率	10	6	16
		超差运费	10	10	
服务	10	反应	2	2	10
		沟通	3	3	
		合作态度	3	3	
		售后	2	2	
总　分					89

2. 供应商分级

将各供应商的评价得分汇总，根据得分的高低对供应商进行分级，并根据不同级别的供应商采取不同的合作方法，某企业供应商分级标准如表 7-15 所示，某企业供应商分级管理方案如表 7-16 所示。

表 7-15　某企业的供应商分级标准

考核得分	供应商级别	结果运用
90～100 分	级供应商	优先采购
80～89 分	二级供应商	继续合作，但要求对不足之处予以改善
60～79 分	三级供应商	要求将不足之处进行改善，并根据改善后的结果决定是否进行采购
50～60 分	四级供应商	暂停或减少采购，并通知供应商提高供货能力，改进供货工作
50 分以下	五级供应商	暂停采购

表7-16　供应商分级管理方案

供应商等级	供应商关系	质量检验	采购份额	履约保金	供应商发展
一级供应商	战略合作	免检	份额上升	无须	交流、研讨考虑扩大供货范围
二级供应商	长期合作	低频次抽检	份额保持或上升	适当调减	交流、研讨
三级供应商	短期合作	高频次抽检	给予一定限制	不变	维持
四级供应商	暂停0.5～1年视整改情况				发出整改通知限期整改
五级供应商	暂停1～2年重新认证				重新认证

7.4　供应商关系管理

随着现代企业管理思想的发展，企业与供应商之间的关系逐步由基于市场的竞争关系演变为基于长期利益的合作关系。供应商关系管理就是用来改善企业与供应商的关系，实现与供应商建立和维持长久的、紧密伙伴关系，并通过双方资源的整合赢得市场竞争优势，最后达到双赢的效果。

7.4.1　供应商关系的类型

企业与供应商之间的关系大致可以分为短期目标型、长期目标型、渗透型、联盟型和纵向集成型五种。供应商关系的不同，其分类管理策略也会有所不同。

1. 短期目标型

短期目标型供应商一般供应少量的或者不重要的原材料和零配件，这些原材料和零配件一般都是标准化的，市场上可选择性强。短期目标型最主要特征是双方之间的关系是交易关系，与这些供应商的关系不需要也不必要花费精力去长期维系。另一方面，双方虽然希望能保持比较长期的供应关系，但是受各方面影响各自关注的仍是如何通过谈判和公关来维护自身利益。供求双方在各自信誉的前提下通过合同和法律来约束彼此的行为，双方合作也以合同的终止而结束，与供应商的交流联系也仅限于业务员和采购员，其他部门人员一般不参与双方之间的业务活动。

2. 长期目标型

一般长期目标型供应商是企业供应商中相对优质的供应商，采购部门与供应商通过保持长期的关系不仅有利于采购成本的降低，更有利于双方为了共同利益改进自身的工作，并在此基础上建立起超越买卖关系的合作。长期目标型的显著特征是建立一种深度合作关系，双方通过相互配合不断改进产品与服务质量，甚至通过相互合作对产品和服务进行创新，以实现更为长远的利益和目标。对于长期目标型供应商，采购企业应该加强全面合作而不只是采购部门与供应商的供货合作，还应该更广范围地包括研发、生产、销售以及售后服务的合作。

3. 渗透型

渗透型的供应商关系比长期目标型更加密切，其合作也更加深入。这种供应商供应的原材料、零配件或者设备是比较重要的或者数量巨大的，采购企业把供应商看成自己公司的延伸，对对方的关注程度更高。这种合作方式可以使得采购方不需要自己花费太多资金和精力就能够获得优质的供应，双方为了加强合作也可以进行相互持股。具体方法，双方可以互派业务员加强业务沟通，以更好地了解对方的生产情况并积极改进。另外双方还可以在管理方面相互合作，充分发挥各自的优点，以达到提高效率降低成本并最终获得更好发展的长远目标。

4. 联盟型

联盟型供应商关系是从供应链的角度出发而提出的，其特点是从纵向链条上管理成员之间的关系。这种关系往往需要一个在供应链上具有核心地位的企业来主导并协调成员之间的关系，企业通过主导供应链的管理来实现共赢并满足自身的需求。

5. 纵向集成型

纵向集成型供应商关系是一种综合的、复杂的关系，采购商通过供应链管理，将所有供应链的参与者整合得像一个企业，但各成员相互独立并自主进行管理决策。在这种关系中，需要每个企业充分了解供应链的目标、要求，以便在充分掌握信息的条件下，自觉做出有利于供应链整体利益的决策。这种关系的形成和经营都是相当复杂的系统工程，需要多方面的人员和组织的参与。这种关系的适用性较差，对于大部分企业而言可以作为长远战略考虑。

上述分析可以归纳成表 7-17，采购企业应根据自己的战略目标和采购职能战略，分析目前的供应商关系现状以及未来的供应商关系发展目标。

表 7-17　供应商关系矩阵

供应商关系类型	定　义	管 理 策 略
短期目标型	标准化物料采购，市场供应充足，交易关系	较少关注
长期目标型	优质供应商，深度合作	加强关注，促进全面合作
渗透型	供应量大，关注度高，沟通紧密、合作范围广	相互学习，取长补短
联盟型	结成联盟	巩固联盟关系，实现共赢
纵向集成型	使供应链成为一个企业	追求的理想目标

7.4.2　供应商关系管理

1. 与供应商的信息沟通

信息作为企业的一种重要资源之一，企业之间通过加强信息沟通能够促进共同发展。信息能够顺畅沟通需要企业建立相关机制，配给相关硬件、资金以及人力等资源。具体包括以下方面：

（1）建立信息沟通平台，充分发挥信息化时代的优势，建立多种媒体的信息沟通分享平台来分享彼此的生产、销售信息和成本、作业数据。

（2）定期会议制度，通过定期的交流会、分享会来加强企业之间员工的沟通交流，尤其是技术方面和生产方面的，企业双方通过加强交流改进产品和生产流程，以此来提高质量或降低成本。

（3）建立专业小组，采购企业可以针对自身存在的一些与供应商供应产品相关的重要问题，通过与供应商共同建立问题小组有针对性地去处理解决这些问题。

（4）信息保密。信息这种重要的资源流通性最强，企业需要有选择性地同供应商合作并加强防范措施，有限制地对外开放信息。

2. 对供应商激励

有效的激励能够促进更加深入的合作，人力资源管理的理论可以经过恰当的应用达到好的效果。激励包括多种形式，如名誉上的、金钱物质方面的，以及一些承诺等。

（1）荣誉。在年终或者合作结束的时候通过评估，对一些优质的或者有发展潜力的供应商授予例如"优质供应商"之类的荣誉，对供应商是一种很好的激励作用。另外，在举办的多种活动、媒体上对于供应商的表彰、赞美，也会激励供应商更好地为自身服务。

（2）指导。可以在供应商遇到困难，例如行业不景气或者出现危机的时候，通过物质、资金的支持使供应商渡过难关，给予供应商技术指导、管理的支持、营销帮助等都会激励供应商更加密切的合作。

（3）订单。对于任何供应商来讲，获得更多的订单本身就是一种最大的激励，越是重要的供应商越是需要更多的订单激励。多个供应商竞争来自于制造商的订单，越多的订单对供应商越是一种激励，供应商为了实现更好的业绩而做好供应工作。

（4）淘汰。淘汰是负激励的一种。为了使供应链的整体竞争力保持在一个较高的水平，必须建立对供应商的淘汰机制。通过淘汰一些相对劣质的供应商，加强与优质供应商合作，能够在激烈的市场竞争中处于更加有力的地位，同时也避免被淘汰供应商给整个供应链带来的危险。同样，对于没有被淘汰的供应商来说，它会努力改善自身的表现，以避免被淘汰的命运，激励其上进的信心。淘汰是在供应链系统内形成一种危机激励机制，可以让所有参与合作的企业都有一种危机感。

（5）共同开发。新产品、新技术的共同开发和共同投资也是一种激励机制，它可以让供应商全面掌握新产品的开发信息，有利于新技术在供应链企业中的推广和开拓供应商的市场。在这种环境下，任何参与合作的供应商也成为整个产品开发中的一份子，其成败不仅影响企业本身，而且也影响供应商。因此，供应商会关心产品的开发工作，这就形成了一种激励机制，构成对供应链上企业的激励作用。

3. 对供应商的控制

一切事物都在发展和变化，供应商也在不断变化。对于采购方而言，需要控制供应商向着有利于自身的方向变化。对供应商的控制是多方面的，主要可以通过合作、约束两个方面采取措施，在一定范围内，限制供应商，从而在保证正常供应的前提下不至于对企业自身造成威胁。

（1）增加合作供应商。企业需要通过供应商的发展来满足自身的不断发展，对于一些有潜力发展但是实力较差的供应商，企业可以通过多方面的入股来加强对供应商的帮助和管理，促使其发展并更有利于原材料或者零配件的供应。具体还可以根据供应商的情况采取多种形式的措施，来促使其发展，以此达到自身发展的需要。

（2）约束已有供应商行为。当供应商的行为或者趋势不利于采购企业的时候，采购企业就要根据法律、合同甚至道德等多方面的手段来约束供应商的行为，使其不能够影响自身的生产服务活动和发展。一般情况下当供应商的日常供应出现问题时，企业需要及时采取终止措施并更换供应商。对于一些合作程度较深或者依赖性较强的供应商，企业应时刻有危机感并适当地限制其行为，加强合同管理和信息沟通管理，避免在合作过程中的资源流失和信息泄露。

（3）加强企业仓储管理。对于企业而言，稳定的原材料供应是生产正常进行的保证，应在考虑到成本的前提下逐渐通过加强管理来不断地降低仓储。在一些特殊时期，例如经济危机、行业发展瓶颈期、食品安全生产安全特殊时期等，企业需要提前做好生产准备工作。

（4）避免被控制。企业在与一些综合实力强的供应商合作的时候，尤其是那些垄断性原材料供应商，企业需要采取多种应对措施，包括增加仓储、加强合同管理、加强材料的验收管理等，以避免被"绑架"。企业还可以通过研发来寻找新的替代品、更新换代产品或改进生产来降低该原料的使用，降低对它的依赖性。

（5）建立采购联盟。"团购"作为新时代消费的新形式，在生产资料领域也可以发挥作用。使用同种原材料或零配件、设备的企业也可以建立起联盟或者其他形式的合作来共同批量的采购，这样可以更加有效地降低成本，提高同强势供应商的谈判资格。

7.4.3 供应商管理一体化

1. 供应商管理一体化概念

历史上，采购企业将与供应商的合作关系视为对立关系——为获得最佳物资和服务而四处采购，让供应商相互"残杀"，坐收渔利，以获取更低的采购价格。采购企业与供应商保持着一定的距离。

进入新世纪以来，采购企业与供应商的合作关系正在发生重大变化，正在形成一些新的趋势，如表7-18所示。

表7-18 采购企业与供应商的合作关系变化

旧方式	正在形成的新趋势
更低的成本	最佳的整体收益
一组产品由许多供应商供货	单一产品供应商
产品开发不允许供应商参与	新产品设计融入供应商智慧
审查引入原料后方可供货	不需要审查，寻找能证实自己是最佳合作者的供应商
协商价格	评价供应商的各方面成本
计划信息不共享	共享计划信息

（1）供应商管理一体化定义。供应商管理一体化是将企业的客户、供应商和企业内部的管理整合在一起，形成一个系统，从战略、战术、运作层面进行一体化管理。它是供应链一体化概念的前身。

（2）供应商管理一体化的目的。通过终端客户实际采购需求的可视度来实现"共赢"的结果，并把这种采购需求传递到供应商处，通过真实需求把客户、供应商和企业内部管理联系起来。另外，利用需求信息来安排各级库存，确保库存量最低，一方面降低了库存风险，另一方面也提高了生产和供应柔性。

（3）供应商管理一体化的好处。供应商管理一体化可以给企业带来许多好处。具体包括以下几个方面：

1）更高效的采购和相关活动。供应商管理一体化可以大大减少供应商数目，而供应商数目的减少，使得采购、物流、设计和开发过程花在了解供应商能力上的时间将大为减少，从而提高了采购和相关活动的效率。

2）使企业成为更加重要的客户。如果企业采购一组物料时，由原来的10个供应商变成1

个供应商，对供应商而言，采购量增加了 10 倍，企业将从供应商的一般客户变为重要客户。同时，供应商对企业也变得十分重要。相互之间的合作关系更紧密了。

3）更紧密地控制供应成本。采购企业将会对供应商的成本结构有很好的理解，确保供应商合理的利润，并帮助供应商开展削减成本活动。

4）共享信息。如果库存、销售预测和生产计划信息可被供应商分享，那就可以通过供应链减少库存层级和库存量。由于企业一年要花费成本的 20%～25% 来维持库存，因此，减少库存将增加企业的盈利水平。互联网为供应链上的企业共享信息提供了便利条件，企业信息化是实现供应链信息共享的唯一途径。

5）更高效的供应商响应性。供应商管理一体化通过紧密整合供应商，使供应商能够更快而且更频繁地响应企业生产计划的需求，从而大大降低库存，缩短生产周期，提高企业的核心竞争力。

2. 供应商管理一体化实现条件

要实现供应商管理一体化，必须具备下列条件：

（1）**有利可图的大客户**。客户始终是企业盈利的主要来源，尤其是大客户，他们将占企业大部分的销售额和利润。这些大客户的存在，是企业进行供应商管理一体化的动机，通过整合可以为企业带来更多的商业机会。

（2）**可获取更大利益**。通过共享销售预测、生产计划、库存信息可以减少供应链上各级库存量，提高客户服务水平，使供应链上的企业比不进行供应商管理一体化时获得更大的利益。这是实现供应商管理一体化的利益驱动力。

（3）**相互兼容的企业文化**。采购企业在选择供应商时，除了考察供应商的资质、技术水平和能力之外，很重要的一点是要考察供应商的管理理念和企业文化是否与本企业一致或相近。只有相互兼容的企业文化，他们在交流上才没有障碍，对问题的认识、理解、判断才比较一致，对办企业的目标和目的有共识，他们才比较容易走到一起。

（4）**信息共享**。信息共享是指供应商有权使用需求数据，采购企业和供应商要共享库存信息和生产计划信息，要做到这两点需要采购企业和供应商的信息系统具有兼容性。现在的信息技术可以在不改变企业原有信息系统的情况下通过增加接口的方式来实现信息共享。前提是采购企业愿意公开自己的需求信息、生产计划和库存信息，而供应商只限于自己使用这些信息并对这些信息负有保密责任。

3. 供应商管理一体化系统

要实现供应商管理一体化，需要依靠一个管理系统来进行管理。

（1）**建立管理制度和规范**。采购企业在与供应商达成共识的基础上，需要共同建立供应商管理一体化相关管理制度和规范。例如如何加强企业高层的沟通和交流（定期与不定期联席会议），如何加强专业人员和采购人员的沟通和交流（定期沟通会），如何解决供货中存在的质量、交货期、成本和服务等方面的问题（问题分析与解决研讨会），专门指定企业联系牵头人，会议纪要和备忘录制度等。这些制度和规范的建立，并且有具体的责任人进行落实，是一体化系统的组织保障。

（2）**具有信息共享功能的管理信息系统**。采购企业需要扩充自己的管理信息系统功能，使其相关信息（需求、生产计划和库存）对指定供应商开放，需要设计数据加密技术和安全机制。同时也能自动接收供应商的相关信息，确保数据的一致性和通用性，以方便采购企业和供应商的信息沟通和频繁交互，同时大大降低信息沟通成本，提高信息沟通效率。

（3）**监测一体化实施后的利益。**这样一个管理系统最重要的一个功能是能看到实现一体化之后的效果。对采购企业而言，这个效果包括：产品的销售量、产品的销售收入、市场份额、销售利润率、产品质量、制造周期等是否比过去有明显变化。对于供应商而言，实施一体化之后的效果包括：供应数量、供应品质、交货期、不合格品率、需求响应性、供应成本、净利润率等是否比过去有明显变化。通过监测一体化实施后的利益，采购企业和供应商都会感到一体化带来的实实在在的好处，他们才会有信心坚持下去，并不断完善，以取得"共赢"的结果。

7.5　成功案例——X 公司的供应商管理

本案例选自本章参考文献 14。X 公司成立于 2003 年，是全球汽车工业中领先的门锁部件和电动系统供应商，同时，也是车辆整合和项目管理领域的领先者，产品范围涉及全方位门系统、边门模组、电动滑门系统、电子机械系统、摇窗机系统和门锁系统。公司人事行政、采购、制造、销售、质量职能具全，并有自己独立的专业研发中心和测试中心。公司主要为国内外整车企业，如吉利、长安、福特、大众、通用、宝马、戴姆勒—克莱斯勒、丰田、本田、日产等提供摇窗机系统和门锁系统的相关配件。

1. 供应商的分类现状

X 公司目前有各类供应商共计 102 家，供应商企业类型有外资企业、国有企业、民营企业、合资企业等，企业规模差异较大，从几十人到数千人不等。在供应商分类方面，X 公司主要采用以下两种方式对供应商进行分类。

（1）按照物料种类和价值进行 ABC 分类。涉及 A 类物料的供应商有 17 家、B 类物料供应商 41 家、C 类物料供应商 44 家。X 公司的供应商开发和绩效管理将围绕 A、B 类供应商进行探讨，C 类供应商因其产品价值低，对成品质量无影响，一般在签署明确质量协议的情况下均由采购员进行比价采购。

（2）按照物料的重要程度进行分类。Ⅰ类供应商为涉及安全性法规和有明确外观要求方面的物料供应商；Ⅱ类供应商为可能严重影响产品功能实现方面的物料供应商；Ⅲ类供应商为可能轻微影响产品功能和仅有外观有影响方面但不会造成功能丧失方面的物料；Ⅳ类供应商为不涉及产品质量方面但提供生产和运输支持方面的物料供应商。其中，Ⅰ类供应商有 13 家，Ⅱ类供应商有 33 家，Ⅲ类供应商有 40 家，Ⅳ类供应商 16 家。

2. 供应商绩效管理的现状

X 公司自 2003 年成立以来，在销售、研发、采购、生产、质量、交付和售后服务方面得到了快速的发展，加上公司本身对市场快速反应能力的提升，以及公司人员的稳定性，使 X 公司迅速成为总部全球所有工厂中发展潜力最大且最受重视的部门。但是随着外部环境的变化，供应商绩效管理方式逐步显露出不足，不能真正反映出供应商存在的问题和提出相应的改善意见。

一直以来，X 公司不断对目前的供应商绩效管理体系进行检讨和调整，公司希望通过对供应商的评估来及时发现供应商需要改进的地方，提高供应商在质量和交期方面的稳定性，并且增进与供应商之间的关系，最后降低采购成本。X 公司对供应商的绩效管理主要为月度的绩效考核，并且在年底对供应商的月度绩效得分汇总，得出年度的绩效考核得分。具体的考核维度和指标如下：

（1）质量指标（30%）。质量指标主要用于评估供应商在既定的时间段内提供原材料的品质表现，主要由供应商 PPM（parts per million，每百万个零件之中被 X 公司生产线拒收的零件数）、进料批次不合格率 LRR（lots reject rate）、过程审核、体系符合性四部分构成。

（2）成本指标（40%）。成本指标是用于评估公司对供应商采购材料所需要付出成本的指标，主要由成本降低和降本增效两部分构成。

（3）交付指标（20%）。交付指标是评估供应商是否能够满足公司所需的交货时间和数量的重要指标，主要由准时交付、缺料断线、货物短缺、货物多装、额外运费和包装符合性六个指标组成。

（4）服务指标（10%）。服务指标是指供应商与公司在交易中，以快速有效的服务应对客户的要求，主要由快速反应和质量文件符合性两部分构成。

在确定四个维度的指标之后，公司还要确定每个维度内的具体指标的权重和评价规则，具体如表 7-19 所示。

表 7-19 供应商绩效考核指标及评价规则

维度（权重）	指标（权重）	评 价 规 则
质量（30%）	供应商 PPM（40%）	目标值：100
	批次不合格率（30%）	目标值：0.5%
	过程审核（20%）	目标值：大于80
	体系符合性（10%）	通过 ISO 16949，但未通过 ISO 14001：9 分
		通过 ISO 9001 和 ISO 14001，但未通过 ISO 16949：8 分
		通过 ISO 9001，但未通过 ISO 16949 和 ISO 14001：7 分
		仅通过 ISO 14001：1 分
		未通过 ISO 9001、ISO 14001、ISO 16949 中任何一个：0 分
成本（40%）	成本降低（75%）	成本降低比例超出合同约定：100 分
		成本降低比例符合合同约定：70 分
		成本降低比例低于合同约定：50 分
		成本上升：25 分
	降本增效（25%）	完成降本增效活动：100 分
		实行了降本增效活动：87 分
		未实行降本增效活动：75 分
交付（20%）	准时交付（40%）	每次扣 20 分
	生产线缺料断线（20%）	每次扣 30 分
	货物短缺（10%）	每次扣 10 分
	货物多装（10%）	每次扣 5 分
	额外运费（10%）	每次扣 5 分
	包装符合性（10%）	每次扣 5 分

（续）

维度（权重）	指标（权重）	评价规则
服务（10%）	快速反应（60%）	没有按时回复纠正措施：每次扣10分
		每次在5个工作日回复降价要求：每次扣10分
		没有按要求回复库存统计报告：每次扣10分
	质量文件符合性（40%）	根本原因分析错误：每次扣20分
		纠正措施不能解决问题：每次扣10分
		报告格式错误：每次扣10分

3. 供应商的绩效管理的现状分析

（1）供应商的分类不全面，以提供物料价值高低为基础进行的供应商ABC分类法无法反映供应商对采购方研发的贡献大小和采购方对供应商供货要求的紧迫程度，同时也无法全部反映供应商提供的物资的重要性和供应商市场的复杂程度。这些问题对于采购方制定供应商管理策略有很大影响。假如某些C类供应商提供市场上的短缺物资，就要把他放在重要地位，对其做重点管理。假如某些A类供应商，其提供的物资价值较高，但这类物资基本上属于买方市场，可采取简单的管理方法，以节省成本。特别是在目前大部分客户都倾向于价格导向的采购策略时，供应商分类的细化在供应商选择和供应商绩效管理的有效性提高和成本降低方面有着必不可少的作用。

（2）在对X公司的供应商绩效管理过程进行梳理和分析后，可以看出目前的绩效考核指标包括了主要供应商绩效的质量、成本、交期和服务四个常用指标，评价的结果也基本上能反映出供应商的真实情况，具有简单易行、标准统一的特点，但结合实际供应商的表现来看，仍然存在一些问题：

1）质量指标设置不合理，如PPM和LRR仅仅评价符合性，没有体现出持续改进的思想。

2）质量指标中没有体现出影响整个供应链效率的重大问题的考核，如供应商私自变更、虚假文件、重复性质量问题和客户投诉。

3）交付指标中没有体现供应链管理中及时性的考核，如客户停线。

4）指标权重设置不合理。根据供应商的分类，在对供应商进行绩效考核时，指标的权重不应该是一样的，若针对所有供应商的指标权重是相同的话，会造成评价结果和供应商实际表现存在偏差，这是违背供应商评价目的。通过对供应商实际情况的研究，对不同供应商评价指标权重进行调整，有利于在供应商之间提倡公平竞争，使其不断提高服务品质。在X公司的供应商绩效指标权重设置中，A类物料供应商质量指标权重低于成本权重，这样会给供应商造成一种仅以价格为导向的印象。一般来说在产能充足的情况下，产品的质量稳定性和供应商的快速响应对交付的及时性有显著的影响。

通过以上的分析，X公司的供应商绩效管理体系需要在上述不足之处进行优化，以达到供应链管理的要求，更好地开发出符合公司自身需求的供应商，不断提高供应商在质量改善和降低成本活动上的积极性，满足客户日益提高的要求。

4. X公司供应商绩效管理的优化

（1）X公司供应商分类的优化。如果想要提高X公司当前供应商开发和绩效管理的效率，对目前的供应商进行分类研究是必不可少的。考虑到操作的简易性以及企业本身的特点，结合实际工作情况，根据供应商提供的物资的重要性程度和供应商市场的复杂性程度，这里提出一种新的供应商分类方法，把不同供应商细化，分为重要供应商、瓶颈供应商、普通供应商、一般供应商四类。①重要供应商：对于企业非常重要，这类供应商掌握产品的关键技术，且这种技术对于一个企业的发展有至关重要的作用甚至有战略性作用；②瓶颈供应商：一般是其产品具有专有技术，虽其产品价值不高但为企业的必须辅助产品，获取难度大；③普通供应商：其产品对企业很重要，其提供的产品价值很高，但市场获取方便；④一般供应商：提供价值不高的小件物料，且种类繁多。

按照上述原则，重新对 X 公司的供应商分类进行调整，如表 7-20 所示。

表 7-20　X 公司供应商分类

供应商类别	物料分类	供应商数量
重要供应商	马达、电机、离合器、塑料粒子	16
瓶颈供应商	精冲件、传感器、专用油脂、拉锁类、套管	27
普通供应商	注塑件、冲件、工装模具、特殊工艺类	42
一般供应商	标准件、机加工件、胶带、包装辅材	17

（2）供应商绩效考核管理的优化。通过分析 X 公司绩效管理体系的现状，对于 X 公司的供应商绩效管理体系的改进主要考虑两个方面的问题，第一方面是针对不同类别的供应商需要采取不同的绩效评估方案；第二方面是根据供应链管理理论的发展，重新定义质量指标和交付指标的内容及评分规则，以体现客户对于质量持续改进和交付及时性方面的要求。最后，通过以上的分析和对 X 公司供应商绩效管理体系的优化，建立起一套简洁实用的汽车行业供应商绩效管理体系，为企业对供应商的改善和优胜劣汰提供依据。

1）不同类别供应商的绩效评估方案。根据供应商的分类结果，可以得出 X 公司对各类别供应商的关注要点，从而调整绩效考核的四个维度的权重比例，来达到关键要点重点管理的目的。如表 7-21 所示。

表 7-21　X 公司不同类别供应商关注要点

供应商类别	定　义	选择要点排序
重要供应商	掌握产品的关键技术，对企业有至关重要的作用	服务、质量、交付、价格
瓶颈供应商	产品具有专有技术，但产品价值不高，市场直接获取较难	质量、交付、服务、价格
普通供应商	产品对企业很重要，价值较高，但市场获取比较方便	质量、价格、交付、服务
一般供应商	价值不高的小件物资，且种类繁多	价格、交付、质量、服务

根据表 7-21 的选择要点排序，我们可以根据现有的绩效考核的四个维度为不同类别供应商拟定对应的权重值，如表 7-22 所示。

表 7-22　X 公司不同类别供应商的权重

供应商类别	价　格	质　量	交　付	服　务
重要供应商	10%	30%	20%	40%
瓶颈供应商	10%	40%	30%	20%
普通供应商	30%	40%	20%	10%
一般供应商	40%	20%	30%	10%

2）供应商绩效指标内容的完善。质量维度中增加影响整个供应链效率的重大问题的考核，如供应商私自变更、虚假文件、重复性质量问题和客户投诉，详细内容如表 7-23 所示。

表 7-23 质量维度新增加的指标

维　度	指　标	评 价 规 则
质量	供应商在系统方面出现重要缺失	每次扣100分
	供应商生产过程已发现质量问题，但未事先通知并得到公司的批准，仍发货到客户工厂	每次扣100分
	制作虚假的文件资料	每次扣100分
	因供应商在客户装配点上出现的质量问题	每次扣40分
	因供应商原因而导致的最终用户投诉	每次扣60分
	重复三次以上的类似质量问题发生	每次扣40分

另外，通过参考客户针对 X 公司质量指标的设定情况和相关文献的阅读，将供应商 PPM 和进料批次不合格率的评分规则改为分段式的扣分方式，这样就纠正了从前这两项指标仅仅评价符合性，没有体现出持续改进的思想的缺陷。具体内容如表 7-24 和表 7-25 所示。

表 7-24 供应商 PPM 分段式扣分

指　标	描　述	应 扣 分
供应商 PPM	$0 < PPM \leqslant 10$	0
	$10 < PPM \leqslant 50$	2
	$50 < PPM \leqslant 100$	4
	$100 < PPM \leqslant 150$	6
	$150 < PPM \leqslant 250$	10
	$250 < PPM \leqslant 350$	15
	$350 < PPM \leqslant 450$	22
	$450 < PPM \leqslant 500$	30
	$PPM > 500$	40

表 7-25 进料批次不合格率 LRR 的分段式扣分

指　标	描　述	应 扣 分
进料批次不合格率	$0 < LRR \leqslant 0.5\%$	0
	$0.5\% < LRR \leqslant 2\%$	8
	$2\% < LRR \leqslant 5\%$	15
	$LRR > 5\%$	30

对于交付维度，应增加供应链管理中及时性的考核，如客户停线。具体内容如表 7-26 所示。

表 7-26 交付维度增加的指标

交付	准时交付（40%）	每次扣20分
	客户断线（整车厂）	每次扣100分
	生产线缺料断线（20%）	每次扣30分
	货物短缺（10%）	每次扣10分
	货物多装（10%）	每次扣5分
	额外运费（10%）	每次扣5分
	包装符合性（10%）	每次扣5分

3）由于供应商在初期配合中，对客户的要求和流程会有一个逐步适应的过程，或者由于目前技术水平和工艺能力所限，所以 X 公司在月度绩效指标的基础上新增加年度供应商绩效指标，以便有效提高供应商改善的积极性。在年度绩效评估中，如果供应商的各项指标均达到了年初设定的目标，那么该项得分在年度评估是可以按满分计算。根据供应商的得分情况对供应商进行分级，如表 7-27 所示。

表 7-27　供应商分级表

等　级	得　分	管 理 策 略
L1	得分 >90	优先给予更多的新业务
L2	80 < 得分 ≤90	可考虑开展新业务
L3	70 < 得分 ≤80	需要提交纠正计划，如果 6 个月内不能达到公司供应商管理要求，将降级至 L4
L4	得分 ≤70	供应商公司总经理将被要求到 X 公司来陈述改进计划，并停止新业务报价 6 个月，如果 6 个月内不能达到公司质量管理要求，将取消合格供应商资格

5. 优化效果分析

通过对 X 公司供应商绩效管理过程的梳理和优化，使供应商绩效管理的结果更加真实可靠，真正起到指导供应商改善和达到优胜劣汰的目的。通过优化前后 X 公司在供应商质量改进、成本降低、交付及时、服务有效四个方面的表现来说明一下整个优化活动对公司在供应商绩效管理水平方面的提升。

（1）供应商开发效率的提高。新的供应商审核流程在初期收集资料阶段即开始关注供应商在人力资源构成、设备管理能力、自主研发能力和质量体系方面的情况，因此在评估初期就识别出一些不合适的供应商，减少了审核工作量和成本。另外通过增加评估表项目和细化评估表内容，尤其是增加了技术审核后，审核的通过率虽然降低，但最终进入 X 公司的合格供应商比例却明显增加，显著地避免了 X 公司在项目开发前期的模具开发和样件开发成本，有效地保证了整个项目的进度和客户开发需求的满足，供应商开发效率明显提高，如表 7-28 所示。

表 7-28　供应商开发效率对比

阶段	新供应商审核数量	审核通过数量	进入合格供应商数量	审核通过率	供应商开发完成率
流程优化前	13	9	2	69%	15%
流程优化后	10	4	4	40%	40%

（2）供应商整体绩效的提高。统计在新的绩效管理方案实施前后各个绩效等级供应商所占的比例，对比分实施前、实施后三个月、实施后六个月进行。具体如表 7-29 所示。

表 7-29　各个绩效等级供应商比例

阶段	供应商数量	L1 供应商数量/百分比		L2 供应商数量/百分比		L3 供应商数量/百分比		L4 供应商数量/百分比	
流程优化前	117	18	15%	69	59%	24	21%	6	5%
流程优化后（3 个月）	106	21	20%	70	66%	12	11%	3	3%
流程优化后（6 个月）	102	23	22.5%	70	68.5%	6	6%	3	3%

从表7-29 我们可以看出，随着新供应商绩效管理的推行，X 公司的供应商绩效水平有了一些提升，尤其是多家三级的供应商通过在质量和成本等方面的改善活动，等级提升为二级甚至一级。在四级供应商的比例方面改善不是非常明显，这点与 X 公司所面临的汽车行业的成本压力是有很大关系的。

（3）质量的提升。通过在绩效评估要素中增加重大事故扣分项（见表7-24），使供应商真正重视到了过程管理的重要性，感受到了零缺陷的压力，开始关注细节，主动寻求外部资源来提升管理水平。通过半年多的努力，X 公司的供应商 PPM 已经降低到 150 以下（2013 年目标为100），批次不合格率降低到 0.6%（2013 年目标为 0.5%），并且在 2013 年 3 月客户的 PPM 首次达到 40 以下。

（4）成本的降低。通过对不同类别的供应商实施不同的绩效权重以来，普通供应商和一般供应商爆发出极大的热情，在设备改造、技术创新上面投入了很大的精力。例如，一家民营普通供应商通过技术创新完成了侧门锁锁扣的制造，取消了原计划的热铆工序，极大地提高了生产效率和质量稳定性，成本也降低了 30%；一家包装公司主动提出"整体物流"的想法，在 X 公司采购部、物流部门的支持下，对 X 公司整个供应链上的运输搬运和包装规格进行了详细的调查和整理，设计出符合整个物流过程的标准方案，基本消除了物料在供应商仓库、第三方仓库、X 公司仓库、X 公司产线的频繁换箱、换标签的活动，有效地降低了整条供应链上的物流成本，对产品的防护也起到了一定的作用。如表 7-30 所示是 2012 年 9 月份前半年和 9 月份后半年供应商主动提出的降本增效数量对比。

表 7-30　供应商降本增效提案数量对比

阶　　段	提案数量	通过数量	A 级方案数量	B 级方案数量	C 级方案数量
流程优化前 （2012 年 4 月～2012 年 9 月）	10	6	1	2	3
流程优化后 （2012 年 10 月～2013 年 3 月）	21	17	3	6	8

（5）交付和服务意识的提升。通过对不同类别供应商，尤其是重要供应商和瓶颈供应商交付和服务权重的调整，通过几个月的绩效沟通，均有明显的提升，主要体现在供应商高层管理主动拜访次数增加、发货提前通知的完成率在 90% 以上、质量问题处理的及时性和有效性明显提升。

供应商绩效管理是一个系统工程，涉及供应链管理的方方面面。X 公司的采购部门作为企业绩效管理的职能部门，肩负着供应商持续改进，动态、优胜劣汰管理供应商，传递供应商自我驱动力和自我改进的动力的任务。为了实现这一目标，首先，X 公司不断引入业界先进的供应商绩效管理理念，结合企业自身环境优化供应商绩效管理理论基础；其次，不断优化供应商绩效管理评估标准，完善评估要素，设置合理的要素权重；然后，做好供应商绩效管理计划并严格按照计划执行，加强供应商绩效管理过程的执行，对绩效评估结果的及时、充分沟通，对供应商的改进要注重效果验证；最后，企业处于一个快速变化的环境中，需要根据内部和外部环境的变化及时调整供应商绩效管理的策略，只有适合企业所处环境的供应商绩效管理策略才是好的策略。

本章小结

本章主要介绍了供应商的开发、选择、审核与认证、绩效考核以及供应商关系的管理。

在进行供应商的开发之前，需要对供应市场进行分析，主要从宏观经济、供应行业及市场、供应商三个层析进行分析，判断供应市场的基本情况，为供应商的开发作准备。

供应商的开发是寻找、发现新的供应商，建立适合本企业的供应商队伍。主要包括的步骤有物料分类、开展调查、供应商初步评估、通知送样或小批量采购、比价、议价、初选合格供应商。

供应商的选择是在众多候选的合格供应商中，选择可以合作的供应商。选择供应商时应明确选择目标、确定选择标准、成立评选小组、评价供应商后确定供应合作关系。其中，在制定选择标准时，一般的标准包括短期标准（质量、成本、交付能力、服务水平）和长期标准（供应商信誉、财务状况、内部组织和管理、供应商的环境），但是在实际的操作中，还应根据物资的分类（战略物资、瓶颈物资、杠杆物资、一般物资）为相应的供应商（战略供应商、瓶颈供应商、杠杆供应商、一般供应商）制定标准。供应商的选择方法包括定性方法（直观判断法、招标法、协商选择法）、定量方法（评分选择法、采购成本比较法、作业成本法）及定性与定量相结合的方法（层析分析法）。供应商的选择风险可分为内部风险、外部风险以及关联风险三种。

供应商的审核与认证是对供应商的生产或服务能力、产品质量、交付及时性等做持续的监督。通过供应商审核与认证，企业可以了解供应商的优缺点、控制供应过程、降低经营风险、保证持续供应、促进供应商改善。

供应商绩效考核是对已经通过认证审核的、正为企业提供服务的供应商进行定期监督和考核。企业一般选用质量、价格、供应、服务四个维度来对供应商进行绩效考核，采用日常业绩跟踪和阶段性评价结合的方法，将供应商的四个维度的表现汇总后进行加权，依据重要程度设置每个维度的权重，最后综合评分，得出每个供应商的绩效评分，并对供应商进行分级管理。

企业与供应商之间的关系大致可以分为五种，即短期目标型、长期目标型、渗透型、联盟型、纵向集成型。供应商关系的不同，其分类管理策略也会有所不同。供应商的关系管理主要包括供应商的信息沟通、供应商的激励和对供应商的控制。

习题

一、选择题

1. 下列有关垄断竞争市场的说法，正确的是（　　　）。

A. 垄断竞争市场是最具有现实意义的市场结构

B. 供电行业是典型的垄断竞争市场

C. 垄断竞争市场具有高度的透明性，产品的进入障碍小

D. 石油行业属于典型的垄断竞争市场

2. 在选择供应商时，下列不需要考虑的因素是（　　　）。

A. 企业实力　　　　B. 服务水平　　　　C. 长期发展　　　　D. 企业性质

3. 下列属于选择供应商的定量与定性相结合的方法的是（　　　）。

A. 直观判断法　　　B. 层次分析法　　　C. 采购成本比较法　　　D. 协商选择法

4. 供应商的选择风险中，属于关联风险的是（　　　）。

A. 合同风险　　　　B. 合作兼容性　　　C. 供货风险　　　　D. 道德风险

5. 下列不是供应商关系管理的内容的是（　　　）。

A. 与供应商的信息沟通　　　　　　B. 与供应商的合作

C. 对供应商的激励　　　　　　　　D. 对供应商的控制

二、判断题

1. 供应行业的寡头垄断市场是指只有一家供应商。　　　　　　　　　　　　（　　　）

2. MRO 物资是指各种工器具、设备及其零配件、消耗品等。　　　　　　　（　　　）

3. 供应商考核的目的是了解供应商的表现、促进供应商提升供应水平。　　　（　　　）

4. 在对供应商进行绩效评估时，退货率属于服务维度的指标。　　　　　　　（　　　）

5. 联盟型的供应商关系是一种综合的、复杂的关系，适用性较差。　　　　　（　　　）

三、思考题

1. 供应市场的分析内容有哪些？

2. 在选择供应商时，选择方法有哪些？

3. 在选择供应商时，企业面临的风险有哪些？

4. 供应商的选择标准指标与绩效考核指标有哪些？它们有什么不同？

5. 企业与供应商之间的关系有哪几种？

四、计算题

Q 公司是美国一家汽车配件公司，成立于 1944 年，坐落在密歇根州。公司专业生产汽车空调压缩机、液力变矩器及离合器压盘和钢片，在这些产品领域中，A 公司是较为领先的企业之一。

汽车空调压缩机是 Q 公司的三大系列产品之一，目前 Q 公司生产六种型号的空调压缩机，与其配套的离合器多达 70 多种。Q 公司一直在寻找合适的供应商，以降低公司内部的生产成本及采购成本。经过分析，拟对 A、B、C、D 四家供应商进行选择，这四家供应商在质量、价格、交货、技术能力、包装、服务等 6 个方面各有优劣。根据企业对 6 个指标的要求，确定的 6 个指标的相对重要性如表 7-31 所示。

表 7-31　指标权重

	质　量	价　格	交　货	技术能力	包　装	服　务
质量	1	2	3	1/3	1/2	1/3
价格	1/2	1	2	1/5	1/4	1/6
交货	1/3	1/2	1	1/5	1/3	1/3
技术能力	3	5	5	1	2	1
包装	2	4	1/2	1/2	1	1/2
服务	3	6	3	1	2	1

根据四家供应商在质量方面的优劣，所确定的相对重要性如表 7-32 所示。

表 7-32　质量方面得分

质　量	供应商 A	供应商 B	供应商 C	供应商 D
供应商 A	1	3	1/5	6
供应商 B	1/3	1	1/7	2
供应商 C	5	7	1	8
供应商 D	1/6	1/2	1/8	1

根据四家供应商在价格方面的优劣，所确定的相对重要性如表 7-33 所示。

表7-33　价格方面得分

价　格	供应商 A	供应商 B	供应商 C	供应商 D
供应商 A	1	4	1/2	3
供应商 B	1/4	1	1/8	1/2
供应商 C	2	8	1	6
供应商 D	1/3	2	1/6	1

根据四家供应商在交货方面的优劣，所确定的相对重要性如表7-34所示。

表7-34　交货方面得分

交　货	供应商 A	供应商 B	供应商 C	供应商 D
供应商 A	1	1	3	6
供应商 B	1	1	5	6
供应商 C	1/3	1/5	1	2
供应商 D	1/6	1/6	1/2	1

根据四家供应商在技术能力方面的优劣，所确定的相对重要性如表7-35所示。

表7-35　技术能力方面得分

技术能力	供应商 A	供应商 B	供应商 C	供应商 D
供应商 A	1	4	1/3	2
供应商 B	1/4	1	1/8	1/2
供应商 C	3	8	1	5
供应商 D	1/2	2	1/5	1

根据四家供应商在包装方面的优劣，所确定的相对重要性如表7-36所示。

表7-36　包装方面得分

包　装	供应商 A	供应商 B	供应商 C	供应商 D
供应商 A	1	3	7	1/2
供应商 B	1/3	1	5	1/5
供应商 C	1/7	1/5	1	1/8
供应商 D	2	5	8	1

根据四家供应商在服务方面的优劣，所确定的相对重要性如表7-37所示。

表7-37　服务方面得分

服　务	供应商 A	供应商 B	供应商 C	供应商 D
供应商 A	1	5	7	1/4
供应商 B	1/5	1	3	1/6
供应商 C	1/7	1/3	1	1/8
供应商 D	4	6	8	1

根据以上已知条件，运用层析分析法，计算选择Q公司的最优供应商。

参 考 文 献

［1］张旭凤．采购与仓储管理［M］．北京：中国财政经济出版社，2007．

［2］骆建文．采购与供应管理［M］．北京：机械工业出版社，2010．

［3］赵道致，王振强．采购与供应管理［M］．北京：清华大学出版社，2009．

［4］张晓华．采购与库存控制［M］．武汉：华中科技大学出版社，2011．

［5］冯璐．供应商选择风险因素与评价方法研究［D］．郑州：郑州大学，2009．

［6］孙铁玉．新编采购管理［M］．南京：南京大学出版社，2011．

［7］计国君，蔡远游．采购管理［M］．厦门：厦门大学出版社，2012．

［8］徐杰，鞠颂东．采购管理［M］．北京：机械工业出版社，2009．

［9］伍蓓．采购与供应管理［M］．杭州：浙江大学出版社，2010．

［10］Dickson. An analysis of vendor selection system and decisions［J］. Journal of Purchasing，1966，2（1）：5-17.

［11］吕娜．采购风险管理文献综述［J］．合作经济与科技，2014，3：60-62．

［12］陈武，杨家本．采购过程风险管理［J］．系统工程理论与实践，2000，6：54-58，74．

［13］北京中交协物流人力资源培训中心．物资管理［M］．2005．

［14］陈增．供应链模式下供应商开发和绩效管理研究［D］．南京：南京大学，2013．

第4篇

专 题 篇

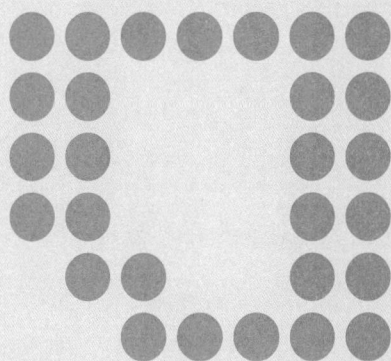
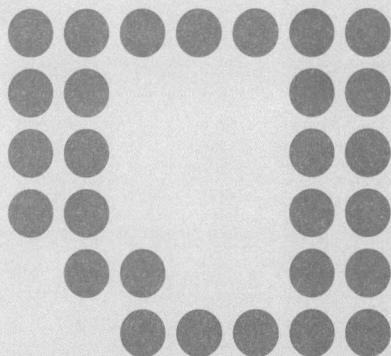
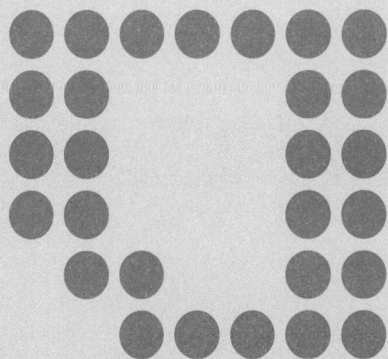

第 8 章

全球化采购

　　随着科学技术和物流业的发展，越来越多的企业开始进行全球化采购。全球化采购起源于全球化制造。全球化制造需要在全球范围内配置资源，因此，就需要在生产中实现全球化采购。当前，随着科技的进步、物流业的发达、尤其是互联网和电子商务技术的发展和普及，全球化采购已成为各国企业充分利用全球资源、降低采购成本、增强企业核心竞争力、最大化获得利润的重要途径。

　　本章主要介绍全球化采购产生的背景和原因、发展趋势、特点、全球化采购的一般程序以及全球化采购管理等内容。

8.1　全球化采购概述

　　本节介绍全球化采购的概念以及全球化采购兴起的背景和原因，全球化采购的优势、劣势和特点，使读者对全球化采购有一个初步的认识。

8.1.1　全球化采购概念

　　随着经济全球化的发展，国际贸易和跨国公司的扩张推动了全球化采购的快速发展，越来越多的企业开始采用全球化采购，以增强自己的竞争力。所谓的全球化采购就是指在供应链思想的指导下，利用先进的技术和手段，在全世界范围内寻求最佳的资源配置，寻找在质量、价格、交货期、服务等方面具有综合优势的最佳供应商，采购性价比最好的原材料和服务，以更好地满足客户的需求。

　　需要注意的是全球化采购与国际采购的细微区别。国际采购只是在国外的一个国家进行采购，而全球化采购是在多个国家进行采购，相比国际采购更加复杂。

　　1. 全球化采购产生的背景

　　全球化采购是在经济全球化、全球化制造、物流业高度发展、互联网和电子商务技术基础上发展起来的新型采购方式。

　　（1）经济全球化。经济全球化（economic globalization）是指世界经济活动超越国界，通过对外贸易、资本流动、技术转移、提供服务、相互依存、相互联系而形成的全球范围的有机经济整体。（简单来说也就是世界经济日益成为紧密联系的一个整体）。经济全球化是当代世界经济的重要特征之一，也是世界经济发展的重要趋势。

　　经济全球化，有利于资源和生产要素在全球范围内的合理配置，有利于资本和产品在全球范围内合理流动，有利于科技在全球性的扩张，有利于促进不发达地区经济的发展，是人类发展进步的表现，是世界经济发展的必然结果。经济全球化是指贸易、投资、金融、生产等活动的全球化，即生存要素在全球范围内的最佳合理配置。经济全球化从根源上说是生产力和国际分工的高度发展，要求进一步跨越民族和国家疆界。

经济全球化促进了国际贸易快速发展，在各国经济发展中的作用越来越重要，使跨国直接投资发展迅猛，高科技、高附加值的高端制造及研发环节转移的比例大大提高。跨国公司是国际直接投资和生产全球化的主要载体。它通过全球化生产、全球化销售、全球化采购和全球化研发活动，把世界各国经济联结为一个紧密的整体。经济全球化导致国际经济协调机制不断强化。

经济全球化的一个重要特征是全球化贸易，而全球化贸易是全球化采购的基础和条件。

（2）全球化制造。所谓全球化制造，指的是某一产品价值链由不同国家的不同企业共同制造完成。这时，制造的国家边界被打破，制造的企业边界也被打破，企业内部的生产经营行为延伸到其他企业。在生产经营分工的基础上，企业之间的关系体现在各自从事同一产品价值链不同部分的生产。如图8-1所示，某一产品的价值链由设计开发、加工制造和市场营销三个部分组成，其中设计开发由企业A在国家X或跨国家完成，加工制造由企业B在国家Y或跨国家完成，市场营销则由企业C在国家W或跨国家完成，它们共同完成一条完整的价值链。有时候，产品的设计开发与营销均由同一家企业完成，但产品的设计开发、加工制造和市场营销必定不是由同一家企业完成，否则就不是全球化制造。目前进行全球化制造的跨国公司相当多数是负责产品的设计开发与市场营销，而不进行加工制造。例如，作为经营运动鞋的著名企业，美国耐克公司（Nike）并不生产运动鞋，只负责鞋的设计开发与营销，其产品全部由供应商加工制造。

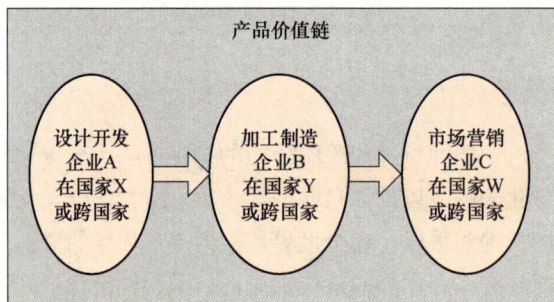

图 8-1　全球化制造示意图

全球化制造必然导致全球化采购和全球化配置资源，以满足全球化制造的生产模式。

（3）物流业的发展。导致全球化采购的另一个原因是物流业的快速发展，物流集成商提供的物流一体化解决方案免除了用户的烦琐手续和各种担忧，多式联运方式大大缩短了运输和周转时间，特别是运输能力的提高。在过去，货轮在提供定期航班服务时，要花60%的时间来装载和卸下货物。选择使用集装箱和滚装滚卸操作后，周转时间缩短为几小时。在空运方面，宽体飞机的使用使得运输能力提高了数十倍。

（4）互联网和电子商务技术的发展。互联网是20世纪最伟大的基础性科技发明之一，作为信息传播的新载体，科技创新的新手段，互联网的普及和发展改变了人类的生产方式和生活方式，引发了前所未有的信息革命和产业革命，也必将引发企业采购方式的变革。

互联网一种典型的应用就是电子商务。电子商务（electronic commerce，EC）是指通过使用互联网等电子工具（这些工具包括电报、电话、广播、电视、传真、计算机、计算机网络、移动通信等）在全球范围内进行的商务贸易活动。电子商务使得全球化采购成为最经济、最方便、最快捷、最高效的采购方式。

2. 全球化采购的原因

企业进行全球化采购的原因有很多，而且随着采购产品的不同而不同，但是进行全球化采购最基本的原因有以下几个方面：

（1）**追逐利润是资本的原动力**。根据古典经济学理论，资本总是流向利润高的地方。资本寻求最佳资源配置和更大利润的内在动力。追逐利润是资本的原动力，一旦在更大的范围内寻求更优化的资源配置成为可能，资本一定会跨越国界和地域的障碍，在更大的范围内寻求更好的资源。

（2）**全球化采购有利于全球竞争**。全球化采购有利于企业在全球范围的竞争。经济全球化的一个重要内涵就是市场全球化。在市场所在地实施全球化采购有利于降低成本。同时，由于全球化采购为供应商所在国的经济发展带来了好处（如增加就业、增加 GDP 等），也有利于该国客户接受采购商所生产的产品，促进进入该国市场。

（3）**跨国投资促进了全球化采购**。企业的跨国投资促进了全球化采购。越来越多的企业为了打破贸易壁垒和寻求资源的比较优势，多采取跨国投资的生产经营模式，即全球化制造。这也促进了全球化采购的进程。

（4）**国际贸易的发展和经济全球化进程的加快**。国际贸易的发展和经济全球化进程的加快，一方面使企业面临的竞争的激烈程度和范围都大大增加，另一方面也大大降低了全球化采购的交易成本。这就迫使企业在面临全球竞争的时候，要在全球范围内寻求最优的资源，同时也使得企业较过去更容易在全球获得最优的资源。这就促进了全球化采购的增长。

（5）**享受出口优惠政策**。全球化采购可以享受供应商所在国的出口优惠政策。许多国家为了鼓励出口，往往都有出口退税的补贴。这会在一定程度上鼓励企业寻求国际上各个国家的出口优惠待遇，进而降低成本，获得其产品的成本优势。

8.1.2 全球化采购分析

1. 全球化采购的优势

全球化采购的优势主要有：**采购成本低、采购产品质量高、可以采购到国内无法提供的产品、获得快速交货和连续供应、提高产品质量和品牌美誉度进而提高采购企业的市场竞争力和企业管理水平**。具体包括以下几个方面：

（1）价格。国外供应商提供的产品价格比国内供应商更低，这是企业进行全球化采购的主要原因。低价格来自于供应商的规模效应、产业集群和集聚、低的原材料价格、低的劳动力成本和土地成本。

（2）质量。企业选择全球化采购在质量方面的考虑有：某些国外供应商的产品性能是国内供应商的同类型产品所达不到的；某些国外供应商物料质量的稳定性要比国内供应商高。

（3）资源。某些原材料，特别是自然资源，在国内并没有储备或非常匮乏，只能从国外进口。此时企业必须要到国外供应商那里去采购才能满足自己的生产需求。

（4）快速交货和连续供应。由于生产能力和设备的限制，在某些情况下，国内供应商的交货速度要比国外的供应商慢。某些国外的大型供应商还会在世界各地持有大量的产品库存，一旦有订单需求，就可以快速发货，不会影响采购企业的生产运营。

（5）科学技术的快速发展。信息通信技术与物流技术的发展，使得人们之间的距离越来越短，企业在全球范围获取资源的信息变得更加畅通，运输成本也更加低廉，运输时间大大缩短，这一切都有利于企业进行全球化采购。

（6）战略考虑。某些时候，企业为了向国内供应商施加压力而引入国外供应商来参与竞争，这样做可以使国内供应商自觉提高自己生产产品的质量，降低产品价格，从而有利于采购企业降低成本，提高产品质量，同时企业也在国外获得了另外一个采购来源，这将降低企业的经营风险。

2. 全球化采购的劣势

全球化采购虽然有许多优点，但也存在一些不足，具体包括：

（1）**全球化采购的程序比较复杂**。全球化采购在采购前的准备、采购谈判、采购合同签订和履行以及争议的处理等各个方面都比国内采购要复杂很多，采购人员必须了解国际贸易的相关知识，才能顺利完成全球化采购的任务。

（2）**全球化采购具有更长的订货提前期**。全球化采购的供应商跨越了国家和地区的边界，其距离比国内供应商更远，所以产品的运达需要更长的运输时间。同时由于全球化采购涉及进口和出口，需要向海关报税和报检，这也需要花费时间。由于是向国际供应商进行采购，花费在选择供应商、谈判以及签订合同上的时间将会更长。总之，全球化采购往往比国内采购的提前期更长。

（3）**全球化采购的风险比国内采购大**。由于全球化采购要跨越不同的国家、不同的文化、不同的经济制度，特别是对其他国家市场信息的了解没有国内市场充分，所以全球化采购的风险要比国内采购大。这种风险包括文化差异带来的风险、时间差异带来的风险、运输的风险、外汇汇率变动带来的风险、交货准时性带来的风险、交货后服务水平带来的风险等。

3. 全球化采购的特点

（1）**全球化采购需要具有国际贸易的相关知识**。全球化采购涉及采购双方进行国际贸易，因此具备国际贸易的相关知识就成为进行全球化采购的前提。国际贸易的相关知识包括遵守世界贸易组织（WTO）规则、国际惯例、相关贸易国家的法律法规等。全球化采购除了交易双方外，还需要运输、保险、银行、海关、中间商、代理商等部门的协作，因此要想协调好企业内部、外部的经济关系，保证采购的顺利进行，避免产生纠纷，就需要采购人员具有国际贸易方面丰富的知识和经验。

（2）**全球化采购易受供应商所在国和国际环境的影响**。全球化采购受采购双方所在国的政治环境、经济环境、双边关系的影响较大。例如，政府换届带来的经济政策变化、经济环境的恶化带来的影响等，这些变化都会给采购活动带来影响。

（3）**全球化采购需要考虑关税和汇率的影响**。关税是一个国家对其进口货物征收的税金。目前世界各国都在通过世贸组织努力降低关税，但是出于保护本国企业利益的关税仍然存在。企业在进行采购时需要了解有关关税的各项条款和税金如何计算。全球化采购需要使用国际通用货币（美元）或者所购国货币，因此，存在本国货币与所购国货币之间的兑换问题，而国与国之间的货币兑换（即汇率）是时刻变化的。汇率的变化对全球化采购支付会产生显著影响。

8.2　全球化采购模式与决策

本节介绍全球化采购的三种运作模式，以及企业如何进行全球化采购决策。

8.2.1　全球化采购模式

在全球经济一体化的背景下，全球化采购的运作模式主要有三种，包括生产者驱动、购买者驱动和经理人驱动。

1. 生产者驱动的全球采购活动

生产者驱动的全球采购活动主要出现在资本和技术密集型的行业中，如汽车、飞机、信息产品、重型设备等行业。在这些行业中，以制造能力突出的大型跨国公司，与各国零件供应商建立合作伙伴关系，达成长期供应的协议，从而建立以自己为核心的全球采购网络，在全世界范围内进行最为有利的采购活动或最佳的采购活动，从而形成竞争优势。

2. 购买者驱动的全球采购活动

购买者驱动的全球采购活动是指以批发商、零售商和贸易公司为核心而进行全球采购活动和由此形成的全球采购供应网络。这种采购的一个突出特点是以这些零售商、批发商和贸易公司所掌握的市场需求特点来提出对商品包括样式、规格、质量、标准方面的要求，然后在全球范围内寻找最好的生产者或供应商，最后销售到全球的市场中。这种采购方式在那些劳动密集型的行业和消费品行业中有着非常好的表现，比如说家电、服装、鞋类、玩具和家庭日常用品行业。全球著名的零售企业沃尔玛、家乐福等就是采用这种购买者驱动的全球采购活动。

3. 专业化的全球采购组织和国际经纪人所从事的全球采购活动

无论是在中国还是全世界范围内，为数众多的是一些中小企业，而中小企业也存在着合理利用全球资源的要求和愿望。但是这些中小企业如果自己来进行全球化采购，一方面成本过高，另一方面缺乏充足的信息和专业的全球采购人才。面对这样的需求，在国际贸易领域，一些专业性的采购组织和采购经纪人就应运而生，成为面向中小企业的采购供应商。这些全球化采购组织和经纪人经常出现在各个国家的展会上或者以组团的方式来到世界各国，特别是发展中国家，来寻求合理的商品资源。

企业应根据自身的实际情况，明确自己属于哪一类企业，再选择与自身定位相符合的全球化采购模式。

8.2.2　全球化采购决策

1. 适合全球化采购的产品特征

企业在进行全球化采购决策时，需要考虑采购产品是否适合进行全球化采购。一般来说，适合全球化采购的产品主要有以下特征：

（1）符合国家政策的，只有国外才能采购到的产品。某些产品在国内没有生产，无法获取，只能从国外进口，而且这些产品符合国家的进出口政策，允许从国外进口，就是适合进行全球化采购的产品。

（2）国外的产品质量更好。某些企业对产品质量的要求很高，国内的产品无法满足其在质量上的特殊要求，而调查发现，国外有更好质量的同类产品，那么企业就可以对这些产品进行全球化采购。

（3）**国外产品的价格更低**。某些企业希望采购价格更低的产品，而国外的产品价格要比国内的更有优势，即在同等质量水平下，采购总成本要比国内采购低，那么企业就可以选择进行全球化采购。

（4）**能够忍受较长的交货期**。企业想要全球化采购产品的运输费用较低，则必须要忍受较长的运输时间，如果企业可以忍受较长的运输期，允许一定量的库存占用，则可以进行全球化采购。

（5）**要求运输时间短，但可以接受高运费**。企业对某些产品的时间需求很急，要求能在短时间内运抵企业，这会导致运输费用的上升，例如采用空运方式。对于某些特殊商品，如时令品等，如果企业可以接受这种高运费，则也可以进行全球化采购。

2. 全球化采购决策方法

全球化采购决策的方法很多，有定量决策的方法，也有定性决策的方法。主要有采购人员估计法、期望值决策法、经理人员意见法、数学模型法和直接观察法。

（1）采购人员估计法。这种方法是召集一些全球化采购经验较丰富的采购人员，征求他们对全球化决策问题的看法，然后将他们的意见综合起来，形成决策结果。

（2）期望值决策法。这种方法是根据全球化采购历史资料来进行统计分析决策。

（3）经理人员意见法。这种方法先征求部门经理的意见，再作出决策。如果企业要选择合适的全球化供应商，可采用经理人员意见法。

具体步骤是：

1）征求采购、生产、技术、销售、财务等各部门经理人员意见，各经理按自己的标准给予不同评分。

2）汇总，按评分淘汰一部分供应商。

3）让各经理对剩下的供应商打分。

4）经多次反复，直到选择合适的供应商。

此种方法需多次反复，耗费时间，可行性差。

（4）数学模型法。如果企业为了达到采购存储总费用最低的目的，就必须用经济批量模型计算最佳采购批量。值得注意的是，采用数学模型一定要注意使用条件。

（5）直接观察法。采购部门的决策者在对简单问题决策时，按一定的标准或按关键采购标准，淘汰不符合标准的方案，对符合标准的方案按优劣顺序及可行性排列，选择满意方案。

总之，根据决策问题的特点，选择一种方法或几种方法结合起来，能提高全球化采购决策的正确性，减少全球化采购风险。

3. 全球化采购决策考虑的因素

一般而言，全球化采购决策需要考虑以下九个方面的因素：

（1）**物美价廉**。全球化采购的物资应该物美价廉，即比国内采购的物资质量要好，价格要便宜。否则，就没有必要采用全球化采购。

（2）**拓宽产品供应范围**。当在国内采购，供应渠道受限时，会制约产品的生产和规模的扩大。此时应考虑全球化采购，以拓宽产品的供应范围，为产品扩大生产规模奠定供应基础。

（3）**提高产品质量**。当产品的质量由于原材料、零部件供应质量不稳定导致产品的质量不稳定或不能满足客户要求时，应考虑全球化采购，在全球范围内选择原材料和零部件供应商，以稳定和提高产品质量，满足客户要求。

（4）**减低采购风险**。这里主要是指国内供应商造成的风险，包括供应商选择风险和供货风险。供应商选择风险是指只有极少数供应商，采购企业对供应商的依赖性大，从而受制于供应商。供货风险是指供应商非主观地导致无法按期交货，从而导致采购企业无法按时完成订单，造成客户流失。此时，采购企业应该考虑全球化采购。

（5）**匹配企业的发展战略**。企业的发展战略要求提高产品质量、扩大生产规模、创立品牌、全球化销售时，采购部门应考虑采用全球化采购来匹配企业的发展战略。

（6）**提高服务质量**。这里的服务质量是指售后服务质量，包括产品维修、备件更换等。制造服务化是未来的发展趋势，也是企业新的业务增长点和盈利点。全球化采购有利于企业缩短维修周期、提高维修质量、提高客户满意度。

（7）**增强企业能力**。企业能力是指企业配置资源，发挥其生产和竞争作用的能力。能力来源于企业有形资源、无形资源和组织资源的整合。全球化采购有利于企业合理配置资源，选择最合适的采购形式，以增强其能力。

（8）**增加企业竞争能力**。企业竞争能力是指在竞争性市场条件下，企业通过培育自身资源和能力，获取外部可寻资源，并综合加以利用，在为客户创造价值的基础上，实现自身价值的综合性能力；在竞争性的市场中，一个企业所具有的，能够比其他企业更有效地向市场提供产品和服务，并获得盈利和自身发展的综合素质。全球化采购有利于企业增强其竞争能力。

（9）**扩大商业活动范围**。全球化采购会使企业商业活动范围从国内扩大到全球市场，这种商业活动范围的扩大，导致企业学会采用全球化视野分析产业和产品，了解全球最新科技，运用世界级品牌打造其产品和服务，使服务部门深受欢迎。

8.3　全球化采购的流程

全球化采购与国内采购不同，需要在掌握国际贸易相关知识的基础上，设计一套全球化采购流程，用于指导企业的全球化采购活动。全球化采购流程一般包括收集相关资料、作出全球化采购决策、制订全球化采购计划、选择供应商、鉴定采购合同、下订单开立信用证、接货、报关、结汇等。

8.3.1　全球化采购的一般流程

企业在进行全球化采购时，虽然存在一定的差异，但大体遵循着以下的流程，如图8-2所示。

1. 收集相关资料

一旦企业决定采取全球化采购，首先需要收集相关资料，然后根据这些资料进行全球化采购决策。这些资料包括：

（1）企业曾经进行全球化采购的历史数据（如果曾经有）。

（2）目前企业计划全球化采购的品种、规格和数量。

| 主办部门 | 采购部 | 流程名称 | 全球化采购管理流程 |

| | 总经理 | 采购部 | 其他相关部门 | 海关/检验检疫 | 国际供应商 |

计划并组织全球化采购

开始

制订全球化采购计划 ← 提供需求清单

审批 — 不通过 / 通过

组织全球化采购工作

选择确定供应商并签订合同

评估供应商 ← 提供资料

审批 — 不通过 / 通过

选择供应商

草拟合同 → 合同评审

审批 — 不通过 / 通过

下订单并开立信用证

签订全球化采购合同 ← 签订全球化采购合同

采购订单 → 制造及备货

开立信用证

接货

接收通知 ← 交货通知

安排接货 → 货物到港接收卸货

货物到港报关

进口报关/报检 → 查验

提货运回 ← 放行

办理结汇

办理结汇 ← 验收入库

结束

| 编制部门 | | 签发人 | | 签发日期 | |

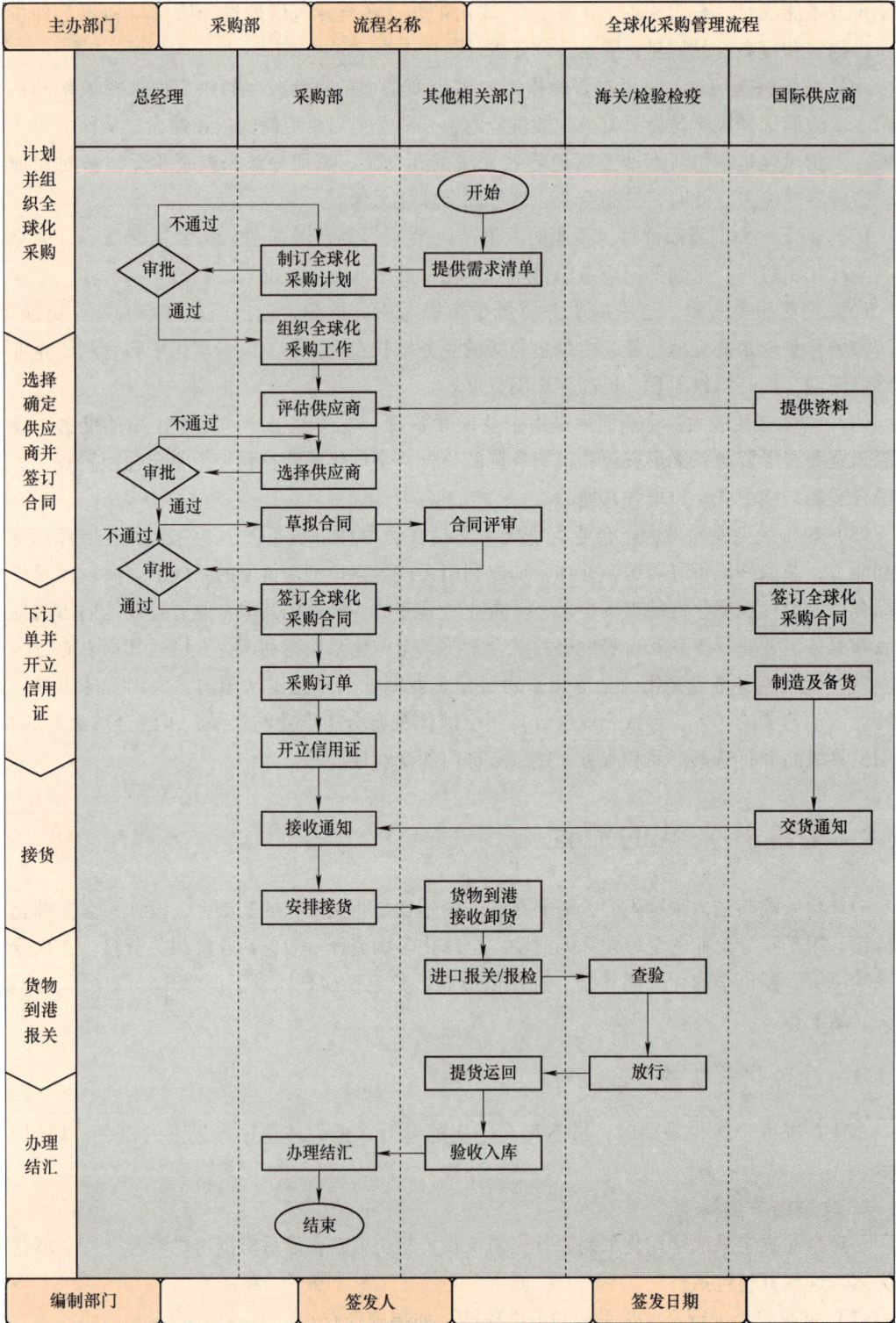

图 8-2　全球化采购流程图

（3）未来一段时间企业的计划采购品种、规格和数量，对采购提前期的要求。

（4）目前企业已有供应商的情况、供应情况、存在的问题和困难。

（5）目前企业所面临的供应市场情况和未来的发展趋势。

（6）采购总成本分析。

（7）全球化供应市场分析。

（8）全球化采购可能的供应商名录。

上述资料有助于企业进行全球化采购决策。

2. 全球化采购决策

企业决定采用全球化采购，主要依据以下几点：

（1）国内无法获取，或者质量达不到要求，或者成本过高。

（2）同等价格下采购到质量更好或技术更先进的产品。

（3）客户在合同中指定要求采用国外某种技术的产品或者国外某家公司的产品。

（4）世界公认的原产地产品，由于规模经济、大批量生产、产业集群、各种优惠政策带来的低成本而表现出的低价格。

3. 计划并组织全球化采购

企业相关部门根据采购产品年度需求计划，向采购部提供采购需求清单，需求清单应包括采购产品的数量、种类和质量要求等。采购部根据需求清单，结合企业发展状况、往年全球化采购情况、本年生产计划及国际市场变化情况，编制产品采购计划书，若国内采购无法满足要求，则应该采用全球化采购方式。采购部编制的全球化采购计划书应该包括全球化采购的数量、采购货物的价位、采购预案、采购途径等，并上报总经理及主管领导审批。根据总经理及主管领导的审批意见，采购部对全球化采购计划进行修改。

采购部根据全球化采购计划组织采购工作，包括收集全球化采购需要的信息、进行询价、考察供应商等。

4. 选择确定供应商并签订合同

采购部在与原有供应商接洽、保持合作的基础上，还应该主动开发新的供应商，最大限度地保证企业的利益。对新开发的供应商，采购部要收集齐全各厂商的信息资料，并进行充分的比较。在充分评估的基础上，采购部应选择符合企业要求的供应商并提交总经理审批。选定供应商后，采购部要与之不断联系、接洽、谈判，以确定交易的条件、价格以及其他细节，保证企业利益最大化。

在相关部门进行合同起草讨论后，采购部应根据采购产品的情况和谈判的结果起草采购合同。合同初稿拟定完成后，企业法务及对外贸易等相关部门应对合同初稿进行全面审查，审查完成后，应交总经办进行审批。总经办应对合同所涉及的内容进行全面审查并提出审查意见。采购部根据审查意见进行合同修正，并将修正结果提交采购部经理进行再次审核。审核完成后，由采购部与供应商代表共同确认无误后，双方签订合同。合同签订完成后，采购部与供应商还应该不断沟通，保持良好的合作关系。

5. 下订单并开立信用证

采购部应根据企业生产、经营的需要，按照合同约定及时向供应商下采购订单。订单中需说明清楚采购产品的数量、价格、交货日期等内容，采购部应要求供应商按时按量供货。

为保证企业的利益，企业可采取信用证这种全球化采购的支付方式。采购部应将开立信用证的必要文件，如合同、形式发票等交与财务部，向企业所在地的相关银行递交并办理信用证。

6. 接货

采购部应要求供应商按照合同约定的日期发货并对本企业发出发货通知，采购部在接到发货通知后，应当及时组织接货工作。如果由本企业负责运输货物，则采购部应及时安排进行货物运输；如果是由供应商负责运输，则采购部应及时掌握货物到达时间并安排企业物流部接货、提货。

货物到达时，采购部或受委托的接货代理公司应当对货物进行检查、核对，如果发现短缺，应当及时填制"短缺报告"并交由运输方确认。卸货时如果发现破损，则应将货物存放于海关制定的仓库，待保险公司会同商检局检验后再作处理。

7. 货物到港报关报检

货物到达后，应办理进口报关/报检手续，由进口国海关人员按照规定程序及要求对货物进行查验，以保证货物与货单相符。进口报关工作完成后，还要进行检验检疫。报关报检完成后，企业物流部（或代理货运公司）安排货运人员进行提货及货物运输，及时、安全地将货物运往指定地点。

8. 办理结汇

货物到达企业后，相关部门应进行检验，检验过程中如发现问题，则企业有权要求进行赔偿甚至拒收货物。如果检验中未发现问题，采购部应通知财务部办理结汇手续。

8.3.2　全球化采购总成本分析

企业进行全球化采购的一个重要原因就是在外国采购产品的总成本低于国内采购的总成本，因此，分析全球化采购的总成本构成并进行相应的管理就显得十分必要。

企业采购的总成本是与采购商品或服务相关的所有活动流带来的成本。这个总成本可以分解为显性成本与隐性成本两部分。其中，显性成本由订货成本、采购管理成本和储存成本三部分组成。隐性成本由质量成本（由原材料质量问题带来的风险损失）、缺货成本（由供应商供货不及时带来的缺货损失）等方面构成，如图8-3所示。

企业全球化采购的总成本与国内采购成本相比，多出了几项额外的采购成本，主要如下：

1. 运输费用及税费增加

由于全球化采购的运输距离较远，所以全球化采购的运输成本一般会高于国内采购。又因为涉及国与国之间的贸易，所以还要另外支付关税以及增加的消费税、增值税等税金，这些费用都会增加全球化采购的成本。

2. 采购成本增加

相对于国内采购，全球化采购的管理更加复杂，工作量大，工作周期长，企业收集信息的费用、差旅费用、供应商管理的费用支出都会显著增加。

3. 仓储成本增加

储存成本中，由于全球化采购的距离远，手续烦琐，所以存储保管货物的花费也比国内采购要高。由于运输时间长，产品损坏的概率也会比国内采购要高，这也会增加企业的成本。

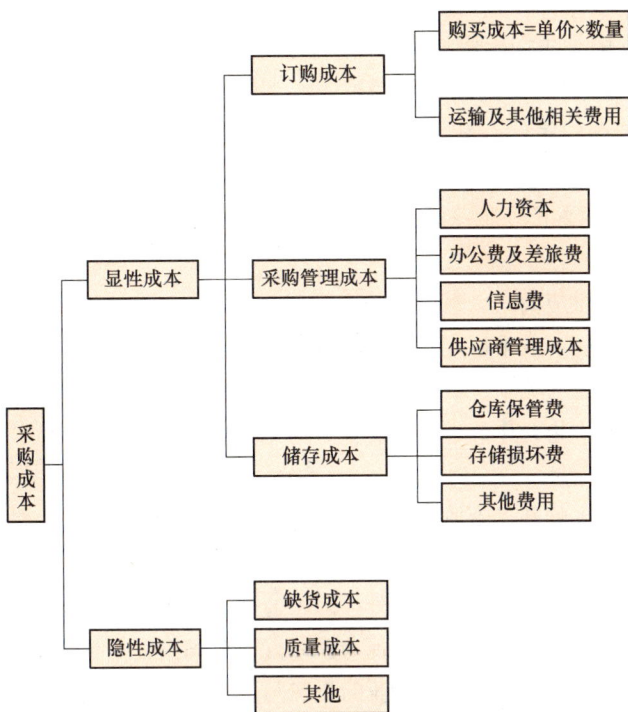

图 8-3 采购成本构成图

4. 缺货风险加大

缺货成本中，由于全球化采购比国内采购需要更多的交易时间，所以缺货的概率也会大于国内采购，一旦发生缺货，将给企业带来极大的损失。

5. 质量成本增加

质量成本中，由于全球化采购的产品发生质量问题后很难快速得到解决，所以全球化采购的质量成本也将大于国内采购。

6. 汇率风险

其他全球化采购独有的成本还包括汇率风险、贸易风险、国际法律风险等各种风险带来的成本。

企业在进行全球化采购决策时，需要将各种成本汇总，然后与国内采购的成本相比较，作为决策的一项重要依据。

8.3.3 全球化采购风险管理

从全球化采购的特点和一般流程上可以看出，多种原因决定了全球化采购具有很多风险，这些风险的存在将会影响企业全球化采购的效率和其职能的发挥。因此，很有必要分析企业全球化采购的风险。

1. 政治经济变化风险

企业在进行全球化采购时，首先要考虑的是供应商所在国家的政治及经济的变化因素。供应商所在国的政局稳定、经济繁荣、政治经济措施与长期发展计划有利于企业的长期发展，是评定该国供应商稳定且安全的重要条件。

例如，战争是影响一个国家政治经济稳定的最主要因素。处在一个存在战争的国家，供应商不可能有能力专注于其自身的生产与发展，也就无法保证能稳定地供应采购产品。一个国家政治保持长期的稳定，有利于该国经济政策的长期稳定，而国家的重大经济政策对供应商的发展有着重大影响。如果企业选择的供应商是该国重点扶持、发展的企业，那么必定会得到国家众多的政策的支持，有助于供应商的发展与壮大，供应商提供的产品也就更有竞争力。

因此，在选择国际供应商时，需要判断供应商所在国家的政治经济形势和发展趋势，选择那些政局稳定、经济发达、政策稳定、法律法规健全的国家的供应商，或者是该国鼓励发展的产业供应商建立合作或贸易关系。一旦建立合作关系，要经常关注该国的政治经济形势，发现问题要及时处理，果断中止合作，避免遭受更大的损失。

2. 贸易环境变化风险

在不同的国家开展采购活动存在着众多变动与不可知的因素，其中最为突出的是关税波动、反倾销质控、汇率变动等。

关税是全球化采购成本的重要组成部分，国家通过征收关税增加财政收入的同时，还对其他国家进出口贸易起着调节作用。具体表现为：一方面对国内大量生产或将来会大量生产的产品，征收较高的进口关税，以保护国内企业的生产与发展；另一方面，对本国不能生产的产品制定较低的税率或者免税，以鼓励进口，满足国内生产与生活的需要。同时，国家之间的关系也是影响关税的一个重要因素。关税的波动，直接影响着企业采购的成本。关税的调节作用受到国家产业政策与经济政策波动的影响，因此，关税的波动是国家产业政策与经济政策波动的实际体现。

如果能选择在世界自由贸易区采购，则可以免除关税的影响；如果不能，则要考虑采购物资的进出口关税的大小及其变化情况，将其纳入采购总成本一并考虑。

倾销是指一国（地区）的生产商或出口商以低于其国内市场价格或低于成本价格将其商品抛售到另一国（地区）市场的行为。它可能会给进口国生产相同产品的企业造成损害，因而受到进口国的反对。倾销是国际贸易摩擦中经常存在的问题，一旦倾销指控成立，供应商将遭受严厉的惩罚，企业采购的成本也将增加。

在国内采购中，企业与供应商的交易都使用本国的货币，因而不存在计价货币选择和货币兑换的问题。而在全球化采购中，一般是使用外汇或国际货币来计价。从进行谈判到达成合同到交易执行，再到账款的交付，借贷本息的偿还会有一个时间段。在这个时间段内，结算外币的汇率会随着国际经济的变化而变化，从而产生外汇风险。特别是世界各国普遍实行浮动汇率制度后，汇率变动的幅度变得大而频繁。采购企业应及时结算，并尽可能采用人民币结算；在下采购订单时，关注汇率的变化和变化趋势，选择适当的时机及时下单，减少因汇率变化给企业带来损失；还可以使用金融衍生品来减少汇率风险。

3. 贸易手续复杂性与多限制性带来的风险

全球化采购除了包含国内采购的手续与程序外，还涉及进出口许可证的申请、货币兑换、保险、商品检验、租船订舱、通关以及争议处理等烦琐复杂的手续和相关事宜。国内采购则一般较少受到限制，产品和劳务可以自由地从一个地区流向另一个地区。全球化采购则受到较多的限制，不同国家由于经济发展水平、产品竞争能力存在较大差异，因而实施不同的关税和非关税保护措施，而且随着经济状况和国际收支状况的变化，其保护措施还会进行动态的调整。因此，企业在进行全球化采购时，必须了解本国对所采购产品的进口管制，供应商所在国对产品的出口管制，以便采取相应的措施应对。

4. 长距离运输的风险

全球化采购往往需要采用长距离的运输方式，因此需要考虑由此带来的时间成本和费用成本。同时，由于采用长距离运输，交货时间很难保证，并且在运输途中会发生难以估计的问题。例如某地区突发洪水导致一段时间的运输中断，或者运输船只在海上遭遇台风导致货物丢失。这些情况都可能导致企业无法准时拿到采购的产品，给企业生产带来困难甚至使企业遭受巨大损失。一般在全球化采购中，要求给采购物资进行保险，当遇到突发运输风险时，可以通过物资保险降低损失。

5. 文化与沟通的风险

全球化采购中，与特定国家的企业进行商品交易的方式，特定人群的礼仪、习惯、价值观、交流方式和谈判风格等，都会受到国家和地区宗教文化差异的影响。宗教文化地域特点和发展历史的影响，植根于当地民众的意识形态之中，并表现在其行为上。不同国家地区的宗教文化由于发展历史的不同，必然会存在着差异。这种差异往往会表现在沟通方式和对事物的价值判断上。例如，不同宗教文化背景的人在表达某种相同的意愿时，可能使用的表达方式截然相反。这些差异都会为全球化采购活动中的谈判和业务沟通带来障碍，有时甚至会导致采购失败。因此，在全球化采购前，要作好充分准备，选定供应商之后，要充分了解供应商所在国的文化、宗教、种族、礼仪、习惯，最好在当地寻求一家中介公司帮助进行交流与沟通，以避免产生不必要的麻烦和误会，使采购活动顺利开展。

6. 交货后服务困难带来的风险

在国内采购时，当供应商交付的产品出现质量问题时，企业可以很方便地让供应商前来解决，甚至让供应商将产品运回返工。但是在全球化采购中，这种方法就很难实现了。由于供应商所在地遥远、运输费用昂贵，将产品返工的费用很高，这时企业很可能只有将采购产品作废，使得企业遭受重大损失。最好寻求在国内有维修服务或代理的供应商，可以处理货物交付后的质量问题和其他相关问题。

企业在进行全球化采购时，必须全面了解全球化采购所面临的上述风险，对某些风险可以事先采取一些措施进行规避。在权衡了各种风险后，企业才能作出全球化采购的正确决策。

8.3.4 全球化采购的招标管理

招标采购是全球化采购中常用的采购方式，招标采购将在本书第9章详细介绍，这里只介绍全球化采购中采用招标采购需注意的问题。

在国际市场进行招标采购是一项涉及面广、政策性强、程序严谨的工作。为了保证招标采购的顺利进行，企业需要加强招标采购工作的规范化、制度化、程序化、公开化建设，建立一支稳定的招标采购领导小组和专家队伍，重视业务人员培训和保密工作，强化采购合同的履行、质量保证等管理工作。

（1）加强招标工作的标准化、规范化、制度化、程序化和公开化建设。在全球化采购中采取招标方式涉及国外投标商，以及国家进口审查办公室、海关、商检、银行等有关进口环节管理职能部门，涉及面广、协调难度大、手续繁杂，因此企业在实际工作中要严格遵守国家的有关法律、法规进行立项、报审、招标投标、签订和履行合同，将招标采购工作纳入标准化、规范化、制度化、程序化和公开化轨道。

（2）建立一支稳定的招标采购领导小组及专家队伍，为采购工作遵规守法提供组织保证。为了规范招标采购行为，加强招标采购的指导和监督，实现公开、公平、公正的目标原则，企业需要建立招标采购领导小组。领导小组的主要职责有：主持制定招标投标方案；审定招标文件及评标办法；领导、组织协调招标工作；审批评标结果，确定中标供应商；监督合同的履行；为国际招标采购有关法律、法规的贯彻执行提供组织保证。

（3）重视招标采购人员的业务培训。企业需要培养一支与国际惯例接轨的高素质招标采购管理人员队伍，对没有国际招标采购经验的人员，需要对他们进行业务培训，提高他们的业务素质。培训的内容主要有：学习有关国际招标的法律、法规以及以往招标采购工作的经验教训；将某些业务骨干派往国外进行合同及商务管理方面的培训。

（4）重视招标采购的保密工作。在国际市场进行招标采购属于对外贸易的一个组成部分，其中可能会涉及国家的经济机密，因此，企业必须高度重视保密工作，任何人不得将有关文件外传，更不得向投标厂商或其代理商泄密。

（5）强化招标采购的合同管理和质量保证。招标采购合同的管理贯穿于采购合同订立和履行的全过程，对采购合同的管理不仅关系到买卖双方必须行使和承担的权利和义务，而且关系到企业及国家的权益和荣誉，因此，必须认真对待、强化管理。在合同中要特别明确推迟交货的索赔条款，及时掌握供应商供货情况，发生推迟交货时要催促对方迅速采取措施，尽量减少损失。全球化采购产品发生质量问题时弥补起来较为困难，在进行招标采购时需要采取多种措施，减少质量损失。

【案例】膜结构分包工程国际竞争性谈判招标采购

国家体育场膜结构由 PTFE 和 ETFE 两部分组成，表面覆盖面积约 10 万 m^2，其中 ETFE 约 3.9 万 m^2，工程概算约为 1.73 亿元。ETFE 单层张拉膜结构每个单元均须形成双曲雨水坡度，形状复杂。在不完全具备采购条件下进行膜结构招标采购工作存在较大的经济风险和技术风险：一方面 PTFE 和 ETFE 膜材采购需要从国外进口；另一方面膜结构在当时国家住房和城乡建设部没有编制颁布验收规范，尤其 ETFE 国内当时还没有施工先例，而掌握和了解其核心技术的企业才是总承包商找寻的潜在的膜结构工程投标人。膜结构工程需要中标单位配合设计单位做深化设计，确定结构各种支撑反力，只有敲定膜结构的中标单位才能配合设计出钢结构正式施工图（实施性施工设计图和细部图），并帮助编制工程相关标准，因此招标技术、经济风险大，时间紧。

为了确定合理的招标方式、招标范围，采购方做了很多准备。由于当时国内尚无理想的 PTFE 和 ETFE 的材料生产企业，材料采购只能依靠进口。为保证国家体育场膜结构工程的施工资源落实，总承包商组织业主、监理、"2008 工程建设办公室"等单位主要代表赴欧洲和日本对膜结构加工制作的主流品牌厂商进行了考察，包括德国的 Hightex 公司、Foiltech 公司、Skyspan 公司、Covertex 公司以及日本的太阳工业公司。经考察发现德国的几家公司存在相互派生的关系，使得膜结构加工制作投标难以形成对总包单位十分有利的竞争局面。

采购方式确定：针对特殊工程，特殊情况，采取一揽子解决方案。PTFE 和 ETFE 膜材特殊，尤其是 ETFE 膜材料在亚洲特别是在国内应用极少。当时国内仅有 PTFE 膜结构技术规程，对 ETFE 材料及工程施工尚无成熟工艺标准和检验标准等，因此，需要招标人通过与具备分包能力的膜结构公司沟通洽谈，确定膜结构分包商，参与编制国家体育场 ETFE 膜结构工程验收标准。根据考察了解，当时世界上能够从事并满足国家体育场膜结构工程的配合设计、深化设计、材料采购、加工制作、安装要求的专业公司有六家，均为外国公司。由于国家体育场工程总工期要求以及设计联合体在进行膜结构设计时需要膜结构专业公司进行设计配合，因而，须提前确定膜结构工程专业分包单位。但一次性确定膜结构工程材料加工价格及安装施工费用难度较大，存在的风险也较大。为最大限度规避在现状条件下进行膜结构工程招标的技术风险和经济风险，总包单位联合业主共同向北京市发改委和"08 指挥部"报送变更国家体育场膜结构工程采购方式的请示，最后膜结构分包工程采购项目的采购方式得到了国家发改委的正式批准，同意国家体育场膜结构工程采取全球招标竞争谈判的采购方式。

对于竞争性谈判，应重点控制技术的可行性和价格的合理性。对竞争性谈判原则而言，技术方面是做好评估，其谈判原则为"只对各家进行技术评估、不排名次"，根据"技术可行、价格最低"的评估、谈判原则，在技术评估、谈判过程中，技术谈判小组依据膜结构采购文件的有关要求对各报价文件中技术文件进行评估，形成最终的技术评估报告。而商务评估谈判坚持"技术可行、价格最低"原则。商务小组严密制订谈判计划和谈判方案，包括详细的采购计划和指导整个工作过程的重要文件，即《谈判/评估大纲》和谈判评估工作纪律，要求谈判和评估的人员签署《保密承诺函》。招标通过成立"三个组织"、经历"四个阶段"，最终形成结论。"三个组织"即领导小组、评估小组和谈判小组，成立评估、谈判工作领导小组，领导小组下设评估小组和谈判小组分别进行报价文件的评估、分析及竞争性谈判工作。"四个阶段"即采购准备阶段、文件发售阶段、报价文件评估阶段、技术和商务谈判阶段。

谈判工作根据国家体育场膜结构分包工程竞争性采购评估/谈判大纲的有关要求进行。谈判工作依照"技术澄清先行，商务谈判其后"的工作思路，先后进行了一次技术澄清和三轮商务谈判。采购人与报价人的每次谈判会议结束后，报价人均对会议上做出的承诺和让步结果签字盖章后报采购人，逐轮谈定有关问题。先进行技术澄清，各方的技术人员针对技术方案进行锁定，然后在技术澄清的基础上进行商务谈判。商务谈判根据对各报价文件的分析提出问题，统一各报价人的报价口径，在此基础上逐轮锁定合同文件和报价文件中的开口部分，逐轮锁定价格。经过两周的评估和谈判，形成了商务谈判结果，各投标联合体就招标人关心的商务、技术问题进行了澄清，并递交了降价方案。根据谈判结果，从控制工程成本角度出发，按照"技术可行、价格最低"的采购原则，谈判小组形成推荐意见，经领导小组批准后确定膜结构分包工程的分包商。最后，根据《采购文件》中总包人将选择综合结果最优的报价人的约定和"技术可行、价格最低"的评估、谈判原则，经谈判小组研究，在报价人的设计和技术方案能够满足或基本满足《采购文件》和技术澄清要求的技术等前提下，从严格控制工程造价角度考虑，选择总价为合理低价的投标联合体作为膜结构工程的分包商。由膜结构投标联合体承担设计（含计算）、模型及相关测试、材料采购与供货、加工、制作、运输、吊装、安装、检测、监测、组合测试、现场效果测试、调试、缺陷修复、验收和成品保护等工作。设计概算 1.7 亿，竞争性谈判的最终中选价格为 1.39 亿元，将膜结构分包工程造价控制在了概算范围内，为控制国家体育场工程的整体造价创造了条件。

8.4 全球化采购相关环节管理

全球化采购运输距离远、采购周期长、采购手续复杂，因此对采购中的一些相关环节要额外注意。这些环节包括：**质量的保证、产品报关、运输方式的选择、交货期管理、保险、结算管理等。**

8.4.1 全球化采购的质量保证

全球化采购涉及在不同的国家间进行贸易，因此采购品的质量保证显得更加重要，采购企业应该从以下三个方面进行质量保证工作。

1. 选择供应商

在选择采购供应商时，要科学地调查分析和比较，择优选择合格的供应商。供应商提供的产品要能符合企业的全部质量要求。评价供应商可以采用如下方法：

（1）可以从供应商企业的生产规模、生产设备、交货信誉、技术与管理基础以及是否通过了 ISO 9000 标准认证等方面，对供应商生产能力和质量体系作出评价。

（2）对供应商提供的产品样品进行评价，了解同类产品的历史情况，对比评价结果、其他客户的意见等。

2. 采购合同中有关质量事项的描述

（1）质量保证条款。在采购合同中企业应该要求供应商负责质量保证，根据采购业务的情况，有选择地使用下列质量保证方式来使企业信任供应商的质量保证：由供应商对采购产品进行全检、由供应商进行抽样检验、供应商履行企业规定的质量保证体系责任。

（2）验货方法条款。企业应该与供应商就所购产品是否符合要求的验货方法达成一致，条款中也可以包括为了帮助供应商质量改善，企业与供应商交换检验资料等内容。

（3）解决质量争端的措施。合同条款中应该包括双方协商解决有关质量争端、建立相应制度、解决正常问题与非正常问题的措施。正常问题是指供应商提供的产品有个别不合格品，或因包装不当引进的损伤。非正常问题是指出现重大的、突发的大量不合格品。

3. 产品质量检验

采购产品到货后需要进行检验，首先应该制订检验计划，按照产品的重要程度、检验成本、供应商质量管理分级情况确定相应的检验方法。对价值较高、对企业运营比较关键的采购产品要采用全检，其他一般的产品可以采用抽样检验。

8.4.2 全球化采购产品的报关

全球化采购由于涉及不同国家的贸易，因此相比国内采购会增加海关检查这一环节。采购产品的报关工作分为发货与运输、报关准备、进口报关、放行四个部分。

1. 发货与运输

企业与供应商签订采购合同后，双方就要严格按照合同的规定履行各自的义务。供应商接到采购订单后，需要及时备货并在规定的时间向企业交货。企业的采购部门接到交货通知后，要向物流部门发出货运申请，物流部门根据企业的运力和采购订单的情况，选择合适的运输方式。采购人员到供应商指定的地点接收货物并进行检查，检查合格后按事先确定的运输方式运送货物。

2. 报关准备

（1）进口港接货。货物到达港口后，采购部或受委托的接货代理公司要对货物进行认真核对，如果发现短缺，要及时与运输方确认，如果发现货物残缺，应将货物存放于海关指定的仓库，等待保险公司作出处理。

（2）准备报关单证。物流部或货运代理可以采用口头申报、书面申报、电子数据申报三种申报方式向海关报关。在申报之前，报关单位或人员需要认真准备报关的必备单证。单证的内容必须如实填写，做到每张单证的内容相符、单与单之间、单与证之间内容一致。

（3）报关单预录入。如果海关实行报关自动化系统，那么在提交报关单证前，还需要进行报关预录入工作。经海关批准后，报关人员就可以进行电子计算机数据录入工作，报关人员需要对录入计算机的报关单据的完整性和准确性承担责任。

3. 进口报关

（1）提交报关单证。报关人员需要及时向海关提交报关单证，在递交报关单证后，如果发现有填报错误或其他原因需要变更填报内容的，应及时、主动向海关递交更改单。报关人员向海关递交报关单标志着通关工作正式开始。

（2）接受报关。海关审核的内容包括报关单位与报关人员的报关资格，其签章与签名是否合法有效，报关单的填制是否符合海关的规定、填报的相关数据是否准确，是否符合海关统计指标数据的要求。对于审核通过的报关单，海关予以接受报关，否则，不予接受。对不接受的报关单，海关会将报关单证退回给报关员作更正或补充后，再确定是否接受报关。

（3）查验。海关接受报关后，首先对进口货物进行查验工作，通过查验可以验证申报审单环节提出的疑点，为征税、统计和后续管理提供依据。查验时还要核对货物编号，确定其适用的税率。

（4）扣税。报关单位确认查验结果后，海关会进行完税价格申请，并以此作为关税计征的基础。海关以货物的正常成交价格为基础的到岸价格作为完税价格，到岸价格包括货价加上货物运抵国境内输入地点起卸前的包装费、运费、保险费和其他劳务费等。

海关按税则对货物进行正确归类后，根据适用的税率和审定的完税价格进行应征税款的计算。

（5）缴纳税费。报关单位确认税费后，应及时缴纳关税，并办理放行手续。

4. 放行

（1）放行通知。海关在决定放行进口货物后，应在有关报关单据上签盖"海关放行章"，报关人员凭此办理提取货物的手续。对于部分限制进口的货物，海关还需要签发"进口货物证明书"，证明该货物经海关监管合法。

（2）提货。企业物流部门凭盖有"海关放行章"的报关单据或放行条到海关监管仓库提取货物。

8.4.3　全球化采购的运输、交货期与保险

1. 全球化采购运输方式的选择

全球化采购中的运输是采购业务的重要组成部分。全球化运输和制造工序一样，可以增加

产品的用途和价值。运费也是全球化采购产品抵岸总费用中的一个重要组成部分。如果全球化采购想要取得预期的收益，那么企业必须将运输费用降低到最低水平。除产品本身的因素外，其他影响全球化采购费用的两个主要因素是运输的距离和运输方式。一般来说，货物的运输距离越长，运输费用越高，而运输方式的选择则是决定运费的一个关键因素。

全球化运输方式主要有：海洋运输、铁路运输、航空运输、公路运输、内河运输、管道运输等。其中，主要采用的是海洋运输、铁路运输和航空运输。

海洋运输是最重要的一种全球化运输方式，据统计，全球化贸易货物运输量的80%～90%是通过海上运输实现的。海洋运输具有如下特点：①运输量大。一艘万吨级海轮的载重量相当于250～300个火车车皮的载重量。在科学技术日益发展的今天，海洋运输的运输能力不断增强。海洋运输在运输散装货物、石油和液化气方面具有明显优势。②运费低廉。海洋运输可以利用天然航道，通过能力大、运行航程远，分摊到每吨货物上的运费也比较低。③适应性强。海洋运输不像铁路或公路那样受轨道或道路的限制，而且船舶的容量大、用途多、对多种货物包括超长、超重的货物都有较强的适应性。当然海洋运输也存在诸如航行速度慢、运输时间长、易受气候和自然条件影响等缺点，甚至平均每年有200～300艘各国货轮遭受损失。但是比较起来，海洋运输仍然是应用最广的全球化运输方式。

铁路运输是仅次于海洋运输的主要运输方式。铁路运输速度快、运量大，具有高度的连续性。它受气候和自然条件的影响较小，几乎全年均可正常运行，而且办理铁路货运手续比海洋运输简便。但是铁路受铁轨、站点等的限制，目的地覆盖面受到很大限制，难以实现门对门的服务。铁路一般按照规定的时间表运营，发货频率比公路低，灵活性不高。

随着航空技术的迅速发展，航空运输在全球化货物运输中的地位越来越高。航空运输具有安全迅速、交货及时、损失率低、节省包装、保险和储存费用低的特点。尤其对于运送易腐、鲜活、精密、贵重和急救物资，航空运输比其他运输方式更具有优势。航空运输的主要缺点是运输费用高，如果不是价值较高和时间要求比成本更重要的产品，使用航空运输不够经济。

企业在选择运输方式时，要根据运输货物的特点来作出选择。如果货物的数量大、储存方式有要求、时间要求松，可以选择海洋运输；如果货物的时间要求急、价值大，可以选择航空运输。

2. 全球化采购的交货期管理

交货期管理是指企业在发出采购订单或签订采购合同后，确保采购的产品能在交货期限内运达企业所采取的一切措施。当签订采购合同后，供应商便有按时完成订单并交货的责任，但事实上，往往并不能完全信赖供应商一定能准时交货，因此有必要密切监督供应商执行合同的情况。尤其对于全球化采购来说，运输距离远、时间长，一旦供应商不能按时交货，将会使企业遭受比国内采购更多的缺货损失，因此，全球化采购更需要重视交货期管理。

企业可以采用以下方法进行交货期管理：

（1）跟踪监督。企业在与供应商签订合同时，便应该决定跟踪监督的方法。如果采购产品较为重要，会影响到企业的正常生产经营，那么企业就需要制订较为详细的跟踪监督计划。如果采购产品不重要，则企业作一般的跟踪监督即可，也可以通过电话等方式查询供应商生产进度。

（2）预定进度表。如果认为有必要，企业可以在采购订单或合同中规定供应商编制预定进度表。预定进度表包括供应商生产产品的所有活动的预定进度。供应商在交货前需要编制实际进度表，并与预定进度表进行比较，如果有延误，供应商需说明延误原因并提出改进措施。

（3）实地查证。对于重要的采购产品，除了要求供应商按期填写进度表外，企业还应该派出采购人员前往供应商工厂进行访问查证，必要时派专人驻厂跟踪监督。

（4）保持信息沟通。企业要与供应商建立信息沟通系统，当企业的需求有变化时能立刻通知供应商，供应商出现问题时也能立刻通知企业。

3. 运输风险与保险

在全球化货物运输交接的过程中，可能会遇到各种不同的自然灾害和事故，使运输货物遭受部分损失或全部损失，从而给企业和供应商带来不利的经济后果。为了使货物在运输过程中可能遭受的意外损失得到补偿，企业或者供应商需要按合同规定向保险公司办理保险手续。投保人同保险公司订立保险契约，被保险人向保险人按一定的金额投保一定的险别，交付一定的保险费，从而将货运过程中可能遭受的风险转移给保险公司承担。

全球化货物运输保险包括海上货物运输保险、陆地货物运输保险（包括铁路货运和公路货运）、航空货物运输保险、邮包货物运输保险等多种形式。其中，海上货物运输保险的历史悠久，业务量最大，在全球化货物运输保险中占主要地位。

全球化采购的保险程序如下：

（1）全球采购货物的投保。我国的全球化采购的货物大多是以 FOB（free on board，离岸价）或 CIF（cost，insurance and freight，成本、保险和运费）价格成交，由各进口公司负责在国内向中国人民保险公司办理保险。各进口企业须在获悉每批货物起运时，将保险所要求的内容书面通知保险公司办理投保手续。

（2）批单手续。在保险公司出立保险单后，被保险人如果需要变更险别、运输工具名称、航程、保险期限的扩展或保险金额等项目时，可向保险公司提出批改申请。保险公司如果接受这项申请，将出具批单，并对批改后的内容负责。

（3）保险索赔。保险索赔是指被保险货物遭受承保责任的风险损失，被保险人向保险人要求补偿。如果保险人在索赔时，未按条款规定的手续提供证明，就可能得不到赔偿或不能及时得到应有的赔偿。

8.4.4　全球化采购的结算

全球化采购合同中虽然用货币进行计价和结算，但由于运送的不便以及各国对货币的管制，在全球化采购的货款支付上很少使用现金，大多数都是使用票据作为支付手段。票据是指由出票人在票据上签名，无条件约束自己或指定他人，以支付一定金额为目的的证券。票据是可以流通和转让的债权凭证。全球化采购中常用的票据包括汇票、本票、支票三种。

1. 全球化采购的支付工具

（1）汇票（draft）。汇票是出票人签发的，委托付款人在见票时或者在指定日期无条件支付确定的金额给收款人或者持票人的票据。汇票是一种无条件支付的委托，有出票人、付款人和收款人三个当事人。

（2）本票（promissory note）。本票是一个人向另一个人签发的，保证即期、定期或在可以确定的将来的时间，对某人或其指定人或持票人支付一定金额的无条件书面承诺。简单来说，本票是出票人对受款人承诺无条件支付一定金额的票据。国外票据法允许企业和个人签发本票，称为一般本票。但在全球化采购中使用的本票，均为银行本票。一般本票可以是即期的或远期的，银行本票都是即期的。

（3）支票（check）。支票是指发票人签发的委托银行等金融机构于见票时支付一定金额给收款人或其他指定人的一种票据。

2. 全球化采购货款的结算方式

（1）信用证（letter of credit，LC）。信用证是全球化采购业务中最普遍使用的一种支付方式。信用证是银行做出的有条件的付款承诺，即银行根据开证申请人的请求和指示，向受益人开具的有一定金额，并在一定期限内凭规定的单据承诺付款的书面文件，或者是银行在规定金额、日期和单据的条件下，愿代开证申请人承购受益人汇票的保证书。信用证属于银行信用，采用的是逆汇法。

信用证支付的一般程序为：

① 进出口人在贸易合同中，规定使用信用证支付方式。

② 进口人向当地银行提交开证申请书，同时交纳押金或其他保证。

③ 开证行根据申请内容，向出口人（受益人）开出信用证，并寄交通知银行。

④ 通知银行核对印鉴或密押无误后，将信用证寄交给出口人。

⑤ 出口人审核信用证与合同相符合后，按照信用证规定装运货物，并备齐各项信用证要求的货运单据，在信用证有效期内，寄交议付行议付。

⑥ 议付行按照信用证条款审核单据无误后，按照汇票金额扣除利息，把货款垫付给出口人。

⑦ 议付行将汇票和货运单据寄开证行（或其指定的付款行）索偿。

⑧ 开证行（或其指定的付款行）核对单据无误后，付款给议付行。

⑨ 开证行通知进口人付款赎单。

（2）托收（collection）。托收是出口商（债权人）为向国外进口商（债务人）收取货款，开具汇票委托出口地银行通过其在进口地银行的联行或代理行向进口商收款的结算方式。其基本做法是出口方先行发货，然后备妥包括运输单据（通常是海运提单）在内的货运单据并开出汇票，把全套跟单汇票交出口地银行（托收行），委托其通过进口地的分行或代理行（代收行）向进口方收取货款。

托收按是否附带货运单据分为光票托收和跟单托收两种。前者是指出口商仅开具汇票而不附带货运单据的托收，后者是指除卖方（出口商）所开具汇票以外，附有货运单据的托收。全球化采购多使用跟单托收。跟单托收有付款交单和承兑交单两种交单方式。付款交单即出口商（或代收银行）以进口商付款为条件交单；承兑交单则是出口商（或代收银行）以进口商承兑为条件交付单据。

（3）汇付（remittance）。汇付又称汇款，是付款人（进口方）委托银行，将货款汇交给收款人（出口方）的一种支付方式。汇付属于商业信用，采用顺汇法。汇付是全球化采购中最简单的结汇方式，汇付的当事人有汇款人、收款人、汇出行、汇入行四个。

汇款根据汇出行向汇入行转移资金发出指示的方式，可以分为电汇、信汇、票汇三种方式。

① 电汇（telegraphic transfer）。电汇是汇出行应汇款人的申请，拍发加押电报或电传给在另一国家的分行或代理行（即汇入行）解付一定金额给收款人的一种汇款方式。电汇的特点是速度快，收款人可以迅速收到货款，但是其费用也较高。电汇是目前使用较多的一种方式。

② 信汇（mail transfer）。信汇是指汇出行应汇款人的申请，将信汇付款委托书寄给汇入行，授权解付一定金额给收款人的一种汇款方式。信汇的特点是费用低廉，但是速度较慢。

③ 票汇（demand draft）。票汇是指汇出行应汇款人的申请，代汇款人开立以其分行或代理行为解付行的银行即期汇票，支付一定金额给收款人的汇款方式。票汇与电汇、信汇的不同之处在于，票汇的汇入行不需要通知收款人取款，而是由收款人持票登门取款。这种汇票除有限制流通的规定外，经收款人背书，可以转让流通，而电汇、信汇的收款人则不能将收款权转让。

8.5　全球化采购的发展趋势

全球化采购日益普遍，并在实践中产生了一些新的模式。本节简单介绍这些出现的新模式，以及全球化采购在我国的发展趋势、我国企业应对全球化采购的对策，为企业应对全球化采购提供新思路。

8.5.1　全球化采购的新模式

近几年来，全球化采购逐步发展形成了一些新的模式，包括离岸外包（offshore outsourcing）、近岸外包（nearshore outsourcing）、业务流程外包（business process outsourcing）、多源采购和联盟采购等。

1. 离岸外包

外包是指企业将生产或经营过程中的某一个或几个环节交给其他（专门）公司完成。外包是一种采购方式，但比采购货物更复杂、应用更广泛。离岸外包指外包商与其供应商来自不同国家，外包工作跨国完成。在世界经济全球化的潮流中，通过国际合作，利用国家或地区的劳动力成本差异，是企业实现降低生产成本、增强综合竞争力的有效途径。

离岸外包是企业充分利用国外资源和企业外部资源进行产业转移的一种形式，主要是指跨国公司利用发展中国家的低成本优势将生产和服务外包到发展中国家。与外商直接投资（FDI）相比，由于离岸外包更具有降低成本、强化核心能力、扩大经济规模等作用，越来越多的跨国公司将离岸外包作为国际化的重要战略选择。离岸外包兴起于制造业，但进入 21 世纪以来，由于发展中国家的技术、人力资源等要素水平不断提高，而且保持了低成本优势，大量的服务业离岸外包从发达国家转向发展中国家。因此，承接新一轮跨国公司服务业外包成为许多发展中国家利用外资，实现经济增长的新途径。新一轮跨国公司服务业外包也无疑为中国服务业发展和有效利用外资提供了新的发展机遇和广阔的市场空间。

离岸外包既是一个不容忽视的必然趋势，又是一个必须谨慎对待的重大商业战略。离岸外包属于复杂的重要商业决策，事前必须细心分析研究，既要明白离岸外包带来的效益与商机，也要清楚相关的业务风险。

通常离岸外包的业务主要包括信息技术，其次是人力资源、财务和会计。

印度目前是 IT 离岸外包市场的中心，据称至少 80% 的全球 IT 外包业务都选择了印度。其他外包目的地则遍及亚洲、欧洲、非洲和南美洲，包括中国、菲律宾、俄罗斯、墨西哥、新加坡、爱尔兰、北爱尔兰、以色列、南非、东欧和巴基斯坦等。这些国家的排序比较模糊，因为每个国家都有其自身的优势和缺陷。

根据麦肯锡的调查，印度是迄今为止最受离岸外包业务青睐的地区，这主要得益于其在成本和质量上的综合优势。爱尔兰和以色列可以提供良好的基础设施和多语言人才，但费用过高。有些国家则是质量和成本之外的因素较为突出。

2. 近岸外包

近岸外包是指外包商与其供应商分别隶属于邻近国家的外包。例如，从位于墨西哥的一家服务提供商那里向美国一家企业提供服务，或从一家位于中国的服务提供商向日本一家企业提供服务等都属于近岸外包。

邻近国家之间的服务外包通常在语言、文化背景方面有较大的相似性，与离岸外包相比，可以降低服务外包双方的沟通、合作、运输等成本。

3. 业务流程外包

业务流程外包（BPO）是指企业检查业务流程以及相应的职能部门，将这些流程或职能外包给供应商，并由供应商对这些流程进行重组。BPO 是将职能部门的全部功能（如事务处理、政策服务、索赔管理、人力资源、财务）都转移给供应商。外包供应商根据服务协议在自己的系统中对这些职能进行管理。一些 BPO 合同是根据服务水平进行支付的，将供应商的收入与业务绩效或成本节约程度联系起来。

从上述定义中我们可以明确以下三点：①BPO 是将公司的部分业务对外承包，即把原来由公司内部处理的某些业务交给公司外部实体去完成。因此，对外包业务与外部供应商的确定有一个权衡与选择的问题。②以 BPO 模式运作的公司与外部供应商之间是"长期合同"的关系，即一种责、权、利明确的、长期稳定的关系。③实现 BPO 运作，其出发点与最终目的只有一个，就是使公司降低成本、增大盈利。

BPO 有许多鲜明的特点，有利于加快企业的发展，成为"21 世纪公司发展的新模式"。具体表现在以下几个方面：①BPO 能有效地改善辅助业务对核心业务的支持作用，增加整体盈利能力。公司业务可划分为核心业务与辅助业务，BPO 运作的主要对象是对整体业务起支撑作用的辅助业务，如财务系统等。这些辅助业务对外承包给专业化公司后，其业务质量能得到显著而迅速的改善，从而对核心业务起到推动作用，增加整体盈利能力。②BPO 能进一步突出对核心业务的重点管理，同时实现对辅助业务的有效控制。将部分辅助业务外包，有助于公司管理层以更多的时间和精力，将更多资源投入到核心业务上。而在辅助业务管理上，作为业务承揽方的外部专业化公司，对其承揽项目的服务等级、成本构成、质量检测等有着明确的标准和承诺，这样，公司就可根据合同的履行情况实行对辅助业务的成本—质量控制，实现预期目标。③BPO 在提高外包业务质量的同时，也将这一业务领域改变成为具有创造性的领域。在公司内部，辅助业务常被视为"日常性工作"，是一笔"经常性费用"。当由外部专业化公司的雇员们接手这些业务后，这些业务的性质不再是"日常性工作"，而是"新的就业机会"。他们能以一种充满激情的态度，富有创造性地去完成这些工作。此外，外部专业化公司常常是所从事业务领域中的技术领先者，他们对所承包的业务施以优化设计、科学运作与管理，并跟踪最新技术发展，不断更新公司的系统。④BPO 有利于在新的市场环境中打破传统的行业（业务）界线，与外部公司形成跨业务领域的联合，构成长期的战略伙伴关系，增强彼此的竞争力。⑤BPO有利于控制和降低生产成本。由于实现了对辅助业务的成本—质量控制，对业务进行更新与优化设计，采用先进技术等，因此能有效地控制成本。

4. 多源采购

目前在全球经济体系范围内，尤其是在欧洲和美国，越来越多的企业在实行外包采购时已不仅仅是以成本控制为目的，而是在提升企业运作效率和满足企业快速增长的需求上起到更直接的作用。这使得企业在采购货源的开发上更倾向于一体化而不是个体化。这一变化可以从过去 3 年中平均每个外包项目总金额逐年下降中可见一斑，这是由于越来越多的企业不再像以前那样将一个大项目整体外包给一个供应商，而是将这个大项目拆分成几个小项目分别外包给不同的供应商。

波士顿咨询公司发布报告显示，受到金融危机影响，未来，跨国公司的全球采购战略将发生新的变化，可能由目前流行的"中国＋1"采购战略，转变为"金砖四国＋n"的采购战略。全球采购也正由以往的"低成本"国家转向采购总成本或"最优成本"的国家。近十年来，最优成本国家采购，已经帮助企业减少了数百万美元的采购成本，并在全球市场获得了竞争优势。

5. 联盟采购

联盟采购是指多个企业组织起来，联合采购某种资源，以最少的经费，获取最优价格、最佳服务和最符合需求的资源。这也与我们在第 3 章采购战略中提到的联合采购方式相似。

企业联盟采购可以为企业自身和合作伙伴带来经济利润，特别是对于中小企业，建立采购联盟可降低采购和交易成本，获得更好的资源和服务，促进联盟企业资源共享和知识转移。

联盟采购实现了联盟整体的利益，但同时也产生了共同的费用，参与联盟的各个企业都是以实现各自的利益最大化为目标，如果不能实现费用的合理分配，会影响企业联盟合作的长期性，将会阻碍采购联盟战略的实施。所以选择有效的费用分摊方法，实现公平合理的费用分摊和效益分配非常重要。另外，要适当控制联盟规模。规模过大将导致联盟日益复杂，增加协调、管理难度，降低运行效率，增加协调成本。第三，注意供应商的抵制对采购联盟构成的潜在威胁。企业联盟采购的形成，使得供应商的"位势"降低，供应商同样会采用联盟的方式，或者采取遏制企业建立联盟采购的措施，来提高自身的"位势"。

图书馆是应用联盟采购最好，也是最成功的例子，感兴趣的读者可以参阅本章参考文献22 和23。

8.5.2 全球化采购在我国的发展趋势

随着经济全球化发展和供应链管理的普遍实施，全球化采购已经成为世界各国企业充分利用全球资源、降低生产成本、增强核心竞争力、获取最大利润的重要手段。而近几年来，随着我国制造业的不断强大，越来越多的跨国公司在我国建立跨国采购中心、研发基地和生产基地，把中国作为全球资源配置的基点。一时间，全球化采购在我国迅速发展，规模也不断扩大。目前，全球化采购已逐步成为我国企业出口的主要形式之一和我国扩大出口的主渠道。

1. 在我国的全球采购规模日益增大

2000 年以前跨国公司在我国境内的采购额不足 100 亿美元；2001 年跨国零售集团在我国

采购产品的总额达到了 300 亿美元；2002 年通过全球采购方式出口的中国商品金额达到了 400 亿美元，占当年我国出口总额的 12%；2003 年这一数字又突破了 550 亿美元，占当年我国出口总额的 13%。单以中国（上海）国际跨国采购大会为例，2013－2014 年度在华采购清单的不完全统总金额为 240 亿美元。图 8-4 为自 2002 年以来中国（上海）国际跨国采购大会发展情况，从中可以看出在我国进行的全球采购规模不断壮大。

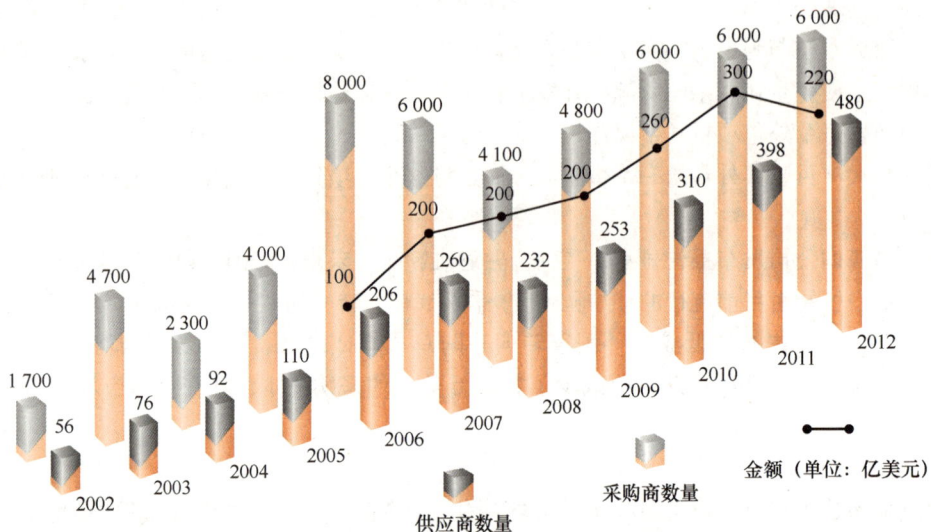

图 8-4　中国（上海）国际跨国采购大会发展历程

2. 一批知名的全球采购商在我国设立采购中心

越来越多的全球采购商把目光投向我国，积极把全球采购中心迁至我国，或在我国设立采购办事处。家乐福在上海设立全球采购中心，并陆续在我国境内建立若干区域性采购中心；麦德龙把上海和天津作为我国南北区域采购供应枢纽；翠丰集团在上海也设立了采购中心；宜家亚太采购中心搬到了深圳；英国的百安居、法国的迪卡侬也把他们的采购中心迁至深圳。根据全球供应商网站最近的一项调查，80% 的供应商将寻找更多的机会从中国采购商品和原材料；40% 的供应商希望在中国采购超过 2.5 亿欧元的产品。

目前，跨国公司在我国从事采购出口业务主要有以下 5 种渠道：①根据《关于设立中外合资对外贸易公司暂行办法》，在全国范围内允许设立中外合资对外贸易公司，允许合资外贸公司在经批准的经营商品范围内自营或代理货物、技术出口及相关服务。②根据原外经贸部关于外商投资性公司的有关规定，外国投资者在我国境内兴办的投资性公司，可以以经销的方式销售其投资企业生产的产品，可以以代理、经销或设立出口采购机构的方式出口不涉及出口配额、许可证管理的国内商品。③根据《关于开展试点设立外商投资物流企业有关工作问题的通知》，符合条件的外商投资者可以在我国投资设立物流企业，有条件地从事出口业务。④根据原外经贸部 2001 年下发的《关于扩大外商投资进出口经营权有关问题的通知》，年出口额在 1000 万美元以上的外商投资生产型企业，经批准可以从事非配额许可证管理、非专营商品的收购出口业务，并可以参加自产产品的出口配额招标。⑤根据 1999 年颁布的《外商投资商业企业试点办法》，经国家批准设立的外商投资商业企业，可以从事组织国内产品的出口业务和自营商品的出口业务。

3. 一些经济发达的城市和地区积极打造全球采购中心

国内许多城市越来越认识到与全球化采购商建立战略合作关系的重要性。例如上海、天津、深圳、北京等经济发达的城市，凭借其城市本身的经济发展水平、良好的交通条件、物流集散的能力、较高水平的金融服务、展览服务以及完善的贸易促进体制等优势，积极兴建全球采购交易平台，努力打造全球采购中心，充分利用这种全球采购发展的机会来拓展商品出口的新途径，为地区的经济发展作出贡献。

4. 各类专业化的全球采购展会层出不穷

专业化使全球采购显示出旺盛的生命力，国内许多专业化全球采购展会都有了可喜的进展。2004年3月，中国首届汽车零部件跨国采购贸易洽谈会在上海开幕；4月，参加重庆全球采购大会的78家跨国采购商带来了总值45亿美元的采购订单；5月在北京举办的中国国际家电展，来自全球的家电采购商参展规模大大超过了上届；6月，青岛全球采购大会吸引了沃尔玛、家乐福、百安居等30家跨国采购巨头的目光；7月，第二届"美国制造业代理商来华采购洽谈会"在上海和广州举行，包括机床及配件、电机、电子电器产品、计算机及配件、轴承、金属铸件、空调及配件、五金制品、电线电缆、园艺设备、酒店设备等领域的70余家北美和欧洲采购商向我国供应商抛出了采购大单。

8.5.3 我国企业应对全球化采购的对策

面对汹涌而来的全球化采购，我国企业未能充分利用全球采购带来的机遇，主要原因有：第一是国内企业不习惯国外跨国公司的采购方式。受消费习惯、生活水准、民族文化等的制约，决定了跨国采购是多样性的，我们一些企业的产品虽然在国内很有竞争力，可是并不一定能使国外跨国公司感兴趣。第二是国内企业传统的营销方式、销售渠道对于国外跨国公司来说未必适用，有时甚至会产生副作用。第三是我们的企业对国外跨国公司的采购程序了解不够，导致国内企业面对全球采购复杂的准入原则既不适应，也没有耐心。第四是作为供货商的国内企业的愿望总是想把产品高价卖给国外跨国公司，喜欢做一锤子买卖。可是国外跨国公司却想以尽可能低的价格采购到国内的商品，并喜欢长期合作。第五是国内企业对国外市场需求产品研究不足。跨国采购除了在国内销售，更多的产品可能要面向国外市场，但是由于国内企业对国外商品需求研究不够，使得很多产品不适销。针对上述情况，面对着全球采购的巨大商机，我国企业只有采取一定的对策，才能更好、更快地融入跨国公司的全球采购中。

1. 熟悉与掌握电子商务采购模式

全球化采购系统是一种电子商务采购模式，企业要进入全球化采购系统就要熟悉和掌握电子商务采购模式，放眼国际市场。近年来，随着信息产业和网络通信技术的飞速发展以及市场竞争的加剧，将物流、资金流和信息流三流合并进行高效运作的供应链理念，在发达国家已被提到了前所未有的高度。现代化、集约化的电子采购，正成为跨国公司经营运作的重要流程。据我国商务部报告，2013年我国电子商务交易总额突破10万亿元人民币。未来10年，国际贸易额的1/3将通过互联网进行。我国企业应积极参与进入这一"网络流程"，为产品进入国际采购作好准备。

2. 成为跨国公司合格供应商

跨国公司对全球采购供应商都有详细的要求和条件，一般对供应商的评估主要是价格、质量、交货与服务四个方面。例如，麦德龙跨国连锁集团对其供应商提出了以下四条基本要求：①必须拥有完善的供应体系和商品执照；②商品供应可靠，商品质量保证，致力于长期的商务发展；③有能力将商品运至指定的商场，并愿意使用指定的物流公司；④商品规格符合麦德龙公司的要求。

3. 要了解跨国公司的采购程序和要求

企业要多参加国际采购说明会，加深对采购程序、条件和要求的了解，提出疑惑问题，现场求解。跨国采购商确定一家供货企业至少需要两个月以上至数年时间，以形成标准化的采购程序。以美国通用电气公司（GE）为例，其采购程序为：第一步明确采购需求；第二步是供应商选择和认证，GE 公司对供应商的要求很仔细，从中可以看出对全球化采购究竟有什么要求。第三步是网上竞标，现在全球很多公司都采用网上竞标的方式，网上竞标不是单纯的价格，而是这个竞标过程中能够体现的整体要求。第四步，把采购交给供应商。最后一步是进行采购。与该程序相配套的是一套标准化的质量跟踪评估体系。

GE 公司非常重视采购，GE 公司第八任总裁韦尔奇曾说过："采购和销售是公司唯一能'挣钱'的部门，其他任何部门发生的都是管理费用！"因此，GE 公司从战略高度看待采购活动。GE 公司采购的是不同的品种，有的是电线电缆，有的是机械加工设备，有的是医疗显示器，GE 公司会在全球范围内来选定哪个国家、哪一个城市或者哪一的地区有真正的采购优势。从战略高度来说，GE 就是看重那个地区的某一方面特长和优势。所以，了解跨国公司的采购战略非常重要。

GE 公司选择供应商的过程，首先是信息收集和评分。包括收集各种信息，如供应商的能力、供应商的发展趋势、供应商的合作倾向等，逐一对供应商进行打分，通过比较来评判供应商是否可以作为 GE 公司长期发展的供应商。GE 还要评价供应商的战略，包括供应商的战略发展方针，供应商的质量系统，战略上与 GE 公司合作的可能性。第三步是具体要求，这个最基本的要求可能对大部分公司都适合，包括价格、质量、交货期和诚信。在价格方面，要求报价具有竞争力，同时要求供应商在合作以后的第二年、第三年、每年都要下降 5% ~ 10% 的价格。因为 GE 公司有这么一个理念，就是要成为世界上最有竞争力的公司，那么，作为 GE 公司的供应商也要成为最有竞争力的供应商。所以，供应商在第一次拿到 GE 订单后，价格会低得很厉害，而且第二年、第三年以后都会有这样的要求，这是要求供应商改革采购程序、改变生产过程和工艺、降低生产成本等。那么如果供应商三年连续不怎么降低价格，那么 GE 公司就要考虑选择新的供应商。在这个过程中，GE 公司会派人去供应商企业，帮助供应商进行改善，以保证提高整个供应链的水平。

对于质量来说，如果供应商提供的产品质量差，这个供应商就没有机会和 GE 公司合作了。在质量要求上 GE 公司没有任何商量，非常严格。

关于交货期，一定要准时。因为 GE 公司的全球战略不只是要求供应商供货给中国工厂，而是要给全球工厂供货，所以对全球供应链非常严格，供应商一定要准时交货。如果不能准时交货，就要用飞机运输，而不是用船只运输，这将大大提高供货成本。

关于网上竞标，这是帮助 GE 公司提高采购效率的最好工具。另一个提高采购效率的工具是电子商务，包括订单、发票、支付，都不再有任何烦琐过程。GE 公司利用很多方法来简化订单过程，这就是在网上采购，例如在网上可以看到 6 个月以前的或者更多月份的订单表现和交货情况。

GE 公司是非常讲数据的公司。这不仅反映了公司的工作标准，而且体现了一种企业文化，即在服务客户、在做任何商务过程中，都要考虑怎样能够减少任何缺陷，用数据来说话，用数据来达到最完美。

4. 了解全球化采购通用的规则

全世界公认的四大采购法则，即联合国的《公共采购示范法》、世界贸易组织的《政府采购协议》、欧盟的《政府采购公共指令》和世界银行的《采购指南》。企业应当弄懂弄通这些相关法则。在加入 WTO 时，我国政府并没有参加 WTO 政府采购协议，但我国政府承诺在 2020 年以前，向 APEC 成员开放政府采购市场。联合国采购、企业之间的国际采购则按游戏规则进行。下面简单介绍一下这四大采购法则。

（1）《公共采购示范法》。2011 年，联合国国际贸易法委员会第 44 届会议审议通过了《公共采购示范法》简称《示范法》，该《示范法》是对 1994 年第 27 届联合国国际贸易法委员会通过的《货物、工程和服务采购示范法》修订和更名的结果，增加了新的采购方式，包括电子逆向拍卖和框架协议，确认了有关国家将政府采购作为执行国内公共政策工具的事实。《示范法》在经济社会政策方面的这一重大变化，说明它开始从主要促进国际贸易逐步走向为各国国内的一般性政府采购立法和制度构建提供范本，显示了联合国国际贸易法委员会对了各成员国实际做法的包容性，有助于提高联合国《示范法》及其作用的普遍性和影响力。

（2）《政府采购协议》。《政府采购协议》（GPA）是世界贸易组织（WTO）的一项诸边协议，目标是促进成员方开放政府采购市场，扩大国际贸易。GPA 由 WTO 成员自愿签署，目前有美国、欧盟等 14 个参加方，共 41 个国家和地区签署了协议。

我国已于 2007 年年底启动加入了 GPA 谈判。加入 GPA 谈判涉及市场开放范围和国内法律调整两个方面。其中，政府采购市场开放范围由各参加方以出价清单的形式，通过谈判确定。出价清单包括 5 个附件和 1 份总备注。其中，附件一至三是采购实体开放清单，分别载明承诺开放的中央采购实体、次中央采购实体、其他采购实体及各自开放项目的门槛价。附件四和五是采购项目开放清单，分别载明各采购实体开放的服务项目和工程项目。总备注则列明了执行 GPA 规则的例外情形。

（3）《政府采购公共指令》。欧盟成立之后，为了消除贸易壁垒，促进货物、资本和人员流动的目标，通过了一系列协议和指令，其中包括《政府采购公共指令》。欧盟之所以对政府采购给予极大关注，是由于政府采购金额在欧盟的 GDP 和贸易额中占有很大的比重。据欧盟统计，各成员国的政府采购和国有企业的采购总额平均每年达到 4000 亿欧元，占欧盟 GDP 的 14%，这还未包括运输、能源和邮电等部门进行的采购。但是，由于在执行欧盟有关规定的严格程度方面，各成员国间存在着很大的差距，结果，仅有 部分政府采购实行了国际招标，其余部分则是各国政府从本国企业直接购买。回避国际市场的竞争必然带来价格的垄断、采购成本上升，因而增加了纳税人的负担。欧盟估计，这部分损失每年为 400 亿欧元。因此，为了在欧盟范围内彻底消除货物自由流通的障碍，欧盟相继颁布了关于公共采购各个领域的公共指令，构成了目前欧盟的公共采购法律体系。

（4）《采购指南》。世界银行的主要活动是为发展项目提供资金，为借款的会员国提供技术援助，因此，项目贷款是其主要的活动。由于世界银行的资金来自各会员国以及国际资本市场的借贷资金，协定条款专门列有这样一条，即要求世界银行保证它贷出的款项只能用于提供贷款所规定的目的，并且要讲求节约和效率。它还负有监督资金使用的责任，这是世界银行决定制定采购规则的主要原因。

虽然世界银行成员有180多个，但世界银行的工作人员是有限的，他们不可能参与每一项招标活动，因此通过制定《采购指南》，明确采购方式、采购条件、供应商资格审查等程序的标准化，可以使世界银行的贷款项目都能够按规定执行，实现世界银行贷款的目标。

然而，世界银行放贷有其自身的特点，其中包括规定由世界银行批准的项目，其规划、设计和实施均由借款国负责，实施项目所需的土建、物资设备供应以及提供咨询服务等合同都必须执行采购规则，虽然这些规则被称为"世界银行采购指南"，但只要项目是由世界银行提供资金的，借款方就必须遵循这些规则。

所有这些因素一起构成了世界银行采购规则的基础。由于世界银行属于多边性质，为全体会员国所有，因此，采购规则必须为所有会员国的公司提供赢得合同的公平机会。又鉴于各会员国对世界银行借出并负责管理的资金都拥有自己的利益，所以，对这些资金严加监督确保其合理使用，显得尤为重要。协定条款要求制定能节约资金和提高效率的程序。由于采购的种类繁多、数量巨大，制定能适合各种情况的基本规则显得至关重要。最后，由于世界银行的工作重点是为项目提供资金，因此需要制定适合于缔结实施项目所需的物资、工程和服务合同的采购程序。

5. 要具有长远的观念，做到耐心与诚信

虽然跨国公司采购的商品对我们的企业来说利润不高，但其采购总量很大，企业只要与跨国企业建立起联系，进入全球采购链中，将具有良好的稳定性，从长远来看一定可以获得丰厚的收益。当然跨国企业对供应商要求相当严格。例如家乐福对供应商的选择严于对商品质量的选择，因对他们来说，选择了合适的供应商，才有可能采购到合格的商品，没有好的供应商，一切都无从谈起。他们对供应商的选择一般要经过半年或一年的考察，才能判定供应商是否合格，然后再对商品价格进行考察，对供货商产品的规格、质量进行严格测试和打样，最后才给供货商下生产通知单。国内企业只有严格要求自己，讲求诚信，不断完善和提高管理水平及产品质量，提升品牌知名度，才能成为跨国公司合格的供应商。

8.6　成功案例——吉利汽车的全球化采购战略

本案例选自本章参考文献24。吉利控股集团有限公司（简称吉利汽车）是中国国内汽车行业十强中唯一一家民营轿车生产经营企业，始建于1986年，经过二十多年的建设与发展，在汽车、摩托车、汽车发动机、变速器、汽车电子电气及汽车零部件方面取得了辉煌业绩。特别是1997年进入轿车领域以来，凭借灵活的经营机制和持续的自主创新，取得了快速的发展，资产总值达到105亿元，连续四年进入全国企业500强，被评为"中国汽车工业50年发展速度最快、成长最好"的企业，跻身于国内汽车行业十强。2009年12月23日，吉利汽车成功收购了沃尔沃汽车100%的股权。

作为中国汽车行业十强企业之一，吉利汽车从物美价廉的大众化汽车，转型为高品质、高技术的国际化品牌，初步实现了"从'国际化战略'向'全球化战略'的转型；从'技术吉

利'向'品质吉利'的转型；从'快速发展'向'稳健发展'的转型；从'产品线管理'向'品牌线'管理的转型"的目标。吉利汽车成功的原因是多方面的，其中，对供应链进行有效整合，最终实现零部件采购全球化布局无疑是最主要的因素。

1. 单方淘汰：对廉价汽车时代的供应商进行全面清理

在开发生产本土化、低价格的大众化汽车时代，吉利汽车的身边聚集了众多年轻而有激情的创业型供应商。他们的存在为吉利汽车的出现与发展做出了很大的贡献。但遗憾的是，在吉利汽车做大做强的时候，这些与吉利一同迈上起跑线的供应商大多数都没有与吉利一同并肩发展。2007年，在吉利汽车提出"从本地化、低价格向国际化、高品质、高技术转型"的目标时，这些昔日的合作伙伴已经无法适应吉利汽车的高标准和国际化大生产的需要，更无法完成吉利汽车在技术创新上和发展战略上所提出的供货目标。

要想成为巨人一样的企业，就必须和其他巨人企业站在一起对话和竞争，这就不可避免地要求企业与原来弱小的供应商告别。对采购渠道另一侧庞大而杂乱的供应商队伍进行清理，淘汰那些已经无法适应吉利汽车转型发展需要的供应商，保留和协助具有发展潜质的供应商，就成了吉利汽车采购供应链调整的首要任务。

在吉利汽车核心供应商建设方面，对核心技术、高价值且快速变化的零部件，按照底盘、内外饰、车身附件、电子电器以及动力总成部件的划分，从现有零部件配套体系中按照"三高一低"，即高质量、高技术、高忠诚度和低成本的标准选择一批核心供应商进行扶持建设，对于核心供应商在同步研发技术、市场配套份额、资金、管理及人才等方面给予支持，并通过优选及退出机制，保证核心供应商发挥核心支持作用。经过甄别和筛选，截至2007年7月，原有的1000多家供应商缩减至400余家，并实现了采购成本削减10%，供应商管理初见成效。与此同时，对壳牌、通用、大众、丰田等世界九大主流企业的核心供应商实施快速准入制，只需要一周左右的时间就能够完成准入。吉利汽车通过自身实力的展示，顺理成章地以采购商的身份和这些国际化企业站在了一起。

至此，吉利汽车初步完成了信息化程度高、全球采购效率高、应对困难水平高的供应商系统建设，最终使吉利建设成了以40家核心供应商为中心的供应链平台，为吉利汽车的升级换代作好了准备。以吉利汽车首款C级车帝豪EC825为例，来自全球12个国家和地区的优秀供应商提供了优秀的零部件，经吉利汽车进行组合，这款充满了全球智慧的汽车驶入了人们的视野，其流畅的外形和强大的性能代表着与新一代供应商合作的成功。

2. 流程再造：建立与高端供应商对接的采购通道

2007年5月，吉利汽车在业内率先实施战略转型，首次提出不打价格战，明确企业核心竞争力，将从成本竞争转向品质竞争和全面领先竞争。在这一核心思想指导下，吉利供应链体系也进行了自上而下的全面变革。但是，采购流程的再造和全球化布局，绝不仅仅是供应商的管理所能涵盖的简单行为。吉利汽车在淘汰供应商的同时，开始在企业内部打造一条与全球化布局相适应的现代化生产管理和采购体系，来为吉利汽车未来的持续发展提供保障。吉利采购体系的建设是多方面的，其中"三个三"是十分值得关注的焦点。

第一个"三"是"三网对接"即将企业资源网、客户资源网、供应商资源网三大网络贯通，以P-SCM（供应链管理信息系统）升级工程等信息化为手段，打通企业与外部供应商之间的沟通渠道；以无边界团队共赢的方式，充分整合供应商资源，实现与供应商的零距离，最大限度满足市场客户的需求。

第二个"三"是"三流闭环"。三流即订单流、实物流、资金流。以订单流为主线带动实物流、资金流同步运转，首先将客户资源网的订单信息同步传递到企业内部和供应商，驱动各方面围绕客户订单开始运作，通过各种资源采购，形成需求与服务的实物流关系，通过用户的回款支付企业内部资源。订单流、实物流的正传递，资金流的反传递实现三流闭环运作，实现了零库存、零资本占用的正现金流运作模式。

第三个"三"是"三体精益"。采购、物流、制造三大经营体，各自围绕自己的目标构建精益运作体系。采购以采购零差错为目标，推进网络规划、网络升级；订单集中，建立部件成本拆解分析室；物流以零延误、零库存为目标，推进第三方物流、看板管理和JIT（准时生产）供给等管理模式；制造以零缺陷、零浪费为目标，推进产销协同、标准作业、工序拉动生产。

经过努力，吉利汽车建立了商务谈判和合同签订流程、货款结算流程、计划与订单流程、业绩监控和供货比例流程、新供应商准入流程、现产品二次开发流程等重大流程，完成了技术体系、采购体系和营销体系这三大体系整合，形成了"以用户为中心、以订单为主线、以产品线为基础"的三链协同新局面。

3. 合资与收购：引发零部件采购内涵的变革

对于吉利汽车来说，采购的概念已经通过他们的理念与实践得到了彻底的颠覆：采购，已经不再局限于产品的买卖，而是包括了合资、收购、购买专利和技术等多种形式的供应链体系的全球范围内的重建与整体布局。

2006年11月，吉利集团、上海华普汽车与英国锰铜控股公司成立上海英伦帝华汽车部件有限公司，合资生产著名的伦敦出租车。伦敦出租车上海项目为众多国际供应商进入中国的标准化零部件市场提供了机会，除伦敦出租车传统供应商外，不少国际A级零部件厂商也纷纷参与伦敦出租车的零部件供应。吉利汽车的国际化布局初步开始。

为了加快核心供应商发展，吉利汽车还牵线搭桥引进有技术质量优势的国际化供应商与本土的核心供应商合作，形成合资合作企业，即"1+1+1"合作模式。目前，法国佛吉亚、日本泰极、台湾信昌、延锋伟世通、延锋江森等集团公司先后成功地实践了此种合资合作模式。让本土供应商走出去，让国际优秀供应商走进来，参与吉利汽车产业供应链的大调整、大组合，分享国际和国内优质供应链资源，使吉利汽车的竞争力明显提升。

而吉利汽车对澳大利亚自动变速器DSI公司和沃尔沃的海外并购项目，间接地实现了对汽车制造业核心技术产品的采购。吉利汽车并购DSI，拓宽了吉利自动变速箱的产品线，改变了中国轿车行业自动变速器产业空白的局面，并使DSI大部分的零部件在中国逐步实现本土化采购。在收购沃尔沃过程中，吉利汽车除得到了包括沃尔沃商标的全球所有权和使用权、十个可持续发展的产品及产品平台、四个整车厂外，还收购了一家发动机公司、三家零部件公司。吉利汽车在收购中获得了众多的尖端技术，不仅实现了供应渠道向高技术方位延伸，也促进了对发动机、变速箱、汽车电子等核心领域技术的突破性研发，在汽车的安全、节能和环保上进一步形成了自己的优势，这才是吉利汽车采购布局的真正胜利。

4. 展望

截至2014年，吉利汽车将搭建5大平台推出42款车型，其中蕴含高达800亿元人民币的巨大采购额，销售各型汽车200万辆。为实现此目标，吉利汽车已经从2013年开始对全球八

247

大生产基地进行布局调整，一个基地只生产一个平台的不同车型，改变以往按品牌布局生产基地的做法，这将大大降低零部件采购及物流成本。吉利汽车全球化的采购布局，也将随之发生新的变化。

本章小结

　　本章主要介绍了全球化采购的相关内容。全球化采购是指在供应链思想的指导下，利用先进的技术和手段，在全世界范围内寻求最佳的资源配置，寻找最佳供应商，采购性价比最好的原材料和服务，以更有竞争力地满足客户的需求。企业进行全球化采购的原因有：价格、质量、国内资源缺乏、快速交货和连续供应、科学技术的发展和战略考虑等。

　　全球化采购具有采购成本低、采购产品质量高、可以采购到国内无法提供的产品等优势，同时也有着采购程序复杂、订货提前期长，采购风险较大等劣势。

　　目前全球化采购主要有三种运作模式，分别为：生产者驱动的全球采购活动、购买者驱动的全球采购活动以及专业化的全球采购组织和国际经纪人所从事的全球采购活动。企业在进行全球化采购决策时，需要考虑采购产品是否适合进行全球化采购。全球化采购包括计划并组织全球化采购、选择确定供应商并签订合同、下订单并开立信用证、接货、货物到港报关、办理结汇八个步骤。全球化采购涉及在不同的国家间进行贸易，所以对产品质量的保证和风险管理就十分重要。全球化采购的总成本、谈判和招标相对于国内采购也有所不同。

　　与国内采购不同的是，全球化采购需要增加海关检查这一环节。采购产品的报关工作分为发货与运输、报关准备、进口报关和放行四个环节。企业在购买货物后还需要将货物运输回国内，目前全球化采购的运输方式有：海洋运输、铁路运输、航空运输、公路运输、内河运输、管道运输等。其中，主要采用的是海洋运输、铁路运输和航空运输。在运输过程中可能会遇到各种不同的自然灾害和事故，因此需要办理保险。

　　企业需要进行全球化采购货物的货款的支付，支付工具有汇票、本票和支票。结算的方式有信用证、托收和汇付。

　　最后，全球化采购的发展趋势主要有：全球化采购新模式，包括离岸外包、近岸外包、业务流程外包、多源采购和联盟采购；全球化采购在我国的发展趋势以及我国企业应对全球化采购的对策。

习题

一、选择题

1. 以下不属于企业进行全球化采购的原因的是（　　）。
　　A. 价格　　　　　B. 质量　　　　　C. 安全　　　　　D. 战略考虑
2. 下面不是全球化采购的优势的是（　　）。
　　A. 采购程序复杂　　　　　　　　B. 采购成本低
　　C. 采购产品质量高　　　　　　　D. 可以采购到国内无法采购的产品
3. 全球化采购最重要的运输方式是（　　）。
　　A. 铁路运输　　　B. 海洋运输　　　C. 航空运输　　　D. 公路运输
4. 全球化采购的结算方式是（　　）。
　　A. 本票　　　　　B. 汇票　　　　　C. 支票　　　　　D. 信用证
5. 汇付中不包括的是（　　）。

A. 电汇　　　　B. 信汇　　　　C. 托收　　　　D. 票汇

二、判断题

1. 外包采购的应用是全球化采购的一个趋势。　　　　　　　　　　（　　）

2. 全球化采购不需要考虑关税的影响。　　　　　　　　　　　　　（　　）

3. 购买者驱动的全球采购活动不属于全球化采购的采购模式。　　　（　　）

4. 全球化采购的谈判与国内采购没有区别。　　　　　　　　　　　（　　）

5. 本票是全球化采购支付工具的一种。　　　　　　　　　　　　　（　　）

三、思考题

1. 企业进行全球化采购的原因是什么？

2. 全球化采购的劣势有哪些？

3. 哪些产品适合进行全球化采购？

4. 全球化采购风险管理的内容有哪些？

5. 全球化采购的支付手段有哪些？

参 考 文 献

［1］计国君，蔡远游. 采购管理［M］. 厦门：厦门大学出版社，2012.

［2］赵道致，王振强. 采购与供应管理［M］. 北京：清华大学出版社，2009.

［3］徐杰，鞠颂东. 采购管理［M］. 北京：机械工业出版社，2009.

［4］骆建文. 采购与供应管理［M］. 北京：机械工业出版社，2010.

［5］李育蔚. 采购管理，流程设计与工作标准［M］. 北京：人民邮电出版社，2012.

［6］James Alt, Michael Gilligan, Dani Rodrik, Ronald Rogowski. The political economy of international trade：enduring puzzles and an agenda for inquiry［J］. Comparative Political Studies, 1996, 29（6）：689-717.

［7］保罗·克鲁格曼，茅瑞斯·奥伯斯法尔德. 国际经济学［M］. 黄卫平，等译. 北京：中国人民大学出版社，2002.

［8］Edward J Ray, Howard P Marvel. The pattern of protection in the industrialized world［J］. The Review of Economics and Statistics. 1984, 66（3）：452-458.

［9］Stephen Krasner. Global communications and national power：life on the Pareto frontier［J］. World Politics, 1991, 3（3）：336-356.

［10］Kent Calder. Crisis and compensation［M］. Princeton：Princeton University Press, 1988.

［11］James Fearon. Bargaining, enforcement and international cooperation［J］. International Organization, 1998, 52（2）：269-306.

［12］Douglass C North. Institutions, institutional change and economic performance［M］. Cambridge：Cambridge University Press, 1990.

［13］John H Jackson. The world trading system：law and policy of international economic relations［M］, 2nd edition, Cambridge：MIT Press, 1997.

［14］Robert O Keohane. After Hegemony：cooperation and discord in the world political economy［M］. Princeton：Princeton University Press, 1984.

［15］Paul R Milgron, Douglass C North, Barry R Weingast. The role of institutions in the revival of trade：the law merchant, private judges, and the champagne, fairs［J］. Economics and Politics, 1990, 2（1）：1-23.

[16] Leonard Schoppa. The social context in coercive international bargaining［J］. International Organizations, 1999, 53（2）: 307-342.

[17] Jagdish Bhagwation, Hugh T. Patrick. Aggressive unilateralism: America's 301 trade policy and the world trading system［M］. Ann Arbor: University of Michigan Press, 1990.

[18] 许进. 做好国际招标采购工作的几点经验和体会［J］. 引进与咨询, 2003, 8: 3-4.

[19] 陈诚. 国家体育馆工程国际采购策划与商务管理［J］. 建筑, 2010, 24: 50-52.

[20] 叶秀振. 机械产品采购的质量保证方法［J］. 铁道物资科学管理, 1998, 96: 49.

[21] 梁军. 采购管理［M］. 北京: 电子工业出版社, 2006.

[22] 赖辉荣. 图书馆合作中联盟采购问题探讨［J］. 四川图书馆学报, 2012, 186（2）: 31-33.

[23] 肖珑, 姚晓霞. 我国图书馆电子资源集团采购模式研究［J］. 中国图书馆学报, 2004, 5: 31-34.

[24] 崔玉波. 吉利汽车全球化采购布局方略［J］. 石油石化物资采购, 2013, 5: 76-77.

第9章
招标采购

　　招标采购成为市场经济国家通行的一种采购制度。我国从 20 世纪 80 年代开始引入招标采购制度，目前已经成为很多企业应用最广泛也是最重要的采购形式。招标采购有着一套成熟并且规范的流程，**包括招标、投标、开标、评标和定标等**。本章将从招标采购的概念入手，重点介绍招标采购的基本知识、基本操作流程、招标投标以及评标定标的一般方法。本章可以为日后从事招投标相关的工作奠定理论基础。

9.1　招标采购概述

　　招标采购制度最早起源于英国，是作为一种"公共采购"和"集中采购"的手段出现的。由于公共采购的资金主要来源于纳税人的税收，为保证资金的合理、有效利用，招标采购制度便应运而生。本节主要介绍招标采购概念、招标采购分类和招标采购特征。

9.1.1　招标采购的概念

1. 招标采购产生的背景

　　在早期的商品经济时期，个别买主为了获得更多的利润，在开展某项采购业务时，会有意识地邀请多个卖家与其接触，从中选出供货价格和质量比较理想的成交对象，这可以说是一种早期的招标活动。

　　比较规范的招标采购活动出现于较大规模的投资项目或大宗物品的购买活动中。一方面，只有较大规模的投资商或买主才愿意采用招标这种比普通交易更为规范而严密的方式；另一方面，只有在那些较大规模的投资项目或大宗货品交易中，招标方才会感到采用招标方式节省成本和建设费用。19 世纪上半叶，自由资本主义处于上升时期，大规模机器生产的应用从生产方式上为买方经济创造了供给条件，同时，社会专业化分工协作的发展也达到了前所未有的发达程度。这一时期成为现代成熟而独立的招标采购方式的历史起点。

　　第二次世界大战以来，招标采购的影响力不断扩大，先是西方发达国家，接着世界银行在货物采购、工程承包中大量推行招标方式。近二三十年来，发展中国家也日益重视和采用设备采购、工程建设招标。招标采购作为一种成熟而高级的交易方式，其重要性和优越性在国内、国际经济活动中日益被各国所认同，进而在相当多的国家和国际组织中得到立法推行。

　　1979 年，我国土木建筑企业最先参与国际市场竞争，以投标方式在中东、亚洲、非洲和港澳地区开展国际承包工程业务，取得了国际工程投标的经验与信誉。国务院在 1980 年 10 月颁布了《关于开展和保护社会主义竞争的暂行规定》，指出"对一些适宜于承包的生产建设项目和经营项目，可以试行招标、投标的办法"。世界银行在 1980 年提供给我国的第一笔贷款，便以国际竞争性招标方式在我国（委托）开展其项目采购与建设活动。自此之后，招标在我国境内得到了重视，并获得了广泛的应用与推广。

2. 招标采购的定义

招标采购是指采购方将自己的采购需求和交易条件等在某一范围内以书面形式发布，邀请供应商或承包商在一定时间期限内提供报价，经过评定后按既定标准选择最优的投标人并与其签订采购合同的一种采购方式。

招标采购可以让供应商之间进行激烈的竞争，采购方因此可以从众多供应商中做出最利于自己的选择。因此，招标采购是一种以买方为主导的采购形式。目前，一些重大的建设工程项目、采购量或采购金额比较大的项目都已经要求必须采用招标采购，有些国家和地区甚至有专门的部门负责招标采购的流程跟踪和审查。

中国古代的特殊"招标"

"比武招亲"是中国古代一直存在的招亲方式。一些达官贵人为了给自己的千金找一个好的丈夫，会公开粘贴告示，告知对参加招亲的男子的基本要求，如身高、面貌长相等。满足告示中基本要求的男子便可以参加在特定时间举办的比武擂台赛，比赛过程中根据事先确定的评判标准确定胜出与否，最后胜出的男子即可迎娶貌美的女子。

"比武招亲"可以从一定程度上看作是一个招标的过程。招标方是需要嫁出女儿的达官贵人，投标方是那些参加招亲的男子，而女子即可比喻为本次招标活动中最终达成的"协议"或者"合同"。满足条件的男子都可以参加招亲，在擂台上展示武艺并接受评判的过程即为招标活动中参与竞争并接受评审的过程。最终成功迎娶女子的男子便是招标过程中最后的中标人。

9.1.2 招标采购的分类

目前招标采购的分类方法比较多，不同国家和地区的法律对招标方法的阐述存在不同程度的差异。但从总体来看，普遍将招标分为公开招标、邀请招标和谈判招标三种形式。

现实中，公开招标和邀请招标两种招标形式应用的较为广泛，其流程和控制也更加规范。本章也将主要以公开招标和邀请招标两种形式介绍招标采购的主要内容。

1. 公开招标采购

公开招标又称竞争性招标，是指由招标方将自己的招标公告通过报刊、互联网等媒体公开发布，吸引能够满足招标方采购需求、符合投标条件的企业在规定的时间内参加竞争，招标方通过一系列的招标程序从中选择最优的投标人作为中标方，然后与其签订采购合同的招标方式。根据发布招标公告地域范围的不同，公开招标又可以进一步划分为国内招标和国际招标。

（1）国内招标。国内招标即招标公告只在本国内发布，可用本国语言书写标书，只在国内的媒体上发布，公开出售标书，公开开标。一般来说国内招标的投标方只能来自项目所在国，但也有一些国内招标的项目允许一些外国企业参加。国内招标主要适用于一些合同涉及金额较小、采购品种比较分散、分批交货时间较长、劳动密集型产品、商品成本较低而运费较高或者本国价格明显低于国际市场等情况下的采购项目。

国内招标由于只需在国内发布信息，省去了包括翻译等在内的众多程序，从而可以缩短招标流程并节约大量的时间、人力和财力。正是由于这些优点，国内招标受到众多企业的欢迎。

但是，由于国内采购的信息发布范围较小，可能造成信息不对称从而导致竞争的不公平。因此，世界银行对国内招标有着严格的限制，其中最主要的一条就是金额在25万美元以上的采购合同不得采用国内招标，必须采用国际招标。由于我国的特殊性，这一条件对我国放宽到100万美元。

符合下列条件之一的，应该采用公开招标：

1）合同价值5万元人民币以上的物资。

2）合同价值30万元人民币以上的工程项目。

3）合同价值5万元人民币以上的服务。

4）采购目录中规定应当集中采购而未达到上述标准的项目。

（2）国际招标。与国内招标相对应，国际招标是一种在世界范围内发布招标公告，任何符合条件的本国或外国企业均可参加投标的一种招标方式。由于需要在世界范围内发布信息，国际招标需要招标者提供完整准确的英文标书，并通过外国的报刊、互联网网站等媒体进行公开发布。

与国内招标相比，国际招标针对的投标者范围非常广，其带来的竞争性也随之增大，招标者的选择面也就扩大，选中最优中标方的概率也就越大。国际招标也非常符合世界银行对工程项目采购规定的三个原则，即必须注意节约资金并提高效率；要为世界银行的全部成员国提供平等的竞争机会，不歧视投标方；利于促进本国的建筑业和制造业发展。

国际招标也具有一些与国内招标相比比较明显的缺点，如由于要求在世界范围招标，国际招标从开始到签订合同需要非常长的时间，有的甚至会超过一年；所有的文件必须都是十分规范的英文版，增加了翻译的工作量，也提升了采购成本；发达国家和发展中国家企业一起竞争时，会造成发展中国家企业在竞标过程中常处于劣势、中标的机会较低的现象。

公开招标的优缺点如表9-1所示。

表9-1　公开招标的优缺点

优　　点	缺　　点
● 公平。对招标项目感兴趣又符合条件的投标者都可以在公平竞争的条件下，享有中标的权利和机会 ● 价格合理。各投标者自由竞争，招标者可以获得具有竞争力的价格 ● 改进质量。招标者可以充分了解投标者的技术水平和发展趋势，促进其改进质量 ● 减少徇私舞弊。招标中各项程序和资料公开，经办人员难以徇私舞弊 ● 扩大供应范围。公开招标可以获得更多投标者的报价，扩大供应服务，有更大的选择余地	● 采购费用较高。公开登报、招标文件制作和印刷、开标场地租赁、布置等，需要花费大量人力、财力 ● 手续烦琐。从招标文件设计到鉴定采购合同，每一阶段都必须认真准备，严格遵守相关规定，不允许发生任何差错，否则会引起纠纷 ● 可能会串标。对于金额较大的招标项目，投标者之间可能会串通投标，恶意提高或降低报价，给招标者造成困扰与损失 ● 其他风险。低报价带来的质量风险，事先不了解投标者带来的信用和转包风险等

2. 邀请招标采购

邀请招标也称有限竞争性招标或选择性招标，是指招标方以投标邀请书的方式邀请三家以上特定的供应商或者其他组织参加投标的采购方式。选择供应商数量要依据实际具体的招标项目规模大小来决定。由于被邀请参加的投标竞争者有限，不仅可以节约招标费用，而且提高了每个投标者中标的机会。对技术含量高、技术支持及后续服务有特殊要求，且限于有限供应商能够满足供货条件的采购，一般都采用邀请招标形式。然而，邀请招标限制了参与投标的供应商数量，竞争不够充分，因此，招标投标法规定在可能的条件下，应尽量采用公开招标。

按照国内外的通行做法，采用邀请招标方式意味着招标方对市场供给情况比较清楚，对供应商或承包商比较了解。在此基础上，还要考虑以下情况：

（1）招标项目的技术新、要求复杂、专业性强，供应商或承包商的选择面窄。

（2）招标项目本身的价值低，招标人只能通过限制投标人数来达到节约采购成本提高采购效率的目的。

邀请招标与公开招标相比，因为不用刊登招标公告，招标文件只送几家供应商，招标周期大大缩短，这对采购那些价格波动较大的商品是非常必要的，可以降低采购风险。因此，邀请招标是允许被采用的、灵活的采购方式，有一定的适用性。

邀请招标一般具有以下几个主要的特点：①邀请招标不使用公开的公告形式；②只有收到邀请函的单位才有资格领取招标文件并且参加投标；③投标方的数量是有限的。表 9-2 总结了邀请招标的优缺点。

表 9-2　邀请招标的优缺点

优　点	缺　点
• 被邀请参加招标的竞争者有限，增加了每一个参与投标者的中标机会 • 减少了对投标者的资格审查和投标书审查的工作量，缩短了招标时间，节约了成本	• 限制了竞争范围，可能使优质的投标方被排斥在外 • 招标方可以邀请一些不符合条件的法人或组织作为内定中标人的陪衬，搞假招标

由于邀请招标存在的缺点，许多国家对邀请招标的条件都有明确的限定，如为保证适当程度的竞争，被邀请的法人或组织不得低于 3 家；招标方必须对投标方进行资格审查，以确保参与投标的法人或组织资信良好，具备承担招标项目的能力。

为了防止假招标，必须对邀请招标的对象所具备的条件加以限制。例如，在下列情况下，可以采取邀请招标：

（1）公开招标后，没有找到合格的供应商。

（2）出现了不可预见的急需。

（3）发生突发事件，无法按照公开招标方式获取所需物品、服务或工程项目。

（4）投标人准备投标文件需要高额费用。

（5）采购项目因其复杂性和专门性，只能从有限范围的供应商中选择。

（6）公开招标成本过高，与采购项目的价值不相称。

（7）其他经财政部门认定的情况。

3. 议标招标采购

议标招标也称限制性招标或谈判招标，即通过谈判的方式确定中标者，一般直接邀请三家以上合格供应商就采购事宜进行谈判的采购方式。当采购方公开招标后，没有供应商投标或没有合格的中标者，或者是不可预见的急需采购，无法按公开招标进行采购等情况下，可以采用议标招标方式。当投标文件的准备和制作需要较长时间才能完成或需要高额费用时，也可以采用议标招标的方式。

议标招标又可以细分为直接邀请议标、比价议标和方案竞赛议标。

（1）直接邀请议标。采用直接邀请议标，招标方直接邀请某一企业单独协商谈判，达成协议后签订采购合同。这种招标方式适用于招标方对行业相当了解并且有比较明确地选择意向的情况。直接邀请议标形式比较简单，并且可以就采购的细节问题与投标方仔细协商。但如果与一家企业协商不成，招标方需要不断邀请别的企业进行协商，直到达成协议，有时这个过程会多次重复，耗用较长时间。

（2）比价议标。在比价议标的形式下，招标方将采购要求送交选定的几家企业，要求他们在限定的时间内提供报价，通过分析比较最终确定中标单位，就价格、交货期、质量、支付货款等内容进行协商谈判达成协议并签订采购合同。比价议标一般适用于规模不大、内容简单的工程承包或货物采购。通过这种招标形式，招标方可以在限定的范围内找到价格最优的单位，从而可以降低自己的采购成本。

（3）方案竞赛议标。方案竞赛议标是招标方提出规划设计的基础要求，并提供项目可行性研究报告或设计任务书、场地平面图、场地条件和环境情况说明以及设计管理部门的有关规定等基础材料，参与投标的单位根据这些要求提出自己的设计方案，然后由招标方邀请相关专家对各单位方案进行评审并选出最优方案，招标方与提供最优方案的单位签订采购合同。这种形式主要用于工程规划设计类项目。方案招标过程中，要对每个方案进行评审，可能造成招标时间较长。此外，除了需要支付专家的评审费用，对没有中标的设计单位也要给予一定的补偿，一定程度上增加了招标的成本。

另外，在科技项目招标中，通常使用公开招标但不公开开标的议标，即招标单位在接到各投标单位的标书后，先就技术、设计、加工、资信能力等方面进行调查分析比较。在取得基本认同的基础上，选择一个最理想的预中标单位，并与其商谈对标书的修改和调整。如能取得一致，则可定为中标单位，若不行，则找第二家预中标单位。这样逐次协商谈判，直到双方达成一致为止。这种议标方式使招标单位有更多的灵活性，可以选择到比较理想的供应商或承包商。

无论采用哪种议标形式，其最终达成的协议都是通过协商谈判产生的，这不便于公众监督，存在暗箱操作的可能性，容易导致非法交易。因此很多国家对采用议标的条件都有严格的限制，如我国就禁止议标采购机电设备。此外，《联合国贸易法委员会货物、工程和服务采购示范法》中对议标还有以下规定：

1）在议标招标过程中，招标方必须与足够数量的供应商进行谈判，以确保有效竞争，如果是比价招标，至少要有三家单位参与竞标。

2）招标方向某个供应商提供与谈判相关的任何规定、准则、文件或其他材料，应该同时平等地提供给其他正与招标方进行谈判的供应商。

3）招标方与某个供应商之间的谈判是保密的，任何一方没有经过对方允许，不得向外透露与谈判有关的任何技术资料、价格或其他市场信息。

4. 两阶段选择性招标采购

两阶段选择性招标采购依据一定的采购程序，将采购活动明显地划分为两个阶段。在第一阶段，投标方就拟采购的货物或工程项目中的技术、质量、交货期、成本等需求以及就合同条款和供货条件等广泛地征求建议（合同价款除外），并与投标方商讨确定拟采购货物或工程的技术规格。第一阶段结束后，投标方就能确定采购的最终技术规格。然后进到第二阶段，投标方依据在第一阶段确定的技术规格进行正常的招标，邀请合格的供应商就包括合同价款在内的所有条款进行投标。招标方式可以是公开招标、邀请招标或议标，即在第一阶段，采用议标的方式，确定采购规格，然后在第二阶段采用招标的方式确定中标人。

使用这种采购方式，采购方具有很大的灵活性，可以通过谈判与供应商或承包商达成一套拟采购事项的确定的技术规格。另外，通过这种采购方式还能充分利用公开招标方法所具有的高度民主、客观和竞争性优势，集成了几种采购方式的优点而克服了其不足。当然，这种采购方式耗时较长，适合于那些创新性货物或工程项目采购，采购方对其性能和技术不太熟悉的情况。

9.1.3　招标采购特征

招标采购存在多种多样的形式，程序也不尽相同，但也具有一些共同的特征。

1. 规范性

在招标过程中，从招标、投标、开标、评标、定标到签订合同，每个环节都有严格的程序、规则。这些程序和规则具有法律拘束力，任何单位和个人不能随意改变。同时，对招标的组织人、招标的场所、招标的时间都有严格规定，一般不允许随便更改。

2. 公开性

"公平、公正、公开"是招标投标的基本原则，招标采购的各个环节都体现着公开这一特点：公开发布招标公告；公开邀请所有满足条件的单位或组织参与竞标；公开宣布投标方及其报价。

3. 公平性

招标采购的全过程都是按照规范的流程，本着公平公正的原则进行。在招标方将招标公告或者招标邀请发出后，任何符合条件的投标者都可以参与投标，所有投标者享有一样的信息获取渠道，一样的竞标待遇。评标委员会也会公平地对待每一个投标者，不得对某一个投标方存在歧视。

4. 一次性

一般的交易活动中，买卖双方往往要经过多次谈判后才能成交。而在招标采购中，投标方只能一次性递交投标文件，在确定中标人之前，招标方与投标方之间不会有就采购价格等细节进行谈判的过程。

正是由于以上的四个特征，招标采购才可以形成充分的竞争，让所有参与投标的供应商或承包商得到公平公正的待遇，减少采购过程中不透明甚至是违法行为的产生。招标采购可以实现采购资金的效用最大化，可以成为竞争最激烈的采购方式，都与这四个特征紧密相关。

9.2　招标采购的流程

招标采购是一个复杂的系统工程，涉及采购的各个方面和各个环节。《中华人民共和国招标投标法》对招标的流程作了明确的规定，一般来说，可以分为招标前准备、招标、投标、开标、评标、定标、签订合同七大阶段。本节主要介绍招标采购流程的各个环节涉及的主要内容，其中包含有关规范性文件介绍、整个招标采购过程控制以及开标评标方法等内容。

9.2.1　招标前准备

招标前准备也就是招标的策划阶段，是对整个招标过程进行整体规划设计的过程。可以说，准备工作做得好坏，直接影响到以后整个招标活动的进展和招标的质量。在这一阶段，必须完成以下几个方面的工作：

1. 确定招标的内容和目标

招标方必须对此次招标采购的必要性和可行性进行充分的研究和分析，明确通过本次招标活动想要达到的目标以及达成该目标的可行性。

2. 编制采购成本预算，确定控制价

目前招标活动中，招标方大多会根据采购预算给出一个控制价，投标方给出的价格只能低于控制价，否则按废标处理。通过成本预算给出控制价有助于控制采购成本，因此成本预算和控制价的确定也就成为招标准备过程中最重要的环节之一。

3. 提出招标方案

负责招标准备的部门或人员应以书面形式提出招标方案，招标方案中应当包含所要采用的招标形式（公开招标、邀请招标、议标招标）、招标的操作步骤、评标定标的标准与方法、评标小组的建立以及招标时间表等。

4. 招标方案审批

按照招标单位规定的流程，将招标方案提交公司领导（有的需要提交公司董事会）审批，依据公司领导决策层的建议进行修改和论证并再次提交审批，形成最终的招标方案。

以上四个方面的工作实质是给招标设计一个大纲，其最终目的是提出一个合理规范的书面招标方案。如果采购方自身完成上述任务有困难，或者第一次做不熟悉，可以邀请咨询公司进行指导或者找一家有经验的准投标单位帮助。

9.2.2　招标

招标阶段的主要内容包括：招标方招标备案、发布招标信息、投标方报名、投标方资格审查、编制和发售招标文件等。

1. 招标方招标备案

招标方在组织招标前应依法接受招投标监督管理机构对其是否具有自行组织招标能力情况进行审查。如招标方符合自行招标条件则可自行组织招标工作，否则，应依法委托具有相应资质的招标代理机构代理招标并报送相关的书面材料。

2. 发布招标信息

不同的招标方式应采用不同的招标信息发布形式。公开招标方式中，应当发布招标公告；邀请招标中，是以投标邀请书的方式邀请特定的法人或者其他组织投标。

（1）招标公告。招标公告应当依法在国务院发展和改革委员会指定的媒体上发布，在不同媒体发布的同一招标项目的招标公告的内容应当一致。招标公告的发布时间不得少于 5 个工作日。

招标公告应当使用国务院发展和改革委员会会同有关行政监督部门制定的标准文本。在法学意义上，发出招标公告就是发布要约邀请，对招标方具有法定的约束力，招标方不得随意变

更招标公告的内容。招标公告一般包括：①招标条件；②项目概况；③招标内容；④投标申请人资格条件；⑤审查通过方式；⑥报名时间、地点；⑦领取预审文件费用；⑧预审文件送达时间、地点；⑨需公告的其他事项。

（2）投标邀请书

投标邀请书简称投标书，是指招标方以投标邀请书的方式邀请3家及3家以上的特定的投标人或者其他组织投标。投标邀请书一般包括：①被邀请人名称；②招标者名称、地址、项目资金来源；③项目概况与招标范围；④投标方资格要求；⑤招标文件的获取方式和地点；⑥投标者对招标文件收取的费用和支付方式；⑦投标文件的递交地点和截止日期；⑧投标保证金的金额和支付方式；⑨开标时间和地点。

【示例1】投标邀请书

××县全民健身中心工程体育中心二期体育场塑胶跑道工程
［AGC090036-22SQ］采购及施工投标邀请书

××运动场地铺设有限公司：

一、招标条件

本招标项目××县全民健身中心工程体育中心二期体育场塑胶跑道工程已由××县发展和改革局以关于同意××县体育中心建设项目立项的通知（××发［2009］××号）批准建设，项目业主为××县公共设施项目投资有限公司，建设资金来自自筹，出资比例为100%，招标人为××造价师事务所有限公司。项目已具备招标条件，现邀请你单位参加××县全民健身中心工程体育中心二期体育场塑胶跑道工程标段采购及施工投标。

二、项目概况与招标范围

本次招标项目内容包括：混合型塑胶面层（黑颗粒，且含量不大于25%）采购及施工，造价约250万元，其中25mm厚塑胶面层400m²，13mm厚塑胶面层12600m²，9mm厚的塑胶面层3000m²。

三、投标人资格要求

3.1　本次招标要求被邀请的投标人具备建设行政主管部门核发的体育场地设施工程三级及以上资质，并在人员、设备、资金等方面具有承担本标段施工的能力，同时满足以下条件：

（1）项目经理（建造师）资格等级：建筑工程或市政公用工程建造师二级及以上。

（2）具有建设类似项目的工程经验或经历。

3.2　你单位不可以组成联合体投标。

四、招标文件的获取

4.1　请于2011年4月28日起，登录××网上招投标平台（网址）购买并下载招标文件。

4.2　招标文件每套售价300元，请在招标文件发售后的5天内支付招标文件费，售后不退。招标文件已含图样的电子文件。

4.3　图样押金（每套售价）1000元，在退还图样时退还（不计利息）。请于2011年4月28日至2011年4月29日（法定公休日、法定节假日除外），每日上午09：00至11：30，下午13：00至15：00，在××县××镇××路××号持单位介绍信领取（购买）图样。

五、联系方式

招　标　人：××县公共设施项目投资有限公司　招标代理机构：××造价师事务所有限公司

```
地    址：                          地    址：
邮    编：                          邮    编：
联 系 人：                          联 系 人：
电    话：                          电    话：
传    真：                          传    真：
电子邮件：                          电子邮件：
网    址：                          网    址：
开户银行：                          开户银行：
账    号：                          账    号：
```

3. 投标方报名

有兴趣参与投标的法人或者其他组织在看到招标公告或接到投标邀请书后，应该在公告或邀请书规定的时间内组织报名。报名时，法人或其他组织代表需携带本人的身份证原件和单位介绍信。

4. 投标方资格审查

当投标方选择邀请招标时，发出邀请函之前就会对投标方进行供货能力及资信方面的审查，避免了以后在招标过程中出现投标方因能力或资信方面出现问题导致招标过程受阻。这里的投标方资格审查主要应用于公开招标。

（1）资格审查方式。确定进行公开招标方式后，招标方还应选择资格审查的方式。资格审查分为资格预审和资格后审。资格预审是指在投标前对潜在投标方进行的资格审查。资格后审是指在开标后对投标方进行的资格审查。进行资格预审的，一般不再进行资格后审，但招标文件另有规定的除外。表9-3给出了两种资格审查方式的比较。

表9-3　资格预审和资格后审的比较

	资格预审	资格后审
定义	招标方通过发布预审通告，向不特定的潜在投标方发出投标邀请，并组织招标审查委员会根据资格预审文件确定的资格预审条件、标准和方法，对投标申请人进行审查，确定合格的潜在投标方	如果没有进行资格预审，在评标后需要对通过评标产生的中标候选人进行资格审查，以确定其有资格、有能力承担本次采购的要求
优点	初步淘汰不合格的投标方；减少评标工作量；使招标方事先了解潜在投标方的数量、水平和竞争情况；使潜在投标方事先预估自己是否合格，以便决策是否提交资格预审申请或购买招标文件，防止时间的浪费和不必要的支出，减轻采购工作量，提高采购效率	省去招标方与投标方资格预审的工作环节和费用；缩短招标投标过程，节约时间；有利于增强投标的竞争性
缺点	延长招标投标时间，增加招标投标双方资格预审的费用	在投标方过多时，会增加社会成本和评标工作量
适用范围	技术复杂或投标方数量较多	潜在投标方数量不多，招标时间紧张
评审方式	合格制和有限数量制；一般采用合格制，潜在投标方过多的，可采用有限数量制	合格制

资格预审和资格后审的评审方式有合格制和有限数量制。下面具体介绍各自的定义和优缺点。

合格制：凡符合资格预审文件规定资格条件标准的投标申请人，即取得相应投标资格。

优点：投标竞争性强，有利于获得更多、更好的投标方和投标方案；对满足资格条件的所有投标申请人公平、公正。

缺点：投标方可能较多，从而加大投标和评标工作量，浪费社会资源。

有限数量制：招标方在资格预审文件中既要规定投标资格条件、标准和评审方法，又应明确通过资格预审的投标申请人数量。

优点：有利于降低招标投标活动的社会综合成本。

缺点：在一定程度上可能限制了潜在投标方的范围。

资格预审的内容包括基本资格预审和专业资格预审两部分。前者主要是指供应商的合法地位和信誉，如是否在工商税务部门注册、是否存在违法乱纪行为等。后者主要指供应商履行采购合同的技术能力，如过去承接类似采购项目的经验和履约情况，为履行合同所具备的专业人员情况，解决方案能力以及具备的加工条件、财务状况、售后服务状况和方便性等。

资格预审工作首先是编制资格预审文件，邀请潜在的供应商参加资格预审，发售资格预审文件，进行资格预审评价。其中，资格预审文件有规定的格式和内容，要做到标准和规范。资格预审公告一般通过官方媒体发布，内容包括：采购实体名称、采购项目名称、采购规模、主要工程量、计划采购开始时间、交货日期、发售资格预审文件时间、地点和售价以及提交资格预审文件的最晚时间。采购方在资格预审通告发布之后，应根据事先确定的预审标准和方法，对提交资格预审的供应商进行资格审查，淘汰不合格的供应商。

资格后审和资格预审的工作内容相似，只是完成的时间不同。

（2）资格审查的作用。资格审查应主要审查潜在投标方是否符合下列条件：①具有独立订立合同的权利；②具有履行合同的能力，包括专业、技术资格和能力，资金、设备和其他物质设施状况，管理能力，经验、信誉和相应的从业人员；③没有处于被责令停业、投标资格被取消、财产被接管或冻结、破产等状态；④在最近三年内没有骗取中标和严重违约及重大质量问题；⑤法律、行政法规规定的其他资格条件。

资格审查时，招标方不得以不合理的条件限制、排斥潜在投标方或者投标方，不得对潜在投标方或者投标方实行歧视待遇。任何单位和个人不得以行政手段或者其他不合理方式限制投标方的数量。

5. 编制和发售招标文件

（1）招标文件的编制。招标文件是招标投标活动中最重要的法律文件，它不仅规定了完整的招标程序，而且还提出了各项具体的技术标准和交易条件，规定了拟订合同的主要内容，是投标方准备投标文件和参加投标的依据，是评标委员会评标的依据，也是拟订合同的基础。编制出完整、严谨、科学、客观公正，集针对性、合理性与保护性一体的招标文件，是招标成败的关键环节。招标文件制作不科学，往往会导致纠纷、投诉增多，影响采购的效率。

招标文件包括以下内容：

① 投标方须知（包括密封、签署、盖章要求等）。

② 投标方应当提交的资格、资信证明文件。

③ 投标报价要求、投标文件编制要求和投标保证金交纳方式。

④ 招标项目的技术规格、要求和数量，包括附件、图样等。

⑤ 合同主要条款及合同签订方式。

⑥ 交货和提供服务的时间。

⑦ 评标方法、评标标准和废标条款。

⑧ 提供投标文件的方式、地点，投标截止时间，开标时间及地点。

⑨ 其他事项。

上述内容可以概括为技术部分和商务部分两个部分。前者包括技术规格、质量要求、验收方式、参照的标准以及供应商应具备的技术能力；后者包括合同条款、合同总价、付款方式、金额和时间、违约处理。

招标文件规定的技术规格应当采用国际或者国内公认的法定标准。招标文件中规定的各项技术规格，不得要求或者标明某一特定的专利、商标、名称、设计、型号、原产地或生产厂家，不得有倾向或排斥某一有兴趣投标的法人或者其他组织的内容。

（2）招标文件的发售。预审合格的投标方根据预审合格通知书在规定时间、地点获取投标文件。招标文件的发售期不得少于5日。过期不领取招标文件的视为放弃投标。

招标方需要对已售出的招标文件进行澄清或者非实质性修改的，一般应当在提交投标文件截止日期15天前以书面形式通知所有招标文件的购买者，该澄清或修改内容为招标文件的组成部分。

9.2.3　投标

愿意参与投标的投标方在购买招标方的招标文件之后即进入投标阶段。投标阶段中，最主要的内容是投标方编制并发出投标文件，招标方接受投标文件。

1. 编制并发出投标文件

与编制招标文件一样，投标文件的编制也需要经过专业人员的认真研究和论证。投标方案的内容既要在竞标过程中富有竞争力，也要保证投标方可以获得足够的利润。投标方应当按照招标文件的规定编制投标文件，投标文件的内容要与招标文件的所有实质性要求相符，否则投标文件将可能会被招标方拒收。

投标文件通常可分为价格文件、商务文件和技术文件。价格文件是投标文件的核心，全部价格文件必须完全按照招标文件的规定格式编写，不得有任何改动，如有漏填，则视为其已经包含在其他报价中。商务文件是用以证明投标人履行了合法手续及投标人的商业资信、合法性文件，包括投标保函、投标人的授权书以及证明文件，如果是联合投标，须提供联合协议、投标人所代表的公司的资信证明等。如果有分包商，还要提供分包商的资信文件。技术文件是证明投标人完成该投标项目所具备的技术能力和经验，须根据投标文件的要求详细编写。

编制投标文件与递交投标书是投标供应商对其投标内容的书面声明，包括：投标文件构成、投标保证金、总投标价和投标书的有效期等。投标人应严格按照招标文件要求编写投标文件，逐项逐条回答招标文件，顺序和编号也应与招标文件一致，可以增加说明或描述性文字。投标文件对招标文件未提出异议的条款，均视为接受或同意。投标文件与招标文件有差异之处，无论多么微小，均应汇总说明。

一份完整的投标文件，应该包含下列内容：

（1）封面，内容包括项目名称/投标产品名称，招标编号及日期，如果本次招标包含若干合同包，应注明具体的合同包号和产品名称；在签字本和复印本上标明正本和副本字样。

（2）投标文件目录，列明投标文件包含哪些具体文件。

（3）投标书。

（4）投标分项报价表。

（5）货物说明一览表和技术规格偏离表。

（6）商务条款偏离表。

（7）投标保证金。

（8）法人代表授权书。

（9）资格声明，内容包括营业执照、授权函、证书、银行资信证明（正本、复印件副本）。

（10）售后服务说明。

（11）各种注册证、许可证和认证。

（12）备品备件清单。

（13）专用工具清单。

（14）选配件清单。

（15）培训计划。

（16）国际、国内销售记录。

（17）产品样本资料。

（18）投标公司近三年财务报表。

投标文件提交前，每份正本、副本均要用信封密封，信封上注明项目名称、投标人名称、地址，"正本"、"副本"字样，及"不准提前启封"字样；信封上应加盖投标人公章，并附上投标保函。

投标文件应在规定的截止日期前密封送达投标地点。招标方对在提交投标文件截止日期后收到的投标文件，应不予开启并退还。招标方或者招标投标中介机构应当对收到的投标文件签收备案。投标方有权要求招标方或者招标投标中介机构提供签收证明。

以下投标被视为无效：

（1）投标文件未密封和/或技术文件未按规定要求加盖公章和签字。

（2）投标文件中无投标保证金。

（3）投标文件未按规定格式、内容填写和/或投标文件内容与招标文件严重背离。

（4）在投标文件中有两个以上的报价，且未注明哪个报价有效。

（5）其他不符合招标文件的投标。

2. 接受投标文件

招标方应在预先确定的地点和截止日期之前接受投标方的投标文件。招标方在收到投标文件后，应当进行初步审查，检查投标书是否完整、报价计算是否有误、是否足额提交保证金、文件是否签署、盖章、投标书的编排是否有序并满足招标文件要求。对于基本合格的投标文件，妥善保存，不得开启；对于不合格的投标文件，招标方将予与拒绝。如果收到的投标文件低于 3 个，表示参与投标的法人或组织数量不足，招标方应重新组织招标。

3. 投标文件的修改和撤回

《中华人民共和国招标投标法》规定，投标方在招标文件要求提交投标书的截止日期前，可以补充、修改或者撤回已经提交的投标书，并书面通知招标方。补充、修改的内容为投标书的组成部分。若撤回投标书，招标方已收取投标保证金的，应当自收到投标方书面撤回通知之日起 5 日内退还。

9.2.4 开标

有的地方和机构称开标为开标仪式或开标大会，其形式都是按照招标文件的规定，按照法定的形式以会议的方式公开举行。开标必须保证合法合规，公平、公正、公开。开标程序直接影响后面的评标和定标，对整个招标采购活动影响重大。一般来说，开标程序按以下的步骤进行：

1. 开标前准备

开标大会开始前，招标方或其代理机构准备好《投标方签到及投标文件签收表》《开标大会议程》《开标记录》《监督员开标会议致辞》等表单资料，清理开标会议大厅，做好开标准备工作。

2. 投标文件及投标保证金的检查

投标方代表在出示投标保证金凭证后递交投标文件，同时在《投标方签到及投标文件签收表》上签字。招标方或其代理机构对招标文件查验后当即签收并按接收次序标注投标顺序号，没有出示投标保证金缴纳凭证以及没有按规定密封的投标文件，应当拒绝签收。

3. 开标仪式

开标仪式包括工作人员介绍来宾（主持人、特邀监督员、招标方代表、投标方代表等）。主持人宣读《开标评标注意事项》，宣布公证员、监督员、计标员名单，会同公证处或监督员检查投标文件密封情况，开标时应当众拆封。

4. 唱标

唱标即投标方当众开标并宣读关于投标报价、质量等有实质性要求的内容。记标员在开标记录上如实记录，公证员或监督员负责监督。唱标结束后投标方如对唱标内容有疑义，经主持人同意可一次澄清，但所作的澄清不得超过投标文件记载的范围或改变投标文件的实质性内容。

5. 其他事项

其他事项还有：投标方代表、记标员及监督员在《开标记录》上签字确认；主持人提请监督员、招标方代表发言、公证部门致公证词；主持人宣布开标大会结束。

在下列情况下，可以暂缓或推迟开标时间：①招标方在招标文件发售后对招标文件进行了变更和补充；②在招标过程中发现存在违法或不正当行为导致无法保证招标过程公平公正进行；③招标采购单位面临诉讼；④采购计划取消；⑤发生不可抗事故等。

　　某采购招标项目定于某日上午9点开标。开标当日，采购招标中心突然接到招标方相关负责人的电话：由于无法派出代表参加此次招标活动的评标，要求延期开标。随后，招标方传真了加盖公司公章的正式公函。此时，参加开标的投标方已经陆续到达现场，采购中心感到万分为难。按照规定，如果由于特殊情况需要推迟开标，必须在招标文件要求提交投标文件的截止时间三日前，将变更时间以书面形式通知所有招标文件收受人，并在规定的媒体上发布变更公告。显然招标方不具备推迟开标的资格。根据规定，评标委员会必须有招标方代表或者经招标方授权的其他人员参与。因此，如果坚持开标，由于招标方没有代表参加评标，开标之后没有办法按照正常的程序进行评标。

　　最终，经采购招标中心按照规定与招标方进行协商，决定当天只开标不评标。开标结束后，封存所有开标资料和评标文件，在评标有效期内，待招标方派出代表参加评标时再开启开标资料和评标文件进行评审。

9.2.5　评标

　　评标的目的是根据招标文件中确定的标准和方法，对每个投标方的投标文件进行评价和比较，以评出最优的投标方。评标必须以招标文件为依据，不得采用招标文件规定以外的标准和方法进行评标，凡是评标中应该考虑的因素都必须写入招标文件之中。

1. 评标流程

　　（1）组建评标委员会。招标方应依法组建评标委员会，负责评标活动，向招标方推荐中标候选人或者根据招标方的授权直接确定中标人。评标委员会由招标方以及有关技术、经济等方面的专家组成，成员人数为五人以上的单数，其中技术、经济等方面的专家不得少于成员总数的2/3。评标委员会设负责人的，评标委员会负责人由评标委员会成员推举产生或者由招标方确定。评标委员会负责人与评标委员会的其他成员有同等的表决权。在中标结果确定之前，评标委员会成员名单应当严格保密。

　　评标委员会的专家成员应当从省级以上人民政府有关部门提供的专家名册或者招标代理机构的专家库内的相关专家名单中确定。一般项目，可以采取随机抽取的方式；技术特别复杂、专业性要求特别高或者国家有特殊要求的招标项目，可以由招标方直接确定。评标专家应符合下列条件：①从事相关专业领域工作满八年并具有高级职称或者同等专业水平；②熟悉有关招标投标的法律法规，并具有与招标项目相关的实践经验；③能够认真、公正、诚实、廉洁地履行职责。

　　评标委员会成员应实行回避制度，以下人员应主动提出回避：①投标方或者投标方主要负责人的近亲属；②项目主管部门或者行政监督部门的人员；③与投标方有经济利益关系，可能影响对投标公正评审的人员；④曾因在招标、评标以及其他与招标投标有关活动中从事违法行为而受过行政处罚或刑事处罚的人员。

　　评标委员会成员应当客观、公正地履行职责，遵守职业道德，对所提出的评审意见承担个人责任。评标委员会成员不得与任何投标方或者与招标结果有利害关系的人进行私下接触，不得收受投标方、中介人、其他利害关系人的财物或者其他好处。评标委员会成员或其他参与评标的人员不得向投标方透露任何关于评标的任何信息。

（2）初步评审。初步评审主要针对投标方的资格、投标文件的完整性、投标保证金、投标文件与招标文件的一致性、投标价计算准确性等方面的内容进行评审。只有投标方的资格符合规定并且投标文件与招标文件的要求基本一致的时候，才可以认定为符合要求的投标，否则作废标处理。

在投标方经过上述审查之后，还要进行投标价计算方面的核查。出现数字表示的金额与文字表示的金额有出入的时候，以文字表示的金额为准；单价与数量的乘积与总价不一致的时候，修改总价；出现明显的小数点错误，要以标书总价为准，修改单价。投标方必须按照上述方式修改投标书，否则招标方可以终止其投标并没收投标保证金。

（3）详细评审。通过初步评审的投标方即可进入详细评审阶段。按照招标文件中事先规定的评标方法对投标方进行详细具体的评价，并按照优劣给出投标方的排列次序。

投标方可以向评标委员会宣读自己的投标书，解释投标书中的技术方案和商务条款，接受评标委员会的质询。对于投标文件中出现的含义不清晰的地方，投标方可以在投标文件记载的范围内作出解释，但不得实质性改变投标文件的内容。评标委员会按照投标文件规定的评标方法以及投标方的答辩进行分析评比，最后经过投票选出"第一候选人、第二候选人、第三候选人"。评标完成后，评标委员会以书面形式向招标方提供评标报告，推荐合格的中标人。

（4）评标报告。评标报告是评标委员会根据全体评标成员签字的原始评标记录和评标结果编写的报告。评标委员会完成评标后，应当向招标方提出书面评标报告，并抄送有关行政监督部门。评标报告包含以下内容：

① 基本招标情况和投标单位数据表。

② 评标委员会成员名单。

③ 开标记录。

④ 符合要求的投标一览表。

⑤ 废标情况说明。

⑥ 评标标准、评标方法或者评标因素一览表。

⑦ 经评审的价格或者评分比较一览表。

⑧ 经评审的投标方排序。

⑨ 推荐的中标候选人名单与签订合同前要处理的事宜。

⑩ 澄清、说明、补正事项纪要。

评标报告由评标委员会全体成员签字。对评标结论持有异议的评标委员会成员可以以书面方式阐述其不同意见和理由。评标委员会成员拒绝在评标报告上签字且不陈述其不同意见和理由的，视为同意评标结论。评标委员会应当对此作出书面说明并记录在案。

【示例3】评标报告（概要）

×× 二期经济适用房智能化系统工程项目评标报告

由随机抽取的 4 名技术专家和 1 名采购人代表组成了评标委员会（见评标签到表）。评标委员会于 2013 年 6 月 5 日，在 ×× 市招投标交易中心进行评标。评标过程如下：

到截止日期，本次招标共有 7 家供应商，他们是：×× 市 ×× 电子工程有限公司、×× 智能化有限公司、×× 市 ×× 水电设备安装有限公司、×× 安装有限公司……评标委员会按照招标文件规定，对 7 家投标方的投标文件进行资格审查。审查时发现××智能化有限公司、××有限公司、×××公司、××××公司的投标文件中未按招标文件要求提供"招标文件中要求提供的资料如社保记录、资信证明等"，属于资格审查不合格，为非实质性响应招标，不进行详细评审。其余 3 家投标方的初审为合格，可以进入详细评审。

评标委员会对初审合格的 3 家投标方产品的投标报价、技术性能、相关业绩等进行评审，并进行独立打分。汇总所有评委打分并排序，按照得分从高到低排名如下：第一名××市××电子工程有限公司；第二名××市××水电设备安装有限公司；第三名××工程安装有限公司。

预中标人：××市××电子工程有限公司

预中标金额：47.9 万元

备选中标人：××市××水电设备安装有限公司

评标委员会成员（签字）：

日期：2013 年 06 月 05 日

2. 评标方法

《中华人民共和国招标投标法》第四十一条规定，中标人的投标应当符合下列条件之一：

（1）能够最大限度地满足招标文件中规定的各项综合评价标准。

（2）能够满足招标文件的实质性要求，并且经评审的投标价格最低；但是投标价格低于成本的除外。

上述条件体现了公平交易中要约的底线原则——物美价廉。如果说第一条体现了采购的"物美"，第二条则体现了采购的"价廉"。

也有学者认为，上述两条标准同评标方法相对应，评标标准第一条对应招标实践广泛使用的综合评估法，第二条对应经评审的最低投标价法。

参照上述规定，2001 年 7 月 5 日，我国 7 部委（国家发展计划委员会、国家经济贸易委员会、建设部、铁道部、交通部、信息产业部、水利部）联合制定了《评标委员会和评标方法暂行规定》（12 号令）首次明确提出评标方法有三种类型，即经评审的最低投标价法、综合评估法或者法律、行政法规允许的其他评标方法。

本节将对经评审的最低投标价法和综合评估法进行详述。

（1）经评审的最低投标价法。《评标委员会和评标方法暂行规定》（12 号令）第三十一条和第三十二条陈述了相关内容：第三十一条根据经评审的最低投标价法，能够满足招标文件的实质性要求，并且经评审的最低投标价的投标，应当推荐为中标候选人。

第三十二条采用经评审的最低投标价法的，评标委员会应当根据招标文件中规定的评标价格调整方法，对所有投标方的投标报价以及投标文件的商务部分作必要的价格调整。

这里第三十一条指明采用这种评标方法的中标条件，三十二条指明评标过程价格调整的具体办法。需要注意的是"经评审的最低投标价"调整的对象仅仅是商务部分，对于技术部分的评审既不打分也不折价，通过即可。这是同下面讨论的综合评估法的主要区别。

经评审的最低投标价法是一种以价格加其他因素为标准的评标方法。以这种方法评标，按照招标文件的规定，以投标报价为基础，综合考虑质量、性能、交货时间、运输及保险费用、设备的配套性和零部件供应能力，设备或工程交付使用后的运行、维护费用，环境效益，付款条件以及售后服务等各种因素，按照招标文件规定的权数或量化方法，将这些因素一一折算为具体的货币额，并加入投标报价中，最终得出的就是评标价。当投标响应高于标准时，不考虑降低评标价；低于招标文件要求时，每偏离招标文件要求一项，其评标价将在投标价的基础上增加规定比例（一般为1%），最终以提出最低报价的投标人作为中标候选人。

经评审的最低投标价法一般适用于具有通用技术标准的或者招标方对技术、性能没有特殊要求的招标项目，价格可以作为考评的唯一因素。

（2）综合评估法。在采购机电成套设备、车辆以及其他重要固定资产时，如果仅仅比较各投标方的报价或报价加商务部分，则对竞争性投标之间的差别不能作出恰如其分的评价。因此，在这种情况下，必须以价格加其他全部因素综合评价，即应用综合评价法来评标。

《评标委员会和评标方法暂行规定》（12号令）第三十五条明确规定：根据综合评估法，最大限度地满足招标文件中规定的各项综合评价标准的投标，应当推荐为中标候选人。

衡量投标文件是否最大限度地满足招标文件中规定的各项评价标准，一般做法是将各个评审因素在同一基础或标准上进行量化，量化指标可以采取折算为货币的方法、打分的方法或者其他方法，使各投标文件具有可比性。其中，需要量化的通常是技术部分和商务部分，需对其进行综合评估。综合评估最常用的是最低评标价法和综合评分法。

① 最低评标价法。最低评标价法又称综合评标价法，是把除报价外其他各种因素予以数量化，用货币计算其价格，与报价一起计算，然后按评标价高低进行排序。一般做法是以投标报价为基数，将报价以外的其他因素（包括商务因素和技术因素）数量化，并以货币折算成价格，将其加/减到投标价中，形成评标价，以评标价最低的投标方作为中标人。

② 综合评分法。综合评分法又称打分法，是指评标委员会按预先确定的评分标准，对各投标书需评审的内容（报价和其他非价格因素）进行量化，评审打分，以投标书综合评分的高低排序，得分最高的投标方作为中标人。综合评分法可以较全面地反映投标方的素质。

（3）生命周期法。生命周期法主要是以产品生命周期成本为基础的评价方法。这种方法主要适用于采购生产线、设备、车辆等运行期内各项后续费用很高的货物采购的评标。在计算生命周期成本时，应根据实际情况，在投标书报价的基础上，加上一定运行期年限的各项费用，再减去一定年限后设备的残值，计算过程中应使用投标书规定的贴现率，最终选择生命周期成本最低的投标人。

（4）专家评议法。专家评议法也称定性评议法或综合评议法，具体由评标委员会根据事先确定的评审内容，对各投标书共同分项进行定性分析、比较，从中选择出投标书各项指标都比较优秀的投标人作为中标人。此方法一般适用于小型项目或者无法量化的投标条件。

【示例4】综合评估法中最低评标价法的案例

某电厂扩建工程需采购锅炉成套设备及附属设备，在众多的可能偏离招标文件技术规格要求的参数中，考虑到要突出主要因素，因而选择了以下几项作为评标时应考虑的技术因素：

（1）锅炉热效差异，每相差1%，价格应调整4110000美元。

（2）再热系统管道压降，每相差10^5Pa，价格调整8650000美元。

（3）锅炉本体及主蒸汽管道压降每相差10^5Pa，价格调整210000美元。

（4）锅炉及附属设备中指定五项辅机所需用电量，每相差1kW，价格调整2000美元。

（5）供货范围偏离招标文件要求而引起的对报价的调整。

（6）由于投标文件所提出的技术要求，引起工程其他部分设备或建设费用的差异。

确定这些标准的主要依据是：

(1) 汽轮发电机组出力。

(2) 燃煤的低位发热量。

(3) 机组年运行小时的负荷模式。

(4) 单位工程每千瓦投资。

(5) 到厂标准燃煤价。

(6) 工厂用电单价。

(7) 劳动力单价。

(8) 机组运行年限。

(9) 外币兑换率。

(10) 平均固定费用率。

(11) 工程内部收益率。

(12) 归还贷款年限。

计算中考虑到了燃煤价格、电价、材料、劳动力单价的升值。

根据以上标准，对符合要求的报价最低的三家投标方进行了详细评比，结果如表9-4所示。

表9-4 最低三家投标方的评价表

投标方	A	B	C	注
报价（折合成美元）	66870225	66694754	59487000	
锅炉热效（%）	93.47	93.88	93.06	
调整/美元	+1685100	0	+3370200	
工厂用电/kW	5970	8120	7600	三份投标都没有因各自的特殊要求而引起工程其他部分设备或建设费用的重大变化，因而在这一因素方面不必调整
调整/美元	0	+4300000	+3260000	
锅炉主体压降/10^5Pa	25.6	24.1	24.2	
调整/美元	+315000	0	+21000	
再热系统压降/10^5Pa	2.48	2.72	3.44	
调整/美元	0	+2076000	+8304000	
供货范围调整/美元	+40241	0	+109800	
评标价	68910566	73070754	74552000	
评标名次	1	2	3	

计算方法：

锅炉热效：标准值93.88（B公司值）；A公司为93.47，差值-0.41；C公司为93.06，差值-0.82。

锅炉热效差异：每相差1%，价格应调整4110000美元。

根据推荐标准

A公司报价应增加1685100美元（4110000×0.41）；C公司报价应增加3370200美元（4110000×0.82）。

其余数值计算依次类推。

9.2.6 定标

定标是指招标方根据评标委员会提供的评标报告以及推荐的合格中标人，最终确定中标人的过程。

1. 确定中标人并公示

招标方应当自收到评标报告之日起 3 日内公示中标候选人，公示期不得少于 3 日。

投标方或者其他利害关系人对依法必须进行招标的项目的评标结果有异议的，应当在中标候选人公示期间提出。招标方应当自收到异议之日起 3 日内做出答复；做出答复前，应当暂停招标投标活动。

【示例 5】中标公示

中标公示

××二期经济适用房××号楼外遮阳系统工程的评标工作已经结束，中标人已经确定。现将中标结果公示如下：

招标人名称：××投资管理有限公司

中标人名称：××有限公司

中标价：291.5532 万元

工　　期：合同签订后 15 日内交货，20 日内安装调试完毕并确保能正常使用

工程质量：合格

中标公示期：三日

如对中标结果没有异议，中标公示结束后将签发中标通知书。联系电话：025 - 83767859

××投资管理有限公司（公章）

二〇一三年五月六日

2. 发放中标通知书

中标通知书是招标方向中标方发出的告知其中标的书面通知。招标方应在规定时间内将中标结果通知中标方及所有未中标的投标方。

【示例 6】中标通知书

中标通知书

××电子工程有限公司：

我单位××智能化系统采购的评标工作已经结束，根据《中华人民共和国招标投标法》等相关法律法规、规章和本工程招标文件的规定，确定贵单位为中标人。请收到本通知后于 2013 年 5 月 22 日前与我单位洽谈签订合同事宜。

采购范围			
招标方式	邀请招标		
中标质量标准	符合国家有关验收标准	中标工期	20 日历天
中标价（大写）	肆拾柒万玖仟柒佰叁拾伍元陆角整		
中标建造师		证件号	苏 23210100××
		资质等级	贰级
备注			

招标单位：（盖章）

法定代表人：（签字或盖章）

说明：1. 本通知书一式四份，复印无效。

　　　2. 本通知书未加盖备案章无效。

9.2.7　签订合同

定标后，招标方与中标方应当自中标通知书发出之日起 30 日内，按照招标文件和投标文件的相关内容签订采购合同。合同应对采购物品的质量要求、采购数量、采购价格、验收方式、付款方式等进行规定。中标方签字并按照规定提交了履约保证金之后，合同就正式生效。

9.3　招标采购中常见的问题及其防范措施

招标采购涉及的供应商很多，存在很大的竞争性。有些供应商为了中标，加上一些招标方人员贪图利益等因素，招标过程中可能会出现一些违法违纪违规的现象。本节以围标、串标为例叙述招标采购过程中的常见问题，并给出常用的防范措施。

9.3.1　围标

围标是指几个投标方之间相互约定，一致抬高或压低投标报价进行投标，通过限制竞争，排挤其他投标方，使某个利益相关者中标，从而谋取利益的手段和行为。

围标的危害很多，具体表现在下面几点：

（1）围标直接伤害了其他投标方的合法权益。围标使中标结果在很大程度上操纵在少数几家投标企业手中，而使有优势、有实力中标的潜在中标企业被挡在了门外。这不仅会破坏市场的正常管理和诚信环境，严重影响到招标投标的公正性和严肃性，而且会伤害大多数投标方的利益。

（2）当无标底或复合标底招标而又不采取最低价中标时，围标常会导致中标价超出正常范围，从而加大招标方的成本。因为参与围标的投标企业一般会有某种形式的利益分成，这就会使他们操纵的标价超出了合理低价范围。

（3）由于赌博心理占了上风，多数投标企业编制的投标文件着眼点仅仅放在价格上，对质量、技术要求等方面不认真研究，无合理应对措施，即使中标，也不大可能认真组织项目实施，从而留下隐患。甚至有些投标企业中标后直接将整个工程转包给其他的单位以获取利益，造成招标企业对招标项目管理难度加大。

可以根据以下特征来判断投标企业是否围标：一是几家投标单位标书编制内容相同；二是几家投标单位标书类似，特别是编制风格，可找出几个关键相同点；三是总报价不一致，但编制的报价预算资料大体相同，以及材料价格取值相同；四是几个标书同时多次出现相同的错误。但是有些投标企业围标的手段是非常高明的，在他们的标书上根本就找不到围标的迹象，评审结果公布后或者是已经履约了，才发现他们围标的事实，这样往往会给采购工作带来很大的麻烦。

有效地防范和杜绝围标是招标过程中的重要环节，可以从以下几个方面加以控制：

（1）招标信息发布一定要广泛。如果投标的供应商达到 10 家以上，投标方还想通过围标来实现中标，围标的成本和中标的难度都将是投标方不得不考虑的问题。

（2）在评标方法上下功夫。例如，如果采用综合评分法的项目，就应在招标文件中规定一个报价幅度，不合理的投标报价将被拒绝。而对于货物和服务类的招标，价格分统一采用低价优先和定价格招质量两种方法。低价优先法即满足招标文件要求且投标价格最低的投标报价为评标基准价,其价格分为满分;定价格招质量,即在充分做好市场调查的基础上,定死合同价,然后只考察质量,质量最好者为中标候选人。

(3) 做好招标保密工作。招标采购单位不得向他人透露已获取招标文件的潜在投标供应商的名称、数量以及可能影响公平竞争的有关招标投标的其他情况。但在具体操作中,一些代理机构常常在不经意间把潜在投标方的名称和数量透露出去,如投标报名登记以及购买标书中的登记处理不当(被后来报名和购买标书的投标方看到)、组织集中的现场勘查以及集中答疑等。

(4) 合同条款一定要全面详尽。合同应明确和强调违规参与招标采购应承担怎样的风险,在履约中出现违反招标文件中的有关规定应承担怎样的法律责任等。通过合同管理的方式,一方面可以给投标方造成一定的压力;另一方面,还可以在一定程度上防止"万一投标方围标还中标了,质量却得不到保证"的情况发生。

【示例7】围标案例

某市密集架招标,采购数量为460m³,采购预算为55万元,共有4家公司投标,报价分别为A公司29.86万元、B公司59.17万元、C公司42.98万元、D公司57.93万元。评标方法采用综合评分法,其具体计算方法为:以所有合格投标人有效报价的算术平均值作为评标基准值,投标人投标报价等于评标基准值得基本分40分;投标人的投标报价每低于评标基准值1%,在基本分上加1分,最多加10分;投标报价每高于评标基准值1%,在基本分基础上扣1分,扣完为止。

注:本案例来源于http://www. Sei. gov. cnlshowarticle 2008. asp? Article ID = 122109。

基于这种评分方法,B、C、D三家公司暗中勾结实施围标。具体的做法是B、D公司高抬价格,这样评标基准值就可以得以抬高,C公司的评分就可以提高。报价分的评标基准值为47.49万元,与其相比,A公司报价低37.12%,报价得分为50分;B公司报价高24.59%,报价得分为15.41分;C公司报价低9.50%,报价得分为49.5分;D公司报价高21.98%,报价得分为18.02分。

此案中,A公司虽然报价最低(比中标的C公司报价低30.53%),但由于B、D两家公司高抬报价,几乎完全抵消了A公司应有的报价优势,使A公司报价得分仅比C公司高0.5分,加上其他不利因素,A公司最终与中标失之交臂。

9.3.2 串标

投标单位之间或投标单位与招标单位相互串通骗取中标的现象就是串通投标,简称串标。工程建设项目施工招标投标办法(七部委30号令)对串标的行为给予了具体的解释。

下列行为均属于投标方串通投标报价:

(1) 投标方之间相互约定抬高或压低投标报价。

(2) 投标方之间相互约定,在招标项目中分别以高、中、低价位报价。

(3) 投标方之间先进行内部竞价,内定中标人,然后再参加投标。

(4) 投标方之间其他串通投标报价的行为。

下列行为均属招标方与投标方串通投标:

(1) 招标方在开标前开启招标文件,并将投标情况告知其他投标方,或者协助投标方撤换投标文件,更改报价。

(2) 招标方向投标方泄露标底。

（3）招标方与投标方商定，投标时压低或抬高标价，中标后再给投标方或招标方额外补偿。

（4）招标方预先内定中标人。

（5）其他串通投标行为。

在此不再对串标的危害加以详述，可以参考 9.3.2 中围标的危害。不管是围标还是串标，都是对其他投标方和善意招标方的伤害。法律法规规定："投标方相互串通投标报价，损害招标方或者其他投标方利益，情节严重的，处 3 年以下有期徒刑或者拘役，并处或者单处罚金。投标方与招标方串通投标，损害国家、集体、公民的合法利益的，依照前款的规定处罚。"

9.3.3　防范措施

为了防范串标行为的发生，保证招标过程可以公平公正有序进行，可以通过下列措施对串标行为加以防范。

1. 完善资格审查制度

竞争对象越多，串标难度越大。因此，应首先从完善资格审查制度着手，不给串标行为提供方便。从市场招投标实践看，以下几种方法较为奏效：

（1）将资格预审改为资格后审。

（2）不得提出高于招标工程标准所需要的资格等要求。

（3）招标方必须邀请所有合格申请人参加投标，不得对投标方的数量进行限制。

这样不仅能有效防范招标方通过条件来限制潜在投标方，而且能加大串标者的行为成本，或使串标成为不可能。

2. 实行最低价中标

串标的核心是中标价，防止串标的最有效办法应该是最低价中标。因为就算串标者"收购"了大部分投标单位，仅剩一家企业不愿同流合污，想要确保中标也难。

3. 严格限制评标委员会的废标行为

串标行为能够成功，评委的因素也起相当大的作用。因此，应规定除法律、法规、招标文件明确规定的废标情形外，评标委员会不得对投标文件作废标处理。

4. 加大对串标行为的打击力度

政府应引起足够的重视，发生了串标案件后，单靠职能部门去查处是解决不了问题的，应由公安、纪检、审计、财政等部门组成联合调查组查处。不能以罚代刑，因为不法投标方经济实力本就不弱，如以罚代刑就会令串标企业存在"赌一把"的心理。应在依法从重进行经济处罚的同时，还要依法追究其他法律责任，触犯刑律的一定要移送司法机关处理。

9.4　成功案例——HD 房地产开发公司太阳能热水器招标采购

1. 案例背景

HD 房地产开发公司（简称 HD 公司）项目工程需要采购 1486 台太阳能热水器安装在新建的房屋住宅内。此次招标活动采用公开招标的形式，HD 公司委托 YT 公司具体负责该采购项目的相关招标事宜。

2. 招标前准备

该采购任务所在地的相关管理部门对太阳能的能耗有具体规定。按照规定，采购部门确定所需采购太阳能热水器的技术标准和基本规格，如尺寸、储水量等。本次采购的目标就是采购1500 台满足规定要求的太阳能热水器。

采购部门根据市场行情和 HD 公司状况编制采购预算，并依据采购预算，预留 10% 的预算空间，确定控制价。最后此次采购预算定为 330 万元，控制价为 1980 元/台。

YT 公司制订了完整的招标方案，并将方案递交 HD 公司领导审批。审批通过后，编制招标公告和招标文件。

3. 招标过程

（1）发布招标公告。2013 年 3 月 7 日，HD 公司按照相关规定在××市招标投标网上发布招标公告，全文如下：

招标公告

1. HD 公司建设项目××二期经济适用房 1~39 号楼太阳能采购及安装工程已经立项批准建设。工程所需资金来源为 HD 公司自有资金，现已落实。现邀请合格的潜在投标人参加本工程的资格预审。

2. HD 公司受业主委托具体负责本工程的招标事宜。

3. 工程概况：

（1）工程地点：××市××区××街道 25 号。

（2）工程规模：约 1486 台。

（3）工 期：合同签订后 15 日内交货，20 日内安装调试完毕并确保能正常使用。

（4）工程质量要求：合格。

4. 招标内容：

本次招标主要包括：太阳能热水器采购及安装。

5. 投标申请人资格条件：

（1）具有独立法人资格的企业，企业注册资金在 500 万元以上。

（2）若投标申请人为代理商或经销商须提供所投品牌设备制造商出具的针对本项目的唯一授权书。

（3）同一品牌制造商只能委托一个经销商参加投标，当制造商与代理商（经销商）均报名时，只接受制造商参加投标。

（4）投标申请人需通过 ISO 9001 质量管理体系认证。

（5）所投品牌设备具有××省建设科技成果推广项目认定书和××市建筑节能产品确认证书。

（6）企业提供开户行的基本账户证明。

（7）未处于被责令停业、投标资格被取消或者财产被接管、冻结和破产状态。

（8）企业没有因骗取中标或者严重违约以及发生重大工程质量、安全生产事故等问题，被有关部门暂停投标资格并在暂停期内的。

（9）资格预审申请书中的所有内容没有失实或者弄虚作假。

（10）投标申请人需提供检察机关出具投标申请人近三年内无行贿犯罪档案记录证明材料（详见×检会〔2011〕3 号文件《关于在全市招投标领域引入行贿犯罪档案查询机制的通知》）。

（11）授权委托人必须为本单位职工，并提供与企业签订的劳动合同和企业 2012 年 1 月 1 日至今任意连续六个月为其缴纳的养老保险缴费清单或收费部门为其出具的相关证明材料。

（12）本工程不接受联合体投标，不接受以分公司或办事处名义进行的投标。

（13）其他要求详见资格预审文件。

6. 如资格预审合格的投标申请人多于 9 家，将采用现场抽签的方式从资格预审合格的投标申请人中随机抽取 9 家潜在投标人参加本工程的投标，如资格预审合格的投标申请人不足 9 家（含 9 家）则全部入围。

7. 报名须知。请申请人携带本人居民身份证原件及复印件、加盖公章的单位介绍信于下述时间、地点报名并获取资格预审文件：

（1）报名时间：2013 年 3 月 7 日至 2013 年 3 月 13 日，每日上午 09：00 至 11：00、下午 15：00 至 17：00（法定公休日、法定节假日除外）。

（2）报名地点：到××市招标投标交易中心二楼大厅（××经济开发区××路×号）报名并获取资格预审文件（费用为贰佰元/份，售后不退），报名经办人须携带本人身份证原件及复印件、单位介绍信。

8. 请投标申请人与 2013 年 3 月 19 日上午 9：00 前，将资格预审申请文件报送到××市招标投标交易中心三楼（××市××路××号）开标×室。预审时必须提供所有预审文件要求提供的所有证件原件，否则不予认可，迟到的资格预审申请文件将被拒收。

注：资格预审过程中的有关证书、文件等业绩证明材料，投标申请人必须提供原件核实。

9. 逾期送达或者未送达指定地点的资格预审申请书，招标人不予受理。

10. 本招标公告的发布时间为：2013 年 3 月 7 日至 2013 年 3 月 13 日。

11. 经资格预审确定的潜在投标人不获取招标文件或者获取招标文件后放弃投标的，除不可抗力情况外，招标投标行政监督部门应当在网上公告 3 个月。在公告期间，其他政府投资项目的招标人可以据此不接受其投标。注：详见×建招（2009）140 号文。

12. 招标代理机构地址：××

联系人：××

电话：××

13. 招标人地址：××

联系人：××　联系电话：××

招　标　人：（公章） 经　办　人： 　　年　月　日	招标代理人：（公章） 经　办　人： 　　年　月　日	市机电设备招标办：（盖备案章） 经　办　人： 　　年　月　日

（2）预投标方购买预审文件并制作预审申请书。在报名截止日前，共有 17 家单位报名并购买了预审文件。招标方要求在 2013 年 3 月 19 日上午 9 点前将预审申请书上交至指定地点。

（3）资格预审。在预审申请书递交截止日即 2013 年 3 月 19 日对预投标方进行资格预审。根据预审文件的相关资质要求，其中 3 家单位不符合投标资质，取消其参与投标的资格。

根据招标公告，对剩下的14家资格预审合格的单位进行随机抽签，确定9家单位参与本次太阳能采购项目的招标并发放预审合格通知书。

（4）购买招标文件。预审合格的单位购买招标文件，领取时间为2013年4月11日至2013年4月17日。9家单位中有1家单位未在规定时间内购买招标文件，其投标资格自动取消。

（5）制作投标文件。投标方根据招标文件要求制作投标文件，并在2013年5月6日上午9点之前将投标文件递交至指定地点。

（6）开标、评标及定标。HD公司选取2013年5月6日9点为开标时间，按照法定流程进行开标。截至开标时间，8家单位均按时按规定递交了投标文件。招标方发现8家单位的投标文件中有3家单位的投标文件在报价及相关服务方面的内容十分类似。招标方及代理单位对这3家单位进行了进一步的调查，发现这3家单位参与招标前有私下的紧密接触，有严重的串标、围标嫌疑。在进一步取证之后，招标方决定依法取消这3家单位的投标资格。进入到评标阶段的单位共有5家，满足继续进行招标活动的条件。

开标后由评标委员会按照招标文件相关规定进行评标，评标采用经评审的最低投标价法。根据招标文件要求，5家单位需要分别提供一台太阳能样品，根据样品对5家单位进行评审。5家单位均符合评审条件，则根据5家单位的报价确定中标候选人。

5家单位的报价分别为1840元/台、1889元/台、1960元/台、2000元/台、2050元/台。评标委员会出具评估报告，向招标人推荐的中标候选人依次是报价1840元/台、1889元/台、1960元/台的三家单位。

招标方依据评估报告，最后确定中标价格为1840元/台，总费用为276万元，比预算节约54万元。

招标方确定中标人后，依法进行公示。公示结束后，向中标单位发放中标通知书。

4. 签订合同

发放中标通知书后，招标方与中标方协商签订采购合同。

采购合同中明确写明采购价格为1840元/台，采购数量为1486台。该公司初始给出的付款条件为：招标方在太阳能热水器进场并验收后3日内以转账支票的形式支付30%的采购合同款，安装结束经验收后3日内再以转账支票的形式向中标方支付30%的采购合同款。自合同签订之日起一年后，如热水器没有出现大面积明显质量问题，支付35%的采购合同款，剩余的5%作为热水器保修期内的维修基金。在热水器保修期满，扣除维修费用后，招标方向中标方支付剩余的工程款。由于该付款条件过于苛刻，双方未能达成一致。后经双方进一步协商，就交付验收方式、付款方式、付款时间等做出了更具体更合理规定，最终成功签订了合同。

5. 合同履行

依据采购合同，采购方在合同签订日后3日内预付30%的采购合同款，卖方在合同签订日后20日内以1840元/台的价格向该公司提供1486台太阳能热水器并全部安装到位。买方在太阳能热水器进场并验收后3日内以转账支票的形式支付30%的采购合同款，安装结束经验收后3日内再以转账支票的形式向卖方支付35%的采购合同款，剩余的5%作为热水器保修期内的维修保障基金。在热水器保修期满，扣除维修费用后，买方向卖方支付剩余的合同款。

本章小结

本章主要介绍了招标采购的概念、背景、分类、特征、流程及相关的程序管理等内容，比较详细和具体地叙述了招标采购中涉及的法律法规以及注意事项。

由于招标采购可以吸引足够的竞争，目前这一形式已经被越来越多的企业采用，甚至有一些采购项目必须按照规定进行招标。满足招标活动条件的单位可以自行组织招标，不满足条件的单位需要委托代理公司代为组织招标活动。目前应用比较广泛的是公开招标和邀请招标，其中又以公开招标应用范围更广。无论采用哪一种招标形式，对于招标活动的每一个步骤，都有严格的规定以保证招标过程可以公平公正地进行。

公开招标的流程一般包含：招标前准备、招标、投标、开标、评标、定标、签订合同。招标前主要进行一些招标活动的策划和准备工作；招标阶段需要完成的主要工作是发布招标公告以及进行资格预审，采用邀请招标形式的还需要在这一阶段发出邀请书；投标阶段主要是投标方根据招标文件编制投标文件，投标文件的内容应与招标公告和招标文件保持一致；投标阶段结束后进行开标，开标一般与评标一起进行，开标程序结束后立即进行评标；评标方法目前比较常用的是经评审的最低投标价法和综合评分法，评标委员会依据评分结果向招标方推荐候选中标人；招标方依据评标委员会的评分结果确定中标人，即为定标。定标后，需要按照相关规定对投标结果进行公示。公示结束后，若未中标人没有提出异议，招标方发放中标通知书，并在 30 日内与中标人签订采购合同。

招标过程中涉及的文件主要有：招标公告、投标邀请书、招标文件、投标文件、评标报告等，这些文件的格式和内容都有相关的法律法规文件加以规定，任何人均不能随意更改。

由于招标采购的充分竞争性，有些企业为了避免竞争、提高中标的可能性以获取利益，会采用一些非法或者违规的手段。对于招标采购过程中常见的围标和串标等问题，要采取足够有效的措施加以防范，其首要的手段就是完善招标采购制度并加强招标过程的监管。

很多企业的招标采购案例已经说明了招标采购具有极大的优势，可以为企业在节约成本、规范流程等方面带来极大好处。随着招标采购的进一步完善和创新，招标采购将在企业的采购业务中扮演更加重要的角色。

📋 习题

一、选择题

1. 按照《招标投标法》的规定，关于招标人对招标文件的澄清和修改应以（　　）形式通知所有招标文件收受人。

    A. 书面　　　　　　B. 口头　　　　　　C. 电报　　　　　　D. 邮件

2. 关于评委会成员的义务，下列说法错误的是（　　）。

    A. 评委会成员应当客观公正地履行职务

    B. 评委会成员私下接触投标人时不得收受投标人的财物

    C. 评委会成员不得透露对投标文件的评审情况

    D. 评委会成员不得透露中标候选人的推荐情况

3. 通常情况下，评委会推荐的中标候选人人数可以是（　　）。

    A. 1～3　　　　　　B. 2～6　　　　　　C. 3～7　　　　　　D. 4～9

4. 招标人与中标人应当自中标通知书发出之日起（　　）日内，按照招标文件和中标人的投标文件订立书面合同。

    A. 15　　　　　　　B. 30　　　　　　　C. 45　　　　　　　D. 60

5. 采用邀请招标方式的，招标人应当向（　　）家以上具备承担招标项目能力、资信良好的特定的法人或其他组织发出投标邀请书。

    A. 2   B. 3   C. 4   D. 5

二、判断题

1. 当投标人对现场考察后向招标人提出的质疑问题，而招标人书面回答的问题与招标文件中的规定不一致时，以招标人书面回函解答为准。　　　　　　　　　　　　　　　　　　　　　（　　）

2. 评委会成员只要不收受投标人财物，不向投标人透露任何关于招标的信息，可以私下接触投标人。　　　　　　　　　　　　　　　　　　　　　　　　　　　　　　　　　　　　（　　）

3. 某次招标活动中，收到的投标书为 2 个，招标活动可以继续进行。　　　　（　　）

4. 邀请招标中，对于招标人邀请参与投标的投标人可以不进行资格审查。　　（　　）

5. 围标是指几个投标方之间相互约定，一致抬高或压低投标报价进行投标，通过限制竞争，排挤其他投标方，使某个利益相关者中标，从而谋取利益的手段和行为。　　　　　　　　　　（　　）

三、思考题

1. 招标采购为什么可以被越来越多的企业接受并采纳？讨论招标采购有哪些优点。

2. 简述招标采购的基本流程。

3. 评标常见的方法有哪几种？每一种有什么特点？

4. 实际采用招标采购时，如何预防围标、串标等现象的发生？

5. 招标采购的最大难点是什么？如何解决？

四、计算题

某公司需要采购一批设备，采用公开招标的方式。共有 4 家公司进入到最后的评标阶段，报价分别为 A 公司 30 万元、B 公司 40 万元、C 公司 38 万元、D 公司 20 万元。评标方法采用综合评分法，其具体计算方法为：以所有合格投标人有效报价的算术平均值作为评标基准值，投标人的基本分定为 5 分。投标人的投标报价每低于评标基准值 1 万元，在基本分上加 1 分，最多加 10 分。投标报价每高于评标基准值 1 万元，在基本分基础上扣 1 分，扣完为止。试分析按照这种评分方法，评标委员会应该按照怎么样的顺序向招标方推荐中标人。

参 考 文 献

[1] 徐杰，鞠颂东. 采购管理 [M]. 北京：机械工业出版社，2011.

[2] 骆建文. 采购与供应管理 [M]. 北京：机械工业出版社，2009.

[3] 计国君，蔡远游. 采购管理 [M]. 厦门：厦门大学出版社，2012.

第5篇

趋 势 篇

第 10 章
电 子 采 购

电子采购是基于互联网的一种新型采购方式，因其成本低廉，采购效率更快，信息共享程度更高，受到越来越多的企业特别是中小企业的青睐。本章将主要介绍电子采购的定义、模式、流程、实施以及其与电子商务的联系，让读者对电子采购有一个系统的认识和理解。

10.1　电子采购概述

近几十年来，在经济全球化的大环境下，采购形式发生了巨大的变革，尤其是采购成本占企业总成本 70%~80% 的电子机械与装配领域。采购成本的降低已成为企业发展的必然趋势，电子采购的优势日益凸显。本节介绍电子采购的概念、电子采购产生的背景以及电子采购的优势和不足。

10.1.1　电子采购的含义

电子采购是指在互联网上进行的、企业之间的（B2B）的购买和销售活动。它利用数字化技术，将企业、海关、运输、金融、商检和税务等有关部门有机连接起来，实现从搜索、浏览、洽谈、签约、交货到付款等全部或部分业务的自动化处理。

电子采购一般是在网络环境下通过应用相关的软件来实现，不同的软件在功能上具有差异，但基本都包含以下电子采购流程：①选择采购商品；②填写订购单；③审核订购单；④联系供应商；⑤选择供应商；⑥采购结算。

电子采购是集计算机技术、多媒体技术、数据库技术、网络技术、安全技术和密码技术、金融电子化技术等多学科技术为一体的综合技术应用。必须依靠这些技术的支撑，电子采购才能实现。

（1）计算机和网络技术。电子采购需要传递和处理采购信息，它是通过使用计算机在网络环境下实现的。当前，计算机硬件的性能已经非常强大，而且很便宜，大大提高了信息处理的速度和响应能力；软件功能的不断完善和灵活性，大大方便了用户的使用和维护，只要安装浏览器就可以上网，进行电子采购。网络基础包括局域网、广域网、接入技术和网络通信协议。更详细的内容可参考计算机和网络技术专业书籍。

（2）多媒体技术。多媒体技术（multimedia technology）是利用计算机对文本、图形、图像、声音、动画、视频等多种信息综合处理、建立逻辑关系和人机交互作用的技术。媒体（medium）在计算机行业里有两种含义：一是指传播信息的载体，如语言、文字、图像、视频、音频等；二是指存储信息的载体，如 ROM、RAM、磁带、磁盘、光盘等，主要的载体有 CD-ROM、VCD、网页等。多媒体技术中的媒体主要是指前者，就是利用计算机把文字、图形、影像、动画、声音及视频等媒体信息都数字化，并将其整合在一定的交互式界面上，使计算机具有交互展示不同媒体形态的能力。它极大地改变了人们获取信息的方式。其中与电子采购相关的是网页中的多媒体技术，它利用文字、图形、影像、动画、声音及视频等信息，展示产品的功能和作用，为买家了解产品提供形象、直观的感受。

（3）数据库技术。数据库技术是电子信息系统的一个核心技术。它是一种计算机辅助管理数据的方法，研究如何组织和存储数据，如何高效地获取和处理数据。它是通过研究数据库的结构、存储、设计、管理以及应用的基本理论和实现方法，并利用这些理论来实现对数据库中的数据进行处理、分析和理解的技术。它研究和管理的对象是数据，涉及的具体内容主要包括：通过对数据的统一组织和管理，按照指定的结构建立相应的数据库和数据仓库；设计出能够实现对数据库中的数据进行添加、修改、删除、处理、分析、理解、报表和打印等多种功能的数据管理和数据挖掘应用系统；利用应用管理系统最终实现对数据的处理、分析和理解。在电子采购中，存在大量数据，如产品数据、客户数据、订单数据、支付数据、发票数据等，这些数据需要被存储、传递、处理和分析。

（4）网络安全技术。21 世纪全世界的计算机都通过 Internet 连接到一起，信息安全的内涵也就发生了根本的变化。它不仅从一般性的防卫变成了一种非常普通的防范，而且还从一种专门的领域变成了无处不在。当人类步入 21 世纪这一信息社会、网络社会的时候，必须建立起一套完整的网络安全体系，特别是从政策上和法律上建立起这样的网络安全体系。网络安全技术致力于解决诸如如何有效进行网络访问控制，以及如何保证数据传输的安全性的技术手段，包括虚拟网技术和防火墙技术，具体内容包括：物理安全分析技术、网络结构安全分析技术、系统安全分析技术、管理安全分析技术及其他的安全服务和安全机制策略。电子采购因为是在网络上进行，必须考虑网络安全性问题，避免上当受骗，避免网络受到攻击，避免在数据传送中受到病毒的感染，避免非法访问等。

（5）金融电子化技术。电子采购过程中最重要的环节之一是交易双方在网上进行货款支付和交易结算，金融电子化为这一过程提供保证。金融电子化（financial computerizing）是指采用现代通信技术、计算机技术、网络技术等现代化技术手段，提高传统金融服务业的工作效率，降低经营成本，实现金融业务处理的自动化、业务管理的信息化和金融决策科学化，从而为客户提供更为快捷方便的服务，达到提升市场竞争力的目的。在全球供应链网络中，交易双方可能相隔很远，双方交易只能通过银行电子系统进行结算，因此，银行在电子采购中起着不可或缺的作用。银行业务必须实现电子化，首先必须标准化，以确保银行间的业务互联互通；其次，需要建立可靠的安全访问认证机制，确保交易双方资金账户的安全可靠；最后，要建立健全相应的法律法规体系，确保网上交易合理、合法、合规。

总之，电子采购是一种新兴的采购方式，它不仅仅完成采购行为，而且利用信息和网络技术对采购全程的各个环节进行管理，有效地整合了企业的资源，帮助供求双方降低了成本，提高了企业的核心竞争力。实施电子采购，不仅方便、快捷，而且交易成本低，信息公开透明，是一种很有发展前景的采购方式。

10.1.2 电子采购产生的背景及现状

1. 电子采购产生的背景

传统采购存在以下不足：

（1）**采购成本居高不下**。在一般的工业企业中，物资采购成本占企业生产成本的60%以上，从事采购的人员数量和日常开支也极为可观。因此，企业的采购成本水平对企业产品的总成本有直接显著的影响，并进而影响企业产品的市场竞争力和盈利水平。

（2）**采购周期冗长**。采购过程从选择采购物品开始，到选择供应商，签订采购合同，交货、验收入库、使用、付款等过程，采购企业要花费很长时间去讨论、决策、考察和评估供应商。另外，采购是一项跨部门的工作，每一个环节都有复杂的处理程序，需要企业各部门通力合作，耗费很长时间才能将采购的物资安排到位。

（3）**采购信息缺乏沟通和共享**。由于企业各业务部门"各自为政"，导致采购信息在企业内部不能及时通畅地流转，采购效率低下。在与外部供应商的沟通中，采购部门处于主导地位，研发、生产、销售部门很少有机会直接接触供应商，对缺乏经验的采购人员或有较高技术要求的采购物资而言，经常会产生所采购的物资不能满足实际需要的情况，一方面造成物资浪费，另一方面会影响生产的正常进行。

（4）**采购文档处理费时费力**。传统的采购活动是建立在大量的纸质文件基础之上的，从采购需求提出，到采购部门与供应商的各种联系，再到交货和采购支付，整个过程会产生大量的纸质凭证，如采购申请、领导的批示、合同、汇票、收货单等，这些单据的制作、填写、传递、保存、查询、修改耗费各部门员工大量的精力和时间，常常会因某一单据的错误或遗漏而影响整个采购工作的正常进行。繁杂的采购文档，加上复杂的采购程序，导致采购活动费时费力。

（5）**库存积压和物资短缺并存**。在消费者需求越来越追求多样化和个性化的今天，库存已经成为制约企业发展的重要瓶颈之一。如果采购过多的原材料、零部件，将会占用企业的流动资金，增加企业的经营负担；如果生产过多的成品，将会加大销售的风险。反之，如果采购的原材料、零部件不足，又会影响企业的生产和销售，造成缺货的市场损失。因此，由于较长的采购周期，传统采购很难控制适度采购的数量和时间。

（6）**采购范围受地域限制**。在传统采购中，供应商选择很大程度上受到地理位置的限制。一方面，与外地的供应商联系，差旅费、通信费都很高，无形中会增加企业的采购成本；另一方面，与外地供应商发生业务联系，往往在资信、运输等方面存在更大风险。

（7）**采购环节监控困难**。传统采购中，对采购活动的监控有很多困难，因为有许多权力和关系在采购过程中发挥作用。有些企业为了加大对采购的监管力度，建立起一套分级采购审批程序，以防止采购费用超支和滥用职权，但这种审批程序为本来就低效和费时的采购工作又添加了新的枷锁。

（8）**采购招标往往流于形式**。上一章我们介绍的招标采购是传统采购中比较科学和有效的采购方法，被广泛应用于大额采购或贵重物品采购。但在传统的招标采购过程中，真正达到招标采购目的的采购活动并不多见，不少招标采购流于形式。

面对传统采购的不足，人们希望找到新的采购模式来代替传统采购模式，计算机和信息技术的出现，为新采购模式的建立奠定了坚实的基础。

在 20 世纪 80 年代，有人预言信息技术的改变将会给商业带来很多的冲击。新的商业方式，如电子采购，将会改变竞争模式。一些国际研究机构，例如 Gartner & Forrester，在多年前预言电子采购将会有不可思议的发展。电子采购的优势在于其克服了传统采购的不足，提高采购效率、降低采购成本、优化采购流程、减少企业库存、有利于实现信息共享，使供应商和购买企业都受益，容易快速进入市场，加上先进的物流跟踪技术，显示出强大的生命力。为了利用新技术，商业流程需要改变。Kalakota 断言电子采购是 21 世纪商业的新模式。他明确指出："电子采购可以带来非常可观的操作成本节余。这些成本节余可以马上体现在商业成果上。并且，电子采购可以简化费时费纸的采购订单程序。因此，电子采购将会被广泛应用。"

电子采购最先兴起于美国，它的最初形式是一对一的电子数据交换（electronic data interchange，EDI）系统。EDI 是指具有一定结构特征的数据信息在计算机应用系统之间进行的自动交换和处理，这些数据信息被称为电子单证。EDI 的目的就是以电子单证代替纸质文件进行电子贸易，以提高商务交易的效率并降低交易费用。在 EDI 中，计算机系统是生成和处理电子单证的实体，通信网络是传送电子单证的载体，标准化则将生成的电子单证按规定格式进行转换以适应计算机应用系统之间的传输、识别和处理。早期的 EDI 解决方式价格昂贵、耗费庞大，且由于其封闭性仅能为一家买家服务，尤令中小供应商和买家却步。为此，联合国制定了商业 EDI 标准，但在具体实施过程中，关于标准问题在行业内及行业间的协调工作举步维艰，因此，真正商业伙伴间 EDI 并未广泛开展，只被有实力的大公司采用。

EDI 系统是信息技术向商贸领域渗透的产物，用于计算机之间商业信息的传递，包括日常咨询、计划、询价、合同等信息的交换。EDI 是计算机与计算机之间的通信，EDI 的核心是被处理业务的数据格式标准化，EDI 在本质上要求国际统一标准，采用共同语言进行通信。以商业贸易方面的 EDI 为例，EDI 传递的都是电子单证，因此为了能让不同商业用户的计算机识别和处理这些电子单证，必须按照协议制定一种各贸易伙伴都能理解和使用的标准。目前国际上存在两大标准体系，一个是流行于欧洲、亚洲的，由联合国欧洲经济委员会（UN ECE）制定的 UN EDIFACT 标准，另一个是流行于北美的，由美国国家标准化委员会（ANSI）制定的 ANSI X.12 标准。

EDI 系统按照模块功能的不同可以分成三个层次（见图 10-1），即 EDI 应用层、EDI 代理服务层、EDI 交换层。EDI 应用层是由不同行业的应用系统组成，如商检系统、财务系统等。它与 EDI 代理服务层通过文件或信息方式交流单证信息，面向最终的具体应用业务。EDI 代理服务层的主要功能是将 EDI 应用层传送来的单证信息翻译成 EDI 标准报文，或者从 EDI 交换系统中接收 EDI 标准报文，并将其翻译成单证信息提供给 EDI 应用层中的系统。EDI 交换层包括计算机通信网络和 EDI 交换系统两部分。EDI 通信网络是传输 EDI 单证的平台，可以是公共电话网、分组交换网、数字数据网等。EDI 交换系统的主要功能是收发 EDI 报文，并通过存储转发的方式传输各 EDI 应用系统的 EDI 报文。

传统的 EDI 建立在专用网络上，投资成本很高，只有一些实力雄厚的大企业有能力应用，在中小企业中没有广泛应用。随着 Internet 的发展和普及，基于 Internet 的 EDI 为 EDI 的广泛使用带来了生机。XML(extensible markup language)即可扩展标识语言，给 EDI 技术带来了新的应用。XML 所采用的技术是最适合 Web 开发的，它为 Web 和 EDI 数据接口提供了有效的方式。它与

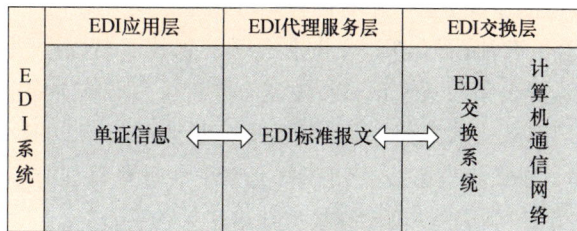

图 10-1　EDI 系统

现有的 EDI 系统相结合,并扩展现有的 EDI 应用,投资少,易于实现,可使双方受益,有利于企业开展基于 EDI 的电子采购业务。

20 世纪 90 年代中期,电子采购目录开始兴起。供应商通过将其产品上网,来提高供应商的信息透明度、市场涵盖面;采购商通过电子采购目录,可以找到更多合适的供应商。近年来,全方位综合电子采购平台出现并且通过广泛连接买卖双方来进行电子采购。

尽管电子采购兴起的时间不长,但电子采购已将采购功能转变成了一个交易场上的强有力竞争武器,并迅速成为一种商业标准。

2006 年,全球电子采购的市场占有率是 120 亿美元,而 2008 是 140 亿美元。2012 年全球在线零售交易额 1.09 万亿美元,美国 2255 亿美元。以 IBM 公司为例,1998 年第四季度开始电子采购时,通过互联网与 IBM 公司做生意的供应商数目为零,而后该数目达到 2.7 万家,该公司全年 460 亿美元的商品和服务采购额中,超过九成是通过电子采购获得的。

2. 我国电子采购现状

从总体上看,中国电子采购已经从宣传、初步实施阶段,开始进入相对成熟阶段。中国电子采购的发展可以从以下几个方面进行分析:

(1)发展迅猛。新的电子采购网站和新的电子采购项目急剧增加,各类电子采购信息与咨询网站、网上采购站点接二连三地在网上诞生。发展地域也在迅速扩大,从原先几乎局限于北京、上海、深圳极少数一线城市,开始向沿海及东部、中部各大二、三线城市发展。电子采购作为一种新型的经营方式,已经被多数国内企业家所了解、接受并且得到应用。

此外,具有外资背景的电子采购企业和项目日益增加。既有海外风险投资直接进入国内的电子采购企业,也有国内企业通过海外上市吸收海外资金。在不少电子采购企业内,外籍或具有外资企业背景的高级管理人员显著增加。与此同时,海外电子采购企业直接进入中国市场。

(2)立法与管理并行。政府对电子采购的支持与协调力度明显增加。有关中国电子采购的法律制度等规范框架已基本形成。不少地方政府也都对电子采购给予了前所未有的关注与支持,开始将电子采购作为重要的产业发展方向。不少电子采购企业制定和推出了内部电子采购规则或守则,以规范企业和消费者的电子采购行为。

(3)网上支付逐渐成熟。网上支付曾经被认为是制约中国电子采购应用与发展的重要因素之一,而现在,几乎中国所有规模较大的银行都已经可以提供成熟的网上银行服务,客户可以轻松方便地通过互联网完成付款流程。一些大型的企业和网站还开发并应用了一些可以与网上银行无缝对接的网上支付平台,例如,淘宝推出的支付宝,已经非常成熟,并且有大量用户,因而运作得很成功。

(4)电子采购涉及领域宽泛。电子采购目前应用领域广泛,已涉及家电、钢铁、铁路、石油、医药、电力等多个领域;中油和黄信息技术有限公司的电子采购方案、电子销售方案、电子市场方案已于2002年广泛应用于石油、石化领域;北京必联信息技术有限公司的电子采购系统已于2005年应用于电信业(波导公司);天宏讯科技发展有限责任公司的协同电子采购系统应用于制造业(武钢集团);浙江数码港信息技术有限公司的电子采购平台于2007年应用于卫生用品、药业、房地产(丝宝集团)。此外,平台开发公司还有北京中联远景科技有限公司、欧迪办公(亚商在线)等;应用形式还有中国酒店采购网和煤炭行业电子采购平台等。一些公司的研发实力相对薄弱,因而在平台开发方面,尚不存在激烈的竞争。应用电子采购平台的企业一般是国内大型企业集团,对同行企业具有一定的辐射作用。但由于应用历史一般不足三年,相对于整个国民经济而言,领域又相对狭窄。有资料表明,目前电子采购额度最大的行业主要集中在石化、医药等领域,如中国石化2007年网上采购额就已达到1455亿元,而教育、农业、房地产等行业的电子采购,目前在国内尚处于待开发阶段。

国内电子商务市场第三方研究机构——中国电子商务研究中心发布的《2012年度中国电子商务市场数据监测报告》显示,2012年,中国电子商务市场交易规模达7.85万亿元人民币,同比增长30.83%。其中,B2B电子商务交易额达6.25万亿元人民币。而该研究中心发布的《2013年度中国电子商务市场数据监测报告》显示,2013年中国电子商务市场交易规模达10.2万亿元人民币,同比2012年的8.5万亿元人民币,增长29.9%。在电子商务各细分行业中,B2B电子商务占比80.4%,2013年交易额达8.2万亿元人民币,同比增长31.2%。

10.1.3　电子采购的优势与不足

1. 电子采购优势

电子采购作为一种先进的采购方式,其优势主要体现在以下几个方面:

(1)**提高采购效率,缩短采购周期**。采购企业通过电子采购交易平台进行竞价采购,可以根据采购企业的要求自由设定交易时间和交易方式,大大地缩短了采购周期。自采购企业竞价采购项目正式开始至竞价结束,一般只需要1~2周,较传统招标采购节省30%~60%的采购时间。

(2)**节约采购成本**。电子采购大大减少了采购需要的书面文档材料,减少了对电话传真等传统通信工具的依赖,提高了采购效率,降低了采购成本。它能有效地提供新的供应商信息,降低采购商品的价格。据美国全国采购管理协会称,使用电子采购系统可以为采购企业节省大量成本;采用传统方式生成一份订单所需要的平均费用为150美元,使用基于Web的电子采购解决方案则可以将这一费用减少到30美元;企业通过竞价采购商品的价格平均降幅为10%左右,最高时可达到40%多;通用电气公司估计通过电子采购将每年节约100亿美元。

(3)**优化采购流程**。采购流程的电子化不是用计算机和网络技术简单替换原有的方式方法,而是要依据更科学的方法重新设计采购流程。这个过程中,企业摒弃了传统采购模式中不适应社会生产发展的落后因素;能够更加规范采购程序的操作和监督,大大减少采购过程中的人为干扰,规范的采购流程也有利于加强企业的管理。

(4)**减少库存**。电子采购使企业能获得更多更快的信息,这使得企业可以即时生产,大幅减少超额库存及安全储备。世界著名的家电行业跨国企业海尔集团在实施电子采购后,采购成本大幅降低,仓储面积减少一半,降低库存资金约7亿元,库存资金周转从30天降低到了12天以下。

（5）**实现信息共享**。不同企业，包括各个供应商都可以共享采购信息，不但可以了解当时采购、竞标的详细信息，还可以查询以往交易活动的记录，这些记录包括中标、交货、履约等情况，帮助买方企业全面了解供应商，帮助卖方企业更清楚地把握市场需求及企业本身在交易活动中的成败得失，积累经验。这使供求双方之间的信息更加透明，进而改善客户服务、提高客户满意度、提高供应链绩效、改善与供应商的关系。

（6）**实现供应链共赢**。对于供应商，电子采购使其可以更及时地掌握市场需求，降低销售成本，增进与采购商之间的关系，获得更多的贸易机会；对于采购企业，可以使其实现电子化评标，为评标工作提供方便，同时有效地保证了采购质量，降低采购成本，减少商品库存，提高采购效率。因此，电子采购可以确保供应链实现共赢。

国内外无数企业实施电子采购的成功经验证明，电子采购在降低成本、提高商业效率方面，比在线零售、企业资源计划（ERP）更具潜力。电子采购的投资收益远远高于过去 10 年内已经在企业中占主导地位的任何商业革命，包括企业流程再造、战略性采购等。

2. 电子采购的不足

尽管电子采购有许多优势，但也应该看到，电子采购也有不足之处。具体表现在以下几个方面：

（1）**数据安全问题**。电子采购由于是在网络中交易，存在敏感的或私有的交易信息被盗或被泄露的风险，同时也存在黑客攻击的危险。

（2）**缺乏情感**。电子采购缺乏情感沟通，过去采购中人际的相互交流、谈判过程被冷冰冰的机器的交易替代了，采购人员感受不到采购交易过程中的人际交往乐趣。

10.2　电子采购的模式

目前的电子采购可以归纳为三种模式：采购方模式、供应商模式和第三方模式。不同的电子采购模式有不同的特征和适用场合，企业应根据其自身的需求和特定的环境选择不同的电子采购模式。

10.2.1　采购方模式

1. 采购方模式的定义

采购方模式是指采购方（买家）在互联网上发布所需采购产品的信息，包括产品名称、规格、数量、交货期、参考价格等，邀请多个供应商（卖家）在采购方的网站上登录，介绍自己的产品信息，供采购方评估，并通过采购方网站双方进行进一步的信息沟通，最后完成采购业务的全过程。采购方模式如图 10-2 所示。

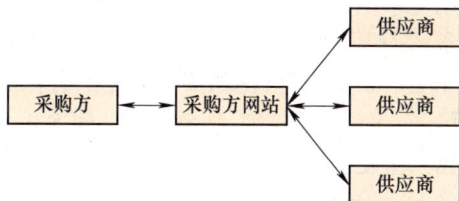

图 10-2　采购方模式

2. 采购方模式的优势

采购方模式中的采购方承担了建立、维护和更新产品目录的工作。虽然这样花费较多,但采购方可以更紧密地控制整个采购流程。它可以限定产品目录中的产品种类和规格,甚至可以给不同的采购人员在采购不同的产品时设定不同的采购权限和数量限制。另外,采购人员只需要通过一个界面就能了解到所有可能的供应商的产品信息,并能很方便地进行对比和分析。同时,由于供求双方是通过采购方的网站进行文档传递,因此采购网站与采购方信息系统之间的无缝连接将使这些文档流畅地被后台系统识别并处理。

3. 采购方模式的劣势

当然这种模式也有着自身的劣势,主要表现为采购方要有足够的能力负担建立、维护和更新产品目录的工作,并且投入大量的资金和系统维护成本。设想如果有不同国家成百上千的供应商,就有可能有成百上千的项目条款,每个条款都有很多项规格说明,不同的供应商对相同的产品又有着不同的描述。那些没有将目录和系统维护作为核心竞争力的企业可能会考虑到将这一工作外包。当然,这不仅涉及成本问题还有技术更新的问题,同时就算将维护工作外包,也应该考虑维护需求,以便适应未来发展需要。这一系统还应面向供应商,使供应商能随时修改更新自己的目录。

总的来说,这种模式适用于资金实力雄厚并且拥有专业 IT 人才、采购品种较少和供应商数量较少的企业采用。

10.2.2 供应商模式

1. 供应商模式的定义

供应商模式是指供应商在互联网上发布其产品的在线目录信息,包括产品名称、规格、数量、价格等,采购方则根据需求应用浏览器通过登录供应商的网站来取得所需商品的信息,以作出采购决策,并下订单进行交易的过程。供应商模式的示意图如图 10-3 所示。

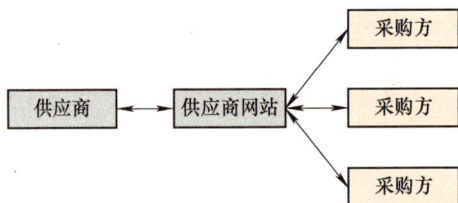

图 10-3　供应商模式

供应商模式中,作为卖方的某个供应商为增加市场份额,开放其网站,允许大量的买方浏览并采购自己的在线产品。买方登录卖方系统通常是免费的。

2. 供应商模式的优势和不足

对买方企业而言,这种模式的优点在于容易访问,并且不需要任何投资;缺点是难以跟踪和控制采购成本。由于没有自动化系统,买方企业还是必须寻找供应商的网址,登录之后通过产品目录形式输入订单。由于批量的原因,他们通常不必保留买方企业的模板或采购信息。每个买方企业每次都必须输入所有相关的采购信息,例如买方企业的名称地址、电话号码、账户等。很明显,如果一家买方企业同时拥有 500 家供应商,那就要去访问 500 个网址不停地重复输入相关信息。这使得工作内容更加繁杂重复。虽然这种方法与纯纸质化的目录相比具有明显优势,但是从实际操作层面来讲并非如此,尤其是对于一家想与上千家供应商进行联系的企业而言。另外,采购企业与供应商是通过供应商的系统进行交易的,由于双方所用的标准不同,供应商系统向买方企业传输的电子文档不一定能为买方企业的信息系统所识别、自动地加以处理并传送到相关责任人处,这些文档必须经过一定的转化,甚至需经手工处理,这样就大大降低了电子采购的效率,延长了采购的时间,同时买方企业必须时时更新自己内部的 ERP 系统。

另外,存在采购人员滥用职权,绕过买方企业,随意地从在线供应商那里采购的风险。这种采购模式一度被视为小购买者和一次性购买所采用的形式。

不过由于科技尤其是信息技术的发展,加上买方企业对自身采购流程的控制,上述问题已经得到了较好的解决。目前涌现出一批很好的采用供应商模式的企业,如苏宁易购。

3. 供应商模式案例——苏宁易购

苏宁云商集团股份有限公司原为苏宁电器股份有限公司(以下简称苏宁),是中国商业企业的领先者,经营商品涵盖传统家电、消费电子、百货、日用品、图书、虚拟产品等综合品类,线下实体门店 1700 多家。2004 年 7 月,苏宁电器(002024)在深圳证券交易所上市。凭借优良的业绩,苏宁电器得到了投资市场的高度认可,是全球家电连锁零售业市场价值最高的企业之一。苏宁电器股份有限公司被巴菲特杂志、世界企业竞争力实验室、世界经济学人周刊联合评为 2010 年(第七届)中国上市公司 100 强,排名第 61 位。2013 年胡润民营品牌榜,苏宁以 130 亿元品牌价值,排名第九位。

苏宁自己开发的网上商城——苏宁易购(www.suning.com)的操作模式可以被认为是典型的供应商模式。苏宁将自己在连锁实体店里的几乎所有商品全部在苏宁易购的网页上展示,并且给出主要技术参数、价格、优惠活动、保修、配送等关于该商品的所有信息。采购方可以通过浏览苏宁易购的网页了解自己所需要采购的商品,并且可以通过网站提供的搜索栏设置关键词筛选满足自己条件的商品。在确定要采购的商品后,采购方在苏宁易购的网站上完成注册、下订单并完成网上付款或选择货到付款,然后等待苏宁易购发货即可。采购方在苏宁易购安排发货后,可以根据自己的订单号查询所购商品的物流信息。采购方从开始选择商品到收到物品并验收、使用的全过程,均可以享受苏宁易购的在线客服。

苏宁实体店与苏宁易购的优势对比如表 10-1 所示。

表 10-1 苏宁实体店与苏宁易购优势对比

	苏宁实体店	苏宁易购
服务与用户体验	商品定位为中高端,商品陈列遵循品类丰富、品牌适度,满足消费者需求;3C + 旗舰店购物环境舒适、顾客体验真切;给顾客提供便捷	适合网上销售的新、奇、特商品;有价格优势的商品,为消费者展示丰富的商品种类;页面设计更加人性化、产品分类更加合理化;购物流程方便快捷
竞争性	消费者最值得信赖的品牌之一,与各种媒体有着良好的合作关系,有丰富的内部和外部资源,以及丰富的市场推广经验	苏宁品牌信誉度高;与平面媒体和网络媒体合作愉快,积累了丰富的促销经验和专业的人才储备,开展精准营销
货品供应	强大的采购平台与采购团队,良好的供应商合作关系,超强的供应链管理水平和强大的系统支持,可实现自动补货;仓储能力和配送能力强大,支持全国范围的售后服务	共享苏宁强大的采购平台;超强的供应链管理水平;可支持苏宁 B2C 全中国范围的商品配送;售后服务实现了本地化
运营管理	资金雄厚,较成熟的盈利模式和较高的运营效率;集采购、销售、财务、物流、售后等于一体的信息化建设平台	资金雄厚;重视信息化建设,开发出了"苏宁易购"网站

通过对比可以发现,苏宁易购是利用了苏宁电器实体门店的资源,结合电子采购的一系列优势进行运作的。因此,苏宁易购在具备了实体店提供的后台支持及其他资源以外,还具备自己独特的品牌优势。苏宁易购上线后,其销售额一路增长,2012年更是突破180亿元的规模。由于中国市场的电商正处于高速发展的阶段,有理由相信,苏宁易购还将进一步壮大,有着更快更好的发展空间。

10.2.3 第三方模式

1. 第三方模式的定义

第三方模式是指供应商和采购方通过第三方设立的网站进行采购业务的过程。在这个模式里,无论是供应商还是采购方,都只需在第三方网站上发布并描绘自己提供或需要的产品信息,第三方网站则负责产品信息的归纳和整理,以便于用户使用,如图10-4所示。

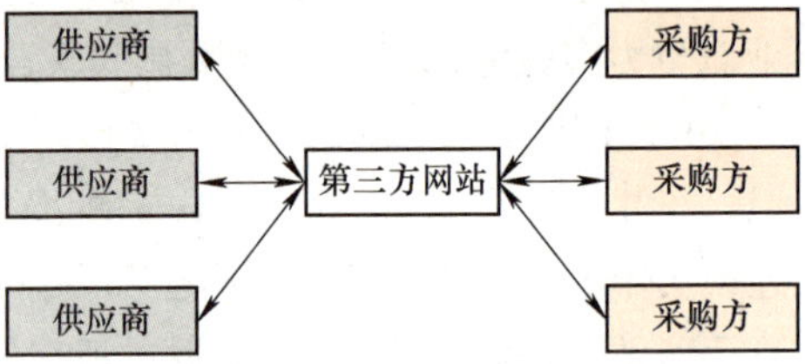

图10-4　第三方模式

这一模式是通过互联网让全世界范围内的任何个人或企业都可以进入网站,它采用会员制,只要交纳一定的会员费用,就可以以会员身份登录并进行购买交易。网站的功能有:查看目录、下订单(在线拍卖的情况下称为竞标)、循序交货、支付等。

2. 第三方模式类型

虽然这样省去了建立网站的花费,但由于这一市场是独立的第三方网站,它与采购方的后台系统集成比较困难。为了弥补这一缺陷,现今一些网上交易市场特别是由电子采购方案提供商建立的E-Market(电子交易中心)纷纷采用了基于XML的开放型架构。这种架构已逐渐成为构建E-Market的主流模式。因为在这种构架下不论企业自身的系统是什么"语言",都可以通过XML顺利地进行"沟通",同时他们还为客户提供后台集成服务,使企业能顺畅地在电子市场上进行采购。

不过这些电子交易中心也存在发展方向和服务水平上的差异,许多电子交易都只是局限于为多个买方和供应商提供一个在线的多对多的"窗口",而且通常只是关注于一个单一的水平或是垂直行业部门,目前大约10%~30%的采购是由交易中心来进行的。

为了更加顺畅地开展第三方模式,并使其被大众所接收,一些第三方网站推出了统一的服务条款和协议。任何供应商和采购方只要利用该平台,就必须遵守该条款和协议。此举相当于第三方网站将自己作为管理者,以统筹采购过程可能发生的冲突和标准不一。第三方网站可以提供统一的订单管理系统、支付系统等,这在很大程度上促进了第三方模式的迅猛发展。

第三方采购系统还包括以下几种模式:

(1)采购代理——为企业提供安全的网络采购场所,也提供诸如在线投标和实时拍卖等服务。

(2)中介市场——由专业的网络公司组建,用来匹配企业和多个供应商的在线交易。

（3）联盟采购——多个企业把它们要采购的相似的商品在数量上累加，以增强集体购买力。

3. 第三方模式案例——淘宝网

淘宝网（www.taobao.com）是目前亚太最大的网络零售商网站，致力打造全球领先的网络零售商圈，由阿里巴巴集团在2003年5月10日投资创立。

淘宝网属于比较典型的第三方模式，采购方和供应商都借助淘宝网提供的网络平台进行交易。这里的采购方或者是供应商既可以是个人，也可以是企业。供应商通过在淘宝网上开设网店，将自己的商品信息在淘宝网上发布。采购方可以通过淘宝网浏览所有供应商展示的所有商品，并且从中选择自己需要的商品。采购方和供应商可以利用淘宝网提供的交流软件阿里旺旺进行沟通和议价，最终达成双方均满意的采购协议。采购方确定购买的商品后，借助淘宝网可以在线完成下订单和在线支付的过程，有些供应商还支持货到付款。

淘宝网是深受欢迎的电子采购零售平台，截至2010年12月31日，淘宝网注册会员就已超3.7亿人，覆盖了中国绝大部分网购人群。截至2013年年底，淘宝网拥有近5亿的注册用户数，每天有超过6000万的固定访客，同时每天的在线商品数已经超过了8亿件，平均每分钟售出4.8万件商品。2011年交易额为6100.8亿元，占中国网购市场80%的份额，比2010年增长66%；2013年，其总交易额达到15420亿元。随着淘宝网规模的扩大和用户数量的增加，淘宝网也从单一的C2C网络集市变成了包括C2C、团购、分销、拍卖等多种电子商务模式在内的综合性零售商圈，已经成为世界范围的电子商务交易平台之一。2014年的双11（11月11日），淘宝网更是创下了单日交易额571亿元的辉煌业绩。

淘宝网在规模不断扩大的过程中也出现了一些问题，主要集中在商家诚信度保证、在线支付和物流保障方面。淘宝网为了解决商家诚信问题，将淘宝网进行了分拆，分为了一淘网、淘宝网和天猫，其中天猫对商家的资质有了更加严格的要求。2011年10月10日，天猫宣布升级商家管理体系，大幅提升商城店家成本，即将其原来每年6000元的技术服务费提高至3万元与6万元两档，并同时建立"商家违约责任保证金"制度，向天猫内的商家收取1万元至15万元不等的"信用保证金"。这在一定程度上保证了天猫的高品质和高质量。而针对网上购物中最重要的在线支付问题，淘宝网本身已经具有了比较成熟的第三方支付平台——支付宝。买家与卖家的任何财务往来均通过支付宝完成，并由支付宝提供担保，提高了资金的安全性，也为淘宝网带来了巨大的现金流。

上述三种模式是从电子采购系统的所有权角度进行分类的，另外，还可以从传统的招标成功方式转变成电子招标模式，以及从商品的出卖方式——拍卖模式进行分析。

10.2.4　电子招标模式

在上一章，我们介绍过传统的招标采购模式，它以"公开、公平、公正"为原则，能够在保证竞争的前提下充分评价供应商的各种能力，全面衡量并保证采购物资的质量。但传统的招标采购模式业务流程复杂、操作烦琐、书面文档要求严格、对采购业务人员要求高，因而加重了采购业务人员的负担，而且招标采购周期长、效率低。

电子采购的兴起，为**电子招标采购提供了可能。**它以《中华人民共和国招标投标法》为依据，结合行业专家的经验设计开发的，其业务流程涵盖了传统招标采购的所有流程，实现了准备过程的电子化管理和运营，把招标理念和信息技术完美结合，使一般业务人员可以轻松操作完成电子招标项目。每次招标的业务数据、文档自动生成并有序保存,形成招标知识库,供企业长期使用和借鉴。另外,采用电子招标还可以显著缩短采购周期,大大降低招标采购成本。

电子招标采购支持在线发标、邀标、售标、投标、开标、评标、授标,支持评标专家评标与管理,招投标费用管理,支持单价、总价、专家评标等多种决标方式,大大方便了招投标企业开展招标活动,缩短了招标周期,降低了招标成本,提高了招标效率。

电子招标采购方式主要包括竞价采购和询比价采购。

1. 竞价采购

竞价采购是招标方式、拍卖技术以及现代互联网信息技术的有机结合。它类似于拍卖竞购的一种逆向行为,是用逐步降低销售价格的方式赢得标的物的过程,也称为拍购。竞价时,由采购企业发布竞价标书,事先约定拍购条件,并主持整个竞价过程。经过采购企业资格预审的合格供应商,都是在匿名条件下与对手竞争,可以在规定的竞拍过程中充分进行竞争性报价,争取获得有利的排位,符合预设中标条件的供应商最终中标。

2. 询比价采购

询比价采购就是货比三家,通过比质比价确定最终的供应商。这种采购方式适用于采购金额低、通过简单谈判可以快速完成采购任务的情况。基于互联网的询价采购方式可以实现以下需求:

(1)公开询价:向所有的供应商公开发布询价函,征询报价。

(2)邀请询价:向经过资格预审的合格供应商发布询价函,进行询价。

(3)报价谈判:采购企业的业务人员分别与各潜在供应商进行多轮谈判,通过比较确定最终报价。

(4)在线比价:采购企业的业务人员对各潜在供应商的报价进行在线比较,选中性价比最优的供应商。

(5)询价过程跟踪:企业采购人员和审批人员可以在线查看整个询比价过程,看到详细的图片记录和报价清单。

(6)日志查询:询比价采购系统提供详细的报价日志查询。

(7)订单审批:询比价采购系统提供最终确定的订单提交审判。

10.2.5　网上拍卖模式

网上拍卖有正向拍卖和反向拍卖两种模式。

1. 正向拍卖

正向拍卖(英式)是传统的英国式和美国式拍卖。正向拍卖模式是由卖方提供一件物品,买方通过竞拍赢得拍卖。出价高者赢得拍卖。常见的拍卖大多是正向拍卖。

英式拍卖是拍卖中最普遍的一种形式。参与竞拍者竞出他们乐意出的最高价。拍卖终止期限一到,该次拍卖自动结束(如果拍品在距离拍卖截止时间最后3分钟内有人出价,拍卖时间将以此时间为起点自动向后顺延3分),拍品将卖给出价最高者。网上英式拍卖一般用于拍卖周期较长(如1天以上)的拍卖。

一般而言,网上拍卖网站通常会提供正向拍卖方式。正向拍卖又分为一般拍卖方式和集体议价方式。采用一般拍卖方式的会采用加价式竞价来决定最终购买方和购买价格。少数网站会提供反向拍卖方式。这时,一般会采用减价式竞价决定最后的供应商和价格。正向拍卖目前已经相当成熟,其主要的手段就是竞价,高价者得。正向拍卖在采购中很少遇到,因此本节主要介绍反向拍卖。

2. 反向拍卖

反向拍卖也叫拍买,常用于政府采购等。它是由采购方提供希望得到的产品的信息、需要服务的要求和可以承受的价格定位,由卖家之间以竞争方式决定最终产品提供商和服务供应商,从而使采购方以最优的性能价格比实现购买。

通过互联网实现的反向拍卖大体可以采用如下流程:

① 采购者准备招标信息,该信息的内容与传统招标没有太大差异,仍旧围绕待采购产品的各类要求,这里强调一点的是采购者可以明确发布他们希望的采购价,并以此约束竞标者的竞标方案。

② 在网站上建立竞标专区,并发布完整的招标信息,包括目标采购价格。在这里每一次采购都会专门开辟一个区域用于整个竞标过程,电子市场需要在功能上保证这个专区的实现。

③ 电子市场对外发布竞标专区,有条件的网站还可以通过站内电子邮件系统将信息发送给所有的潜在供应商,或者将一些大型采购专区推送至网站流量最大的位置上,以便让更多的用户了解到。

④ 供应商下载招标信息,并准备竞标方案。

⑤ 供应商通过竞标专区发送竞标方案给采购方,这种发送方式可以通过竞标专区的专门通道实现,也可以通过电子邮件实现。但为了把更多的交易过程留在网站内,电子商务运营商更应考虑为参与竞标的供应商开辟发送通道。

⑥ 采购者对比竞标方案。

⑦ 采购者与最符合要求的供应商签订协议,在签订协议之前采购者也可能会和几个候选的竞标者进行更进一步的沟通以保证交易的安全,这种沟通包括看货、资质评估等。

从上述流程可以看出,反向拍卖具有的主要优点有:

① 过程简化。对于招投标流程来说,反向拍卖的流程就很简化,不再需要花几个月时间来接受和核定供应商,整个流程一个多小时就可以完成。

② 节约成本。对于买卖双方来说,反向拍卖的方式避免了采购前的费用支出,如采用招投标方式需花费购买招标文件、制作招标书等的费用。同时,拍卖的方式也促使商品价格大幅下降。

网上反向拍卖自 2000 年以来逐渐在欧美开始流行,它把反向竞价过程放到网上执行,可以充分发挥互联网的优势,同传统的谈判方式相比,这种做法能给采购方平均节省11% ~12%的成本。在这方面,通用电气公司称得上是佼佼者:2000 年,它组织了 1 万多次反向竞价,这为它省下了大约 10 亿美元。

法国的一些大集团也很好地利用了这种方式,如达能、欧莱雅、家乐福以及一些汽车制造商。甚至连政府也加入了它们的行列,总理府和军备总局都曾通过这种方式购买过办公用品。

另外,反向拍卖的负面影响也不容忽视。首先,反向拍卖过分关注了价格,忽视了与供应商的关系。拍卖的透明、公开的特性以及只关注价格的短期行为,很难保证采购商品具有长期的竞争性,采购方与供应商很难维持长久的亲密关系。再者,反向拍卖中,采购方很难预测最终的价格,每次拍卖产生的价格可能都不同。最后,供应商为了中标将标价压得过低,会导致中标供应商的服务减少及标的质量下降。

10.3 电子采购的流程及方案实施

电子采购与传统采购相比存在比较大的优势,主要体现在它的流程和实施手段上。本节主要介绍电子采购流程,将其与一般采购流程进行对比并对电子采购的实施过程作阐述。

10.3.1 电子采购流程

传统的采购流程包含以下几个活动:①分析、确定、提交采购需求;②选择供应商;③确定价格;④签订采购合同;⑤跟踪交货过程,确保交货;⑥采购货物入库;⑦付款,如图10-5a所示。

电子采购流程与传统采购流程基本相似,但是由于电子采购需要利用互联网,很多流程的操作方式也从线下改为了线上。而且在电子采购过程中往往已经在网页上标明了价格,采购方选择和确定供应商的过程伴随着确定价格的过程。此外,由于与采购相关的很多条款都已经事先在网页上予以规定,采购方与供应商无须通过重新谈判达成相关的采购条款,下订单的过程就是承认网页上相关条款的过程。采用电子方式来完成整个采购过程,不仅能很好地完成上述步骤,而且还更有效率、更方便、更规范。如果对流程中的每个步骤进行更进一步的研究,可以看出每一个步骤的信息互动和操作手段都比一般的采购过程要简单。电子采购流程图如图10-5b所示。

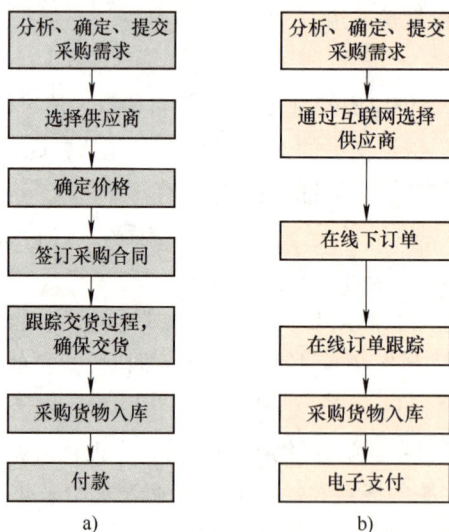

图10-5 传统采购流程与电子采购流程的对比

电子采购流程包含以下几个活动:

(1)分析、确定、提交采购需求。企业根据自身需要分析自己的采购需求,并且根据企业预先规定的采购流程,将采购需求传送给企业内相关责任人批准。根据经批准的采购需求,采购部门人员通过填写在线采购表格提出采购申请,对于经常采购的商品,可以建立一个特别的目录,以方便在线提出采购申请。

（2）通过互联网选择供应商。一旦采购申请最终得到认可，采购人员可以按照目前供应商的不同情况采取不同的方式：若所需采购的原物料已有了合格供应商，则该申请自动转化成订单并发送给合格的供应商；若所需采购的物料没有固定的供应商，采购人员需通过该企业的采购网站或在互联网上寻找供应商，这种方法比从行业杂志、听推销员上门推销等方法快捷、高效。采购人员不仅能从网上得到供应商的价格和数量信息，还可以通过与 CAD 软件集成的电子采购系统浏览技术图样，这样就获得了进行采购决策所需的数量要求、价格要求和功能要求，并且可以在采购系统生成的供应商比较报告的辅助下进行决策。

（3）在线下订单。在确定了供应商后，订单会通过电子邮件或网上直接订货等方式传送给供应商。

（4）在线订单跟踪。有些信息系统较为完善的供应商会反馈给采购方一个订单号，采购人员可以通过订单号在线追踪订单的执行情况以及物流情况直至交货。

（5）采购货物入库。在采购方收到货物之后，根据之前的订单确认收货，然后将物品入库。

（6）电子支付。电子采购最后的步骤就是通过互联网进行在线支付，通过互联网完成付款过程，既可以保证财产安全，也更加的方便快捷。

10.3.2　电子采购方案的实施

1. 实施准备

在具体电子采购的实施中需要重点考虑以下几个方面：

（1）战略方面。企业必须对实施电子采购有清晰的战略目标，确定电子采购系统能够支持而不是伤害企业的整体战略部署。企业的高层管理人员也必须对电子采购达成一致共识，从而保证企业各部门能够协调运作。同时，企业还要对外部环境进行分析，例如有多少个供应商有能力参与企业的电子采购，企业是否有实力要求供应商对电子供应进行投资等。

（2）业务流程方面。电子采购不是当前采购业务流程的简单电子化或自动化。企业必须仔细评估供应商和企业自身的采购作业流程，确定是否需要重新设计采购作业流程，以保证电子采购的顺利实施。在多数情况下，企业需要聘请第三方咨询服务商帮助企业改进业务流程，邀请供应商参与采购作业流程分析，以便新的电子采购系统的顺利实施。

（3）组织方面。电子采购要求企业的组织结构、组织文化、人员培训等方面必须支持实施电子采购对企业采购职能和其他职能所造成的变革。企业必须明确电子采购可能影响的部门和人员以及影响程度，企业内部是否存在对变革的阻力，企业是否有详细的培训计划等。

（4）技术方面。技术方面要求企业具有安全、可靠、易于管理和维护的计算机及网络。网络是企业实施电子采购的必要组成部分。企业需要知道：自身的电子采购系统是否与供应商的系统兼容；企业新的电子采购系统是自主开发还是外包；如果外包，如何选择电子采购系统的供应商；新的电子采购系统如何与财务、生产、营销等部门连接等。

（5）绩效评估方面。企业采用电子采购就是为了获取新系统所能带来的益处，因此，评估和控制电子采购的绩效是保证电子采购成功运作的关键。科学的绩效衡量指标有助于公司发现新的电子采购系统中存在的问题并及时改进。这些指标包括订货满足率、准时交货率、处理采购订单的时间、采购价格的降低、库存成本的降低、订货成本的降低、运输成本的降低、供应商绩效的提高、与供应商关系的改善等。

2. 实施过程

近年来,电子采购技术的进步帮助企业解决了工业管理领域的诸多难题。下面主要介绍企业电子采购方案的实施过程。

(1)制定管理策略。本书第3章已经指出:企业可以参照风险、复杂度和价值等标准把物料分为战略性物料、瓶颈类物料、杠杆类物料和常规类物料四类。根据不同种类物料的特征,选择其适合的管理策略,如表10-2所示。

表10-2 不同物料的采购管理策略组合

	战略性物料	瓶颈类物料	杠杆类物料	常规类物料
特点	采购量大,本身价值昂贵,质量的好坏对企业产品会产生重大民影响。同时,能够提供这种物料的合格供应商不多,企业要想改为自制也不是短时间内能做到的	这种物料本身的价值可能不太昂贵,但是获取这种物料有一定难度	供应市场比较充足,但该种物产本身价值昂贵,库存占用资金大	小件物料,本身价值不高,市场上也容易获得,种类繁多,能够占到企业全部采购种类的一半以上
供应商管理模式	战略伙伴关系长期合作	稳定、长期的合作关系	一般合作关系	一般交易关系
基本策略	"双赢"策略	灵活策略	最低成本策略	管理成本最小化
管理重点	详细的市场调查和需求预测 严格的库存监控 严格的物流控制和后勤保障 对突发事件的准备	详细的市场数据和长期供需趋势信息 寻找替代方案及备用计划 供货数量和时间的控制	供应商选择 建立采购优势 目标价格管理 订购批量优化 最小库存	产品标准化 订购批量优化 库存优化 业务效率
安全库存量	中等	较高	较低	最小化
订购批量	中等	较大	较小	经济批量
绩效评价准则	长期可得性 质量可靠性	来源的可靠性	采购成本 库存成本	业务效率

(2)采购需求描述。制定出意向合适的管理策略后,对货物和服务进行成功议价的首要步骤就是清楚地描述需求,以此确定合同条款。通常采购企业会制定出详细的包含总成本在内的报价请求(request for quotation,RFQ),以便与竞标文件进行对比。上述工作极其复杂而且消耗时间,但是通过把收集和分类数据的过程自动化,技术方案能极大地简化这一工作。例如,无须每次为货物和服务收集数据和撰写RFQ,采购企业可以利用信息技术在定制化的模板上产生RFQ文件,保存下来在需要时更新就可以了。采购企业可以把RFQ发布到网址上,从供应商处即可收到互动的反馈信息。

(3)供应商开发与管理。与传统采购一样,电子采购也需要开发与管理供应商。供应商开发一般分为三个步骤:

①初选供应商。经过对市场的调查分析,采购部门通过各种公开信息和公开渠道,包括向企业注册机构查询、向供应商主动问询和介绍、专业媒体广告、互联网搜索等方式,得到供应商的联系方式,并将对供应商的选择意向传递出去,通过渠道的方式接触潜在供应商。通过对供应商反

馈信息的分析,可以初步确定供应商名单。

②考察及审定。采购部门根据自身需要,对供应商作出科学的考察与审定,关键是掌握真实有效的数据。然后,采购部门对供应商进行实地考察,把好采购的质量关。由于电子采购的特殊性,采购方在审定供应商的过程中,还需要对供应商是否具备配合实施电子采购的能力进行考察,配合电子采购的能力包括技术、资金、人员等层面的考虑,在实地考察和评估的基础上确定合格供应商名单。

③确定最终供应商。在供应商审核完成后,采购部门通过询价、报价、评标、定标、合同谈判等工作流程和相应的技术策略运用,将供应商的有关信息进行整理、分析和归纳。将最终确定的合格、合法的供应商,列入采购供应商名册,储存于数据库内。根据实际需求确定最终供应商,共同签署合作协议,履行伙伴关系职能。

无论是传统采购还是电子采购,供应商管理都是采购工作中一项非常重要的环节,不断改善和优化供购关系是供应商管理的重要手段。供应商绩效评估是优化供应商关系的重要一环。供应商的绩效表现在它们的产品质量、成本、交货期、技术含量等方面。供应环节的效率和价值增值,是供购双方亲密关系协同产生的。首先,采购部门要敢于向供应商授权,并与其建立长期深层次的业务合作关系;其次,要坚持考评,不断优化结构目标,以共同利益和责任为着力点,通过与供应商的经常接触和会访等形式,与供应商共同制订采购供应计划以及计划执行情况的考核指标,通过共同的检查和改进,找出存在的问题,查明产生的原因;采取提高的措施。

(4)采购谈判。货物和服务谈判是电子采购工作中的重要环节。相对于传统的采购模式,这个过程可能需要花费数周的时间。电子采购采用技术化的解决方案,如在线拍卖,采购方可以在数小时内完成谈判。在这种方式下,供应商按照采购方对采购方案做出的精确描述,实时进行在线竞争,报价尽可能低以求胜出。采购企业还能通过查看并评估所有提交的投标书,选择性价比高的供应商。

(5)采购决策。竞价优化技术可以帮助企业实时地按照多项指标对投标进行评估,并根据评估的结果选择最优的供应商。由于电子采购可以实时地对供应商进行评估,只要有一套合理的评估方案,采购方就可以激起更多的竞争来推动产生更多的采购优化方案。

10.4　电子商务与电子采购

20 世纪以来,尤其进入 21 世纪之后,科技的进步给信息技术行业带来了巨大的变革。基于信息技术的电子商务也得到重视并迅猛发展。电子采购的起源更早,一定程度上促进了电子商务的产生和发展。同时,电子商务的高速发展给电子采购提供了新的契机,电子采购利用电子商务的平台得以快速的发展。电子商务涵盖的范围不仅仅只在采购这一方面,只要是涉及互联网的各种商务活动,都可以在一定程度上理解为电子商务。

10.4.1　电子商务

1. 电子商务定义

电子商务可以划分为广义的电子商务和狭义的电子商务。广义的电子商务定义为使用各种电子工具从事商务活动;狭义电子商务定义为主要利用 Internet 从事的商务活动。无论是广义的还是狭义的电子商务都涵盖了以下两个方面的内容:一是使用电子工具;二是进行商务活动。

2. 电子商务应用范围

电子商务涵盖的范围很广,一般可分为企业对企业(Business-to-Business,B2B),企业对消费者(Business-to-Consumer,B2C),个人对消费者(Consumer-to-Consumer,C2C),企业对政府(business-to-government),线上对线下(online to offline),商业机构对家庭消费(business to family),供给方对需求方(provide to demand),门店在线(O2P)8种模式,其中主要的有B2B和B2C两种模式。

互联网信息碎片化以及云计算技术愈发成熟,主动互联网营销模式出现,i-Commerce(individual commerce)顺势而出,电子商务摆脱将传统销售模式生搬上互联网的现状,以主动、互动、用户关怀等多角度与用户进行深层次沟通。

3. 电子商务的发展特征

(1)更广阔的环境。人们不受时间的限制,不受空间的限制,不受传统购物的诸多限制,可以随时随地在网上交易。

(2)更广阔的市场。在网上,这个世界变得很小,一个商家可以面对全球的消费者,而一个消费者可以在全球的任何一家商家购物。

(3)更快速的流通和低廉的价格。电子商务减少了商品流通的中间环节,节省了大量的开支,从而也大大降低了商品流通和交易的成本。

(4)更符合时代的要求。如今人们越来越追求时尚、讲究个性,注重购物的环境,网上购物更能体现个性化的购物过程。

10.4.2　电子商务与电子采购的关系

在互联网还没有出现并没有成熟的时候,电子采购的雏形是EDI采购。互联网的成熟给电子采购提供了平台,电子采购演变为由采购方发起的一种不见面的网上交易,如网上招标、网上竞标、网上议价等。如果在网络上进行的这种招标、竞标、议价等活动发生在企业之间,则可以定义为B2B电子商务。

电子采购不同于电子商务,前者是一种集成供应链策略,注重后台客户;后者是一种面向大众的网上交易方式,注重前台客户。不过,电子采购绝对不是简单地在网上发出一份采购订单,而是要把复杂的各种流程放到网上去做,包括协作设计、技术方案制定、采购批量计划和预测、库存管理,以及当涉及外包制造服务时的供应问题等。

从宏观层面来讲,电子采购驱动了整个电子商务的发展,特别是B2B模式与供应链管理的发展,而电子商务是电子采购的高级形式。传统的供应链管理以生产为中心,力图提高生产效率,降低单件成本,来获得利润,在销售方面则采用促销方式试图将自己的产品推销给客户,并通过库存来保证产品能不断地流向市场。而电子商务环境下的供应链管理的理念是以客户为中心,通过客户的实际需求和对客户未来的需求的预测来拉动产品的生产与销售。

10.4.3　电子采购发展趋势

基于互联网的电子采购在我国才刚刚起步,实施的企业也不多,主要是一些大企业,而且主要是用于直接物料的采购,大量的中小企业没有实施电子采购。其中的原因是多方面的。首先,我国的电子采购环境还不成熟,相关的法律法规体系还不完善,电子采购的网络环境还处在开发阶段。其次,大多数企业缺乏电子采购意识,未能把电子采购作为企业的重要战略看待。再者,电子采购的工具还不普及。

但是随着电子商务的概念日益深入人心,随着政府、企业对电子商务的逐渐重视,电子采购将会大有发展。可以从以下几个方面分析电子采购未来的发展趋势:

1. 网络通信技术的发展将给电子采购提供更好的设施支持

随着信息技术以及网络通信技术的发展,电子采购将会有更好的网络平台和运营环境。廉价的上网费用将进一步降低电子采购的成本。此外,随着移动设备的发展,电子采购在移动业务的扩展将更加快速。

2. 电子采购环境将更加完善

首先,随着有关电子采购的法律法规进一步的完善,电子采购的政策环境将得到进一步规范,电子采购将得到更好的法律保障。其次,网络安全技术的进步给电子采购的安全性带来了保障,尤其是给电子采购中涉及的资金安全保驾护航。再次,现代物流技术的发展将可以为电子采购提供更加有力的物流支撑。

3. 电子采购的深度将进一步加大

电子采购目前虽然得到了相对比较多的重视,但还未成为一种资金量大、采购范围广的采购方式。随着电子采购被更多人接受以及网络安全性的提高,电子采购涉及的商品深度和资金量将快速发展。

4. 个性化趋势

电子采购将进一步面对企业和个人,涵盖的范围将进一步扩大。随着消费者需求的不断增加,对个性化定制的需求必然出现。针对一些特殊群体或者有特殊要求的采购方,电子采购必将产生新的变化以更好地满足需要。

10.4.4 我国企业开展电子采购的对策建议

1. 鼓励大型企业参与电子采购

大型企业对电子采购的接受速度快,而且有条件和能力来实施。国内电子、化工、纺织、钢铁等行业的大中型企业在信息化建设方面水平相对超前,而且开展电子商务的比例也高于其他行业,30%左右的大型电子企业已经涉足电子商务领域,还有30%的企业已经完成或正在实施ERP系统建设。大企业更多地参与电子采购,可以构建出一个发展电子采购的大环境,并且可以利用自身的实力,带动其他的中小企业参与进来。

2. "引进来"与"走出去"相结合

电子采购首先兴起于国外,国外的电子采购技术已经比较成熟。我国企业如果想要发展电子采购,可以借鉴外国成熟的经验,将他们开展电子采购的方式引进来,并加以利用。

但是由于我国有着独特的国情,我国的中小企业与外国企业也有着很大的不同。在借鉴外国经验的同时,更要认识到自身的特殊性,要找到更适合自己的电子采购道路。

3. 大力发展第三方交易平台

无论电子采购采用采购方模式还是供应商模式,都需要采购方或供应商提供专业的硬件支持和人才支持,发展专业的第三方交易平台可以更有效率地发展电子采购。采购方和供应商都只要利用第三方交易平台就可以直接交易,而不需要去自己建立和维护。

针对目前已经存在的第三方交易平台网站,可采取以下措施以便进一步规范:

(1)整顿现有网站的经营行为,进行资格认证、考评,并对不符合要求的网站实行关停并转处理。

(2)培养有头脑的商务人才。

(3)引入风险投资机制,重点培育专业级、纵深型网站。

(4)宣传发展良好的 B2B 网站,引导企业参与。

4. 完善电子采购环境

电子采购环境主要包括物流、支付和相关法律法规等。

首先,物流方面,我国的物流企业虽然得到了快速的发展,但是其运作体系依然没有发达国家那么快捷、高效。建立一个规范、快速、有保障的物流体系对发展电子采购的意义重大。

其次,电子支付方面,目前虽然由于银行的大力推动,电子支付得到了很大的发展,但也存在的很多的问题,如电子支付的快捷性、安全性等。利用网络技术进一步提高电子支付的安全性,可以保障电子采购的安全等级进一步提高。

最后,法律环境方面,电子采购虽然得到了快速发展,但是很多电子采购中涉及的法律法规却没有完善,有的甚至是空白。建立完善的电子采购相关法律法规,对约束采购方、供应商以及第三方在电子采购过程中的行为十分重要。对预防电子采购诈骗、处理电子采购纠纷都有十分重要的作用。此外,为了鼓励电子采购发展,还应该给电子采购一个相对宽松的政策环境,必要时可以给一些优惠政策,如税收方面的优惠。

10.5 成功案例——中国石油化工股份有限公司的电子采购

1. 中国石化简介

中国石油化工股份有限公司(简称"中国石化")是一家上中下游一体化、石油石化主业突出、拥有比较完备销售网络的企业,同时在香港、纽约、伦敦和上海上市。中国石化是仅次于中国石油的国内第二大油气综合供应商,也是中国最大的一体化能源化工公司之一。该公司 2005 年位居世界 500 强第 31 位,主要从事石油与天然气勘探开发、开采、管道运输、销售,石油炼制、石油化工、化纤、化肥及其他化工生产与产品销售、储运,石油、天然气、石油产品、石油化工及其他化工产品和其他商品、技术的进出口、代理进出口业务,技术、信息的研究、开发、应用。中国石化拥有 70 多家子公司,遍布 19 个省市 1300 多个县,拥有包括 1400 多家供应商,规模涉及 56 大类 37 万种,年采购额近 500 亿元。

2. 中国石化电子采购网站

中国石化在电子采购方面起步较早,进展较快,无论在采购理念、采购方式、采购业绩方面,都走在了行业前列并很快成为公司的特色业务之一。中国石化具有资金雄厚,企业所在区域广,采购范围、规模大等特点。

2000 年是中国石化步入电子采购之路的起步之年。这一年,中国石化与当时的国际计算机信息巨头康柏(Compaq)公司合作,独立自主开发了企业电子采购系统,并于当年 8 月 15 日投入运行,标志着该企业步入了电子采购的新纪元。其目标在于改变过去以订货为主的传统采购模式,建立 B2B 交易型的专业网上物资采购网站,建立系统的电子采购。网站的主要功能有:①发布物资需求、指导价格、供应商基本情况等;②供应商资格确认;③网上订单提报、审批询价方案、发布询价书、招标公告、供应商报价、选择供应商、录入合同;④查询网上各类信息;⑤各类报表的录入汇总;⑥采购数量、金额、价格走势、库存状况及节约采购资金分析等。

截至 2005 年,中国石化电子采购物资品种、上网用户数量不断扩大,交易金额逐年提高,每年以 88% 的速度大幅上升。其中,电子采购物资品种从最初的 8 个大类、5000 多种物资,扩大到目前的 56 个大类,包括石油石化生产建设所需的化工原辅料、煤炭、钢材、设备等 12 万多种物资。网上用户也从 2381 个增加到 2 万多个,其中网上注册供应商从 300 家发展到 15000 多家,基本涵盖了化工、冶金、制造加工、煤矿等大型生产制造企业和部分流通企业。

中国石化采用了混合式的电子采购模式。一方面,企业把电子采购的 B2B 电子商务模式集成到已有的 ERP 系统中,使得企业能够通过标准化的采购规范,和 SAP 系统提供的强大基础能力实现电子采购软件的无缝连接;另一方面,物资电子采购商务系统网站的运行为 B2B 拍卖提供了一个平台。中国石化利用自身在供应链中的主导地位,采用逆向拍卖的方式,取得采购成本方面的优势。同时,由于中国石化自身涵盖了供应链的上、中、下游环节,拥有众多企业,是一个名副其实的企业集团,其电子采购系统的开放,为集团内的企业提供了自由、通畅的电子交易市场环境,大大降低了整个中国石化的内部购销成本。

3. 中国石化电子采购绩效

中国石化物资电子采购系统首批上网的物资包括钢材、设备、配件、油田化学剂等 12 个大类近 15 万种规格物资,首批会员包括集团公司、股份公司总部、直属企业等 45 个,供应商 300 多家。电子采购的物资种类也在逐年扩大,2006 年已涵盖了全部 56 个大类近 20 万种规格物资,会员包括全部 2500 多家供应商。网上物资采购金额也随之逐年增加。2000 年网上采购金额为 10 亿元,2001 年为 74 亿元,2002 年一季度网上采购金额已达到 21 亿元,节约采购费用 3%。可以看到,只是在初期阶段,电子采购就已经为中国石化带来了有效的成本节约。

4. 中国石化电子采购的未来

中国石化在电子采购上仍然有许多可以改进的地方。分析中国石化现行的电子采购系统,可以发现,采购的物资主要集中在生产性资源上,没有把企业运营性的物资采购包括在内。而作为一个庞大的企业集团,这一部分物资具有采购数目大、采购种类同一化程度高、采购品类较为固定的特点。同时,中国石化的电子采购物资的供应商主要集中在国内的一些企业,并且大多数是企业原有的供应商,网站的收益主要来自交易信息的低成本高效流通。然而,电子采购的最终目的是创造更加开放的采购环境。基于这个理念,中国石化可以和国际已有的大型石化类电子采购集市(即第三方)建立连接,并通过法规对采购产品和行为本身进行约束,吸纳更多的供货来源。

📖 本章小结

电子采购是一种基于互联网技术的新兴的采购方式。由于电子采购形式成本低廉,采购效率更快,信息共享程度更高,已经给企业采购形式带来了巨大的变革。

目前的电子采购主要有三种模式:采购方模式、供应商模式和第三方模式。这三种模式在现实中都有很多的应用。采购方模式就是企业将自己的采购需求放在自己建立的网站上,然后让供应商登录,在满足自己采购需求的条件下提供报价,然后选择供应商并完成采购过程。供应商模式多用于网上商店和网上购物中心,如苏宁易购等。第三方模式其实就是由第三方提供电子商务平台支持,供应商和采购方相互选择的过程,如淘宝网等。要想实现电子采购方案,其手段和措施与传统采购有一定的相似也有一些不同。电子采购方案的实施包含:制定管理策略、需求描述、供应商开发与管理、服务与货物谈判、采购决策等。

电子商务的发展给电子采购的发展与完善带来了机会与可能。电子采购作为一种新兴的采购形式必将有更加快速的发展和完善。在鼓励了一些大企业率先采用电子采购、大力开发第三方交易平台建立和完善电子采购环境之后,电子采购必将发挥更大的作用。

习题

一、选择题

1. 下列企业或者网站采用的电子采购模式属于第三方模式的是(　　)。
   A. 苏宁易购　　　B. 淘宝网　　　C. 国美电器　　　D. 支付宝

2. 电子采购的最初形式是(　　)。
   A. ERP 系统　　　B. MRP 系统　　C. EDI 系统　　　D. SAP 系统

3. 下列说法中,不属于电子采购的优势的是(　　)。
   A. 可以实现电子化评标,为评标工作提供方便
   B. 大大减少了采购过程中的书面材料
   C. 可以降低企业的采购成本,缩短采购周期
   D. 可以完全实现自动化,不需要人的参与

4. 电子采购最先兴起于(　　)。
   A. 美国　　　　　B. 英国　　　　C. 法国　　　　　D. 意大利

5. 关于电子商务,下列说法中错误的是(　　)。
   A. 电子商务是电子采购的高级形式
   B. 电子采购是电子商务的一部分
   C. 电子商务就是电子采购
   D. 电子商务注重前台客户

二、判断题

1. 电子采购由于具有非常明显的优势,目前已经完全取代了传统采购。　　　　　　(　　)
2. EDI 系统按照模块功能的不同可以分成:EDI 应用层、EDI 代理服务层、EDI 交换层。(　　)
3. 目前,我国的电子采购行业覆盖很广,包括了教育、农业等行业。　　　　　　　(　　)
4. 按照主流的划分,电子采购可以划分为采购方模式、供应商模式和第三方模式。　(　　)
5. 企业在采购过程中,只需要关注价格以节约采购成本,对供应商的保持和选择可以暂不考虑。
   　　　　　　　　　　　　　　　　　　　　　　　　　　　　　　　　　　　　(　　)

三、思考题

1. 什么是电子采购? 电子采购有哪些优点?
2. 电子采购有哪几种模式? 试举例加以阐述。
3. 要想实施电子采购方案,需要从哪些方面入手?
4. 电子采购与电子商务有什么关系?
5. 电子采购目前的发展遇到了哪些问题? 未来的发展趋势如何?

四、练习题

用 Thomas Register of American Manufacturers 网站(访问此网站需要免费注册)寻找一种你完全不熟悉的工业品。查看有多少家企业提供这种产品,多少家企业有产品目录或网站,多少家企业提供在线订购服

务,多少家企业可提供传真材料。写一份 600 字左右的报告,总结你对这种产品的了解以及该产品在网络上的情况。

参 考 文 献

[1] Applegate L M, Cash J I, Mils D Q. Information technology and tomorrow's managers [J]. Harvard Business Review, 1988 (11/12): 128-136.

[2] Venkatraman N. IT – Enabled business transformation: from automation to business scope redefinition [J]. Sloan Management Review, 1994,(4): 73-87.

[3] 徐杰,鞠颂东. 采购管理[M]. 北京:机械工业出版社,2011.

[4] 王功翠,林美娜,牛玉冰. EDI 在电子商务中的应用与发展 [J]. 电脑知识与技术,2010, 6 (14): 3832-3833.

[5] 戴尔尼夫. 电子采购从构想到实施 [M]. 陈朝辉,译. 北京:中信出版社,2002.

[6] 骆建文. 采购与供应管理 [M]. 北京:机械工业出版社,2009.

第 11 章
企业采购中的社会责任

企业社会责任是新时代对企业的新要求，也是企业家的新责任。企业采购中的社会责任是指企业在采购活动中，在选择供应商时，将供应商的社会责任履行情况作为选择标准之一，来考察供应商。本章将介绍有关企业社会责任的概念、企业采购中的社会责任内涵、企业采购中的社会责任对企业运营管理的影响，最后通过一个案例说明社会责任在企业采购中的应用。

11.1 企业社会责任的概念

本节介绍企业社会责任概念的起源和企业社会责任标准（SA 8000）以及该标准的执行情况，使读者对企业社会责任的概念有一个初步了解，为讨论企业社会责任采购奠定基础。

11.1.1 企业社会责任

现代社会中，企业是一个经济组织，应该考虑其经济利益，但同时企业也是一种社会存在，其生存发展离不开社会。企业的经营运转不能随心所欲，应该对社会发展有所考虑。日益严重的社会环境、产品质量与安全、企业间的顾此失彼等问题造成了企业竞争力的差异，那些注重社会责任问题的企业受到利益相关者的青睐，竞争力强；而只顾眼前利润的企业经营惨淡，难以维系。可以说企业社会责任日益重要，受到全社会越来越多的关注。

1. 企业社会责任概念的起源

企业社会责任（corporation social responsibility, CSR）这一概念源于 20 世纪初随着资本的不断扩张而引起的一系列社会矛盾，诸如贫富分化、贫困，特别是劳工问题和劳资冲突等。20 世纪 30 年代，当英国学者罗纳德·哈里·科斯在研究新古典经济学企业理论的过程中，提出一种挑战传统的企业角色或目标定位理论——企业社会责任理论（或利益相关者理论）。该理论一提出，立即引起了人们的极大关注。它虽然有一大批追随者，但遭遇更多的却是来自传统理论信奉者和现代自由市场学派等众多人士的责难。这一理论的倡导者和反对者在不同时期，甚至同一时期的不同场合，在对待企业社会责任问题的态度上也大相径庭。企业社会责任的倡导者和反对者之间的对立，同一学者对企业社会责任问题的矛盾心理，意味着对企业社会责任尚有进一步探讨的必要。

就定义而言，目前国际上仍没有统一的认识，一般认为企业社会责任就是企业在创造利润、对股东利益负责的同时，还要承担对员工、对消费者、对社区和环境的社会责任，包括遵守商业道德、保障生产安全和职业健康、保护劳动者的合法权益、保护环境、支持慈善事业、捐助社会公益、保护弱势群体等。

2. 企业社会责任的内涵式定义

最早对企业社会责任进行定义的是 Bowen，他认为企业社会责任就是商人按社会的目标和价值向有关政策靠拢，作出相应的决策，采取理想的具体行动的义务。之后，众多学者对企业社会责任的概念进行了定义。一些学者通过对内涵的抽象来界定"企业社会责任"，这种方法称为"内涵式界定法"。如孔茨和韦里克认为"企业社会责任就是应该认真地考虑企业的一举一动对社会的影响"；Gareth Jones 等认为企业社会责任是指一名管理者在做出培育、保护、提高、促进利益相关者乃至全社会福利的决定时，所肩负的义务和职责；Kok 等人将企业社会责任定义为一种义务，即企业应该以一种有利于社会的方式使用它的资源，站在社会成员的立场，尽可能地考虑增进社会福利；卡罗尔（Archie B. Carroll）认为经济责任和法律、伦理等责任是相互促进的；迈克尔·波特直接指出"企业社会责任并不简单意味着成本、约束或者是慈善活动的需要，而是企业实现创新和提高竞争优势的机会"；卡罗尔一直坚定地认为"只要企业能有意识地进行这种投资并持之以恒，那么迟早会获得企业在社会资本上的回报。

国内学者对 CSR 研究较晚，最早的是 1990 年袁家方主编的《企业社会责任》。该书主要从纳税、自然资源、能源、环保、消费者等几个方面分析企业的社会责任，为我国的企业社会责任研究奠定了基础。他认为企业社会责任是企业在争取自身的生存与发展的同时，面对社会需要和各种社会问题，为维护国家、社会和人类的根本利益必须承担的义务。刘俊海认为所谓企业社会责任，就是企业不能仅仅以最大限度地为股东们盈利或赚钱作为自己的唯一存在目的，而应当最大限度地增进股东利益之外的其他所有社会利益。

2000 年以后，CSR 研究出现了一批有影响力的成果。例如，高尚全的《企业社会责任和法人治理结构》、周祖成的《管理与伦理》等。高尚全认为，企业对社会的责任有两类：第一类是立足于企业发展的基础责任；第二类责任是企业在承担基础责任的过程中产生的外部性问题，应通过制度来实现责任的最优分担。周祖成、陈炳富认为，广义的企业社会责任是指企业应该承担以利益相关者为对象，包含经济责任、法律责任、道德责任在内的一种综合责任。曾培芳认为"企业社会责任"并不是企业出于道德或自愿而采取的单纯的利他行为，她将"企业社会责任"定义为企业行为外部性的客观表现，即如果企业为了个体利益的行为导致客观上给其他个体或社会带来了收益，那么这种行为的外部性就是其所谓的"社会责任"。易开刚认为，企业社会责任是指企业在创造利润的同时，要求企业必须超越把利润作为唯一目标的传统理念，强调在生产过程中对人的价值关注，强调对消费者、对环境、对社会的贡献；徐秋蓉提出企业应真正成为承担经济增长、生态保护和社会发展等责任的企业公民。

在使用内涵式界定法时，学者们关注更多的是企业社会责任有哪些构成要件，尽管这些构成要件对"企业社会责任"本质属性的揭示有着直接的意义，但并非都是"企业社会责任"的本质属性。

3. 企业社会责任的外延式定义

与前面"内涵式界定法"不同，还有一类学者通过外延的扩展来定义"企业社会责任"，即"外延界定法"。如美国经济开发委员会在《商事企业的社会责任》的报告中，通过"外延界定法"，对企业社会责任做出了定义。该委员会列举了多达 58 种旨在促进社会进步的行为，并要求企业付诸实施。这些行为涉及经济增长与效率、教育、污染防治、资源保护与再生、对政府的支持等 10 个方面。进而又将其区分为两个基本的类别，一是纯自愿性的行为，二是非自愿性的行为。还有一些学者也采用"外延界定法"来定义"企业社会责任"，但他们并没有直接对什么是企业社会责任做出回答，而是通过与相关概念的对比来揭示其含义。Brummer 在"企业责任"这一概念之下，通过各种企业责任之间的对比来揭示企业社会责任的内涵。他将企业责任划分为四种，即企业经济责任、企业法律责任、企业道德责任和企业社会责任。企业经济责任是指企业所负的谋求股东利润最大化之责任。企业法律责任被界定为法律所明定的企业义务。而企业社会责任与企业经济责任不同之处在于前者关注的主要是指与企业有着最直接牵连的股东，而后者侧重体现和强调的是更为广泛的社会公众的利益和愿望。企业社会责任与企业法律责任的区别在于，前者并不一定如后者那样直接规定于法律之中。与企业道德责任不同，企业社会责任在很大程度上是基于某个集团或社会公众的期望而形成的，此等期望可能与社会的道德观点有着惊人的一致，但又并非总是如此。

与 Brummer 的上述观点不同，Carroll 则把企业社会责任看作是一个涵盖各种企业责任，几乎与企业责任等同的概念。Carroll 认为，企业社会责任是社会对企业期望履行的义务；社会不仅要求企业实现其经济上的使命，而且期望其能够遵守法律、重视道德规范、开展公益活动。因此，完整的企业社会责任有四个组成部分，即经济责任、法律责任、道德责任、慈善责任。Carroll 认为，这四种责任是有不同顺序的，首先是经济责任，就是企业创造利润和发展，它是企业的最基本的责任；其次是法律责任，是遵守法律和游戏规则的责任，是"规范化的道德"；再次是道德责任，即尊重其他相关者的权利的责任，包括雇员、职工、股东、社区或其他权利人对企业的一种期待、一种规范；最后是慈善责任，即企业开展有利于社会的慈善活动的责任。在 Carroll 看来，企业负有的上述四种责任尽管含义有别，但都是社会希望企业付诸履行的义务，因之皆为企业社会责任的组成部分。只有力争盈利、遵守法制、重视道德伦理并乐善好施的企业，方可称为真正对社会负责的企业。可以将这四种责任归纳为两个层次的社会责任。第一层次是初级层次的企业社会责任，也就是法定范围以内的社会责任，包括经济责任和法律责任。第二层次是高级层次的企业社会责任，就是法定范围以外的社会责任，包括道德责任和慈善责任。初级层次体现的是企业社会责任的他律层次，是企业社会责任的基础层，反映了社会对企业的基本要求。高级层次的企业社会责任体现的是企业自律，是企业社会责任的核心层次，反映的是社会对企业的期望。

企业社会责任的外延式界定法有助于为企业提供行动上的指导，但同时也有适应性较弱的缺陷。由于企业社会责任概念是变化着的，社会对企业的期望随时间和环境的变化在不断进行改变。因此，仅仅列出企业社会责任名录，还不能提供合适的企业社会责任定义。而且，Brummer 和 Carroll 等人在对相关概念的比较中，对于概念之间的界线也没能做出清晰的划分。

4. 发展趋势

尽管对企业社会责任的概念有不同的理解和定义，尽管上述两种定义方法有各自的缺陷，尽管企业社会责任是一个比较新的概念，还在发展和变化中，但企业必须履行社会责任，这一点已经达成了共识，它代表着新的潮流和趋势。

从 20 世纪初兴起至今的企业社会责任运动代表着民主社会的不可逆转的发展趋势。追求社会福利，维护社会成员的体面和尊严，确保社会成员共享改革发展的成果，应是世界各个国家发展的必然。在我国加入 WTO 的背景下，建立适合我国国情的企业社会责任制度不仅有现实的政治经济意义，同时更体现出和谐社会的人本管理思想和对现代文明的追求。一个典型事例是 2006 年欧盟公布的"关于在电子电器设备中限制使用某些有害物质指令",要求投放到欧盟市场的电子电器产品不得含有铅、汞、聚溴联苯等六种有害物质,这一指令对我国造成的直接经济损失达 317 亿美元,占到中国出口欧盟机电产品总值的 71%,这一事例使企业社会责任问题在我国被引起广泛关注。

11.1.2   企业社会责任标准

企业社会责任标准(SA 8000)是 1997 年由社会责任国际组织(Social Accountability International,SAI)发起并联合欧美跨国公司和其他国际性组织制定的首个全球道德规范标准。**SA 8000 标准是全球第一个可用于第三方认证的社会责任国际标准**,旨在通过有道德的采购活动改善全球工人的工作条件,最终达到公平而体面的工作条件。SA 8000 标准是一个通用的标准,不仅适用于发展中国家,也适用于发达国家;不仅适用于各类工商企业,也适用于公共机构。另外,SA 8000 标准还可以代替公司或行业制定的社会责任守则。它是一个以《国际劳工组织宪章》《联合国儿童权利公约》《世界人权宣言》为基础而制定的,以保护劳工权利等为主要内容的管理标准。

SA 8000 是继 ISO 9000,ISO 14000 之后出现的规范企业、组织、社会道德行为的另一个重要的具有国际性的新标准。如果说 ISO 9000 标准针对的是产品的质量、ISO 14000 标准针对的是环境资料的话,那么 SA 8000 标准关注的就是人的生存质量。目前,该标准已开始作为第三方认证的准则,在全球的工商领域和企业机构逐渐推广、应用和实施。SA 8000 标准的要素引自国际劳工组织关于禁止强迫劳动、结社自由的有关公约及其他相关准则、人类权益的全球声明和联合国关于儿童权益的公约。标准首先给出了对企业、组织和公司进行独立审核的定义及其核心要素,确认审核评判的基本原则。**SA 8000 由 9 个要素组成,**每个要素又含有若干子要素,由此构成了社会责任管理体系。这 9 个要素可归纳为 3 个方面:

1. 劳动保障方面

(1)童工(child labor)。在就业最低年龄、年幼工人、学生、工作时间、安全工作区等方面,企业(组织)必须遵循有关法律法规的规定。企业不应使用或者支持使用童工,应与其他人员或利益团体采取必要的措施确保儿童和应当受义务教育的青少年的教育,不得将其置于不安全或不健康的工作环境或条件下。

(2)工资报酬(remuneration)。企业支付给员工的工资不应低于法律或行业的最低标准,并且必须足以满足员工的基本需求。雇主必须发给津贴、代扣保险等费用,不得弄虚作假规避法律。员工能自由处置收入,企业应提供一些可随意支配的收入,并以员工方便的形式如现金或支票支付。对工资的扣除不能是惩罚性的,并且保证定期向员工清楚详细地列明工资、待遇构成。应保证不采取纯劳务性质的合约安排或虚假的学徒工制度以规避有关法律所规定的对员工应尽的义务。这一条款在我国的具体执行中,实际上存在着许多困难,也是跨国公司针对我国企业进行生产守则验厂或 SA 8000 标准认证的主要目的所在。发达国家一般认为,我国许多企业在劳动生产效率明显低于发达国家的情况下,之所以在国际贸易竞争中具有低价优势,最根本的原因在于低劳动成本。它们认为中国企业存在着压低工资、延长工时的问题,这种状况直到 2003 年 12 月 30 日经劳动和社会保障部部务会议通过《最低工资规定》以后,才得到一定程度的缓解。《最低工资规定》是对我国《劳动法》中相应条款规定所做的实施细则,随后许多省、市、区都相继制定了当地最低工资标准。因此，SA 8000 在我国企业推行已经基本上扫除了法律障碍。

（3）安全卫生（health and safety）。企业应具备作业安全知识，为员工提供健康、安全的工作环境，采取足够的措施，最大限度地降低工作中的危害隐患，尽量防止意外或伤害的发生；为所有员工提供安全卫生的生活环境，包括干净的浴室、厕所、可饮用水、洁净安全的宿舍和卫生的食品存储设备等。具体条款包括以下内容：①安全、健康的工作环境。②任命高层管理代表负责健康与安全。③健康与安全培训。④健康与安全检查，评估和预防制度。⑤厕所、饮水及食物存放设施。⑥工人宿舍条件等。

当前我国企业最突出的问题体现在安全生产方面。国家制定了大量有关企业安全生产的法律、法规等，但在法律、法规的监察实施上存在严重的执法"缺位"，劳动监察力量配备也严重不足。我国在设立劳动监察之初的构想是从业人员与劳动监察人员之比为 8000∶1 的关系，但目前的调查结果是 25000∶1 的关系，从严重偏低的劳动监察力量配备可以看出，我国虽有较为完善的《中华人民共和国劳动法》《劳动保障监察条例》和各种各类安全生产条例，但是由于执法力量严重不足，导致了相关法律和规定不能有效的实施，危及工人生命安全的事故屡有发生，这也是发达国家和跨国公司对我国企业经常亮起的"红灯"的最主要的原因。

（4）工作时间（working hours）。企业就遵守适用法律及行业标难有关工作时间的规定，标准工作周不得经常超过 48 小时，同时雇员每 7 天中至少休息 1 天。加班工作应支付额外津贴，任何情况下每位员工每周加班时间不得超过 12 小时，且所有加班必须是自愿的。

2. 人权保障方面

（1）结社自由及集体谈判权利（freedom of association and right to collective bargaining）。尊重所有员工自由组建和参加工会及集体谈判之权利。该权利受法律限制时，应提供类似渠道，保证工会代表不受歧视并可与其所代表员工保持接触。

（2）强制劳动（forced labor）。绝不允许强制劳动，或者通过受贿、付押金等途径雇佣员工，企业（组织）必须允许员工按时下班，允许员工辞职。企业不得使用或支持使用强迫性劳动，也不得要求员工在受雇起始时缴纳"押金"或寄存身份证。强制劳动主要体现出西方国家对员工"人权"的基本保护态度。SA 8000 标准在这方面的实际要求，在操作中有一定的困难。例如，针对员工按时下班，就无法非常准确地去界定"按时"。但总的要求还是明确的，即企业必须提供给员工"自由工作"的环境，并在雇佣过程中尊重员工的基本人权。

（3）歧视（discrimination）。企业不得因种族、社会等级、国籍、宗教、身体、残疾、性别、性取向、工会会员、政治归属或年龄等而对员工在聘用、报酬、培训机会、升迁、解职或退休等方面有歧视行为。企业不干涉员工行使信仰和风俗的权利和满足涉及种族、社会阶层、国籍、宗教、残疾、性别、性取向、工会会员、政治归属需要的权利。企业不能允许强迫性、虐待性或剥削性的性侵扰行为，包括姿态、语言和身体的接触。

（4）惩戒性措施（disciplinary practices）。不允许体罚、精神上或肉体上的强制行为或语言攻击。公司不使用或支持使用体罚、精神或肉体胁迫以及言语侮辱。

3. 管理系统方面

企业必须制定公开的、切实可行的规定，以保证法律和法规的实施；确保管理层回顾反省过去的工作，并指定代表监督执行情况。具体内容包括：①政策；②管理评审；③企业代表；

④计划与实施；⑤供应商/分包商和分供商的监控；⑥处理考虑和采取纠正行动；⑦对外沟通；⑧核实渠道；⑨记录。SA 8000 标准管理系统的特点，在于吸纳员工和供应商、分包商进行共同监控。这种监控往往是对相对较"软"的企业社会责任进行"硬"管理最有效的手段。

　　为了响应 SA 8000，我国纺织企业制定了"CSC 9000T 中国纺织企业社会责任管理体系"，它是我国第一个、目前也是唯一一个标准化的行业社会责任管理体系。CSC 9000T 的产生是行业内企业自发行动的结果。2005 年 5 月，中国纺织工业协会响应 140 余家纺织服装企业关于推进社会责任建设的呼吁，与这些企业一起在北京联合组建了中国纺织工业社会责任建设推广委员会，同时正式发布了 CSC 9000T。

　　CSC 9000T 由管理体系、劳动合同、童工、强迫与强制劳动、工作时间、薪酬与福利、工会组织与集体谈判权、歧视、骚扰与虐待以及职业健康与安全等十个要素构成核心要求，设计思路是基于主动自愿的原则。CSC 9000T 的定位并非一个具有强制力的"标准"，而是一个集中体现中国相关法规以及国际公约中的相关规范，并结合中国国情适当参照相应国际惯例所形成的中国企业能够参照执行的社会责任管理体系。CSC 9000T 的企业实施方法也着力于引导企业的主动行为。在自我评估的基础之上，CSC 9000T 的企业社会责任管理绩效的评价采用"绩效评估"的方式，而不采用认证思路。CSC 9000T 在国际推广方面强调"供应链社会责任"的概念，致力于将国际采购商、品牌商及其他相关方纳入纺织服装供应链的社会责任联合力量。目前，它正在责任和利益分配两个方面推进中国企业的社会责任建设。

　　显然，企业社会责任涉及诸多方面，是新时代对企业的要求，本章从采购角度，讨论企业采购中的相关社会责任方面的内容。

11.2　企业采购中的社会责任内涵

　　经济全球化和企业竞争环境的变化，使采购在现代企业管理和供应链管理中充当了核心角色，成为企业的第三利润源泉。随着采购在企业管理中地位的增强，对采购的研究更多倾向于如何更有效地采购，以使企业的竞争力增强。采购是企业生产经营的第一步，如果企业刚开始就注重对企业社会责任的关注，那么企业的经营会更加稳定，更加有利于企业的长期发展。

　　所谓企业采购中的社会责任（purchasing social responsibility，PSR），是指企业在采购活动中，涉及企业社会责任功能的履行。它被 Carroll 定义为"由社会所期望的满足道德和自由决定责任的采购活动"，这是体现企业社会责任的一个非常重要的方面。本节根据供应商选择标准的要求从社会责任认证、采购中遵循严格的法律责任、环境责任、保护员工责任、回报社会责任、保护消费者责任、可持续发展责任等方面说明企业社会责任采购的内涵。

11.2.1　要求供应商企业进行社会责任认证

　　在全球企业社会责任运动中，顾客的责任消费对企业社会责任起到了巨大的推动作用。目前，顾客的责任消费已经发展到了由公平贸易、道德贸易、环境保护等内容而直接引导的责任消费行为，表现为消费者避免购买有害于公平贸易、有害于道德贸易、有害于环境保护的产品，积极购买那些有益于社会的产品。这既是对公平贸易、道德贸易和环境保护的关切，也是对负责任公司的回报和对不负责任公司的惩罚。消费者通过选择性购买支持了这些对社会或环境有贡献的企业和公司，鼓励了企业和公司对社会和环境负责任的行为，间接地对社会和环境作出了自己的贡献。随着全球经济一体化进程的发展，企业社会责任标准已经随着发达国家，以跨国公司的商品供应链以及供应链之间的竞争，传导到中国企业，企业社会责任标准已经成为中国企业参与全球市场竞争、分享全球市场占有份额所面临的新挑战。作为全球首个公司道德规范标准，企业社会责任标准正逐步得到国际社会的认可。企业社会责任标准也越来越多地出现在迪斯尼、耐克、雅芳、家乐福等国外采购商订单的附加条款中。

近几年来，美国等发达国家号召民众进行良心购买，拒绝购买"血汗工厂"的产品。一些跨国零售集团，如美国的沃尔玛、法国的家乐福等都加大了在中国直接采购的力度，他们在选择供应商时不仅看重产品的质量和价格，同时也很重视劳工的福利问题。一些企业因为达不到企业社会责任标准的要求而被取消了供应商的资格，同时，也有一些企业因企业社会责任标准要求其承担的义务比较重和检查项目繁杂而望而止步。

德国进口商协会已制定出了《社会责任行为准则》，要求按照企业社会责任标准对其供货商的社会行为进行审查。在英国，企业社会责任标准已成为"道德贸易新纪元"活动的核心。据悉，美国、法国、意大利的一些长期采购中国轻工业产品的贸易公司也在讨论一项协议，要求将中国纺织品、玩具等生产企业是否通过企业社会责任标准认证作为选择供应商的标准之一。事实上，企业社会责任标准已经通过跨国公司在我国的商品采购中得到强制性的实施。由此可见，获得了企业社会责任标准认证，在争取海外订单方面将增加筹码，是未来国际竞争中获得成功的一个重要因素，从长远来看，这也是未来的发展趋势。

虽然企业社会责任标准目前还不是正式的国际标准，但该标准激起了全球制造商、零售业和消费者的广泛关注和热情。企业应当履行社会责任、公司的商业行为应当符合道德标准，已经成为国际社会的基本共识，并已经形成了不可逆转的发展趋势。

11.2.2　采购中的法律责任

企业社会责任要求企业必须在法律法规许可的范围内经营。这是强制性责任，是每个企业必须遵守的。所谓"合法合规"经营，就是这个含义。现行的涉及企业社会责任的立法分散在产品质量法、消费者权益保护法、自然资源法、环境保护法、劳动法、社会保障法、企业法、税法、公益事业捐赠法、合同法等诸多法律法规之中，企业应该遵守这些法律的相关规定。这里仅就产品质量、税收、社会保障和财务会计几个方面来说明，其余内容在企业社会责任采购的其他章节中阐述。

1. 提供的产品或服务

在国家和地方政府的政策法规内开展产品生产和服务活动，不生产国家禁止生产的产品，如毒品；不生产没有经营许可的产品，如石油、烟草等；所提供的产品或服务满足规定的质量要求等，对于不满足质量要求的产品，消费者有权退货，造成损失的，企业应该赔偿。

2. 依法纳税

《中华人民共和国企业所得税法》（简称《企业所得税法》）已于2008年8月1日实施。企业在经营过程中，必须依法纳税，这些税种包括营业税、企业所得税、个人所得税、城镇土地使用税、房产税等，外贸企业还包括进出口关税。企业必须遵守当地的税收政策，依法纳税，并根据政策的许可，享受相关税收减免或返还等优惠政策。如《企业所得税法》第九条规定，"企业发生的公益性捐赠支出，在年度利润总额12%以内的部分，准予在计算应纳税所得额时扣除。"

3. 遵守社会保障制度

社会保障是国家根据一定的法律法规，以社会保障基金为依托，为社会成员的基本生活权利提供保障的一种制度。它包括社会保险、救助、补贴等一系列制度。社会保险是指国家通过法律强制实施，为工薪劳动者在年老、疾病、生育、失业以及遭受职业伤害的情况下，提供必要的物质帮助的制度。它是社会保障制度的核心内容。按照我国劳动法的规定，社会保险项目分为养老保险、失业保险、医疗保险、工伤保险和生育保险。企业必须为每个正式员工办理社会保险并提供住房公积金（简称"五险一金"）。

社会救济也称社会救助，是指政府对生活在社会基本生活水平以下的贫困地区或贫困居民给予的基本生活保障。社会救济是基础的、最低层次的社会保障，其目的是保障公民享有最低生活水平，给付标准低于社会保险。社会救济主要包括自然灾害救济、失业救济、孤寡病残救济和城乡困难户救济等。国家和社会以多种形式对因自然灾害、意外事故和残疾等原因而无力维持基本生活的灾民、贫民提供救助，包括提供必要的生活资助、福利设施，急需的生产资料、劳务、技术、信息服务等。维持最低水平的基本生活是社会救济制度的基本特征。社会救济经费的主要来源是政府财政支出和社会以及企业捐赠。1999 年 9 月，国务院颁布了《城镇居民最低生活保障条例》，2007 年 7 月，国务院发布了《关于在全国建立农村最低生活保障制度的通知》，这标志着城镇居民最低生活保障制度和农村最低生活保障制度的建立，为城镇和农村生活困难的群众提供了基本的生活保障。

4. 遵守国家财务会计制度

《中华人民共和国会计法》已于 2000 年 7 月 1 日实施。企业在生产经营过程中，必然会涉及应收、应付和投融资业务，企业必须按照国家相关规定如实记录会计账簿，通过正常渠道进行投融资，非法集资不受法律保护。

11.2.3　采购中的环境保护责任

1. 通过 ISO 14000 环境认证

目前，经济全球化趋势日益明显，越来越多的企业在实施全球化战略。大多数跨国企业都很注重环境保护，会尽量避免环境污染的转嫁。很多跨国企业为避免环境影响的转嫁，势必会加大环境方面的考虑，对供货方进行环境调查、审核，甚至对其供应商提出 ISO 14000 这个国际环境标准的认证要求。这样就产生连锁反应，使得 ISO 14000 系列标准成为国际采购中不可缺少的一部分。例如有的公司对产品的包装材料有明确规定，禁止使用任何对环境可能有污染的材料。

ISO 14000 环境管理系列标准是国际标准化组织（ISO）第 207 技术委员会（ISO/TC 207）组织编制的环境管理体系标准，其标准号从 14001～14100，共 100 个标准号，统称为 ISO 14000 系列标准。它顺应国际环境保护的发展，是依据国际经济与贸易发展的需要而制定的。ISO/TC 207 的宗旨是支持环境保护工作，改善并维持生态环境质量，减少人类各项活动所造成的环境污染，使之与社会经济发展达到平衡，促进经济的持续发展。它的主要工作范围是环境管理工具和体系方面的标准化。

2. 向绿色企业转变

对于采购企业而言，应提高企业的社会形象，督促企业自身向绿色企业转变，加强企业的绿色责任。如果不对供应商提出环保要求，那么，污染环境的供应商迟早会在环保的压力下，自行停产或者被强制关闭，采购企业的供应链将出现缺口，供求关系中断，将影响到采购企业的生产活动，进而影响采购企业的客户，最终将失去市场。

清洁生产就是向绿色企业转变的重要举措。清洁生产是 20 世纪 70 年代逐渐发展起来的一种全新理念，是指不断采取改进设计、使用清洁的能源和原料、采用先进的工艺技术与设备、改善管理、综合利用等措施，从源头削减污染，提高资源利用效率，减少或者避免生产、服务和产品使用过程中污染物的产生和排放，以减轻或者消除对人类健康和环境的危害，其本质可以概括为"节能、降耗、减污、增效"八个字。

我国在 2002 年就出台了《清洁生产促进法》，第一次把清洁生产纳入了法制化管理的轨道。环境保护部在 2008 年和 2010 年分别颁发了《关于进一步加强重点企业清洁生产审核工作通知》（环发〔2008〕60 号）和《关于深入推进重点企业清洁生产的通知》（环发〔2010〕54 号文），明确提出"双超双有[⊖]"企业必须开展强制性清洁生产工作。

国内外大量案例表明，实施清洁生产，可以节约资源、削减污染、降低污染治理设施的建设和运行费用，提高企业经济效益和整体竞争能力，将污染物消除在源头和生产过程中，可以从根本上减轻因经济快速发展给环境造成的巨大压力，降低生产和服务活动对环境的破坏，实现经济发展与环境保护的"双赢"。

3. 重视环保政策

对于供应商而言，重视环保政策，将环保纳入其社会责任的一部分，有助于供应商在当地立住脚跟，有利于企业发展壮大，提高社会形象，扩大市场占有，也是提高核心竞争力的关键。

11.2.4 采购中保护员工权益的责任

根据企业社会责任要求，企业在劳务用工方面，应坚决遵守相关法律法规，禁止使用童工，保障员工权益，提供安全卫生的工作和生活环境。这一点也是采购方考察供应商的条件。要做好这一工作，劳动保护是关键。

劳动保护是指保护劳动者在劳动生产过程中的安全与健康。劳动保护的工作内容包括：①不断改善劳动条件，预防工伤事故和职业病的发生，为劳动者创造安全、卫生、舒适的劳动条件；②合理组织劳动和休息；③实行女职工和未成年工的特殊保护，解决他们在劳动中由于生理关系而引起的一些特殊问题。搞好劳动保护工作对于巩固社会的安定，为国家的经济建设提供重要的稳定政治环境具有现实的意义；对于保护劳动生产力，均衡发展各部门、各行业的经济劳动力资源具有重要的作用；对于保护社会财富、减少经济损失具有实在的经济意义。

1. 劳动保护的任务

（1）安全技术。采取各种保证安全生产的技术措施，控制和消除生产过程中容易造成劳动者伤害的各种不安全因素，减少和杜绝伤亡事故，保障劳动者安全地从事生产劳动。

（2）劳动卫生。采取各种保证劳动卫生的技术措施，改善作业环境，防止和消灭职业病

⊖ 企业生产中含有有毒有害物质和有毒有害物质超标。

及职业危害，保障劳动者的身体健康。

（3）劳动条件。改善劳动条件，减轻劳动强度，为劳动者创造舒适、良好的作业环境。

2. 劳动保护工作的方法

（1）贯彻"安全第一，预防为主"的方针，完善劳动保护工作的体制。一是坚决贯彻"管生产必须管安全"的原则，将劳动保护工作的方针、政策和具体任务落实到生产中去；二是在劳动行政部门建立健全保护监察制度，加强劳动保护监察机构的力量，充分发挥国家劳动保护监察作用。三是加强群众监督，对于企业不安全的生产行为，工会要提出批评和建议，督促有关方面及时改进。

（2）健全劳动保护法制，完善劳动保护法律体系。劳动保护法制是指国家用立法形式，将改善劳动条件、保障安全生产和文明生产的各种措施加以规范化、条文化，用法律和法规的形式固定下来，使之成为全社会都必须遵守的行为准则。有了法规，一方面可使企业和经济管理部门的领导明确自己在保护劳动者安全和健康上应负的责任；另一方面可使劳动者在生产中的安全与健康有法律保障，更有利于为实行劳动保护监察提供法律依据。

（3）不断采用新技术，改善劳动条件。随着生产工艺的改革和技术进步，对原有的落后工艺和设备进行改造，提高劳动安全卫生装置与设施的可靠性，可以减少以至消除生产中的不安全和不卫生因素。

（4）广泛开展劳动保护宣传教育。宣传教育是提高各级领导和广大群众对劳动保护工作重要性认识的一种行之有效的手段。一方面，要宣传好的经验和做法，深刻认识造成事故和职业病所带来的痛苦和损失。另一方面，宣传教育的形式要多样、生动活泼，以提高实际效果。

（5）积极开展劳动保护科学研究工作。科学技术是第一生产力，劳动保护科学研究工作也必须走在其他各项工作的前头。伴随着经济建设的深入发展，新的科学技术不断涌现，必然会不断产生新的劳动保护科学技术课题。因此，必须把劳动保护科学研究工作作为永恒的任务，不断予以加强。要加强情报信息的收集，为解决劳动安全卫生问题制定劳动安全卫生标准和开展技术监察提供科学的数据与手段。

11.2.5　企业回报社会的责任

企业发展壮大了，要有回报社会的责任。企业是组成社会的一份子，占有并处置了相当多的社会资源和自然资源。企业的市场源于社会，员工来源于社会，所获利润也来源于社会，因此也应该承担相应的社会责任。回报社会，促进社会和谐是企业义不容辞的义务。绝大多数采购企业把这一项内容作为考察供应商的条件之一。

回报社会的具体表现一方面是企业积极参加社会公益事业和慈善活动，如捐赠帮助社会困难群体，参加抗灾救灾等；另一方面是企业在业内积极倡导回报社会责任的意识和活动。

1. 回报社会的定义

世界银行把回报社会定义为："除了为股东（stockholder）追求利润外，也需对相关利益人（stakeholder）（即受到企业行为影响的各方）追求利润。"此外，在回报社会研究领域中具有一定国际知名度的英国新经济基金将回报社会定义为"企业为利益相关人所谋求的，以经济价值为表象的非市场回报。"

从目前看，企业的回报社会主要是针对企业的利益相关者。利益相关者是指那些影响企业经营活动或受企业经营影响的个人或团体，对于任何一个健康的企业都必须要与利益相关者建立良好的关系。这些利益相关者包括环境、员工、消费者、供应商、竞争者、政府、当地社区、社会弱势群体以及整个社会的利益关系等。同时，该回报为"非市场"回报，即非经济回报，也就是说，企业已被认为是一个多目标的社会机构，不仅要追求经济利益，还要在一定程度上促进社会和环境的改变。

2. 回报社会的经济学基础

回报社会与回报私人是相对而言的，两者在基本的测量上有相同之处，均建立在投入产出的比值上。在衡量回报私人时，普遍使用投资回报率来进行测量。投资回报率是关系社会资本投资回报的最基本、最重要的指标。所谓投资回报率，是指项目评估期的社会资本投资的回报程度，即净收益与成本的比较（其中项目净收益是指评估期收益与成本之差），用公式表示为

$$ROI = \frac{NI}{TC} = \frac{TI - TC}{TC} \tag{11-1}$$

式中，ROI 是投资回报率；NI 是净利润；TC 是总成本；TI 是总收益。

相应地，在衡量社会回报时，就需要计算相应的社会回报投资率，即

$$SROI = \frac{SNI}{STC} = \frac{STI - STC}{STC} \tag{11-2}$$

式中，SROI 是社会投资回报率；SNI 是社会净利润；STC 是社会总成本；STI 是社会总收益。

11.2.6 企业消费者责任

企业的根本任务是为消费者提供产品或服务，因此，企业必须对消费者负责。消费者是指为满足自身生活消费的需要、维持其生存发展，而购买、使用商品或劳务的个体社会成员，有时也称顾客或客户，一般是指最终消费个体。诺贝尔经济学奖得主哈耶克（Friedrich A. Hayek）曾提出"消费者主权理论"。消费者主权（consumer paramountcy）最早见于现代经济学之父亚当·斯密的《国富论》中，后来的奥地利学派和剑桥学派都把"消费者主权"看成是市场关系中的最重要原则。消费者主权理论又称顾客主导型经济模式，与生产者主权或企业主导型运作模式相对。所谓"消费者主权"，是诠释市场上消费者和生产者关系的一个概念，即消费者根据自己的意愿和偏好到市场上选购所需的商品，这样就把消费者的意愿和偏好通过市场传达给生产者，于是所有生产者听从消费者的意见安排生产，提供消费者所需的商品。这就是说生产什么、生产多少，最终取决于消费者的意愿和偏好。企业、市场和消费者这三者间的关系是：消费者借助于消费品市场上生产者之间的竞争，行使主权，向生产者"发布命令"。美国企业公共关系专家加瑞特将这个理论的特点概括为"无论大小企业都必须永远按照一个信念来计划自己的方向，这个信念就是企业要为消费者所有、为消费者所治、为消费者所享。"IBM 商学研究院对全球 100 多家百年品牌企业的研究也发现，尽管他们的管理机制、企业文化、经营模式有着不同的特点，对待竞争对手的方法也不尽相同，但是他们有一个共同点：始终把对消费者的相关责任摆在首位。就企业而言，由于其直接向最终消费者提供消费品，要做到为消费者所有、所治、所享，必须注重消费者权益保护，消费者权益保护是企业社会责任的重要议题。

1. 保护消费者权益

（1）消费者需求。消费者需求指的是为了维持自身生存发展的人们即消费者，购买商品或劳务的欲望和能力。为了更清楚地了解消费者需求，应当将消费者需求与消费者需要这两个概念加以区分，因为它们是既有联系又有区别的两个概念。消费者需要是指消费者为了维持自身的生存发展而对商品与劳务产生的一种希望拥有的欲望。它是一种心理学上的概念，当消费者维持自身生存发展需要消耗某些商品时，消费者就会产生希望得到这些商品的欲望。这里的欲望反映的只是这些商品的消耗对消费者维持其生存发展的重要性与作用，而不考虑是否能够得到这些商品。因此，消费者需要只是一种心理上的愿望，它是没有限制条件的。而消费者需求，则是指为了维持其生存发展而购买商品或劳务的欲望和能力。这个概念包含了多种含义：其一，这些商品和劳务是消费者维持其生存发展所必需的，他们有购买或拥有这些商品的欲望或愿望；其二，消费者具备购买这些商品或劳务的能力，即具备了一定的购买能力；其三，这里还包括价格方面的因素，即当消费者愿意支付的价格与销售者愿意接受的价格相一致或相近时，消费者对商品或劳务的需求才能得以实现，这时的消费者需求才是有效的。因此，消费者需求是需要具备一定客观条件的，是受到收入和价格等因素制约的。同时，我们也可以明显看出，消费者需求这个概念，既具有消费者需要的基础性含义，又具有自身特点方面的含义。例如，消费者需求是有效需求，是消费者具有购买能力的需求。可以说，消费者需求是一个理论意义更强、实践价值更大的概念。消费者需求这个概念之所以如此重要，还因为消费者需求是消费者利益的体现，因为消费者需求满足之后消费者利益才得以实现，同时，消费者需求满足的程度还标志着或制约着消费者利益实现的程度。

（2）消费者利益。消费者利益是指消费者应该享有的全部经济利益。各种因素都会直接影响消费者的经济利益。经济学甚至社会科学中的"利益"，是处于最中心的和争论最多的概念之一，当关系到个人时，这个概念有时具有范围非常广的意义，如名誉的利益甚至身后的利益，而在另一些时候又完全限于为了经济上的好处而进行的竞赛。消费者利益，就是由多种利益因素构成的。仅就消费者经济利益来说，其构成因素也是多方面的。例如，产品成本因素（生产成本、交易成本）、产品价格因素（价格制定方法及产品价格水平）、产品质量功能因素（质量高低和功能多少以及是否完善）、产品服务因素（服务周到与便捷程度）、产品与服务的选择性因素以及产品安全性因素等，都是影响消费者经济利益的构成因素。换句话说，以上各种因素都会直接影响消费者的经济利益。在市场经济条件下，多元市场主体之间的利益冲突是客观存在的，各种市场主体都会有意或无意地损害消费者的经济利益。生产者或者经营者为了自己能够获得更多的经济利益，往往会自觉或不自觉地忽视消费者的利益，甚至常常损害消费者利益。这样一来，就产生了保护消费者利益的问题。但是保护消费者利益又必须要有依据，其依据就是消费者的权利，因此，消费者权利就成了消费者利益的前提条件和保障条件。

（3）消费者权利。消费者权利是指消费者为了自己的物质利益所应该拥有的权利，即消费者利益权利。同时，消费者权利也是消费者利益在市场规则上或者法律上的表现形式。消费者权利保护的对象是消费者利益，同时，消费者权利也是保护消费者利益的重要手段。在市场经济国家，一般都会在市场经济的有关规则中（如市场交易规则）确立消费者权利条款，许多国家都用法律的形式设定消费者权利。也就是说，消费者权利是市场经济制度与法律制度确定的权利，是公民基本权利在经济活动中的具体体现，是受国家经济制度和法律保护的。因此，任何损害消费者权利（实质上是消费者利益）的行为，都是国家制度和法律所不允许的违规违法行为，我们可以运用法律手段来制裁侵害消费者权利的行为主体。

（4）消费者权益。消费者权益是指消费者为了维持其生存发展，在一系列生活消费过程中购买、使用商品或接受劳务服务时应享有的权利和应得到的利益。消费者权益是消费者利益和消费者权利的统一或综合。消费者权益是正确处理生产者及经营者与消费者经济利益关系的准则，认真落实消费者权益是市场经济正常有序运行的客观要求。如果消费者权益受到侵害，市场经济运行就会偏离正常有序的轨道，从而产生经济秩序混乱的后果。由于消费者在生活过程中的消费活动具有多样性和多变性，因而，消费者权益的内容是多方面的和不断演变的。例如，1962年美国总统肯尼迪首次提出了消费者的四项权利后，1969年美国总统尼克松又提出消费者的索赔权。1985年4月9日联合国通过了《保护消费者准则》，提出了消费者的八项权利：①有权得到必要的物品和服务得以生存；②有权得到公平的价格和选择；③有得到安全的权利；④有获得充足的资料的权利；⑤有权寻求咨询；⑥有得到公平的赔偿和法律援助的权利；⑦有权得到消费者教育；⑧有权享受一个健康的环境。1994年1月1日开始实施的《中华人民共和国消费者权益保护法》规定，消费者应享有九项基本权益：①在购买、使用商品和接受服务时享有人身、财产不受损害的权利；②享有知悉其购买、使用的商品或者接受的服务的真实情况的权利；③享有自主选择商品或者服务的权利；④享有公平交易的权利；⑤因购买、使用商品或者接受服务受到人身、财产损害的，享有依法获得赔偿的权利；⑥享有依法成立维护自身合法权益的社会团体的权利；⑦享有获得有关消费和消费者权益保护方面的知识的权利；⑧在购买、使用商品和接受服务时，享有其人格尊严、民族风俗习惯得到尊重的权利；⑨享有对商品和服务及保护消费者权益工作进行监督的权利。可以说，这是对消费者权益目前最完整的表述。

2. 提升消费者社会责任意识

企业除了自身履行社会责任以及带动供应商企业履行社会责任以外，还要发挥直接接触广大消费者的优势，引导消费者使用环保袋、购置节能电器、购买循环再生木材产品等，从而提升消费者的责任意识，引导消费者的责任消费行为，助力提升全社会的责任意识和责任理念。

11.2.7　企业可持续发展责任

企业可持续发展是指企业在追求自我生存和永续发展的过程中，既要考虑企业经营目标的实现和企业市场地位的提高，又要保持企业在已领先的竞争领域和未来扩张的经营环境中持续的盈利增长和能力提高，保证企业在相当长的时间内长盛不衰。

企业可持续发展责任是指在经济、环境和社会挑战下，企业在不妨碍满足未来数代人需求的条件下，满足当前需求的责任。可持续发展是既要考虑当前发展的需要，又要考虑未来发展的需要；不能以牺牲后期的利益为代价来换取发展、获取利益。同时，可持续发展也包括面对不可预期的环境振荡，而保持持续发展趋势的一种发展观。

在采购活动中，可持续发展是指确保有效的采购决策以及它们对可持续性的影响。具体包括：①从供应商处收集和分析信息以管理可持续性倡议；②开发相关策略、政策和程序以支持企业的可持续发展目标，并公布实现结果；③开展风险管理和业务连续性倡议，以保护业务绩效；④从可持续供应商中识别和寻求供应源；⑤指导供应商服从可持续检查，必要时开发和实施改善计划；⑥鼓励供应商设定可持续发展目标，跟踪发展过程，公布实施结果。

11.2.8　企业采购中的社会责任标准

根据以上分析，在企业采购活动中，将供应商社会责任履行情况作为选择供应商的标准时，可参考如表 11-1 所示的这些指标。

表 11-1　选择供应商时需要考虑的企业社会责任标准

一级指标	二级指标
企业社会责任	企业社会责任标准（SA 8000）认证 企业法律责任：遵纪守法 企业环境责任：实施环境管理体系，符合国际国内认证，如国际环境标准 ISO 14000 认证 企业员工责任：保障员工权益，营造安全生产环境 企业社会回报责任：参加社会公益和慈善事业，支持社会发展 企业消费者责任：产品环保型的设计、包装及安全的性能 企业可持续发展责任：既要考虑当前发展需要，又要考虑未来发展需要

11.3　企业采购中的社会责任对企业运营管理的影响

关于企业采购中的社会责任对企业运营管理的影响，始终有两种不同的观点。一种观点认为企业履行社会责任会增加企业的负担，影响企业的收益；另一种观点则相反，认为企业履行社会责任，会给企业带来长期收益。我们称前者为负面影响，后者为正面影响。

11.3.1　负面影响

其实，无论是供应商还是采购商，督促其履行企业社会责任，短期内都会增加企业的支出，从而减少企业的利润，对企业的经营活动形成较大的压力。波斯纳（Richard A. Posner）、莱维特（Levitt Theodore）、诺贝尔经济学奖获得者哈耶克（Hayek）等人的看法是：企业履行社会责任将使其经营成本增加，企业将失去竞争力。张维迎提出"企业社会责任概念，并不能真正让企业承担社会责任⊖"。张旭、贺艳珍等也认为企业履行社会责任短期内会导致成本增加，财务业绩下降，发展速度放慢；过分强调企业社会责任将使企业迷失发展方向，因为当前社会责任的承担会使股东利益最大化转变成相关者利益最大化；社会责任采购增加企业财务负担后，企业会把社会责任采购费用和成本通过价格转移到消费者的身上，对企业的竞争力和消费者权益有负面影响。具体理由包括以下四点：

1. 企业以营利为目的

企业乃纯粹的营利性团体，这是其传统的、固有的本质，企业主管也无权擅自将企业的资金用于社会。Hayek 认为企业以最低廉的价格提供最大量的商品，就是在履行其社会责任，如果不是这样的话，就会损害企业、股东和全社会的利益。

⊖　张维迎 2007 年 4 月 14 日在"第十四届中国企业家成长与发展调查结果发布暨企业社会责任研讨会"上的演讲。

2. 企业无法承担大量的社会责任

Gunness 把那种相信企业对众多社会问题负有直接的责任，并且它们有能力单方面解决这些问题的信念斥之为一种不切实际的空想。

3. 参与社会目标会冲淡企业主要目标

波斯纳论述道：尽管对企业在其利润最大化之外还要承担社会目标的可行性和恰当性的探究，是有其经济学上的理由的，然而，试图以最低成本为市场生产同时又改良社会的经理可能一事无成。而且，企业社会责任的成本会在很大程度上以提高产品价格的形式让消费者承担。最后，企业履行社会责任会降低股东自己履行社会责任的能力。

4. 企业社会责任含义模糊

企业社会责任的义务对象并不明确，对于社会责任向谁承担、谁可以作为权利人请求社会责任的履行等问题，企业社会责任理论界迄今皆未做出令人满意的回答。如 Rutherford Smith 指出，"企业社会责任"一词含义模糊，单凭此点它已失去了存在的意义。在他看来，"企业社会责任"只不过是一种宣传工具而已。

从上述观点可以看出，反对企业承担社会责任，以及认为企业社会责任就是"利润最大化"的观点实际上是基于"经济人"假设下的"古典观"，其隐含着古典经济学的一个基本理论假定，即企业利益和社会利益并无矛盾，企业追求利润最大化必然符合社会利益，而承担社会责任必然损害企业利润。这种观点实际上是把企业的经济责任与社会责任摆在了对立的位置上，将企业与社会的关系相分离，是一种个体方法论的思维模式。

11.3.2 正面影响

与古典观相对应的现代社会经济观则认为，企业的责任不仅仅是使利润最大化，而且还要保护和增加社会财富。这是基于企业作为"社会人"而非"经济人"的假设和利他主义的考虑。这种观点认为企业是社会的一个组成部分，有责任为社会财富的最大化作出自己的贡献。具体而言，现代经济观主要有以下四种代表性的观点：

1. 利益相关者理论

斯坦福研究所于 1963 年首次提出了"利益相关者"（stakeholder）的概念。在 Freeman、Blair、Mitchell 等学者的努力下，利益相关者理论的分析框架、核心理念和研究方法逐渐成形，并明确指出"企业对界定清晰的利益相关者负有社会责任"，这些利益相关者包括企业的股东、债权人、雇员、消费者、供应商等交易伙伴，也包括政府部门、本地居民、当地社区、媒体、环境保护主义者等压力集团，甚至还包括自然环境、人类后代、非人物种等受到企业经营活动直接或间接影响的客体。Freeman 认为企业不仅要为股东负责，也应该平衡利益相关者的利益。利益相关者是"那些能够影响企业目标实现，或者能够被企业实现目标的过程影响的任何个体和群体"。Blair 认为这些利益相关者都对企业的生存和发展注入了一定的专用性投资，他们或是分担了一定的企业经营风险，或是为企业的经营活动付出了代价，企业的经营决策必须要考虑他们的利益，并给予相应的报酬和补偿。在利益相关者理论看来，企业的发展前景有赖于管理层对公众不断变化的期望的满足程度，也就是说依赖于企业管理层对利益相关者的利益要求的回应质量。正如 Prahalad 和 Hamel 所说，管理者越来越意识到有效处理那些影响相关利益者态度的事情，是赢得持续竞争优势的关键。越来越多的企业从以前只对股东负责转变为对"利益相关者"负责，该理论在此方面起了很大作用。然而，如果企业在作决策时，只考虑到某些利益相关者的利益，而不考虑其伤害性，完全以企业的组织目标为主，忽视许多对弱势群体的考虑。这会使利益相关者的重要性，完全决定于利益相关者与企业的利害关系。在这种情况下，社会上的弱势群体被认定为不重要，使企业逃避承担社会责任。

2. 社会契约理论

以 Thomas Donaldson 为代表的"社会契约理论"派坚持一种更广泛的、超出法律的社会契约。他们认为企业功能的基础在于社会契约，它作为特定社会中的一员，被赋予了存在和经营的权利，因而也理应有义务对社会负责。在社会契约下，企业的社会责任有下限，而难定其上限。下限是指企业有义务承担经济责任和法律责任，而上限延伸至道德责任，其范围目前在概念上不受约束。

Thomas Donaldson 和 Thomas Dunfee 发展了"社会契约理论"，提出了综合社会契约理论。他们认为企业是利益相关者显性契约和隐性契约的载体，因此企业必须对利益相关者的利益要求作出反应。倘若企业忽视其社会责任，对其利益相关者的合理利益要求不作慎重考虑且尽量满足，那么这种企业的长久生存和持续发展就很成问题了。

3. "企业公民"理念

20 世纪 70 年代，英国"公民会社"首先提出了"企业公民"的概念，将企业看作一个社会的公民，认为企业在创造利润的同时，还要承担对环境和社会的责任。"企业公民"理念认为，既然企业也是社会公民，那么，它就必须尽社会公民应尽的责任和义务。所以，把企业社会责任和捐赠行为看做是企业的应尽责任和义务，是必须做到的。企业在尽自己的责任和义务的同时，也应该享有同样的权利，如宣传形象、表彰其美誉度等。所以，在某种程度上，企业是将捐赠和慈善行为看成是企业的社会投资，是企业与社会积极互动、互利的一种行为。因此，企业捐赠过程中既有承担社会责任的价值理性的推动，也包含着通过社会投资来开发市场、赢得赞誉的商业动机。"企业公民"理念很好地概括了企业参与社会的思想和策略，将重塑环境的道德冲动和利益驱动转化为理性规范的企业行动，可以说是企业社会行动的一个理论指南和行动参考。"企业公民"理念实际上是一个企业与社会双赢的互惠理念，其中包含着由经济人假设向社会人假设的转变。

4. 社会本位观

这种观点奉行"社会本位"，认为企业不仅应当考虑所有利益相关者的利益，而且还应当尽力帮助解决与企业无直接关系的社会问题。持这种观点的人大都是管理学家。德鲁克（Drucker Peter）曾指出："一个健康的企业和一个病态的社会是很难共存的，况且社会之所以进入'病态'，企业本身负有不可推卸的责任"。因此，企业应当关心并帮助解决各种社会问题。Andrews 的观点是企业应该有一个支持社会可持续发展确定无疑的战略。格里芬认为，企业社会责任是指在提高本身利润的同时，在保护和增加整个社会福利方面承担责任。Porter 和 Van der Linde 指出，对企业行为要为社会和环境责任负责的强烈要求，使得企业需要将社会和环境政策纳入企业经营战略，以达到获得持续竞争优势的目的。

简言之，现代社会经济观与传统古典观在企业社会责任问题上存在着根本的分歧：前者认为，企业必须承担社会义务以及由此产生的社会成本。企业追求的是社会的整体利益，而不仅仅是股东的利益；而后者则强调企业经营唯一的任务就是在法律许可的范围内追求利润最大化，过多地关注社会责任会使企业经营迷失方向。产生分歧的根本原因在于两者的基本假定不同，前者强调企业应该是"社会人"，而非后者所认为的"经济人"。

从长期来看，企业承担社会责任会促进企业更加融洽地处理与各种利益相关者之间的关系，增强企业存在于社会的合法性，增强企业相对于其他企业的竞争优势，从而增强企业的盈利能力，能带来具有战略性的长期利益。这些利益有：增强企业的品牌美誉度（品牌地位和声誉）；提高员工忠诚度、士气和生产力；吸引和保有优秀的人力资源，从而企业具有持续的竞争优势；增加对投资者的吸引力。这些利益不是一蹴而就的，是企业长期履行社会责任所积累起来的。

企业履行其社会责任，不仅仅是企业对社会的奉献，也是企业长远可持续发展的内在需要。企业可以通过其履行社会责任的行为，为企业树立良好形象，创造新的市场机会，实现供应链的有效整合，打造长期盈利的能力。企业承担社会责任与当前构建和谐社会的国家目标也是一致的。企业社会责任是社会和谐稳定的润滑剂，任何企业如果单纯只为追求利润，放弃所该承担的社会责任，只能产生短期行为，竭泽而渔，不顾后果的掠夺式开发，不仅危害社会，最终会影响企业的长期发展，整个社会也会失去可持续发展的基础。因此，为了企业的长久战略，为了社会的稳定与和谐，在我们力所能及的范围内，我们要坚定不移地去履行企业社会责任。

11.4 成功案例——沃尔玛的社会责任采购

作为美国的零售业巨头，沃尔玛一直以低成本战略占领着市场，如今，沃尔玛意识到了可持续发展的重要性，转为发展它的绿色供应链管理。做高效、盈利的企业与做负有社会责任的企业是相辅相成的，这种理念已经融入到沃尔玛运营的各个环节。

1. 沃尔玛绿色供应链三大目标

沃尔玛于 2005 年 10 月宣布力争达到三大目标：①100% 使用再生能源；②产生零废品；③出售的产品必须达到环保标准。这三大目标被归纳为沃尔玛绿色供应链。

当前，沃尔玛的全球经营战略已不考虑如何扩大业务范围多赚钱，而是通过绿色供应链运营，强化与供货商、环保组织和供应链各个环节之间的密切合作，促使沃尔玛将对全球环境的负面影响降到最低。例如，所有的包装材料必须再循环或者符合生态标准，所有的产品必须无污染，既要绿色环保，又要提高经济效益，两者不应该相互抵触。可以认为，当前沃尔玛的商贸可持续发展战略是以强化相互合作为核心，是在原来绿色倡议基础上的一个飞跃。原来沃尔玛是被动式地处理环境保护问题，而现在则强调合作，富有前瞻性。强化合作成为找到利好市场机遇的必要条件。在沃尔玛制定的产品加工环保影响目录中，总共列出影响环保最严重的 14 大类产品，并将这些产品分成可再生能源、零废品和可以持续使用产品三大组。然后由沃尔玛主管生产的一位副总裁亲自挂帅，直接领导由沃尔玛企业内部职工组成的沃尔玛环保产品可持续价值网络监督检查小组，每个月定期举行研讨大会。同时，邀请政府官员、学院教授、环保组织、供应商和股东代表参加，力求提高上述产品的绿色供应链功能，总结沃尔玛环保产品的动态与经验教训，目的就是进一步绿化沃尔玛的供应链，降低成本，优化经营管理业绩，进一步提高企业的经济效益。自从实施了上述绿色供应链系列措施以后，沃尔玛货运卡车队效率年均提高 25%，燃油每年节约 7500 万美元，年均减少向地球大气层排放二氧化碳 40 万 t。而得到进一步改善的沃尔玛产品包装材料在尺寸缩小、可循环材料使用、每吨产品排放二氧化碳量、有价值物资回收等方面均有巨大提高。根据沃尔玛提出的三大目标绿色供应链规划，与沃尔玛有合同关系的 6 万余家直接和间接供应商、包装材料供应商或者其他方面合伙人都必须严格遵循环保法律法规，所有产品的包装材料和加工操作规程均须达到环保标准，坚持走绿色产品之路。

2. 从包装上省下百亿美元

在沃尔玛已经进行的企业社会责任采购工作中，包装是成效最为明显的一环。2006 年 9 月，沃尔玛提出从 2007 年起为期 5 年的第一阶段绿色包装倡议，其核心内容是降低价格，增加技术运用和提高供应链效率。

按照该计划，沃尔玛将与供应商一起努力，以求达到目标：在 2013 年前减少 5% 的包装用料的目标，相当于每年从道路上减少 21.3 万辆卡车，节省 32.4 万 t 煤和 6700 万加仑⊖柴油。但对于沃尔玛及其伙伴来说，更重要的还在于这样做所能够获得的商业利益。据沃尔玛测算，此举能为全球供应链节约 110 亿美元，仅沃尔玛自身的供应链就能节省 34 亿美元。

沃尔玛的绿色包装倡议实施措施很多，其中比较重要的包括：①每吨包装材料的温室效应气体排放量平均减少 15%；②通过精简产品包装，节约产品运输成本 10%；③包装材料回收量提高 10%；④节约能源提高 5%。此外，沃尔玛还规定，凡是产品包装材料超过 300 美元的须报沃尔玛分管部门核准，超过 500 美元的须获得沃尔玛总部的批准，而对于超过 900 美元的，则必须由行业组织专家委员会审核批准。

此外，沃尔玛在包装环节操作中坚持"五个 R"原则：第一个是 Remove，即去掉不需要的包装；第二个是 Reduce，即减少不必要的包装，使包装达到正确的尺寸；第三是 Reuse，即重复使用，重复利用一些包装材料，如包装箱和托盘；第四个是 Renewable，即采用可回收利用、可降解的包装材料；第五个是 Recyclable，即可循环利用。

而在物流方面，沃尔玛规定，凡是冷藏货运卡车在仓库、码头和堆场进行装卸货或者其他作业期间，必须停止发动机，改用现场电源帮助制冷。据估计，仅此一项，沃尔玛全球冷藏车队就可以减少排放二氧化碳 40 万 t，减少能耗 7500 万美元。

📖 本章小结

本章介绍了企业社会责任的概念、起源，企业社会责任标准（SA 8000），企业采购中的社会责任概念和内涵，企业社会责任对企业经营管理的影响，并通过案例介绍了企业如何履行社会责任并取得成功和长远发展。

企业社会责任就是指企业在创造利润、对股东利益负责的同时，还要承担对员工、对消费者、对社区和环境的社会责任，包括遵守商业道德、保障生产安全和职业健康、保护劳动者的合法权益、保护环境、支持慈善事业、捐助社会公益、保护弱势群体等。

企业社会责任标准（SA 8000）是 1997 年由社会责任国际组织（Social Accountability International，SAI）发起并联合欧美跨国公司和其他国际性组织制定的首个全球道德规范标准。它由三个方面、九大要素组成，包括不使用童工、工资报酬合理、提供安全卫生的工作和生活环

⊖　1 英加仑 = 4.54609dm³，1 美加仑 = 3.78541dm³。

境、不超时工作、不强制劳动、不歧视员工、不惩罚员工、劳动者具有结社自由和集体谈判权利、通过建立管理系统来落实上述条款。

企业采购中的社会责任（PSR）是指企业在采购活动中，涉及企业社会责任功能的履行，具体包括七个方面，要求供应商做到：①通过企业社会责任标准（SA 8000）认证；②遵纪守法；③通过 ISO 14000 国际环境标准认证；④保护员工权利，营造安全生产环境；⑤回报社会；⑥保护消费者；⑦可持续发展。企业应将上述七个方面作为企业社会责任采购标准，纳入供应商选择标准体系中。

企业采购中的社会责任履行对企业经营管理有显著影响，尽管存在两种不同的观点，但是，人们逐步达成共识，企业履行社会责任不仅对企业自身有利，而且对整个社会发展有利，是企业应该坚持的基本政策，大量的企业实践也证明了这一结论。尤其是从长远考虑，在企业采购中履行社会责任，有利于提高企业的竞争力、品牌美誉度、员工忠诚度，为企业树立良好形象，创造新的市场机会，实现供应链的有效整合，打造长期的盈利能力奠定了坚实的基础。

习题

一、选择题

1. 企业社会责任，是指企业不仅要为股东谋利益，而且要为（   ）谋利益。

    A. 员工   B. 社会其他主体   C. 消费者   D. 供应商

2. 企业社会责任标准（SA 8000）是（   ）标准。

    A. 强制   B. 行业   C. 企业   D. 第三方认证

3. 企业社会责任标准（SA 8000）包含（   ）要素。

    A. 三个   B. 五个   C. 九个   D. 七个

4. 企业采购中的社会责任是指企业在采购活动中，涉及（   ）功能的履行。

    A. 采购   B. 供应商   C. 企业社会责任   D. 财务

5. 企业采购中的社会责任对企业运营管理有（   ）影响。

    A. 显著   B. 负面   C. 很少   D. 很多

二、判断题

1. 企业履行社会责任，会加重企业的负担，加速企业消亡。   （   ）

2. 企业可持续发展能力是指在经济、环境和社会挑战下，企业在妨碍满足未来数代人需求的条件下满足当前需求的能力。   （   ）

3. 企业在员工选择和供应商选择上应具有多样性。   （   ）

4. 回报社会的具体表现是企业不参加社会公益事业和慈善活动。   （   ）

5. CSC 9000T 是我国纺织业唯一的一个标准化的行业企业社会责任管理体系。 （   ）

三、思考题

1. 企业为什么要履行社会责任？

2. 企业社会责任标准包含哪些要素？

3. 企业采购中的社会责任包含哪些内容？

4. 企业如何履行采购中的社会责任？

5. 说明企业采购中的社会责任对企业经营管理的意义和作用。

参 考 文 献

[1] 胡明娟. SA 8000 的引入与我国企业社会责任标准的建立 [J]. 理论月刊，2005，6：171-177.

［2］　Bowen H. Social responsibilities of the businessman［M］. New York：Harper & Row. 1953.

［3］　哈罗德·孔茨，海茵次·韦里克. 管理学［M］. 郝国华，金慰祖，葛昌权，等译. 9 版. 北京：经济科学出版社，1998.

［4］　加雷思，珍妮弗，查尔斯. 当代管理学［M］. 李建伟，严勇，周晖，等译. 2 版. 北京：人民邮电出版社，2003.

［5］　Kok P, Weile T V D, McKenna R, Brown A. A corporate social responsibility audit within a quality management framework［J］. Journal of Business Ethics. 2001，31(4)：285-297.

［6］　Charlotte Leire, Oksana Mont. The implementation of socially responsible purchasing［EB/OL］. Wiley Interscience，2009 – 07 – 23.

［7］　刘俊海. 公司的社会责任［M］. 北京：法律出版社，1999.

［8］　曾培芳，陈伟. 论公司的社会责任——基于法经济学的角度分析［J］. 法治论从，2004，4：72-74，95.

［9］　易开刚. 和谐社会背景下当代企业的社会责任观［J］. 管理世界，2008，12：175-176.

［10］　赵惠子. 基于战略视角的企业社会责任问题思考［J］. 北方经济，2011，12：45-47.

［11］　The Research and Policy Committee of the Committee for Economic Development. Social responsibilities of business corporations［M］. New York：Author 1971.

［12］　Brummer James J. Corporate responsibility and legitimacy［M］. Santa Barbara：Greenwood Press，1991.

［13］　Carroll Archie B. Stakeholder thinking in three models of management morality：a perspective with strategic implications，in the corporation and its stakeholders：classic and contemporary readings［M］. University of Toronto Press，1998.

［14］　Carroll Archie B. Corporate social responsibility：evolution of a definitional construct［J］. Business and Society. 1999，38(3)：268-295.

［15］　袁鹏，陈圻，胡荣. 关于"企业社会责任"争论的焦点问题［J］. 南京航空航天大学学报(社会科学版)，2006，8(2)：14-18，27.

［16］　郑功成. 关注民生——郑功成教授访谈录［M］. 北京：人民出版社，2004.

［17］　吴忠民. 改善劳动条件可以大幅度增加就业机会［N］. 南方周末，2004-12-9(B14).

［18］　安格斯·麦边森. 世界经济千年史［M］. 伍晓鹰，译. 北京：北京大学出版社，2003.

［19］　梁晓晖. 改进模式促进责任履行［J］. WTO 经济导刊，2009，6：61-63.

［20］　Carter C R, Jennings M M. The role of purchasing in corporate social responsibility：a structural equation analysis［J］. Journal of Business Logistics，2004，25(1)：145-186.

［21］　Carroll A B. A three – dimensional conceptual model of corporate social performance［J］. Academy of Management Review，1979，4(4)：497-505.

［22］　彭雪涛，陈世红. 企业社会责任标准在跨国采购中的作用［J］. 经济论坛，2007，16：86-87.

［23］　廖权，谷征. 国有企业的社会回报问题研究［J］. 经济问题探索，2010，1：64-67.

［24］　王先庆，武亮. 低碳商业背景下的采购低碳化趋势与供应商选择［J］. 财贸经济，2011，2：74-79.

［25］　Institute for Supply Management, Inc. ISM principles of sustainability and social responsibility［R］. 2012 – 5 – 5.

［26］　Hayek F A. The corporation in a dynamic society［J］. M. A. Shen & Gbach (eds) management and corporation，1960.

[27] Gunness R. Social responsibility: the art of the possible [J]. Business and Society Review, 1986, 25.

[28] 理查德 A 波斯纳. 法律的经济分析 [M]. 蒋兆康, 译. 4 版. 北京: 中国大百科全书出版社, 1997.

[29] 李哲松. 韩国公司法 [M]. 吴日焕, 译. 北京: 中国政法大学出版社, 2000.

[30] Rutherford Smith. Social responsibility: a term we can do without [J]. Business and Society Review, 1988: 31.

[31] Freeman R E. Strategic management: a stakeholder approach [M], Boston: Pitman Boston MA, 1984.

[32] Blair M M. Corporate "ownership" [J]. Brookings Review, 1995 (winter): 161-191.

[33] Prahalad C K, Hamel G. Strategy as a field of study: why search for a new paradigm? [J]. Strategic Management Journal, 1994, 15: 5-16.

[34] Thomas Donaldson. Corporations and morality [M]. New York: Prentice – Hall, 1982.

[35] Donaldson T, T W Dunfee. Integrative social contracts theory: a communitarian conception of economic ethics [J]. Economics and Philosophy, 1995, 11 (1): 85-112.

[36] 陈宏辉, 贾生华. 企业社会责任观的演进与发展: 基于综合性社会契约的理解 [J]. 中国工业经济, 2003, 12: 85-92.

[37] Drucker P. Management: tasks, responsibilities, practices [M]. New York: Harper & Row, 1973.

[38] Andrews K R. The concept of corporate strategy [M]. New York: Richard D. Irwin, Inc, 1987.

[39] 里基 W 格里芬, 实用管理学 [M]. 杨洪兰, 康芳仪, 译. 上海: 复旦大学出版社, 1989.

[40] Porter M, Van der Linde C. Green and competitive: ending the stalemate [J]. Harvard Business Review, 1995, (September – October): 120-134.

[41] 张旭, 贺艳珍. 浅析企业社会责任的承担对企业竞争力的影响 [J]. 商场现代化, 2006, 10: 52-53.